国家社科基金后期资助项目
出版说明

后期资助项目是国家社科基金设立的一类重要项目，旨在鼓励广大社科研究者潜心治学，支持基础研究多出优秀成果。它是经过严格评审，从接近完成的科研成果中遴选立项的。为扩大后期资助项目的影响，更好地推动学术发展，促进成果转化，全国哲学社会科学工作办公室按照“统一设计、统一标识、统一版式、形成系列”的总体要求，组织出版国家社科基金后期资助项目成果。

全国哲学社会科学工作办公室

国家社科基金
GUOJIA SHEKE JIJIN HOUQI ZIZHU XIANGMU
后期资助项目

县级纪检监察队伍专业化建设研究

Research on the Professional Construction of
the Discipline Inspection and Supervision Cadre Team at the County Level

李永洪　著

法律出版社
LAW PRESS · CHINA
——北京——

图书在版编目（CIP）数据

县级纪检监察队伍专业化建设研究 / 李永洪著.
北京 ：法律出版社，2024. -- ISBN 978-7-5197-9507-8

Ⅰ. D262.6

中国国家版本馆 CIP 数据核字第 20246D4S04 号

县级纪检监察队伍专业化建设研究
XIANJI JIJIAN JIANCHA DUIWU ZHUANYEHUA JIANSHE YANJIU

李永洪 著

责任编辑 董 昱
装帧设计 李 瞻

出版发行 法律出版社
编辑统筹 法规出版分社
责任校对 王语童
责任印制 耿润瑜
经　　销 新华书店

开本 710 毫米×1000 毫米 1/16
印张 18.75 **字数** 326 千
版本 2024 年 10 月第 1 版
印次 2024 年 10 月第 1 次印刷
印刷 北京建宏印刷有限公司

地址：北京市丰台区莲花池西里 7 号（100073）
网址：www.lawpress.com.cn
投稿邮箱：info@lawpress.com.cn
举报盗版邮箱：jbwq@lawpress.com.cn

销售电话：010-83938349
客服电话：010-83938350
咨询电话：010-63939796

书号：ISBN 978-7-5197-9507-8
定价：76.00 元

基金项目
国家社会科学基金后期资助项目，项目批准号：19FDJB012

目录 Contents

绪　论

党的十八大以来，以习近平同志为核心的党中央采取一系列有力举措，不仅有效减少了腐败存量，而且有力遏制了腐败增量。从中央到地方、由地方到基层，营造了风清气正的政治生态，形成了积极健康的从政环境。党的十九大以来，以习近平同志为核心的党中央更加冷静清醒地认识到当前的反腐败斗争取得了压倒性胜利并全面巩固，但形势依然严峻复杂。提出"坚定不移深化反腐败""牢记反腐败永远在路上"等鲜明主张，表明党中央高压反腐、强力反腐和持续反腐的决心不会改变。在党的二十大报告中，习近平总书记指出，"只要存在腐败问题产生的土壤和条件，反腐败斗争就一刻不能停，必须永远吹冲锋号"①。在 2023 年 1 月二十届中央纪委二次全会上的重要讲话中，习近平总书记指出，如何始终保持风清气正的政治生态，既是我们这个大党必须解决的独有难题之一，也是全面从严治党适应新形势新要求必须啃下的硬骨头之一。要"一刻不停推进全面从严治党"，从而"始终保持风清气正的政治生态"，自然离不开高素质专业化纪检监察干部队伍的履职尽责。在 2024 年 1 月二十届中央纪委三次全会上的重要讲话中，习近平总书记针对各级纪检监察机关及其队伍建设问题，明确提出要"完善监察官职业保障配套制度，激励干部安心履职、担当作为"。② 要持之以恒地推进全面从严治党向县域延伸，从而始终保持风清气正的县域政治生态，自然也需要高素质专业化县级纪检监察干部队伍安心履职、担当作为。

一、问题提出和研究意义

（一）问题提出

2018 年 3 月，国家、省、市、县四级监察委员会挂牌成立，新型纪检监察体制"物理框架"建成。这个新体制要高效顺畅运转并产生预期效果，需要由有扎实专业知识、过硬专业能力和较高专业精神的纪检监察干部队

① 习近平：《高举中国特色社会主义伟大旗帜 为全面建设社会主义现代化国家而团结奋斗——在中国共产党第二十次全国代表大会上的报告》，载《人民日报》2022 年 10 月 26 日，第 1 版。

② 《中国共产党第二十届中央纪律检查委员会第三次全体会议公报》，载《人民日报》2024 年 1 月 11 日，第 1 版。

伍来操作。习近平总书记指出:“干部要提高专业素养。专业素养是专业知识、专业能力、专业作风、专业精神的统一,而不仅仅是专业对口那么简单。”在党的十九大报告中,党中央明确提出了“建设高素质专业化干部队伍”的新目标和“注重培养专业能力、专业精神,增强干部队伍适应新时代中国特色社会主义发展要求的能力”的新要求。这个新要求不仅是对普通干部队伍而言的,也是对肩负监督执纪问责和监督调查处置两类六种职责的纪检监察队伍而言的。2020 年十九届中央纪委四次全会公报中首次明确提出了建设“高素质专业化纪检监察干部队伍”的目标。贯彻落实这一新目标,加强纪检监察新体制下纪检监察队伍专业化建设工作,是新时代纪检监察干部队伍建设的一个重要现实课题。

从“打铁还需自身硬”到“打铁必须自身硬”思想主张的提出及发展,不仅反映了以习近平同志为核心的党中央对纪检监察队伍自身建设有了新认识,更体现了对纪检监察队伍自身建设的新要求。2014 年 1 月以来,在纪检监察机关自上而下回归主业主责的改革行动中,一些具备法律、财会、金融、审计等专业知识的人才,根据纪检监察工作的现实需要,逐渐加入到各级纪检监察队伍中,这不仅改善了各级纪检监察队伍的专业结构,而且在一定程度上提升了各级纪检监察队伍的专业化水平。近年来,不少专业人才加入各级纪检监察队伍,这“对于提高纪检监察机关的专业化程度尤其是提高依法反腐力度来说,是至关重要的”①。十八届中央纪委六次全会的工作报告明确指出“纪检监察干部在新形势下存在着能力不足的危险”,为此必须加强“要扩大选人用人视野,统筹选拔使用,加大交流力度,不断增强干部队伍的生机活力”②。2018 年 3 月,全国各级纪检监察机关有计划、有组织地开展了对纪检监察干部的“大学习、大培训、大练兵”教育培训活动。这些教育培训活动的目的不仅在于解决纪检监察干部的认知统一、身份变化和行动融合的问题,更在于提升纪检监察干部的专业知识和专业能力,增强其履职水平。2018 年施行的《监察法》明确提出国家实行监察官制度,依法确定监察官的等级设置、任免、考评和晋升等制度。国家法律及其配套法规的颁行,意味着推进各级纪检监察干部队伍专业化建设有了制度依据。正如有学者指出的那样,“在强调监察委员会独

---

① 过勇、潘春玲、宋伟:《“十八大”以来我国纪检监察机关的改革路径及成效分析》,载《国家行政学院学报》2018 年第 5 期。

② 王岐山:《全面从严治党　把纪律挺在前面　忠诚履行党章赋予的神圣职责——在中国共产党第十八届中央纪律检查委员会第六次全体会议上的工作报告》,载《人民日报》2016 年 1 月 25 日,第 3 版。

立地位和垂直管理体制的同时，建立一支专业性很强的监察队伍是非常必要的”①。

十九届中央纪委三次全会提出，“忠实履行党章和宪法赋予的职责，努力实现新时代纪检监察工作高质量发展”的奋斗目标。要实现新时代纪检监察工作高质量发展，除了必须始终坚持党管干部原则，优化干部结构，提高素质能力之外，“关键是建设高素质专业化的纪检监察干部队伍”②。十九届中央纪委四次全会则进一步指出，为了建设高素质专业化纪检监察干部队伍，要“注重引进党建、法律、财政、金融、审计、信息化、外事等”③专业人才。“建设高素质专业化队伍，是履行新时代纪检监察机关职责使命的内在要求。尤其是国家监察体制改革之后，纪委监委合署办公，要求纪检监察干部必须适应新任务新要求，具备过硬的专业知识和执纪执法能力。”④在十九届中央纪委六次全会上，时任中央纪委书记赵乐际指出，2021 年以来通过采取“立足纪检监察工作高质量发展建设干部队伍，加强机关党的建设和机关纪委建设，强化思想淬炼、政治历练、实践锻炼、专业训练，开展全员培训、实战练兵”等措施，取得了“增强法治意识、程序意识、证据意识，努力做到政治过硬、本领高强”和“加强规范化、法治化、正规化建设，锻造高素质专业化纪检监察铁军”等新成效。⑤ 2022 年 1 月 1 日起施行的《监察官法》，在其第 1 条中就指出了立法目的在于“加强对监察官的管理和监督，保障监察官依法履行职责，维护监察官合法权益，推进高素质专业化监察官队伍建设”，进而“推进监察工作规范化、法治化”。在 2022 年两部门有关负责人详解《监察官法》时，就曾明确指出，《监察官法》规定监察官等级制度的“目的是加强监察官队伍的正规化、专业化”⑥。不仅中央层面有这样的战略决策和制度建设，地方各级纪检监察机关也作出了相应的具体决策和工作安排。比如，为了贯彻落实中央纪委国家监委

---

① 王春业：《论法治视野下监察委员会体制的构建》，载《江海学刊》2017 年第 5 期。

② 吕佳蓉：《建设高素质专业化纪检监察干部队伍》，载《中国纪检监察报》2021 年 8 月 28 日，第 1 版。

③ 赵乐际：《坚持和完善党和国家监督体系　为全面建成小康社会提供坚强保障——在中国共产党第十九届中央纪律检查委员会第四次全体会议上的工作报告》，载《人民日报》2020 年 2 月 25 日，第 3 版。

④ 王雅婧：《始终做到政治过硬本领高强》，载《中国纪检监察报》2019 年 1 月 14 日，第 2 版。

⑤ 参见赵乐际：《运用党的百年奋斗历史经验　推动纪检监察工作高质量发展　迎接党的二十大胜利召开——在中国共产党第十九届中央纪律检查委员会第六次全体会议上的工作报告》，载《人民日报》2022 年 2 月 25 日，第 2 版。

⑥ 孙少龙：《构建中国特色监察官制度——两部门有关负责人详解〈中华人民共和国监察官法〉》，载《新华每日电讯》2021 年 8 月 25 日，第 5 版。

办公厅2020年印发的《关于加强新时代纪检监察干部监督工作的意见》、中共中央2021年发布的《中国共产党纪律检查委员会工作条例》(以下简称《纪律检查委员会工作条例》)和《监察官法》,海南省、湖南省等全国各地纪委监委就相继出台规章制度和采取措施,强化纪检监察干部队伍专业化建设、打造高素质专业化纪检监察铁军。①

古人"郡县治,天下安"的论断,指明了县级政权的特殊地位和重要作用。习近平总书记指出,"在我们党的组织结构和国家政权结构中,县一级处在承上启下的关键环节,是发展经济、保障民生、维护稳定、促进国家长治久安的重要基础"。② 在我国目前2843个县(县级市、区、自治县、自治旗)③中,县域治理具有非常重要的地位和作用。正如"郡县治,天下安"一样,唯有县级廉才有助于全国廉。要切实推进县级地域廉政治理实效持续提升,必然需要依赖县级纪检监察干部。我国纪检监察干部队伍规模庞大,既有各级纪检监察机关的专职干部,也有军队以及企事业单位的专兼职纪检监察干部;不仅包括中央、省、市等三个层级的纪检监察干部队伍,也包括县级纪检监察干部队伍。④ 肩负监督执纪问责和监督调查处置两类六种神圣职责的县级纪检监察队伍,必须不仅要有良好的政治素养、品行修养和心理素质,更要有扎实的专业知识和专业能力。

县级纪检监察队伍专业知识、专业能力和专业精神如何,对县级廉政治理效能有着重要影响。因为县级纪检监察工作人员在各级纪检监察队伍中,不仅人数众多,而且地位重要和作用突出。"据统计,县乡级纪检监察干部占全部纪检监察干部总数的2/3左右,县级纪检监察机构平均每年给予党纪政纪处分的人数和立案数都占全国纪检监察系统总数的40%左右",这充分彰显了县级纪检监察干部在廉政建设中的重要地位和作用。⑤县级纪检监察队伍虽然岗位特殊、职责关键、使命光荣、作用突出,但是由于基层地域的限制、专门人才引进的困难、专业化培训的不足等,在面对日

① 参见詹君峰、陈坤环:《学用结合提升履职能力》,载《中国纪检监察报》2020年9月1日,第3版;刘燕娟、吴哲、孙宸:《打造高素质专业化纪检监察铁军》,载《湖南日报》2021年1月22日,第4版。

② 《习近平谈治国理政》(第2卷),外文出版社2017年版,第140页。

③ 《中国统计年鉴2023》,载国家统计局网,https://www.stats.gov.cn/sj/ndsj/2023/indexch.htm。

④ 对于县级纪委监委在编在岗从事纪检监察工作的公职人员,按我们传统的干部人事制度都统称为干部,本项目研究中我们有时用"县级纪检监察干部队伍"作称谓,有时亦用"县级纪检监察队伍",二者实际所指对象相同。

⑤ 参见过勇、宋伟:《中国县级纪检监察机构的现状、困境与改革思路》,载《经济社会体制比较》2015年第4期。

益复杂化、智能化、隐蔽化与专业化的公职人员违规违纪和腐败犯罪行为时，正确高效履行监督执纪执法的“本领恐慌”与能力不足等问题仍然时有发生。

不可否认，纪检监察工作是一种具有专业属性的职业，自然纪检监察干部也就是一种专业人才。但是，综观我国纪检监察理论研究和实践工作，都较少将纪检监察干部看作众多社会分工中存在的专业群体并不断提升其专业化水平。这种现象的存在，在较大程度上制约了我国高素质专业化纪检监察队伍建设。在纪检监察新体制下，重视和加强县级纪检监察队伍专业化建设理应是新时代纪检监察干部队伍建设的应有之义。建设高素质专业化的纪检监察干部队伍，不仅是对中央和省市级纪检监察干部队伍的要求，也是对县级纪检监察干部队伍的要求。在纪检监察新体制下，人数众多、地位基础、作用突出的县级纪检监察干部是否掌握了“纪言纪语”和“法言法语”，“能否辨识党务、立法、行政、司法的不同运作规律，从而开展有针对性的监察”①，是否胜任工作，这些专业化建设方面的要求，都对县级纪检监察干部形成了现实而紧迫的考验。纪检监察新体制下县级纪检监察队伍专业化建设状况如何，有何成效与不足，产生不足的原因是什么，如何逐步推进县级纪检监察队伍专业化建设……系统深入地研究和解答好这些问题，不仅具有重要的理论意义，而且具有重要的现实意义。

（二）研究意义

本项目采取文献研究法、问卷调查法和个别访谈法等方法，聚焦县级纪检监察队伍专业化建设的理论与现实问题，既有较为重要的理论意义，也有明显的现实意义。

1. 理论意义

（1）本成果明确界定了纪检监察队伍专业化的科学含义，提出了衡量纪检监察队伍专业化的基本标准，在一定程度上丰富了理论界有关纪检监察队伍研究的既有内容。由于目前理论界和实务界鲜有对纪检监察队伍专业化概念做过明确的界定，因此在一定程度上存在特定概念内涵不清、指代不明的问题。本成果综合运用纪检监察学、中共党史党建学、政治学、法学和公共管理学等多学科知识，借鉴专业化理论和利伯曼（M. Lieberman）专业化“七要件”学说，并根据纪检监察干部队伍的工作属性及职业特点，对县级纪检监察队伍专业化概念的内涵和外延作出了明确界定

① 秦前红：《困境、改革与出路：从“三驾马车”到国家监察——我国监察体系的宪制思考》，载《中国法律评论》2017 年第 1 期。

及系统归纳。

（2）本成果从主体视角对县级纪检监察队伍专业化建设问题进行专门的理论阐释和实证研究，在一定程度上弥补了理论界普遍偏重从组织和制度视角研究基层反腐队伍建设的不足。新时代廉政治理现代化建设，不仅包括组织机构、体制机制等“物理架构”的现代化建设，更重要的是应该重视担负廉政治理专门职责的纪检监察队伍之现代化建设。在新时代纪检监察新体制下县域廉政治理现代化的实践过程中，“人事”比“物理”更重要。本成果就是对这个问题的具体研究和积极回应。

2. 现实意义

（1）本成果顺应我国纪检监察体制改革“物理融合”完成后，亟待加强“化学融合”（人员、职责、制度、程序等方面有机融合）的紧迫现实，通过对X省20多个市（州）20多个县级纪委监委所属1948名干部的线上线下问卷调查和11个县级纪委监委所属140名干部的线下个别访谈，客观真实地把握县级纪检监察队伍专业化建设的现实状况及其基本成因，进而探讨县级纪检监察队伍专业化建设的可行性对策。这样的研究成果，可为县级纪检监察队伍专业化建设提供理论参考和实践指导。

（2）本成果根据党和国家建设高素质专业化干部队伍的新要求，适应当前纪检监察工作高质量发展的新形势新任务，积极探讨县级纪检监察队伍专业化建设的可行对策，既可为有效应对新时代县级纪检监察队伍“能力不足”与“职业倦怠”问题提供对策建议，也可为县级高素质专业化纪检监察干部队伍建设提供实践指导，更可为中央和省市各级纪检监察队伍专业化建设提供参考经验。

二、研究现状和理论基础

（一）研究现状

1. 国外研究现状述评

在西方政治思想史上，从古至今均有着丰富的权力监督思想。在这些权力监督思想中，“权力监督者必须具备专门素质及专业能力”则是一个重要命题。[①] 不少思想家主张由具有专门知识和专门技能的人来监督公共权力行使。典型的则是在古希腊时期，柏拉图和亚里士多德就有对履行权力监督职责的护卫者和监察官应当具备何种素质与能力等问题的论述。

① 参见李永洪、潘磊：《论新体制下加强县级纪检监察队伍专业化建设的必要性》，载《西华师范大学学报（哲学社会科学版）》2019年第6期。

在《理想国》一书中，柏拉图指出：一个理想的国家应当由生产者、护国者和治国者三个群体构成。这三个群体的成员均应具有良好的特定素质并能分工合作，这是一个正义国家存在和发展的重要基础。不仅如此，柏拉图还借苏格拉底之口强调，承担保卫国家不被毁灭和监督权力行使的护国者，除了具备节制和勇敢的品质之外，还必须具有专门的知识和技艺。① 而在《法义》这部“最具政治性的著作”中，柏拉图不仅对监察官的角色、地位、职责、荣誉与被监督等问题进行了具体讨论，还就监察官遴选的条件与方式等问题进行了设计。在遴选的条件上，柏拉图认为监察官不仅是“德性上出类拔萃”的“最好的人”，还要知识丰富、才能卓著，以便能“堪配其职”。② 亚里士多德在《政治学》一书中指出，在城邦中所设“有权检查一切行政人员的行为”的监察院监察官，虽然是从众多平民中采取民主选举方式产生的，但是这些监察官权重且易腐。因此，针对这些权重且易腐的监察官，在其行使监督权和选任条件上则有两个特别规定：一是必须“凭法律上成文的条规慎重处理一切案件”，二是必须“才德高尚”且“有政治能力”。③

在西方近代史上，孟德斯鸠、密尔等人则进一步对权力监督者的专门地位和专业能力展开了论述。孟德斯鸠在《论法的精神》中指出，“要防止滥用权力，就必须以权力制约权力”④。对于该如何“以权力制约权力”，孟德斯鸠一方面主张学习“英格兰政制”：立法权、行政权和司法权三分且相互制约。另一方面则主张像英格兰一样建立由有一定专业知识与专业能力、通过竞选产生的众议员组成的众议院，最终使“立法机关由（众议院和贵族院——笔者注）两部分组成，它们通过相互的反对权彼此钳制，二者全都受行政权的约束，行政权又受立法权的约束”⑤。使立法权与行政权这两个核心权力相互制约，从而确保权力不被滥用。不仅如此，孟德斯鸠还更深刻地指出：为了拯救和维护民主共和国的基础——品德与风俗，需要监察制度和拥有德行与能力的“监察官”出场。⑥ 密尔在《代议制政府》中论述代议团体（议会）与行政部门（政府）的关系时指出，因为“每一个公共

---

① 参见[古希腊]柏拉图：《理想国》，郭斌和、张竹明译，商务印书馆1986年版，第45－227页。

② 参见曹义孙、娄曲亢：《柏拉图〈法义〉中的监察官制度探究》，载《山东社会科学》2017年第12期。

③ 参见[古希腊]亚里士多德：《政治学》，吴寿彭译，商务印书馆1965年版，第96、97、109页。

④ [法]孟德斯鸠：《论法的精神》（上卷），张雁深译，商务印书馆1963年版，第184页。

⑤ [法]孟德斯鸠：《论法的精神》（上卷），张雁深译，商务印书馆1963年版，第184、194页。

⑥ 参见[法]孟德斯鸠：《论法的精神》（上卷），张雁深译，商务印书馆1963年版，第146－147页。

行政部门都是一种技术性业务,它有它自己的特殊原则和传统的规则,其中许多东西除了在某个时候参与过该业务的人以外甚至实际上无人知道,而且实际上不熟悉该部门的人对它们是不大可能予以适当重视的”,因此代议制政府容易产生“弊病和危险”。为了克服代议制产生的“弊病和危险”,代议团体(议会)必须履行其“制约政府行动,监督和控制政府”的职能。但是,代议团体(议会)要真正履行这项职能,必须拥有“有经验和受过训练,而且通过长期而辛勤的研究、训练有素的人”——议员。① 在密尔那里,行使监督政府权力行为职责的议员(扮演着后世监察官的职责),必须有经验且受过专业训练。

人类历史发展进入现代社会以来,腐败这个“政治毒瘤”日益成为全球性“公害”。世界各国学者对腐败与反腐败的研究日益重视。如何有效惩治腐败,如何有效治理腐败,世界各国学者从反腐主体或反腐队伍这个独特的视角,也展开了一定研究。比如,美国学者莱斯利·里普森(Leslie Lipson)指出,对腐败“进行治理是专门化的职业,需要专业知识和非同一般的品格与头脑”②。新西兰学者杰瑞米·波普(Jeremy Pope)也认为,由一大批专业人士组成的既具独立性又具权威性的专门反腐机构,是廉洁国家或地区之所以能够保持廉洁的一个“重要法宝”。③ 有效反腐必须由独立、专业、能胜任的人员及其团队来实施。④ 俄罗斯学者哈布里耶娃(Т. Я. Хабриева)认为,有效治理腐败“除了注重制度因素的研究外,亦应注重人之因素的研究”⑤。Carlos Lo Wing-Hung 和 Robert J. Wickins 等人通过对世界清廉国家芬兰成功经验的深入分析后发现,有专业且权威的行政监察专员是一个基本经验。比如,有学者指出,芬兰之所以能够成为当今世界最清廉国家之一,得益于其行政监察专员的专业权威性,根本性的原因则在于这些行政监察专员“本身是资深议员、权威法学家或经验丰富的行政专家”⑥。还有人指出,独立而专业化的反腐人员虽是廉政治理目标得以

---

① 参见[英]J. S. 密尔:《代议制政府》,汪瑄译,商务印书馆1982年版,第72、76、84-100页。

② [美]莱斯利·里普森:《政治学的重大问题——政治学导论》,刘晓等译,华夏出版社2001年版,第72页。

③ See Jeremy Pope, *Confronting Corruption: The Elements of a National Integrity System*, Transparency International, 2008.

④ 参见[新西兰]杰瑞米·波普:《制约腐败——建构国家廉政体系》,清华大学公共管理学院廉政研究室译,中国方正出版社2003年版,第192-206页。

⑤ [俄]哈布里耶娃主编:《腐败:性质、表现与应对》,李铁军等译,法律出版社2015年版,第189-287页。

⑥ Head Brian, *The Contribution of Integrity Agencies to Good Governance*, Policy Studies, Vol. 1, p. 7-20 (2012).

实现的一个支柱性要素,但各国关于反腐败人员专业化的实施模式不尽相同。① 改革开放以来,无论是在反腐败体制改革上,还是在反腐败机构建设上,我国都在一定程度上学习借鉴了新加坡贪污调查局的实践经验。之所以要进行这样的学习借鉴,一是因为新加坡的反腐败取得了举世瞩目的成就;二是因为新加坡有很多华人与我们在传统文化和社会心理上具有亲缘性,因而也自然成为首选的借鉴对象;三是因为新加坡是在威权政治下肃清贪腐,这与西方国家通过政党政治实现对执政集团的监督有着很大的差异。但更重要的内在原因在于新加坡是不经过大规模政治改革,径直通过设立专业反腐机构而肃清吏治的。② 新加坡之所以取得突出的反腐败实效,最为直接的原因在于充分依赖了高度专业化的新加坡贪污调查局。若进一步深入分析,我们会发现在高度专业化的新加坡贪污调查局中,最根本的原因则是在具有"充分的政治授权"、"成熟的法治体系"、"完善的舆论监督"和"积极的公民参与"前提下,反腐机构的"大部分人员都走专业技术序列",③都是专业化的反腐队伍。

另外,国外学者也高度关注近年来中国反腐进展及其成效。他们一方面充分肯定了纪检监察机构及其人员的作用,另一方面也关注中国纪检监察人员能否实现习近平总书记提出的全面从严治党的目标。Salvatore Capasso、Rajeev K. Goel、James W. Saunoris 等人在研究大量跨国腐败驱动因素的基础上,通过增加考察执法机构在降低腐败的有效性这个特定维度,进而发现通过建立强大的专门反腐执行机构("牙龈")比增加警察、司法和检察等执法从业人员("牙齿")或提高腐败定罪率("咬伤")更有利于控制腐败。④ 这个研究结论对新时代中国增强腐败控制的有效性也有重要启示。国外学者虽普遍称颂了相关国家或地区反腐人员独立性、专业化在确保其政治廉洁中的重要作用,但他们认为其之所以能发挥重要作用,关键在于依仗了本国分立制衡的权力配置制度和成熟的文官制度。当然,值得说明的是,国外学者直接研究各国各地区反腐队伍专业化建设的专门论著却较为少见。

---

① See Carlos Lo Wing - Hung & Robert J. Wickins, *Finnish Corruption: Subtle, but by No Means Non - Existent*, Helsingin Sanomat, 19 July 2009.

② 参见薛小建编著:《中国国家监察体制的历史与变革》,人民日报出版社 2020 年版,第 241 - 242 页。

③ 参见薛小建编著:《中国国家监察体制的历史与变革》,人民日报出版社 2020 年版,第 243 页。

④ See Salvatore Capasso, Rajeev K. Goel & James W. Saunoris, *Is It the Gums, Teeth or the Bite? Effectiveness of Dimensions of Enforcement in Curbing Corruption*, Economics of Governance, Vol. 20:4, p. 329 - 369 (2019).

2. 国内研究现状述评

国内学术界对县级纪检监察队伍专业化建设问题的相关研究，主要体现在以下几个方面：

(1)分析了加强纪检监察队伍专业化建设的必要性所在。一是从纪检监察工作的性质、特点和职责等角度，指出了加强纪检监察队伍专业化建设的原因所在。比如，早在21世纪初王新民就提出，“纪检监察工作是一项专业性很强的工作，并不是随便什么人都能干好的”①。曹义孙指出，“反腐也是一门学问，也需要专业的知识和专业人才队伍，建立一支高效公正廉洁的高素质纪检监察队伍是新形势下完成反腐工作任务的重要前提”②。董瑛认为，“反腐败是一项学科性、职业性、实务性很强的专业工程，需要专业技能作基础、实务人才作保障”③。秦前红认为：“行使监察权的监察官应当具有监察专业知识和能力，既要熟知党内法规制度，也要熟知国家法律，更要对党规国法有正确的理解和认识。”④王希鹏指出：“秉公执纪执法需要一支专业化的执纪执法队伍，要求执纪执法者必须具备优秀的职业操守、深厚的专业知识、娴熟的专业技能……掌握体系化的知识结构，熟知法律、党建、经济管理、财会、心理学、社会学等专业知识；具备专业化的知识技能。”⑤二是从适应反腐新形势的需要，强调应当加强纪检监察队伍专业化建设。随着国家监察体制改革的不断深化，纪检监察工作的专业性只会越来越强。为此，纪检监察干部不仅要具有较高的政治素质和工作热情，还必须具有较强的专业知识和业务能力。⑥ 任建明指出，当前全面从严治党的本领恐慌、反腐倡廉的能力不足，“专业人才缺乏应该是重要原因”⑦。庄德水指出：“要实现反腐机构工作人员专业化，扩大反腐机构工作人员的来源，避免单一化的专业背景和培养路径。”⑧王冠认为：“腐败现象的隐蔽性、动态性和复杂性决定了反腐败机构要有效履职尽责，就必须

---

① 王新民：《论纪检监察干部的必备素质》，载《福州大学学报(哲学社会科学版)》2000年第4期。

② 郑钰飞：《全国政协委员曹义孙认为亟需培养一支专业化的中国反腐败队伍》，载《成都商报》2010年3月6日，第2版。

③ 董瑛：《切实抓好反腐败的基础性工作》，载《光明日报》2015年11月22日，第8版。

④ 秦前红主编：《监察法学教程》，法律出版社2019年版，第202页。

⑤ 王希鹏：《纪检监察学基础》，中国方正出版社2021年版，第36页。

⑥ 参见中共中央纪律检查委员会中华人民共和国国家监察委员会法规室编写：《〈中华人民共和国监察法〉释义》，中国方正出版社2018年版，第251页。

⑦ 任建明：《给一线反腐败官员评职称》，载《廉政瞭望》2015年第2期。

⑧ 庄德水：《政治决心与反腐机构的运行绩效：基于国际比较的视角》，载《经济社会体制比较》2015年第4期。

走专业化发展道路。反腐败机构工作人员的能力素质是反腐败机构专业化的具体反映。”①曹义孙、康潇宇等人从与检察官及法官职责相似性比较②、古今中外反腐经验的启示③、反腐机构专业化改革的内在要求④等方面，指出加强纪检监察队伍专业化建设的客观必要性。

(2)揭示了古今中外经验对我国纪检监察队伍专业化建设的借鉴意义。一是国内学者较为普遍地认为我国监察御史制度设计对推进我国新时代纪检监察队伍专业化建设具有重要的参考价值。监察制度自秦汉真正创制以来，历经历朝历代承袭、改造和沿用至明清。《史记》《汉书》《后汉书》《宋史》《明史》等众多历史典籍都对监察官的选任、使用、监督和考绩等专门制度设计作出了明确记载。⑤ 特别是在监察制度逐渐完善的隋唐时期，不仅监察立法细致周密、监察手段灵活多样和监察机构更加完备，而且更为重要的是对监察官员实施了极为严格而审慎的选择制度设计。⑥ 另外，由于监察官监察范围涉及行政、司法、经济、军事、文化等诸多领域，历朝历代对监察官员的素质要求都较高。没有公正廉洁品德、专门才学、博闻多识、明于礼法和地方(基层)任职经历等很难胜任监察官的职责。⑦ 总之，中国历朝历代对监察官的选任、使用和监督等均有严格的制度规定，特别是必须达到相应的德行、才学、履历等条件才可能被选用和擢升。二是一些学者认为，来自西欧、北美、亚洲等国家和地区的经验，对推进新时代我国国家层面的纪检监察队伍专业化建设也具有一定参考价值，特别是新加坡贪污调查局和我国香港廉政公署的实践经验尤受学者们推崇。“重视反腐败机构人员的专业能力和素质，成为了西方清廉国家之所以清廉的一条基本经验。”⑧项继权和李敏杰等人通过对国(境)外廉政制度的比较分

---

① 王冠：《纪检监察干部培训工作研究》，中国政法大学出版社 2021 年版，第 180 页。

② 参见郑钰飞：《全国政协委员曹义孙认为亟需培养一支专业化的中国反腐败队伍》，载《成都商报》2010 年 3 月 6 日，第 2 版；康潇宇：《素质和能力有何不足?》，载《中国纪检监察报》2015 年 6 月 3 日，第 3 版。

③ 参见吴高庆：《建立我国反腐败专职机构的构想》，载《甘肃社会科学》2005 年第 3 期。

④ 参见过勇、宋伟：《中国县级纪检监察机构的现状、困境与改革思路》，载《经济社会体制比较》2015 年第 4 期；庄德水：《政治决心与反腐机构的运行绩效：基于国际比较的视角》，载《经济社会体制比较》2015 年第 4 期。

⑤ 参见解扬：《中国古代著名监察官》，载《中国纪检监察》2018 年第 7 期。

⑥ 参见项继权、李敏杰、罗峰：《中外廉政制度比较》，商务印书馆 2015 年版，第 161 页。

⑦ 参见贾玉英等：《中国古代监察制度发展史》，人民出版社 2004 年版，第 328－336 页。

⑧ 李永洪、潘磊：《论新体制下加强县级纪检监察队伍专业化建设的必要性》，载《西华师范大学学报(哲学社会科学版)》2019 年第 6 期。

析，揭示了这点。[①]“无论是在芬兰、挪威、丹麦、瑞典、瑞士、加拿大和新西兰等国家，还是在新加坡、中国香港等国家或地区，不仅在于建有统一、独立、权威、专门的反腐机构，更在于拥有素质好、能力强、专业化的反腐工作人员。”[②]刘守芬和李淳指出，新加坡贪污调查局基于人员构成上的专业性及职业性，能够高效率、强有力地侦查涉及复杂的经济、政治和法律等方面的腐败问题。[③] 我国香港廉政公署专业化导向的人事管理制度及其经验，对提升我国国家层面纪检监察队伍专业能力大有参考意义。鉴于此，有学者指出：“新成立的监委会不应继续走行政化的老路，而应当坚持专业化导向。”[④]

(3)探究了我国地方各级纪检监察队伍专业化建设的现状与问题。一是不少理论研究者和实务工作者结合长期的跟踪研究和实务工作，以“在场者”或“当事人”身份在一些调研报告和专题研讨中对包括县级在内的地方各级纪检监察队伍专业化建设的成效与问题进行了个案分析。理论界和实务界均认为，县级纪检监察干部总体上较为胜任工作，但是也存在专业化水平地区发展不平衡、“上高下低”、准入专业要求不高、培训机制不科学等问题。[⑤] 二是一些纪检监察学、中共党史党建学、政治学和法学等学科学者，在研究反腐体制机制创新和反腐机构改革等课题中，间接总结了近年来我国纪检监察队伍专业化建设的成效与问题，也发现了包括县级纪检监察干部在内的地方纪检监察干部专业化建设存在一定不足的问题。[⑥] 比如，公婷指出，县级反腐人员存在一定程度的能力“不适应问题”[⑦]。安峰和曲如杰等人借鉴胜任力模型，采取事件访谈、问卷调查、团体焦点访谈等方法，对新疆地区纪检监察干部的胜任特征进行定量分析和

---

① 参见项继权、李敏杰、罗峰：《中外廉政制度比较》，商务印书馆 2015 年版，第 381－382、408－409 页。

② 李永洪、潘磊：《论新体制下加强县级纪检监察队伍专业化建设的必要性》，载《西华师范大学学报（哲学社会科学版）》2019 年第 6 期。

③ 参见刘守芬、李淳主编：《新加坡廉政法律制度研究》，北京大学出版社 2003 年版，第 157 页。

④ 薛彤彤、牛朝辉：《建立专业化导向的国家监察官制度》，载《河南社会科学》2017 年第 6 期。

⑤ 参见王绍辉、丑维强：《锦州完善机制 优化纪检监察队伍》，载《中国纪检监察报》2010 年 12 月 13 日，第 3 版；黄先耀：《深入推进体制机制制度创新 不断提高反腐倡廉建设科学化水平》，载《楚天风纪》2010 年第 12 期；康潇宇：《素质和能力有何不足？》，载《中国纪检监察报》2015 年 6 月 3 日，第 3 版。

⑥ 参见任建明：《给一线反腐败官员评职称》，载《廉政瞭望》2015 年第 2 期；庄德水：《政治决心与反腐机构的运行绩效：基于国际比较的视角》，载《经济社会体制比较》2015 年第 4 期。

⑦ 公婷、杨丽天晴：《以地方为基础的廉政管理：创新与意义》，载《广州大学学报（社会科学版）》2015 年第 2 期。

实证研究,[①]也在一定程度上印证了前述研究者所发现的相同问题。

(4)归纳了影响纪检监察队伍专业化建设的多种因素。在国内学者看来,思想认识不到位、领导层决心不大[②]、保障机制构建不全[③],构成了影响当前纪检监察队伍专业化建设的主要因素。薛彤彤和牛朝辉更是深刻地指出,以行政化、级别化导向为主的纪检监察机关人事管理制度,导致了部分反腐败机构的工作人员“更愿意追求官职、官位而忽视或轻视了个人业务能力、专业水平的提高”[④],进而缺乏后续的专业化发展。杨晓曼指出,“监察官选任标准虽已在《监察法》《监察官法》中得到相应规定,但标准的实施仍存在范围不确定、内容不具体、程序不完善等问题,在规范上表现为选任范围泛化、准入资格模糊、程序缺乏独立性等缺陷,不利于建设专业化监察官队伍。”[⑤]王延延则认为,“提供良好的职业保障场域,构建职业保障法律法规群、健全人才培养培训机制、完善考核指标机制,并加快落实保障监察官职业权利,以适度拓展监察官职业保障的力度与范围”,有助于“实现对监察官队伍的专业化建设”[⑥]。

(5)提出了推进纪检监察队伍专业化建设的多种对策。国内学者对于具体的推进对策提出了多样化的主张。李秋芳、孙壮志等认为,加强反腐败机构干部队伍专业化建设,必须“选调经验丰富、能力素质强的财务、会计、法律、IT、通信等专业人员充实办案力量,增强办案人员的业务能力”[⑦]。任建明提出,改革现行反腐机构人事管理体制,对那些专门从事纪检监察工作的人员实施专业技术序列管理,给他们“评职称”,从而使他们去“行政化”而行“专业化”。[⑧] 为了实现这一点,他还认为最为根本的是应当“设立专业化导向的国家监察官制度”及其招聘、培训、晋升、薪酬等配

---

① 参见安峰等:《纪检监察办案人员胜任特征影响因素分析——基于新疆地区纪检监察干部基本情况》,载《数学的实践与认识》2016 年第 4 期。

② 参见庄德水:《政治决心与反腐机构的运行绩效:基于国际比较的视角》,载《经济社会体制比较》2015 年第 4 期。

③ 参见董瑛:《“打赢反腐败这场正义之战”的六大关键标识》,载《人民论坛 · 学术前沿》2017 年第 8 期。

④ 薛彤彤、牛朝辉:《建立专业化导向的国家监察官制度》,载《河南社会科学》2017 年第 6 期。

⑤ 杨晓曼:《我国监察官选任标准实施的检视与问题应对》,载《华南师范大学学报(社会科学版)》2023 年第 4 期。

⑥ 王延延:《监察官职业保障建设的基本逻辑与优化路径》,载《福建师范大学学报(哲学社会科学版)》2024 年第 2 期。

⑦ 李秋芳、孙壮志主编:《反腐败体制机制国际比较研究》,中国社会科学出版社 2015 年版,第 24 页。

⑧ 参见任建明:《给一线反腐败官员评职称》,载《廉政瞭望》2015 年第 2 期;过勇:《完善中国反腐败体制和机制的几点建议》,载《经济社会体制比较》2010 年第 4 期。

套制度。[①] 薛彤彤和牛朝辉也有类似的主张。他们认为，反腐败工作本身的复杂性和专业性，需要以专业化导向的国家监察官制度作保障。借鉴《公务员法》中专业技术类公务员的制度设计、《专业技术类公务员管理规定（试行）》[②]设置的专业序列通道[③]，参考公检法人员专业化建设模式[④]等做法，来建立以专业化为导向的纪检监察干部管理制度。有学者主张吸收古代监察御史制度精华和借鉴国（境）外反腐人员专业化建设经验[⑤]来推进我国各级纪检监察队伍专业化建设。有学者更直接地主张借鉴我国香港廉政公署专业化导向的人事管理制度，基于专业分工设置反腐专业技术序列，将专业能力作为专业技术等级晋升的主要依据，而不是行政级别。[⑥] 还有学者明确提出，监察官理应成为法律职业群体中的一员，其职业准入门槛就不应低于法官、检察官。[⑦] 另外，李永忠、蒋熙辉、任建明、王希鹏、邓联繁、杨永庚、王明高、蒋来用、王冠等众多学者主张通过开设廉政学或纪检监察学等专业，通过培养和输送专门反腐人才来实现纪检监察队伍专业化。[⑧] 董瑛还特别强调："多种方式选配反腐败职业型、专业型、专家型人才，改善反腐败机构领导班子及其队伍的专业思维、专业素养、专业方法，

① 参见任建明、杨梦婕：《国家监察体制改革：总体方案、分析评论与对策建议》，载《河南社会科学》2017 年第 6 期。

② 2016 年 7 月 8 日中共中央办公厅、国务院办公厅发布的《专业技术类公务员管理规定（试行）》已经在 2023 年 9 月 1 日被修订为《专业技术类公务员管理规定》且由中共中央办公厅于同日发布。《专业技术类公务员管理规定》再次对专业序列通道作出了规定。

③ 参见薛彤彤、牛朝辉：《建立专业化导向的国家监察官制度》，载《河南社会科学》2017 年第 6 期。

④ 参见郑钰飞：《全国政协委员曹义孙认为亟需培养一支专业化的中国反腐败队伍》，载《成都商报》2010 年 3 月 6 日，第 2 版。

⑤ 参见吴高庆：《建立我国反腐败专职机构的构想》，载《甘肃社会科学》2005 年第 3 期；袁柏顺、刘少博：《信息效率视角下的香港防贪经验》，载《廉政文化研究》2015 年第 5 期。

⑥ 参见薛彤彤、牛朝辉：《建立专业化导向的国家监察官制度》，载《河南社会科学》2017 年第 6 期。

⑦ 参见曹志瑜：《法律资格考试有助监察队伍职业化》，载《法制日报》2017 年 8 月 10 日，第 7 版。

⑧ 参见李永忠、董瑛：《对纪检监察学科建设问题的几点思考》，载《中国延安干部学院学报》2011 年第 5 期；蒋熙辉：《中国纪检监察学基本范畴研究》，载《中国监察》2012 年第 5 期；王希鹏：《廉政学的学科定位与理论体系——兼论纪检监察学科建设何以可能》，载《广州大学学报（社会科学版）》2014 年第 2 期；任建明：《廉政学科及其发展路径研究》，载《北京航空航天大学学报（社会科学版）》2015 年第 4 期；邓联繁：《让"廉洁学"茁壮成长》，载《人民政坛》2016 年第 1 期；杨永庚：《纪检监察学学科的形成与发展述论》，载《廉政文化研究》2016 年第 2 期；蒋来用：《廉政学学科 2017 年度发展综述》，载《廉政文化研究》2018 年第 1 期；王明高、谢志远、陈鑫铭：《廉政学的独立性及其学科体系构建》，载《湖南商学院学报》2017 年第 2 期；王希鹏：《纪检监察学基础》，中国方正出版社 2021 年版，第 4－5 页；王冠、任建明：《创建纪检监察学的意义、现状与建议》，载《北方论丛》2022 年第 2 期。

建立反腐败机构和队伍的职业化、专业化标准，破解纪检监察机关专业化水平偏低、反腐倡廉效能不高、反腐败‘本领不足、本领恐慌、本领落后’，专业短板、能力短板、监督短板等问题。”①

综上所述，虽然国内外学界对纪检监察队伍专业化建设相关内容进行了或多或少、或深或浅、或直接或间接的研究，从而为我们开展研究提供了一定思想启发和资料支持，但是现有研究成果的全面性、指向性和针对性等都还不够强。不少理论主张和学术观点同新时代纪检监察队伍建设的政策主张及现实要求，尚有一定差距。综合来看，国内外学者研究成果主要存在以下需要进一步探讨的问题：一是从研究内容来看：纪检监察队伍专业化的基本概念和外在表现等理论问题尚有待厘清阐明，纪检监察新体制对县级纪检监察队伍专业化建设的机遇与挑战也需要深入分析，县级纪检监察队伍专业化建设的系统对策尚有待构建。二是从研究视角来看：从组织—制度视角对纪检监察干部队伍建设的研究成果较多，但是从个体（群体）—行为视角对纪检监察干部队伍建设的研究成果还不多。特别是从个体（群体）—行为视角，聚焦研究地处“熟人社会”的县级纪检监察干部队伍专业化建设问题的研究成果则更少。三是从研究方法来看：目前纪检监察学、中共党史党建学和法学等学科较为知名的学者对纪检监察队伍专业化建设相关内容的研究，大多采取理论推演和逻辑推理等规范研究方法来开展，而鲜有采取实证研究方法的。反而是那些初涉纪检监察队伍建设课题的硕士研究生和青年学者在其学位论文等中较多采取实证研究方法进行了一定数量的间接研究。但是，这些青年研究者不仅大多不是直接针对县级纪检监察队伍专业化建设的，而且由于其学术功力及能力的局限，其研究成果的解释力和深刻性都还有不足。国内外学界研究成果中存在的这些不足，恰为本项目研究提供了创新空间。

（二）理论基础

新时代县级纪检监察队伍专业化建设，不仅要从古今中外治吏反腐的基本实践中萃取精华，也要从中西方学者的廉政学说中汲取合理养分，更要从马克思主义经典作家和历届中央领导集体的相关论述中发现其理论根基。

1. 马克思主义理论经典作家的相关论述及其指导意义

在马克思、恩格斯和列宁的著作中，尽管既没有直接使用过“纪检监

① 董瑛：《“打赢反腐败这场正义之战”的六大关键标识》，载《人民论坛·学术前沿》2017 年第 8 期。

察”“纪检监察队伍”等概念，也没有针对“纪检监察队伍专业化建设”的直接论述，但是他们在有关权力监督、党内监督、公职人员管理、反对腐败等问题的阐释中，也有着同纪检监察队伍专业化建设间接相关的一些重要论述。这些论述积淀成了县级纪检监察队伍专业化建设的思想源泉，对于推进新时代县级纪检监察队伍专业化建设，具有重要的指导意义。

(1)马克思恩格斯的相关论述及其指导意义。

研读马克思和恩格斯相关著作，我们会发现二人在指导共产主义者同盟建设以及总结巴黎公社革命实践与政权建设的经验得失中，间接论及如何选任、管理和监督履行监督职责的特殊公职人员等问题，从而为当今我国县级纪检监察队伍专业化建设提供了一定思想指导。马克思恩格斯的相关论述及其指导意义主要体现在以下几个方面：

①普选制也适用于选任履行监督职责的特殊公职人员。马克思指出，与资产阶级实施虚假的普选制不同，无产阶级政党将普选制由虚变实。共产主义者同盟“本身是完全民主的，它的各委员会由选举产生并随时可以罢免”①。巴黎公社使普选权“被应用于它的真正目的：由各公社选举它们的行政的和创制法律的公职人员”②，即让无产阶级真正选举代表自身利益的人民公仆，从而使人民真正成为国家和社会的主人。马克思和恩格斯强调，普选制度必须完全真实地适用于选举公社内所有从事公务活动的人员，审判官和监察官等自然也在其中。在当前我国纪检监察队伍专业化建设过程中，可合理借鉴并创新应用马克思和恩格斯所倡导的平等普选产生公职人员的制度设计与实施机制，在政治素质、专业知识和业务能力等达到要求的前提下，对一定范围内的基层纪检监察干部实行民主选任，这样做可以在一定程度上优化当前基层纪检监察干部队伍结构，促进基层纪检监察队伍专业化水平提升。

②罢免制也可用来撤换履行监督职责的特殊公职人员。马克思和恩格斯在总结巴黎公社建设得失之时，提出了要在公职人员中严格落实罢免制度的思想。马克思指出，法官和审判官“均由选举产生，对选民负责，而且可以罢免”③。罢免制能够对经选举进入公社的所有公职人员形成压

① 中共中央马克思恩格斯列宁斯大林著作编译局编译：《马克思恩格斯选集》（第4卷），人民出版社2012年版，第207页。

② 中共中央马克思恩格斯列宁斯大林著作编译局编译：《马克思恩格斯选集》（第3卷），人民出版社2012年版，第141页。

③ 中共中央马克思恩格斯列宁斯大林著作编译局编译：《马克思恩格斯选集》（第3卷），人民出版社2012年版，第99页。

力，防止公职人员懒政怠政和腐化堕落。马克思和恩格斯关于对所有公职人员实行罢免制的思想，对于当前我国纪检监察干部队伍建设也有一定指导意义。在建立健全一定制度机制前提下，既对那些纪检监察工作中的“内鬼”和“害群之马”实行罢免，又对那些素质能力不足、斗争精神不强、担当作为不够、工作效果不好的纪检监察干部实行罢免，则可在一定程度上改善当前部分县级纪检监察队伍结构不优、素能不强、退出渠道单一等问题，从而有助于建设高素质专业化县级纪检监察干部队伍。

③监督制更要用于监督履行监督职责的特殊公职人员。马克思和恩格斯十分重视对公职人员实行严格的监督。在他们看来，党内监督和民主监督是实现这一目标最有效的两种形式。马克思和恩格斯强调，公社必须监督自己的公务人员，必须实行严格的内部监督。“一切社会公职，甚至原应属于中央政府的为数不多的几项职能，都要由公社的官吏执行，从而也就处在公社的监督之下。”[①]马克思和恩格斯不仅重视对公职人员的党内监督，也重视对公职人员的民主监督（即社会监督）。马克思和恩格斯在强调对普通公职人员实行严格的党内监督和民主监督的基础上，还特别强调对行使监督权的公职人员实行更严格的党内监督和民主监督。比如，恩格斯认为，对监督者的严格监督与批评“一定要比任何无意义的恭维更有益处”[②]。马克思和恩格斯主张的严格监督监督者思想也为我国当前如何加强对各级纪检监察干部的监督提供了重要启示。新时代我国各级纪检监察干部是行使监督权的监督者，而监督者更应受严格的监督。积极汲取并合理借鉴马克思和恩格斯有关监督者受监督的思想精髓，不断健全严格监督各级纪检监察干部的体制机制，不仅有助于优化纪检监察干部队伍的工作作风，也有助于提升包括县级在内的各级纪检监察干部队伍的政治素质和业务能力。

（2）列宁的相关论述及其指导意义。

列宁在继承马克思和恩格斯权力监督和党内监督等思想的基础上，结合苏维埃俄国革命与建设的具体实践，先后提出并着手了工农检查院和中央监察委员会等多种监督机关的建设。在着手这些监督机关建设的过程中，列宁也有一些关于重视和加强监察队伍建设的论述。这些论述，对新时代县级纪检监察队伍专业化建设具有指导意义。相关论述及其指导意

---

① 中共中央马克思恩格斯列宁斯大林著作编译局编译：《马克思恩格斯选集》（第3卷），人民出版社2012年版，第167页。

② 中共中央马克思恩格斯列宁斯大林著作编译局编译：《马克思恩格斯选集》（第3卷），人民出版社2012年版，第399页。

义主要体现在以下几个方面：

①改革调整监察组织，优化监察部门职能。1918 年 1 月，苏维埃俄国创立了对各级政府机关实行广泛监督的苏俄国家最高监察机关——工农检查院。工农检查院设立后虽然在监督国家法律法令是否正确执行、监督国家公职人员是否渎职和滥用职权、反对官僚主义、揭露贪腐等方面发挥了一定积极作用，但是其工作人员不懂业务、文化水平较低、工作效率差等导致其声望不断下降。为此，列宁对其进行了严厉批评，撰写了《我们怎样改组工农检查院》及《宁可少些，但要好些》两篇文章指导工农检查院改组和改革。[①] 特别是在 1920 年俄共(布)第九次全国代表会议上，列宁提议成立监察委员会这个党内专门监督机构。不仅如此，他还对由什么样的人组成监察委员会提出了明确的要求。1921 年 3 月俄共(布)十大通过了《关于监察委员会》的决议，苏维埃俄国建立了由党代会选举产生并同党的中央委员会平行的中央监察委员会。该委员会必须“由受党的培养最多、最有经验、最大公无私并最能严格执行党的监督的同志组成”[②]。为了切实增强中央监察委员会的监察实效，列宁还特别建议对原工农检查院的规模进行调整。他主张从工农阶级中选拔 75 位至 100 位高素质人才进入中央监察委员会工作，并且要对这些被选拔的人才进行严格的审查。[③] 列宁针对当时工农检查院的履职困境，提出优化工农检查院机构及其职能，冲破职员编制、严格审查工农检查院人员、对那些不符合发展需要和专业能力较差的工作人员进行裁减等主张，从而来实现其监督效能提升。列宁的这些先进思想和政策主张不仅在一定程度上提高了苏维埃俄国监察工作的效率及质量，也为新时代我国各级纪检监察队伍专业化建设带来了一定启示。

②注重监察人员选拔，构建高素质监察队伍。列宁认为，监察委员会人员素质的高低，直接决定了整个苏维埃俄国监察队伍的整体水平，进而影响着苏维埃俄国监察质量及工作效率。为此，他特别注重采取多种有效措施来选拔具有较高政治素质和业务能力的监察人员。在吸取工农检查院队伍建设教训基础之上，列宁对党的监察委员会队伍建设给予了特别关

---

① 参见中共中央马克思恩格斯列宁斯大林著作编译局编译：《列宁选集》(第 4 卷)，人民出版社 2012 年版，第 779－798 页。

② 中共中央马克思恩格斯列宁斯大林著作编译局编译：《列宁全集》(第 39 卷)，人民出版社 2017 年版，第 323 页。

③ 参见中共中央马克思恩格斯列宁斯大林著作编译局编译：《列宁全集》(第 39 卷)，人民出版社 2017 年版，第 373－377 页。

注。他指出,改组工农检查院“不应当追求数量和急于求成……理所当然应该关心特别认真地提高它的质量,把具有真正现代素质的人才,即同西欧优秀人才相比并不逊色的人才集中到工农检查院里来”①。他要求各级监察委员会要以人员质量建设为中心工作,将真正有能力有素养的优秀人才集中到监察委员会之中为党和国家的监督工作服务。为此,首先,列宁对监察机关工作人员的素质“提出了更高的要求,积极吸引一批政治素质过硬、理论功底深厚和业务精干的有识之士扩充监察队伍”②。列宁强调,从事监察工作的人员是能经受住考验、具有丰富一线经验和高尚道德品行的“无可指责的共产党员”。③ 除此之外,列宁还明确提出了胜任监察机关工作的人员素质的相关要求,即“一是要是一名一心一意为社会主义奋斗的人;二是要是一名社会制度中的优秀分子,受过良好的教育;三是要为人真诚,不信空话、不说昧心话;四是要有不怕困难、不怕斗争的精神”④。其次,鉴于监察委员会和工农检查院等机关特殊的工作性质,他特别设计了单独的考核方法进行选才。具体而言,包括以下措施:“第一,要成立一个专门的委员会草拟针对中央监察委员会候选人的考试大纲,再筹备成立一个专门的筹备委员会对中央监察委员会委员的候选人进行物色。第二,要对这些工作人员进行长期的培训教育,使他们掌握本领,能够胜任工作。第三,施行党员推荐机制,这些人员需要由几名共产党员进行推荐。”⑤第四,要通过相关考试,这些考试具体包括“关于国家机关知识的考试”和“有关国家机关问题的基本理论、行政管理和公文处理等基础知识的考试”。⑥ 最后,列宁还强调监察人员组成的多样性和独立性。“最好是使这个机关有各种各样的人员,使我们看到这个机关是多种品质和各样优点的结合。”⑦列宁提出,党的监察委员会实行自上而下的垂直领导体制,监察

---

① 中共中央马克思恩格斯列宁斯大林著作编译局编译:《列宁选集》(第 4 卷),人民出版社 2012 年版,第 784 页。

② 孙小泽:《列宁晚年著作〈我们怎样改组工农检查院〉的党内监督思想及其当代价值》,载《理论观察》2017 年第 1 期。

③ 参见中共中央马克思恩格斯列宁斯大林著作编译局编译:《列宁选集》(第 4 卷),人民出版社 2012 年版,第 788 页。

④ 孙茵:《列宁〈我们怎样改组工农检查院〉中的监督思想及启示》,载《中共南京市委党校学报》2023 年第 1 期。

⑤ 孙茵:《列宁〈我们怎样改组工农检查院〉中的监督思想及启示》,载《中共南京市委党校学报》2023 年第 1 期。

⑥ 参见中央纪委国家监委办公厅编写:《中国共产党纪检监察工作百年沿革》,中国方正出版社 2022 年版,第 237 – 238 页。

⑦ 中央纪委国家监委办公厅编写:《中国共产党纪检监察工作百年沿革》,中国方正出版社 2022 年版,第 238 页。

委员会组成人员必须专职化、不得兼职化，要按《关于监察委员会》决议所规定的“监察委员会委员不得兼任党委员会委员，也不得兼任负责的行政职务”[①]的要求去做。

③高度重视教育培训，提高监察人员能力。列宁指出，作为苏维埃俄国最高监察机关的工农检查院以及后来党的监察委员会，其工作人员的素质和能力都先后存在不尽如人意之处。这种情况主要体现为：一是“一心一意为社会主义奋斗的人”所受的教育是不够的；二是“有知识的、受过教育和训练的人同其他国家比少得可笑”。对于这种情况，列宁在主张严格选拔优秀人才进入党和国家监察机关的同时，还要求监察人员强化培训学习，不断提升业务素养和专业水平。列宁具体提出了两大对策：一是选任“先进工人”和“真正受过教育而且可以保证绝不相信空话、绝不说昧心话的”社会优秀分子；二是必须对工农检查院以及后来的监察委员会工作人员进行教育培训。[②] 就吸纳优秀分子而言，列宁还特别要求，新增加来当中央监察委员的人员，必须具备相当的政治素质和业务水平。就教育培训而言，列宁认为鉴于中央监察委员会工作的重要性以及复杂性，要将这些工作人员定期送到各级各类公职人员培训机关参加教育培训。要“使他们学会工作方法和胜任工作任务，还应该对他们进行长期的教育”[③]。列宁认为，只有加强教育培训，才能使监察委员坚定政治立场和增强业务能力，才能够将其所学应用到实际的监察工作当中，从而提高监察效能。同时，他也鼓励相关监察机关要积极学习借鉴外国在这方面的成功经验，并结合苏维埃俄国的实际情况予以改造，将其创新性地用于党和国家的监察活动中。

总之，尽管列宁领导苏维埃俄国政权建设仅有短短 7 年左右时间，但是他重视并加强工农检查院和监察委员会工作人员建设的相关论述，也为我们新时代包括县级在内的各级纪检监察干部队伍专业化建设带来了重要启迪。列宁关于国家权力监督和党内监督思想的一个重要内容，就是要结合苏维埃俄国变化发展的革命与建设实际着力打造一支政治过硬和业务精良的监察队伍。列宁始终坚信这是把权力监督和党内监督落到实处

---

① 《苏联共产党代表大会、代表会议和中央全会决议汇编》(第 2 分册)，中共中央马克思恩格斯列宁斯大林著作编译局译，人民出版社 1964 年版，第 71 页。

② 参见孙小泽：《列宁晚年著作〈我们怎样改组工农检查院〉的党内监督思想及其当代价值》，载《理论观察》2017 年第 1 期。

③ 中共中央马克思恩格斯列宁斯大林著作编译局编译：《列宁选集》(第 4 卷)，人民出版社 2012 年版，第 788 页。

的前提条件。列宁的这些思想对新时代县级纪检监察队伍专业化建设具有重要的指导性和参考性，党的十八大以来以习近平同志为核心的党中央提出的打造“政治过硬、本领高强”的高素质专业化纪检监察铁军是对列宁的这些思想的承继和发展。具体而言，我们特别应该抓好以下两点：一是要完善纪检监察机关干部的选拔机制，真正选拔出素质高、作风硬、能力强的干部队伍；二是要强化对纪检监察干部的教育培训，优化干部考核、晋升、奖惩和流转的机制，提升从业人员的业务知识和专业能力。①

2. 历届中央领导集体的重要论述及其指导意义

毛泽东、邓小平、江泽民、胡锦涛、习近平等历届中央领导集体的核心成员，对各级纪检监察干部都提出了具有一贯、连续且明确的要求。概括而言，就体现为：从新民主主义革命时期的“忠实刻苦”到社会主义革命和建设时期的“党性坚强、忠实可靠、作风正派”，再到改革开放和社会主义现代化建设新时期的“政治坚强、公正清廉、纪律严明、业务精通、作风优良”。特别是中国特色社会主义进入新时代以来，以习近平同志为核心的党中央要求纪检监察干部“政治素质高、忠诚干净担当、专业化能力强、敢于善于斗争”，打造忠诚干净担当的纪检监察铁军。② 毛泽东、邓小平、江泽民、胡锦涛和习近平等领导人对纪检监察干部队伍建设均有不少重要论述。当然，习近平总书记是直接论述，其他领导人基本上是间接论述了纪检监察队伍专业化建设的相关问题。尽管如此，这些直接或间接论述对于新时代我国县级纪检监察队伍专业化建设来说，均具有重要指导意义。

（1）以毛泽东同志为主要代表的中国共产党人的重要论述及其指导意义。

毛泽东同志虽然没有直接使用过“纪检监察队伍专业化建设”的概念，也没有针对“纪检监察队伍专业化建设”展开专门直接论述，但是他对于包括纪检监察干部在内的所有干部问题的重要论述，也为当前县级纪检监察队伍专业化建设提供了一定思想指导。毛泽东同志的重要论述及其指导意义主要体现在以下几个方面：

①增加知识，强化干部队伍专业能力。1952 年 2 月，中共中央发出《关于加强纪律检查工作的指示》，强调：“要选调和提拔一批忠实可靠、作

① 参见孙茵：《列宁〈我们怎样改组工农检查院〉中的监督思想及启示》，载《中共南京市委党校学报》2023 年第 1 期。

② 参见中央纪委国家监委办公厅编写：《中国共产党纪检监察工作百年沿革》，中国方正出版社 2022 年版，第 237 页。

风正派、具有一定的政治文化水平的党员干部到纪律检查部门工作。”①在1957年召开的党的八届三中全会上，毛泽东同志指出：“我们各行各业的干部都要努力精通技术和业务，使自己成为内行，又红又专……但是单有红还不行，还要懂得业务，懂得技术。”②毛泽东同志在新民主主义革命和社会主义建设初期提出的“多懂一点”、“增加知识”、“努力精通技术和业务”、做到“又红又专”等要求，实际上不仅是对一般干部而言的，也是对当时承担党内监督职责的纪检监察干部而言的。毛泽东同志的这些主张，已经初步体现出其对纪检监察干部专业化的重视。新时代纪检监察干部要把工作做得更好除了需要“红”之外，更需要“懂得多一点”，要不断增加专业知识，强化专业能力，克服本领恐慌。

②厉行廉政，保持干部良好专业素养。早在抗战时期毛泽东同志就注重干部的廉政建设，重视保持干部廉洁自律的专业品质。1937年10月在《目前抗战形势与党的任务报告提纲》中毛泽东同志强调“共产党员在各级政府中应该成为坚决勇敢、刻苦耐劳、急公好义、礼义廉耻的模范，并受中央与地方党的严厉监督”③。为规范党员行为，他指出“必须加强纪检工作，健全党内的组织生活和民主生活，充分发挥支部的堡垒作用，发动对党员干部违法乱纪行为的揭发和检举”④。

③任人唯贤，重视干部选拔教育培养。毛泽东同志一方面重视干部的选拔，另一方面也强调加强干部的能力培养，任用德才兼备的干部。为了加强党员干部队伍建设，毛泽东同志强调，要加强对干部的教育、培养与选拔，审查干部的工作能力。⑤ 毛泽东同志的这种思想，对新时代纪检监察干部队伍专业化建设提供了重要指导。新时代纪检监察干部的选拔不仅要做到德才兼备，还应当具备专业的业务工作能力和理论知识。

（2）以邓小平同志为主要代表的中国共产党人的重要论述及其指导意义。

邓小平同志作为中国共产党第二代领导集体的核心，对改革开放以来中国党风廉政建设和反腐败斗争也作出了突出贡献。特别是在党的十一届三中全会后，关于如何加强党的建设，防止党内腐败，建设良好的党内政

---

① 中央纪委国家监委办公厅编写：《中国共产党纪检监察工作百年沿革》，中国方正出版社2022年版，第240页。

② 中共中央文献研究室编：《毛泽东文集》（第7卷），人民出版社1999年版，第309页。

③ 中共中央文献研究室编：《毛泽东文集》（第2卷），人民出版社1993年版，第54页。

④ 中共中央文献研究室编：《毛泽东年谱》（第1卷），中央文献出版社2013年版，第568页。

⑤ 参见中共中央文献研究室编：《毛泽东文集》（第2卷），人民出版社1993年版，第60页。

治生态，邓小平同志有着不少重要论述。在这些重要论述中，也有一些关于纪检监察队伍专业化建设的相关内容。主要体现在以下几个方面：

①严明党规党纪，重视监察工作。1956 年 9 月邓小平同志在党的八大上强调"党的各级委员会必须保证各级监察机关有足够的干部力量，并且经常对于它的工作给以坚强的支持"①。1962 年 11 月在接见参加组织工作会议和全国监察工作会议的同志时，邓小平同志指出"要把管理和监督干部的经常工作好好地建立起来，把监察工作好好地加强起来"②。改革开放战略实施以后，特别是随着社会主义市场经济体制的建立和发展，市场交易规则介入政治领域，贪污腐败行为悄然而生。为了减少和防止干部腐败，邓小平同志一方面重视法制建设，严明党规党纪；另一方面重视加强党和国家监察工作。他指出，"要制定各种条例，最重要的是要有专门的机构进行铁面无私的监督检查"③。

②建设"四化"干部，提升专业能力。毛泽东同志强调干部要"又红又专"，邓小平同志则提出了干部"四化"标准。邓小平同志关于干部"四化"标准的论述，不仅是对一般干部的"四化"要求，也是对纪检监察干部"四化"的要求。无论在什么岗位上，都要有一定的专业知识和专业能力。我们缺乏专业知识、专业能力的干部太多，具有专业知识、专业能力的干部太少。④ 邓小平同志的干部"四化"标准，不仅是对当时纪检监察干部提出的要求，也对我们新时代纪检监察干部队伍专业化建设具有指导意义。

③注重干部选拔，重视专业知识。1983 年 3 月，邓小平同志在《关于健全党的纪律检查系统加强纪检队伍建设的暂行规定》的批示中，指出"要按照革命化、年轻化、知识化、专业化的要求，调整充实各级纪委领导班子。各级纪委都要有政治坚强、经验丰富、身体较好的老同志担负领导工作，同时要选拔一些德才兼备、具有高中以上文化程度的优秀中青年干部到领导岗位"⑤。同月，在针对时任中纪委书记陈云有关《中共中央纪委干部管理室关于纪检机构组织建设、干部餐等问题的报告》的批示中，邓小平同志也明确地提出，纪律检查干部"要有一定的马克思主义理论基础和党

① 《邓小平文选》(第 1 卷)，人民出版社 1994 年版，第 254 页。
② 《邓小平文选》(第 1 卷)，人民出版社 1994 年版，第 331 页。
③ 《邓小平文选》(第 2 卷)，人民出版社 1994 年版，第 332 页。
④ 参见《邓小平文选》(第 2 卷)，人民出版社 1994 年版，第 262、263 页。
⑤ 中央纪委国家监委办公厅编写：《中国共产党纪检监察工作百年沿革》，中国方正出版社 2022 年版，第 243 页。

的建设、经济、法律、文化科学等必要知识，懂得党的方针政策，熟悉纪律检查工作业务，有较高的文化程度”①。

(3)以江泽民同志为主要代表的中国共产党人的重要论述及其指导意义。

江泽民同志作为中国共产党第三代领导集体的核心，虽然并未对“纪检监察队伍专业化建设”作出直接的论述，但是他关于廉政建设、反腐败斗争等的相关论述，为纪检监察队伍的专业化建设提供了思想依据。对于纪检监察队伍建设，江泽民同志先后在党的十五届中央纪委二次全会和党的十六届中央纪委七次全会上提出，必须建设一支“政治坚强、公正清廉、纪律严明、业务精通、作风优良的高素质的执纪执法队伍”②。江泽民同志对纪检监察队伍专业化建设的间接重要论述主要体现在以下几个方面：

①改革干部制度，优化纪检监察干部选任机制。江泽民同志指出，纪检监察干部的选拔与任用对于队伍建设起着至关重要的作用，而成熟完善的选拔机制更是建设专业化队伍的前提。江泽民同志指出，“要广纳贤才、知人善任，既重视有所成就的人才，也关注具有潜能的人才”③。他强调唯有选用贤德之人，纪检监察机关的工作才能得到有效开展。江泽民同志关于选任纪检监察干部的相关重要论述，对新时代纪检监察队伍专业化建设也具有重要的指导意义。

②加强教育培养，提升纪检监察干部素质能力。江泽民同志曾指出，必须“克服见物不见人和重使用轻培养的倾向”④，必须注重教育培养。他特别强调，纪检监察“干部队伍建设的基础是教育”⑤。关于纪检监察干部的教育内容和教育方式，江泽民同志有一些重要论述。⑥ 鉴于纪检监察工作的特殊性，江泽民同志特别强调纪检监察干部必须具备多学科知识。“必须坚持不懈地学习、学习、再学习”⑦，才能更好地开展对各机关部门及其相关人员的监察工作。他指出，纪检监察干部，必须具备较强的法制意

① 中央纪委国家监委办公厅编写:《中国共产党纪检监察工作百年沿革》，中国方正出版社 2022 年版，第 243－244 页。

② 中央纪委国家监委办公厅编写:《中国共产党纪检监察工作百年沿革》，中国方正出版社 2022 年版，第 244 页。

③ 《江泽民文选》(第 3 卷)，人民出版社 2006 年版，第 319 页。

④ 《江泽民文选》(第 3 卷)，人民出版社 2006 年版，第 319 页。

⑤ 《江泽民文选》(第 3 卷)，人民出版社 2006 年版，第 418 页。

⑥ 参见《江泽民文选》(第 3 卷)，人民出版社 2006 年版，第 52、418 页。

⑦ 《江泽民文选》(第 2 卷)，人民出版社 2006 年版，第 147 页。

识，增强法制观念，对于相关法律法规和党规党纪等必须有一定的掌握，能熟练地运用国法党纪同一切违法违纪行为作坚决斗争。他还指出，纪检监察干部还需兼备一定的经济学、会计学、管理学、政治学、心理学和计算机学等知识，才能有效地深挖暗处的腐败行为。[①] 江泽民同志关于教育培养纪检监察干部队伍的相关重要论述，对于新时代县级纪检监察队伍专业化建设是具有重要指导意义的。

③完善督考机制，提高纪检监察队伍履职水平。江泽民同志在十四届中央纪委二次全会上所作《加强反腐败斗争，推进党风廉政建设》的讲话中，明确提出加强反腐斗争，各级党委要加强领导，要“建立责任制”，要“明确分工，专人负责，一级抓一级，一级带一级。上级对下级要切实加强指导、检查和监督”[②]。江泽民同志还在创新马克思主义廉政观基础上提出了廉政建设责任制理论。关于廉政建设责任制理论，集中体现在江泽民同志领导并推动于1998年印发的《关于实行党风廉政建设责任制的规定》中。该规定虽然是“用法规的形式”直接针对“各级党委、政府抓党风廉政建设的责任”问题[③]，但是由于各级纪检监察机关也是党和国家机关的重要组成部分，该规定有关各级党委政府领导干部履行党风廉政建设责任制的“责任考核”“责任追究”等方面的内容，也对各级纪检监察干部履行党风廉政建设责任具有适用性。在江泽民同志主导下建立并实施的《关于实行党风廉政建设责任制的规定》，虽然没有直接针对各级纪检监察干部履行党风廉政建设责任制状况进行考核的单独规定，但是其中第3条规定“实行党风廉政建设责任制，要坚持党委统一领导，党政齐抓共管，纪委组织协调”，要把党风廉政建设“纳入党政领导班子、领导干部目标管理，与经济建设、精神文明建设和其他业务工作紧密结合，一起部署，一起落实，一起检查，一起考核”。这也体现了以江泽民同志为核心的党中央强调各级纪检监察领导干部是履行党风廉政建设的责任主体，也要接受责任考核和责任追究。江泽民同志重视纪检监察干部履职监督考核的思想观点和政策主张是间接宏观性的，在一定程度上有助于各级纪检监察干部履职水平和履职效能的提升，也在一定程度上推进了各级纪检监察干部队伍的专业化发展。这也给新时代我国县级纪检监察队伍专业化建设带来了重要启示。

---

① 参见江泽民：《在中央纪委第六次全会上的讲话》，载《中国监察》1996年第4期。

② 《江泽民文选》(第1卷)，人民出版社2006年版，第327页。

③ 中央纪委国家监委研究室编：《中国共产党党风廉政建设百年纪事》，中国方正出版社2021年版，第289页。

(4)以胡锦涛同志为主要代表的中国共产党人的重要论述及其指导意义。

胡锦涛同志虽然没有明确提出“纪检监察队伍专业化”这一概念,也没有针对“纪检监察队伍专业化建设”展开直接论述,但是胡锦涛同志高度重视纪检监察干部队伍建设,从规章制度建设、素质能力培养、抓好培训工作等方面提出了明确的要求,为新时代各级纪检监察队伍专业化建设奠定了一定思想基础。胡锦涛同志的重要论述,主要体现在以下几个方面:

①加强纪检监察干部队伍建设关键在于建章立制。胡锦涛同志曾强调:“纪检监察工作制度化、规范化是反腐倡廉制度建设的重要内容。要高度重视并切实抓好纪检监察制度建设,不断完善案件检查、案件审理、案件管理、专项治理、监督检查……等方面制度……进一步提高纪检监察工作能力和水平。”①这为纪检监察干部队伍建设工作指明方向。同时,胡锦涛同志强调:“尤其要注意把那些经过实践检验的成功做法上升为法规制度,把那些通过查处和解剖案例得出的规律性认识运用于法规制度,保证制定的各项法规制度行得通、做得到。”②

②加强纪检监察干部队伍建设需要素质能力并重。在2007年1月党的十六届中央纪委七次全会上,胡锦涛同志指出:“各级纪律检查机关要继续加强领导班子和干部队伍建设,不断提高队伍政治素质、业务素质和执纪能力,不断提高做好纪律检查工作的本领和水平,以过硬的素质、优良的作风、奋发有为的精神状态履行好党和人民赋予的神圣职责。”③针对纪检监察干部素质能力建设,胡锦涛同志特别突出强调了两大方面:一是纪检监察干部队伍要加强政治素质建设。他指出,纪检监察干部自身要“自觉加强党性修养,牢固树立马克思主义世界观、人生观、价值观和正确的权力观、地位观、利益观,常修为政之德,常思贪欲之害,常怀律己之心,真正做到一身正气、一尘不染,始终保持共产党人高尚品格和革命气节”④。纪检监察干部要“讲党性、重品行、作表率,认真遵守中央关于廉洁自律的有关规定,做到自重、自省、自警、自励,时刻警惕权力、金钱、美色的诱惑,自觉防止权力滥用”⑤。二是纪检监察干部需要具备持续学习能力,不断掌握

---

① 《胡锦涛文选》(第3卷),人民出版社2016年版,第304－305页。

② 中共中央文献研究室编写:《十六大以来重要文献选编》(下),中央文献出版社2008年版,第182页。

③ 中央纪委国家监委办公厅编:《中国共产党纪检监察工作百年沿革》,中国方正出版社2022年版,第244页。

④ 《胡锦涛文选》(第2卷),人民出版社2016年版,第556页。

⑤ 《胡锦涛文选》(第3卷),人民出版社2016年版,第51页。

新的知识和技能,"积极探索新学科、新技术、新知识与制度建设有机结合的途径和手段,高度重视现代化科学技术尤其是信息技术在反腐倡廉建设中的作用"①。

③加强纪检监察干部队伍建设需要抓好培训工作。在以胡锦涛同志为总书记的党中央领导下,十六届中央纪委对纪检监察机关自身建设高度重视,多次在中央纪委全会报告中提出明确要求,强调主要从以下三个方面加强纪检监察干部队伍建设:一是要高度重视党的理论学习;二是纪检监察干部要学习各种专业知识,适应反腐倡廉工作不断发展的需要;三是5年内把纪检监察干部轮训一遍。② 胡锦涛同志还部署并指导制定了《关于进一步做好纪检监察干部教育培训工作的意见》、《2009—2013年全国纪检监察干部教育培训工作规划》和《关于进一步加强和改进纪检监察干部队伍建设的若干意见》等一批重要教育培训文件,为各级纪检监察干部教育培训提供了制度和政策依据。特别是在其主导制定的《关于进一步做好纪检监察干部教育培训工作的意见》中,明确提出要在完成5年内将纪检监察干部轮训一遍工作的基础上,进一步加强培训基地、师资以及教材建设;改进教育培训方式方法;加大经费投入等要求。③ 党的十七大之后,胡锦涛同志更加重视各级纪检监察干部自身建设,多次在中央纪委全会上提出明确要求。这些明确要求主要有以下几个方面:一是强调纪检监察干部队伍建设要将思想理论建设放在首位;二是要求纪检监察干部不断加强学习,拓宽学习领域,改善知识结构,理论结合实际,深入钻研纪检监察业务。④ 另外,胡锦涛同志还特别强调,"要加强对反腐倡廉教育规律性问题的研究,抓紧研究制定贯穿干部培养、选拔、管理、使用全过程的反腐倡廉教育实施办法"⑤。

(5)以习近平同志为代表的中国共产党人的重要论述及其指导意义。

习近平同志作为习近平新时代中国特色社会主义思想的创立者,对党风廉政建设和反腐败斗争提出一系列重要理念,不仅每年都会出席中央纪委全会并作重要讲话,而且还提出"锻造政治过硬、本领高强的纪检监察铁军"。2021年7月29日,习近平总书记在《在十九届中央政治局常委会第

---

① 《胡锦涛文选》(第3卷),人民出版社2016年版,第304页。

② 参见王冠:《纪检监察干部培训工作研究》,中国政法大学出版社2021年版,第71页。

③ 参见中央纪委国家监委研究室编:《中国共产党党风廉政建设百年纪事》,中国方正出版社2021年版,第318页。

④ 参见胡锦涛:《加强以完善惩治和预防腐败体系为重点的反腐倡廉建设努力为发展中国特色社会主义提供有利条件和坚强保障》,载《人民日报》2008年1月16日,第1版。

⑤ 《胡锦涛文选》(第3卷),人民出版社2016年版,第300页。

一百四十六次会议上审议〈全国人大常委会党组关于《中华人民共和国监察官法》（草案）（修改稿）的请示〉时的讲话》中，明确提出了“要建设高素质专业化的纪检监察干部队伍”①的目标，这为新时代纪检监察干部队伍建设指明了发展方向。“建设高素质专业化的纪检监察干部队伍”的鲜明主张，对推进新时代我国县级纪检监察队伍专业化建设具有十分重要的指导意义。通过梳理发现，习近平总书记关于纪检监察队伍专业化建设的重要论述，主要体现在以下几个方面：

①提升专业素养，强化责任担当。作为监督干部的干部，必须具备优良的政治和业务等方面的专业素养。纪检监察队伍专业化建设，重点要在提升纪检监察干部的政治素养和业务素养上下功夫。对此，习近平总书记在党的十八大以来的历次中央纪委全会和中央政治局会议等多种场合，提出了许多重要论述。比如，习近平总书记在十八届中央纪委二次全会上提出“打铁还需自身硬”，到 2018 年 12 月强调“打铁必须自身硬”，语气更加坚定、态度更加坚决，既显示出党中央全面从严治党的决心和勇气，也对纪检监察干部政治素质和业务素质提出了更高的要求。② 习近平总书记高度重视纪检监察干部的专业素养，在十八届中央纪委五次全会上指出：“新的形势任务对纪检监察干部队伍的思想作风、能力素质、纪律约束提出了新要求……要教育引导广大纪检监察干部……努力成为一支忠诚、干净、担当的纪检监察队伍。”③2021 年 1 月十九届中央纪委五次全会强调纪检监察干部不仅要提升政治素质，也要“强化纪法意识、纪法思维、纪法素养，提高专业化水平”④。

②培养专业能力，提高履职效能。党的十八大以来习近平总书记在中央纪委历次全会和其他重要场合都谈及要加强纪检监察干部的专业能力，淬炼过硬的专业本领。比如，2018 年 12 月，习近平总书记在中央政治局会议上指出，要时刻牢记“打铁必须自身硬”的要求，“从严从实加强纪检监察队伍建设，努力做到政治过硬、本领高强，打造忠诚干净担当的纪检监察

---

① 中共中央纪律检查委员会、中华人民共和国国家监察委员会、中共中央党史和文献研究院编：《习近平关于坚持和完善党和国家监督体系论述摘编》，中央文献出版社、中国方正出版社 2022 年版，第 151 页。

② 参见中央纪委国家监委办公厅编写：《中国共产党纪检监察工作百年沿革》，中国方正出版社 2022 年版，第 25 页。

③ 中央纪委国家监委办公厅编写：《中国共产党纪检监察工作百年沿革》，中国方正出版社 2022 年版，第 245－246 页。

④ 《中国共产党第十九届中央纪律检查委员会第五次全体会议公报》，载《中国纪检监察》2021 年第 3 期。

铁军”[①]。习近平总书记关于纪检监察干部专业能力建设的基本内容也作出了具体表述。比如,习近平总书记《在十九届中央政治局常委会第一百四十六次会议上审议〈全国人大常委会党组关于《中华人民共和国监察官法》(草案)(修改稿)的请示〉时的讲话》中提出:“建设高素质专业化的纪检监察干部队伍,加强思想淬炼、政治历练、实践锻炼、专业训练,增强法治意识、程序意识、证据意识,做到政治过硬、本领高强。”[②]在十九届中央纪委五次全会上,习近平总书记对纪检监察干部提出“政治素质高、忠诚干净担当、专业化能力强、敢于善于斗争”[③]的要求。习近平总书记近年来特别强调纪检监察干部必须做到“政治素质高、忠诚干净担当、专业化能力强、敢于善于斗争”[④]。习近平总书记对纪检监察干部专业能力培养的重要论述,为新时代纪检监察干部专业能力培养指明了方向,也推动了新时代纪检监察队伍专业化建设的进程。

③明确专业标准,健全退出机制。纪检监察队伍的专业化建设过程,不仅体现在要严把纪检监察干部的“入口关”,更体现在要严把干部的“出口关”。通过健全纪检监察干部退出机制,适时将不具备纪检监察干部专业知识、专业能力和专业精神的人员清除出纪检监察队伍。2014 年 1 月,习近平总书记在十八届中央纪委三次全会上,首次提出“谁来监督纪委”的重大命题,强调必须下大力气解决好“灯下黑”问题。[⑤] 在 2019 年 1 月十九届中央纪委三次全会上,习近平总书记指出:“经常打扫庭院,清除害群之马,建设忠诚干净担当的纪检监察铁军。”[⑥]在二十届中央纪委二次全会上,习近平总书记对纪检监察干部的退出问题再次作出重要指示:“要完善内控机制,自觉接受各方面监督,对纪检监察干部从严管理,对系统内的腐败分子从严惩治,坚决防治‘灯下黑’……坚决清除害群之马,以铁的纪

---

① 中央纪委国家监委办公厅编写:《中国共产党纪检监察工作百年沿革》,中国方正出版社 2022 年版,第 246 页。

② 中共中央纪律检查委员会、中华人民共和国监察委员会、中共中央党史和文献研究院编:《习近平关于坚持和完善党和国家监督体系论述摘编》,中央文献出版社、中国方正出版社 2022 年版,第 151 页。

③ 中央纪委国家监委办公厅编写:《中国共产党纪检监察工作百年沿革》,中国方正出版社 2022 年版,第 25 页。

④ 中央纪委国家监委办公厅编写:《中国共产党纪检监察工作百年沿革》,中国方正出版社 2022 年版,第 245 页。

⑤ 参见中央纪委国家监委办公厅编写:《中国共产党纪检监察工作百年沿革》,中国方正出版社 2022 年版,第 245 页。

⑥ 中共中央纪律检查委员会、中华人民共和国监察委员会、中共中央党史和文献研究院编:《习近平关于坚持和完善党和国家监督体系论述摘编》,中央文献出版社、中国方正出版社 2022 年版,第 148 页。

律打造忠诚干净担当的铁军。”[①]纪检监察干部队伍的“害群之马”，已经丢掉了纪检监察干部的政治忠诚，摒弃了纪检监察的专门职责，丧失了纪检监察工作的专业精神。及时清除纪检监察队伍中的“害群之马”，不仅能始终保持纪检监察队伍的纯洁性，还能进一步促进纪检监察干部队伍的专业化建设。

④培养专业精神，强化自我监督。习近平总书记在十八届中央纪委三次全会上指出：“信任不能代替监督。对纪检监察干部严格要求、严格监督、严格管理，坚决查处违纪违法行为。”[②]在十八届中央纪委六次全会上，习近平总书记提出：“监督别人的人首先要监管好自己，执纪者要做遵守纪律的标杆。”[③]在十九届中央纪委二次全会上，习近平总书记再次强调：“执纪者必先守纪，律人者必先律己。”[④]在二十届中央纪委二次全会上，习近平总书记指出，“要坚持以党性立身做事，弘扬伟大建党精神，勇于自我革命，在党风廉政建设和反腐败斗争一线砥砺品格操守，在围绕中心、服务大局中彰显担当作为”[⑤]。纪检监察干部作为监督党和国家干部的干部，更应该具备信念坚定、政治忠诚、恪守纪法的专业精神，在监督别人之前首先加强自我管理和自我监督，通过塑造纪检监察干部的专业精神，促进纪检监察队伍专业化建设。习近平总书记重视培养纪检监察干部专业精神，强化纪检监察干部自我监督水平的重要论述，对新时代县级纪检监察干部队伍专业精神培养具有重要指导意义。

3. 胜任力理论对县级纪检监察队伍专业化建设的借鉴性

胜任力（competency）这个概念是由美国社会心理学家戴维·麦克兰德（David McClelland）于 1973 年在《测量胜任力而非智力》一文中提出的。[⑥] 在他看来，胜任力是指，在特定工作情境中同工作绩效紧密相关且能够把某个职位中表现优异者与表现平庸者区别开来，并能以概括化的行为

---

① 《一刻不停推进全面从严治党　保障党的二十大决策部署贯彻落实》，载《人民日报》2023 年 1 月 10 日，第 1 版。

② 《中国共产党第十八届中央纪律检查委员会第三次全体会议公报》，载《中国监察》2014 年第 2 期。

③ 习近平：《论党的自我革命》，党建读物出版社、中国方正出版社、中央文献出版社 2023 年版，第 130 页。

④ 《习近平谈治国理政》（第 3 卷），外文出版社 2020 年版，第 512 – 513 页。

⑤ 《一刻不停推进全面从严治党 保障党的二十大决策部署贯彻落实》，载《人民日报》2023 年 1 月 10 日，第 1 版。

⑥ McClelland D. C. , *Testing for Competence Rather than for Intelligence*, American Psychologist, Vol. 28:1, p. 1 – 14(1973).

模式加以描述的个体相对固定和持久的行为特征。① 戴维·麦克兰德认为智力测试不能准确地预测和评估个体的工作绩效,个人的能力水平不仅表现为学历知识,还包括交际能力、行为动机等一系列特征。因此,他提出了胜任力理论并以冰山模型解释胜任力的构成(见图0-1)。他指出:处于冰山上层的知识和技能是外显性的,是通过培训容易改变的;而处于冰山底层(水面之下)的自我概念、特质和动机等则是潜隐性的,是难以直接测量的,但它们对个体的工作表现与绩效水平起着决定性的作用。

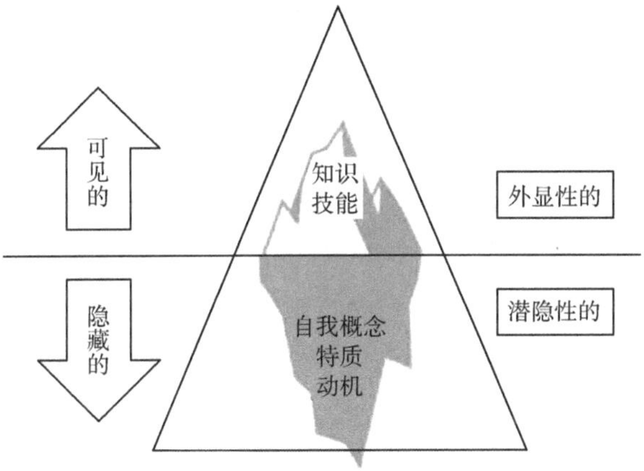

图0-1 胜任力冰山模型

随着对胜任力理论研究的不断深入,学界对胜任力的定义也众说纷纭。概括起来主要分为三类,即特征观、行为观和综合观。

特征观的主张者认为胜任力是一种个体潜在的特征,是个体所具备的能够完成某项工作的特有属性。代表人物有戴维·麦克兰德、博亚特兹(Boyatzis)、彭剑锋和饶征等。继戴维·麦克兰德提出冰山模型来阐释胜任力构成要素与基本特征之后,博亚特兹构建了洋葱模型来阐释胜任力的构成要素与基本特征(见图0-2)。博亚特兹将每一种胜任力要素分布在洋葱的不同层面,由表及里、层层深入分别为技能、知识,自我概念、态度、价值观,以及特质和动机。② 彭剑锋和饶征则认为胜任力是区分个人绩效好坏的特征的集合,它通过知识、技能和驱动力的方式加以表现,是评判个人能否承担某项工作的起点。③

---

① 参见李永洪:《论青年学科教师胜任力的提升》,载《中学政治教学参考》2014年第18期。

② See Lyle M. Spencer & Signe M. ,Spencer,*Competence at Work:Models for Superior Performance*, Wiley, John & Sons Inc. Pub. ,1993,p. 222-226.

③ 参见彭剑锋、饶征:《基于能力的人力资源管理》,中国人民大学出版社2003年版,第35-38页。

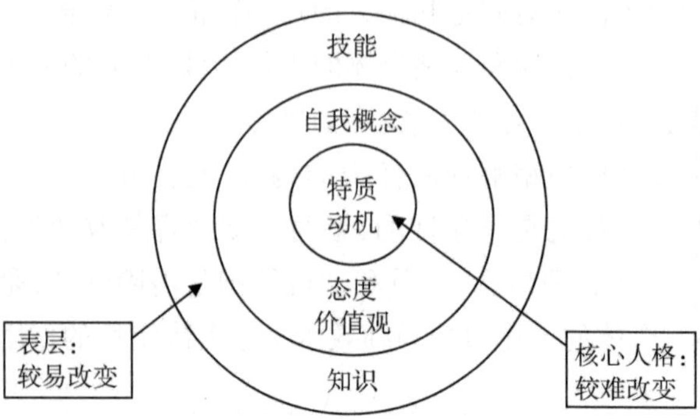

图 0-2　胜任力洋葱模型

行为观的主张者则将胜任力归结为一种个体显性的行为举止，是人们在履行相关工作职责时由潜在的知识、技能以及动机等所显示出的具体行为表现。① 代表人物有伍德鲁夫（Woodruff）、弗莱彻（Fletcher）、仲理峰、时勘。仲理峰和时勘认为胜任力是能将绩效优秀者与绩效平庸者区分的个人相对持久的行为特征，而这些特征既可以包括具体行动，也可是态度，甚至可以是意识或某种倾向性。② 因此，行为观是直观的、可测量的，与定义宽泛模糊的特征观相比，行为观将胜任力具体化和可操作化。

综合观的主张者将特征观与行为观二者进行融合，认为胜任力内含个人特质、可验证性以及产生绩效的可能性三个概念。代表人物莱福德（Ledford）认为胜任力是个体可验证的特质，它包括个人在工作中产生绩效所拥有的知识、技能与行为。③ 综合观的另两个代表人物 Byham 和 Moyer 则进一步将胜任力解释为与工作有关的一切行为、动机与知识，即胜任力被划分为知识胜任力、行为胜任力和动机胜任力。他们认为，知识胜任力指个体在履行工作职责时所应具备的各种知识的总和，行为胜任力指个人言语与表现等会产生工作绩效好坏的具体行为，而动机胜任力指个体对工作或某种行为背后的理解与感受。④

在借鉴中外学者有关胜任力研究成果的基础上，我们认为，所谓胜任力是指在一定组织环境中完成相关工作目标所需要的个体相对固定和相

① 参见［美］理查德·威廉姆斯：《组织绩效管理》，蓝天星翻译公司译，清华大学出版社 2002 年版，第 67-73 页。

② 参见仲理峰、时勘：《胜任特征研究的新进展》，载《南开管理评论》2003 年第 2 期。

③ See Ledford G. E., *Paying for the Skill, Knowledge, and Competencies of Knowledge Workers*, Compensation and Benefits Review, Vol. 27:4, p. 55-62(1995).

④ See Byham W. C. & Moyer R. P., *Using Competencies to Build a Successful Organization*, Development Dimensions International Press, 1996, p. 63-66.

对持久的知识、能力与精神等特征的总和。这些特征可以把完成特定工作任务的绩效优秀者与绩效平庸者区别开来。它包括三方面的特征:第一,胜任力具有动态性,也就是说个体胜任力程度随工作环境的变化而变化;第二,胜任力与工作绩效挂钩,它不仅能体现个体当前的工作绩效,也能预测未来的工作绩效;第三,胜任力能将工作人员区分为绩效优秀者与绩效平庸者(或者称为优秀者绩效与一般者绩效),这对于选拔优秀者合理建设队伍至关重要。[①]

县级纪委监委作为党内监督和国家监督中工作人员最多的一级专责机关,其不仅有很强的政治性,也有明显的专业性。这也就要求县级纪检监察干部不仅应当具有较高的政治素质、思想素质和心理素质,还应该具有较好的专业知识、专业能力和专业精神。科学合理地借鉴并运用胜任力理论来推进县级纪检监察队伍专业化建设,具有必要性和可行性。

具体而言,首先,无论是在冰山模型还是在洋葱模型中,处于冰山底层和洋葱核心的均是自我概念、价值观、态度、动机和特质。这些自我概念、价值观、态度、动机和特质,对于工作人员工作绩效的优劣具有重要的影响,甚至从长远来看起着决定性的作用。对此,我们可以借鉴这些思想主张来引导纪检监察干部坚定正确的政治立场,树立正确的价值观,保持良好的工作动机和工作态度,认真履行好监督执纪问责和监督调查处置的工作职责。这实际上涉及县级纪检监察队伍专业精神培育和提升的问题。县级纪委监委作为履行党内监督和国家监督的基层专责机关,其纪检监察干部应该了解和认识到自己奋斗的这番事业所承担的责任与使命。比如,县级纪委监委可以通过对优秀纪检监察干部先进事迹的宣讲、纪检监察职业文化的创建等措施,教育培养更多县级纪检监察干部秉公执法、忠诚担当、执着坚定,从而激发他们内心的职业荣誉感和归属感,让更多的人愿意为纪检监察事业贡献自己的智慧和力量,进而推动县级纪检监察工作高质量发展。因此,我们可以在一定程度上借鉴胜任力理论的相关主张来推进县级纪检监察队伍专业精神建设。

其次,处于冰山模型上层和洋葱模型外层的知识与技能虽然同深层的自我概念、价值观、态度、动机和特质相比是外显的,似乎不是那么重要,但因为其具有易变性,故易培养易提高。同时,我们也应该认识到专业知识和专业能力是工作人员能否取得优良绩效的基础和前提。因为如果连最

---

① 参见赵辉、黄晓、韦小军:《党政领导干部胜任力模型的构建》,载《科学管理研究》2006年第2期。

基本的专业知识和专业能力都不足,空有好动机好特质,那也是徒劳无益的。因此,为了提升县级纪检监察队伍履职绩效,促进县级纪检监察工作高质量发展,就应当重视县级纪检监察队伍专业知识与专业能力的培训,促进其专业化建设水平提高。特别是在纪检监察新体制建立后,县级纪委监委监督对象大大增加、履职范围明显扩大和履职要求更加严格,这就进一步要求纪检监察干部具备更扎实的业务知识和业务能力。但是,从现实情况来看,县级纪检监察干部要完全胜任纪检监察新体制下纪检监察工作高质量发展的要求,在自身专业知识和专业能力方面都还存在一定不适应性。为此,借鉴胜任力理论冰山模型和洋葱模型关于知识与技能的作用及培养的相关主张,组织开展一定培训来促使纪检监察干部养成终身学习和实践锻炼的习惯,进而不断丰富和增强其具有外显性与基础性的专业知识与专业能力,则有一定的启迪意义。

三、研究对象和研究方法

(一)研究对象

本项目研究对象是县级纪检监察队伍。就行政区划层级而言,既包括普通县从事纪检监察工作的人员,也包括县级市从事纪检监察工作的人员,还包括市辖区从事纪检监察工作的人员。就人员构成而言,既包括前述各类县级纪委监委的领导班子成员、部(室、中心)成员和履行纪检监察相关职责的普通工作人员,也包括前述各类县级纪委监委派驻辖区内各党政机构、事业单位和国有企业中的纪检监察组负责人及其成员。就职务职级而言,既包括副县级的县级纪委书记兼监委主任,也包括正科级的县级纪委副书记(同时担任监委副主任),还包括副科级的县级纪委常委、县级监委委员及县级纪委机关党委书记、各部部长、各室(中心)主任,更包括股级的各部副部长及各室(中心)副主任、各派驻纪检监察组副组长、众多在机关各部(室、中心)和各派驻纪检监察组没有具体职务的广大主任科员及各级科员。县级纪委监委及其派驻纪检监察组作为县域内履行监督执纪问责和监督调查处置职责的专责机关,不仅在基层党内监督、廉政治理等方面拥有相当的能量,而且其各类成员构成的专门队伍也在基层党内监督、廉政治理等方面拥有相当的能量。

当然,关于本项目研究对象还有三点需要作出说明:(1)研究对象并不是获得研究资料的全部来源。研究对象并不等同于调查对象。在我们收集研究资料的过程中,不仅县级纪委监委各级各类领导和派驻纪检监察组组长及副组长是调查对象,县级纪委监委的非领导类工作人员和派驻纪检监察组普通成员也是调查对象。(2)研究资料不仅包括对县级纪检监察干部和一般工作人员的调查问卷资料(具体包括线下纸质版调查问卷和线上“问卷星”调查问卷所获得的资料)、个别访谈资料,还包括从相关县级纪委监委领导、各部(室、中心)和各派驻纪检监察组获得的工作汇报、讲话、总结及文件等资料。从研究目标而言,使用多种研究资料是希望更加全面而真实地把握县级纪检监察队伍专业化建设的客观现状。(3)县级纪委监委及派驻纪检监察组各级领导与普通工作人员的差别和共性处理问题。首先,县级纪委监委及派驻纪检监察组各级领导与普通工作人员,各自所处的地位、所担负的职责和所承担的工作内容有一定的差异性,这种差异性会影响其各自对县级纪检监察队伍专业化建设的认知、态度和行为,因此在本项目分析中,我们主要利用县级纪委监委及派驻纪检监察组各级领导的个人访谈资料来说明相关问题,而对普通工作人员则通过线上线下问卷调查来说明相关问题。其次,尽管县级纪委监委及派驻纪检监察组各级领导与普通工作人员有着身份、地位、职责等方面的差异性,但是这些不同职务职级层级的群体毕竟是有着共同身份、共同利益、集体意识的战略性群体,他们所面临的制度、体制等结构性约束是相似的,因此,我们遵循“大同小异”的分析思路,而不对县级纪委监委及派驻纪检监察组各级领导与普通工作人员对县级纪检监察队伍专业化建设的认知、态度和行为分别作全面复杂的区别性分析。因为毕竟群体是由“个体所组成的总体”,个人身上带有群体的印记,而群体的特征也是“个体的描述聚合(集合)”①,而“通过对个人进行描述,并将这些描述进行聚合和处理,我们才能够描述和解释由个人组成的各种群体,以及由个人的态度和行为构成的丰富多彩的社会生活现象”②。简而言之,对县级纪检监察队伍的庞大复杂构成群体和个体,我们采取特定问题分析上做有限的区分,但对更多一般问题则不做区分的方式,更多的时候是把他们作为一个有共同利益、集体意识、相似地位和共同习惯的战略性群体来看待及研究。

(二)研究方法

在坚持实事求是原则下,在充分考虑项目组成员的研究能力、时间精力和资源依托等情况的基础上,我们在本项目研究过程中主要采取了文献研究法、问卷调查法和个别访谈法三种方法。

---

① 张小山:《社会研究中与分析单位有关的若干问题》,载《黑龙江社会科学》2008 年第 3 期。

② 风笑天:《社会研究方法》(第 5 版),中国人民大学出版社 2018 年版,第 72 页。

1. 文献研究法

文献研究法是我们所采用的基础性研究方法。通过对县级纪委监委官网和上级纪检监察机关官网、相关知名公网和专业报纸及学术期刊(如《中国纪检监察报》《中国纪检监察》《党风廉政建设》《廉政学研究》《廉政瞭望》《廉政文化研究》等)及硕博研究生学位论文等进行广泛搜索和深度挖掘,对近年来全国县级纪检监察队伍专业化建设的基本资料,在坚持"合并同类项,保留差异性"原则前提下,收集、整理和归纳了X省内外县级纪检监察队伍专业化建设的基本进展和基本实践。特别是通过相关学术期刊网、专业数据库、中央和地方纪委监委官网以及X省内县级纪委监委等,收集、整理和分析有关反腐机构及反腐人员专业化研究的理论成果、内部文件、工作总结、领导讲话稿和宣传资料等文献资料和数据信息,为本项目研究提供较为扎实的资料支持和数据来源。

2. 问卷调查法

问卷调查法不仅是调查研究中最为常见的一种研究方法,而且是使用最为广泛的一种研究方法。问卷调查法,也可简称为问卷法,是指调查者运用统一设计的问卷向调查对象了解情况的一种调查方法。我们根据研究需要设计了《县级纪检监察队伍专业化建设状况调查问卷》。该问卷共包括45个问题,其中选择题40个,填空题5个。主要调查维度包括:(1)调查对象个人基本信息;(2)学历专业;(3)工作岗位与入职时间;(4)入职后培训状况;(5)专业知识与专业能力情况;(6)专业化建设存在问题及改进意见。我们采取随机方式选择了X省P市、G市、O市、J市、A市、C市、B市、D市、F市、E市、K市、L市、N市、M市、R市、Q市、S市、U市、I州、H州、T州等26个县(市、区)纪委监委的全体纪检监察干部作为调研对象。我们在本项目立项前和立项后分别通过线下线上(现场调查和"问卷星"调查)相结合方式,分不同时间段分类地采取现场问卷调查和"问卷星"问卷调查对26个县(市、区)纪委监委所属两大类纪检监察干部实施问卷调查。通过问卷调查,比较客观真实地掌握了县级纪检监察队伍专业化建设的基本成效、主要问题及其成因,从而为本项目研究提供了较为全面真实的数据资料。

3. 个别访谈法

为了面对面真实地了解和把握县级纪检监察队伍专业化建设的进展、成效、问题及其成因,我们还采取了个别访谈法。个别访谈分为结构式访谈和非结构式访谈两种具体方式。结构式访谈也称标准化访谈,统一的访谈提纲是结构式访谈的主要工具。通常结构式访谈在研究设计时还会制定一份访谈指南，对访谈中可能出现的问题加以说明。结构式访谈的最大优点是，“便于对访谈结果进行统计和定量分析，便于对不同受访者的回答进行对比研究”①。借助地缘和学缘等优势，我们自 2019 年 10 月至 2023 年 6 月先后在 X 省内对相关县（市、区）纪检监察领导干部和工作人员开展了结构式访谈。非结构式访谈也称非标准化访谈，具体是指“按照一定的调查目的和一个粗线条的调查提纲进行的访谈”②。这种访谈方法对访谈对象的选择和访谈中所要询问的问题有一个基本要求，但可根据访谈时的具体情况做必要调整。至于提问方式、提问程序、访谈环境、记录格式等，都不做统一规定和要求，而由访谈者根据实际情况灵活掌握。当然，我们所进行的非结构式访谈实际上是非结构式深度访谈。这种深度访谈也称临床式访谈，往往是指访谈内容比较复杂、敏感、艰深的访谈。由于县级纪检监察队伍专业化建设的访谈内容在一定程度上具有敏感性和复杂性，因此我们 2019 年 10 月至 2023 年 6 月先后在 X 省内针对相关县（市、区）纪检监察领导干部和工作人员进行结构式访谈的同时，也同步实施了非结构式访谈。当然，我们为了提高访谈的效率和质量，在设计的个别访谈提纲中充分考虑遵循结构式访谈和非结构式访谈的各自特点与优势，既设计了结构式访谈的固定性问题，也设计了非结构式访谈的开放性问题或临场追问性问题，而不是仅采取其中之一。

我们还分别在本项目立项前、立项后和鉴定后三个时段采取了不同的个别访谈实施方式（详见第三章中的相关介绍）。在本项目立项前我们分两次对 X 省 P 市、N 市、A 市、B 市和 E 市等的 5 个县（市）83 名纪检监察干部（第一次访谈人数 44 人，第二次访谈人数 33 人）进行了个别访谈；在本项目立项后我们也对立项前已经访谈过的 5 个单位相关纪检监察干部和新增的 6 个县级纪委监委相关干部进行了结构式访谈和非结构式访谈相结合的个别访谈。我们具体的访谈对象既包括县级纪委监委机关干部，主要有领导班子成员、内设机构负责人和普通纪检监察干部代表等，也包括县级纪委监委派驻相关单位纪检监察组的负责人及成员。最终所访谈的实际纪检监察干部是 140 人。通过实施个别访谈，我们不仅在一定程度上验证了线上线下问卷调查所获信息的真实性，也获得了不同于问卷调查所得的一些新消息和特别信息。

---

① 江立华、水延凯主编：《社会调查教程精编本》（第 2 版），中国人民大学出版社 2020 年版，第 175 页。

② 江立华、水延凯主编：《社会调查教程精编本》（第 2 版），中国人民大学出版社 2020 年版，第 175 页。

四、研究思路和结构安排

（一）研究思路

我们紧密结合新时代纪检监察新体制的要求，首先，在参考借鉴国内外相关理论研究成果基础上，对县级纪检监察队伍专业化的科学含义和衡量标准等进行较为深入的阐释与构建。其次，专门对县级纪检监察队伍专业化建设的独特性、必要性和重要意义等进行全面系统分析。再次，既放眼全国，更立足X省，采取文献研究法、问卷调查法和个别访谈法等方法，分别对X省内外各地县级纪检监察队伍专业化建设现状进行归纳总结和实证调查。一方面，通过采取文献研究法对X省外各地县级纪检监察专业化建设的基本实践和主要成效进行归纳分析；另一方面，采取问卷调查法和个别访谈法对X省内各地县级纪检监察专业化建设的基本成效和主要问题开展实证调查。复次，结合学界理论研究成果和调查所获资料，对县级纪检监察队伍专业化建设存在不足的原因进行全面深入分析。最后，根据最新的党纪国法及规章制度，结合县级纪检监察工作实际，对推进县级纪检监察队伍专业化建设的对策进行探讨。

（二）结构安排

本成果由八部分构成，具体结构安排如下：

绪论。首先，从理论与现实相结合的角度，说明本项目的选题缘起及研究意义所在。其次，对国内外相关研究成果进行了全面梳理和客观评价，进而明确了本项目研究的依托基础和可能的创新空间。再次，对研究对象和研究方法做了说明。复次，就研究思路和结构安排作出说明。最后，就研究伦理和研究创新作出说明与归纳。

第一章“县级纪检监察队伍专业化的概念界定和衡量标准”中，首先，综合运用纪检监察学、中共党史党建学、政治学、法学和管理学等多学科知识，参考专业化理论和利伯曼专业化“七要件”学说，在梳理纪检、监察、纪检监察、纪检监察队伍、专业化、纪检监察队伍专业化等含义的基础上，明确界定县级纪检监察队伍专业化的科学含义。其次，在归纳分析县级纪检监察队伍专业化的知识体系基础上，提出并阐明专业知识、专业能力和专业精神是衡量纪检监察队伍专业化的基本标准。

第二章“县级纪检监察队伍专业化建设的必要性和重要意义”中，首先，专门分析了县级纪检监察队伍专业化建设相较于中央、省、市三级纪检监察队伍专业化建设的独特性；其次，从纪检监察工作职业属性的内在要求、古今中外廉政建设经验的外在借鉴、公安司法队伍建设模式的类比效应和县级反腐倡廉效能提升的现实需要等四个方面，揭示县级纪检监察队伍专业化建设的必要性；最后，对县级纪检监察队伍专业化建设的重要意义进行了深入分析。

第三章“县级纪检监察队伍专业化建设的实践探索和实证调查”中，一方面，通过采取文献研究法对全国各地县级纪检监察队伍专业化建设的基本进展和实践成效进行归纳分析；另一方面，采取问卷调查法和个别访谈法，对以地理位置、经济水平、廉洁程度和机构建设等因素为基本依据，随机抽样确定的 X 省内 26 个县级纪委监委 1948 名纪检监察干部的问卷调查情况和 140 名纪检监察干部的个别访谈情况作出介绍。

第四章“县级纪检监察队伍专业化建设的基本成效和主要不足”中，依据问卷调查和个别访谈所获得数据信息，从专业知识、专业能力和专业精神三个方面，分别归纳总结 X 省内县级纪检监察队伍专业化建设的基本成效和主要不足。

第五章“县级纪检监察队伍专业化建设不足的主要原因”中，从主客观相结合的维度，采用个别到一般的分析原则，具体阐明县级纪检监察队伍专业化建设不足的主要原因。这些原因既包括思想认识有偏差的主观原因，也包括制度体系不健全和机制建设有欠缺的客观原因。

第六章“县级纪检监察队伍专业化建设的推进策略”中，主要从提高思想认识、健全基础制度、完善关键机制等三大方面，对我国县级纪检监察队伍专业化建设的推进策略进行系统探讨。

结语。一方面，对本项目研究的基本内容和主要结论进行总结归纳及提炼升华；另一方面，对本项目的未来研究走向及重点进行预测与展望。

五、研究伦理

本项目是一个具有一定的政治性、敏感性和现实性的课题，既涉及相关县级纪检监察机关的内部信息，也涉及县级纪检监察干部的个人隐私和职业前途。鉴于此，我们特别注重项目研究过程和研究成果中的伦理遵守。具体而言，我们努力坚守了以下研究伦理。

（一）研究立场的客观

作为一项学术研究，要求研究者在分析、解释现实政治现象和政治实践的过程中应当保持客观中立的态度，而不应以自身的价值立场选择性地分析和解释。就本项目研究而言，以纪检监察队伍专业化建设为主题，以县级纪委监委领导干部和工作人员为研究对象，分析他们对于纪检监察队伍专业化建设的认知、态度和行为来探究当前我国各级纪检监察队伍高素质专业化建设的现状、成效、经验和问题，因为研究主题的“敏感性”可能会遭遇研究对象的怀疑、“冷漠”和回避。对此，作为“旁观者”的我们则需始终坚持“中间人”立场，绝不能以“挑刺者”角色做负面评价。我们认为，广大县级纪检监察干部的肖像描画应当是多维的，因为其本身的处境和行动本就是多面的，其既有强势之处也有乏力之时。我们理解广大县级纪检监察干部的处境，努力呼吁通过相应的制度建设和机制改革来予以改善。当然，对于我们所研究的这个“特殊性”主题而言，虽然加强纪检监察队伍专业化建设业已成为体制内外的共识，但是实践中更多体现出的是遵循“上级要求”。这种现象反映出研究对象存在一种难以明示的心理。因为他们认为，在现行纪检监察体制之下县级纪检监察队伍专业化建设毕竟是“一个难题”。对此，我们的研究目的不是去揭露县级纪检监察队伍专业化建设中的“形式主义”，而是试图客观把握建设难题之下县级纪检监察队伍的处境与应对。对于广大县级纪检监察干部在专业化建设上既有“无可奈何”也有“理性选择”的现实状况，我们则是尽可能保持客观立场进行分析，试图真实地呈现出这一群体的基本处境及其应对之策，不仅不是一味地批评，而且更多是设身处地去理解和支持。当然，我们也不是经授意的“命题作文”，而是基于客观事实和中立者立场的学术研究，希望产出的是双方都能接受的意见和建议。总之，我们在研究立场上始终追求和保持客观立场。

（二）研究对象的同意

从研究对象处获取研究资料时，要充分告知研究目的、研究立场、研究用途、研究过程和研究方法等内容，以获得研究对象的同意和支持。本项目所使用的研究资料，严格地遵循了这一原则。就调查问卷而言，问卷最前面的导语已经充分地告知了研究对象有关调查的各项内容，调查问卷中不涉及暴露研究对象个人隐私的调查内容。调查人员在开始进行调查之前，会再一次告知有关问卷调查的目的、内容的使用等信息，在获得研究对象的同意之后，才正式开始调查。就访谈资料而言，无论是结构式个别访谈还是非结构式个别访谈，都会充分告知研究者目的，研究者对访谈资料的使用方式，其中涉及访谈过程的录音也会在访谈一开始就征求研究对象的同意。如果未获得研究对象的同意，便采取快速做笔记的方式尽可能多地保留原始信息。就各种官方资料而言，有些是公开的资料，可以通过其他方式获得，因此不存在征求同意的问题；有些是当场获得的非公开资料，因此需要告知研究对象我们如何使用这些研究资料，征求研究对象的同意。

(三)研究资料的匿名

纪检监察机关和纪检监察工作对于我们广大群众来说,是神秘的;而对于县级纪检监察干部而言,则是敏感的。各级各类纪检监察干部在公众认知和社会舆论中均是敏感群体,生活和工作在“熟人社会”中的广大县级纪检监察干部也不例外。他们的一言一行都容易引起社会的关注,因为他们对于基层纪检监察工作的看法及其做法,关系到所在地区党委和纪检监察机关工作的“机密”。因此,必须保护作为研究对象的县级纪检监察干部的权益。要保护研究对象的权益,最为基础的一点便是减少其身份的曝光度,实行匿名化处理。在本项目中,除了报纸杂志、官方网站及社会网站等公开的资料信息之外,我们对其他一切信息如调查单位和调查对象等都进行了匿名化处理。我们将调研中所获得的文字性资料也进行匿名化处理,将其中的人名、地名全都用字母代替。对调查单位和调查对象都是以编号的形式呈现,在正文和脚注等中也只是呈现其职务、职级及职位等基本信息。

第一章　县级纪检监察队伍专业化的概念界定和衡量标准

一般而言，对一个问题的深入研究需要从最为基本的概念界定入手。因此，对县级纪检监察队伍专业化的深入研究，首先，从纪检、监察、纪检监察、纪检监察队伍和纪检监察队伍专业化等基本概念的界定入手。其次，由于纪检监察队伍专业化建设涉及多学科知识的综合运用，因此弄清县级纪检监察队伍专业化的知识体系及其基本构成也很重要。最后，还需要明确县级纪检监察队伍专业化的衡量标准。因为只有阐释清楚县级纪检监察队伍专业化的衡量标准，才可以据此分析县级纪检监察队伍专业化建设的现实状况和提出改进对策。在本章中，我们将具体阐释并构建县级纪检监察队伍专业化的含义、知识体系和衡量标准。

一、县级纪检监察队伍的概念界定

在纪检监察队伍专业化建设中，“纪检监察”和“纪检监察队伍”是两个最为基础的概念，因此，我们必须首先弄清“纪检监察”和“纪检监察队伍”两个概念的科学含义。

（一）纪检监察的含义

“纪检监察”是由“纪检”和“监察”两个特定概念组成的一个新概念，因此首先要从明晰“纪检”和“监察”两个概念的含义开始。

1. 纪检的含义

纪检是“纪律检查”的简称。所谓“纪律”，在《辞源》上解释为“纲纪法规”，《现代汉语词典》将其解释为“政党、机关、部队、团体、企业等为了维护集体利益并保证工作的正常进行而制定的要求每个成员遵守的规章、条文”[①]。简而言之，“纪律”是一个组织的行为规范。纪律是开展纪律检查的出发点和立足点，离开了纪律，纪检工作就无从谈起。“检查”由“检”和“查”两字组成。在汉语中，“检”是“考查、察验”和“约束、制止”之意，《后汉书·周黄徐姜申屠列传》中“骠骑执法以检下，故臣不敢不至”[②]，就是此

---

① 中国社会科学院语言研究所词典编辑室编：《现代汉语词典》（第6版），商务印书馆2014年版，第613页。

② （宋）范晔撰，（唐）李贤等注：《后汉书》，中华书局2000年版，第1432页。

意；“查”是考察、检查、翻阅、检寻之意，这个词古代用得比较少，近代使用较多。《现代汉语词典》将“检查”解释为“为了发现问题而用心查看”[①]。也就是说，“检查”是指为了发现问题而进行的检视与查看。“检查”，既指检视察验，又指检举制止。

由“纪律”与“检查”合成的“纪律检查”，通常在两种意义上使用：一是指机关；二是指活动。[②] 作为一个“机关”，纪检实际上是指纪律检查机关，即我们所说的纪律检查委员会，简称为纪委。纪律检查机关的基本定位是党内专门的纪律监督机关，是纪律检查活动的主体。作为一种“活动”，纪检指特定组织对其成员遵守组织的行为规范状况进行检查。在我国，作为政党治理体系重要组成部分的纪检，是指中国共产党的纪律检查机关对党组织和党员执行党的路线、方针、政策情况进行监督检查，并依纪对违反党纪的党组织和党员进行处理，以维护党纪党规的活动。我们的研究是从“活动”这层意义上来界定和理解纪检的内涵的。也就是说，“纪检”特指中国共产党的纪律检查机关的纪律检查活动。

从“活动”这层意义上来界定和理解纪检的含义，可以发现纪检具有四个基本特征[③]：一是主体的特定性。纪检工作作为中国共产党党内的一项专责性工作，其主体只能是特定的纪检机关（如纪律检查委员会），而党内其他任何机关和组织不能代行纪检机关的职责、成为纪检活动的主体。二是职责的确定性。党的纪律检查机关一切活动的目的都是维护党的纪律。维护党的纪律是纪检机关的天职，但是它不是也不可能是纪检机关所能“包办”“独揽”的，纪检机关的工作任务不论有多少项，都是从维护党的纪律这一基本职责细化、拓展、引申出来的。三是对象的广泛性。纪检机关监督的对象不是某些党组织和党员，而是所有的党组织和党员。根据党章的规定，哪里有党的组织和党员，哪里就必须有党的纪律，必须有党的纪律监督。党内没有不受纪律约束、不受纪律监督的特殊组织和特殊党员。四是手段的强制性。党的纪律一旦实行，就具有使党组织和党员遵从的力量和威严，党组织必须严格执行和维护它，党员必须自觉接受它的约束。强制性就是党组织和党员对党的纪律都应当遵守和执行，一旦违反纪律就要被追究纪律责任，情节严重者将被解散或开除党籍。

---

① 中国社会科学院语言研究所词典编辑室编：《现代汉语词典》（第 6 版），商务印书馆 2014 年版，第 632 页。

② 参见杨永庚、常利娟编著：《新编纪检监察学教程》，中国政法大学出版社 2021 年版，第 2 页。

③ 参见杨永庚、常利娟编著：《新编纪检监察学教程》，中国政法大学出版社 2021 年版，第 3 – 4 页。

2. 监察的含义

“监察”由“监”和“察”两字组成。所谓“监”，据《说文解字》解释，“监，临下也”，内含“居高”之义。“监”字出现得很早，在甲骨文中即已出现。“监”的本义是“临水自照”①，即人站在盛有水的盆边照面，所以，取“皿”旁。殷商时期，“监”不仅表示从旁察看的监督之意，还是专司监察的官名。青铜器出现后，人类这种活动的表征又演变出“鉴”和“镜”。古文中的“监”，与“鉴”和“镜”是通义的。所谓“察”，是“细看、详审”和“考察、调查”之意，源于《论语·卫灵公》：“众恶之，必察焉；众好之，必察焉。”②《辞源》解释为“细看”“详审”。因此，“监察”有居高临下、明察秋毫之义。

古今中外，“监察”的领域很宽。权力机关、司法机关、行政机关等均曾在被监察之列。在中国古代，监察是指通过对事物的督察与监测，实现查核与考察之目的。《诗经》云“监观四方”，郑玄解释为“监察天下之众国”。《三国志·魏书九·夏侯尚传》中也有“宰牧相累，监察相司……宜省郡守，但任刺史。刺史职存，则监察不废”的记载。在古罗马，“监察工作是由两个特设的官吏担任的。元老院监督人民，所以，监察官应该既监督人民，又监督元老院”。我国当今使用的“监察”一词，来源于我国古代历史上所设的“监察御史”③。监察御史位高权重，执掌“纠劾百司、辩明冤枉、提督各道，为天子耳目风纪之司”，负责“分察百僚、巡按郡县、纠视刑狱”，可以说“自皇太子以下，无所不纠”④。在近现代西方，瑞典的监察专员隶属于议会，是议会监督的一种形式。英国的行政裁判所和法国的行政法院不属司法系统，而是行政系统，负责对行政机关进行“监察”。在《现代汉语词典》中，“监察”被解释为“监督各级国家机关和机关工作人员的工作并检举违法失职的机关或工作人员”⑤。监察本质上是一种同权力相关的监督检举行为。在我国当代，“监察”用于对所有行使公权力的人员监督、考察及检举。与西方监察权的性质不同，我国的监察权具有“集党纪监督、行政监督与法律监督权于一体的综合性、混合性与独立性”⑥，应该说我国的监察权领域更为宽泛，监督力度更加强大。监察虽然同监督紧密

---

① 曹呈宏：《“监督”考》，载《华东政法大学学报》2008 年第 5 期。

② 陈昌明译注：《论语·卫灵公》，远方出版社 2004 年版，第 168 页。

③ 陈哲夫主编：《监察与监督》，北京大学出版社 1994 年版，第 6 页。

④ 杨永庚、常利娟编著：《新编纪检监察学教程》，中国政法大学出版社 2021 年版，第 3－4 页。

⑤ 中国社会科学院语言研究所词典编辑室编：《现代汉语词典》（第 6 版），商务印书馆 2014 年版，第 629 页。

⑥ 杨永庚、常利娟编著：《新编纪检监察学教程》，中国政法大学出版社 2021 年版，第 5 页。

相关,但是不同于监督。监察与监督,既有联系,也有区别。[①]

在我国,“监察”特指根据《监察法》所规定的国家和地方各级监察机关对六类“公职人员和有关人员”履职用权状况进行监督考察的政治活动。这里的“监察”是基于监察权而非行政权而产生的政治活动,不同于行政监察。正是基于权力依据的不同,当今中国政权系统中行使监察权的机关则称为监察委员会(也称监委),而不同于以往政权系统中存在过且属于同级行政机关组成部门的监察部门(从中央到县级分别称为国家监察部、省级监察厅、市级监察局和县级监察局)。

3. 纪检监察的含义

“纪检监察”概念由“纪检”和“监察”两个概念组成,其自然具有“纪检”和“监察”两个概念的特定含义。但是,纪检监察作为一个具有鲜明中国特色的概念,也有其独特的含义。纪检监察作为一个整体、作为一个复合性概念,开始于 1993 年 1 月并在之后广泛使用。纪检监察这一特定概念产生于 1993 年中共中央和国务院决定中央纪委与监察部合署办公的“合署”体制设计的背景。但是,值得说明的是,肇始于 1993 年的纪检监察是纪检监察体制改革前纪律检查和行政监察的统称,不同于纪检监察体制改革之后的纪检监察概念。作为新时代语境下的纪检监察,是党的纪律检查和国家监察的简称,是党的纪律检查机关与国家监察机关实行两套人马、一套工作机构、两个机关名称,履行党的纪律检查与国家监察两种职能的政治活动。纪检监察是对“纪检”和“监察”两个概念的内涵升华。虽然从外在表象来看,纪检监察是一种从“纪检”到“监察”,再到“纪检监察”的实践演进,但是从内在含义来看,则是纪检监察互融理念和国家监察权(而非行政监察权)内涵的更新拓展。“在纪检监察一体化过程当中,纪检对监察进行了一定程度的吸纳,既保证了监察权自身的法律属性,又彰显了其政治属性,进一步拓展了监察权的内涵。”[②]因此,“纪检监察的概念范畴更加突出纪检与监察的实质融合,理论范畴表现为对国家监察权内涵和功能的革新性拓展,实践范畴体现为破解监察权‘单兵作战’的实践困局”[③]。鉴于此,对于新时代由党的纪律检查机关与国家监察机关合署办公体制决定,两大机关互融一体化履行党内纪律监督检查和国家监察调查两大职责的特定政治活动,就称为“纪检监察”。

总之,纪检监察是有机整合党的纪律检查机关和国家监察机关及其

---

① 参见吴丕、袁刚、孙广厦:《政治监督学》,北京大学出版社 2007 年版,第 4 页。

② 张震、廖帅凯:《一级学科视域下纪检监察学体系论》,载《新文科教育研究》2022 年第 2 期。

③ 张震、廖帅凯:《一级学科视域下纪检监察学体系论》,载《新文科教育研究》2022 年第 2 期。

职能而对党和国家各级组织及其公职人员与有关人员依纪依法进行监督、检查、教育和惩处等的特定执纪执法活动。在我国当前的学科专业体系中,“纪检监察是中国共产党纪律检查和中华人民共和国国家监察的简称”①。

（二）纪检监察队伍的含义

1. 纪检监察队伍的含义

纪检监察队伍是纪检监察干部队伍的简称。纪检监察干部队伍是由纪检监察和干部队伍两个概念构成的一个特定组合概念。前文已经界定清楚了纪检监察的内在含义,在此不再赘述。要正确理解干部队伍这个概念,首先要正确理解干部的含义。

“干部”一词源于法语“Cadre”,既有“框架;界限,范围,环境;布局;集装箱”等意思,也有“高级管理人员”“干部”的意思。② 其后,该词被俄语、英语等作为外来语吸收。英语中“Cadre”的意思是:“(1)(担任新部队训练、组织等任务的)基干官兵,教导队;(2)(某一活动、政党或组织的)核心班子,骨干队伍;(3)(尤指党、政方面的)干部;(4)框架,机构,规划,纲要。”③日语将 Cadre 翻译为“干部”,其意思是:“领导干部、政党的干部、工会干部、领导干部级的人物;军队的将校尉士。”④20 世纪初,汉语吸收了日语“干部”一词。汉语中该词有多重含义,分别是:“(1)党派社团工作机构的本部或总部;(2)担任一定的领导工作或管理工作的人员。也泛指国家机关、军队、人民团体中的公职人员。”⑤中国共产党最早在正式文件中使用“干部”一词,可以追溯到 1922 年 7 月在党的二大上通过的党章。在这个党章的第 2 章“组织”第 4、8 条和第 3 章“会议”第 11 条,共出现 3 次“干部”。⑥ 此时的“干部”特指中国共产党“党组织中起核心作用的党员”⑦。中华人民共和国成立之后,“干部”概念深受苏联的影响。《苏联大百科全书》将“干部”概念解释为:“党组织、苏维埃组织、经济组织、工会组织、共

---

① 纪检监察学学科评议组:《纪检监察学学科简介》,载国务院学位委员会第八届学科评议组、全国专业学位研究生教育指导委员会编:《研究生教育学科专业简介及其学位基本要求(试行版)》,2024 年 1 月。

② 参见董明慧等编:《精选法汉汉法词典》,商务印书馆 2019 年版,第 93 页。

③ 陆谷孙主编:《英汉大词典》(第 2 版),上海译文出版社 2007 年版,第 261 页。

④ 宋文军主编:《现代日汉大词典》,商务印书馆 1987 年版,第 377 页。

⑤ 阮智富、郭忠新编著:《现代汉语大词典》,上海辞书出版社 2009 年版,第 684 页。

⑥ 参见《中国共产党章程》(1922 年 7 月中国共产党第二次全国代表大会),载中央档案馆编:《中共中央文件选集(一九二一——一九二五)》(第 1 册),中共中央党校出版社 1982 年版,第 43 - 47 页。

⑦ 熊成帅:《中国共产党“干部”概念的多重内涵》,载《深圳社会科学》2023 年第 4 期。

青团组织和其他组织的训练有素的工作人员，以及科学和文化工作者，陆军和海军军人，国民经济各部门各种专业工作人员中的基本常备人员。”① 与苏联对“干部”概念的解释类似，中华人民共和国成立后所使用的“干部”概念“同样包括了党组织、政权机关、群团组织、军队、学校等各类机构中的工作人员”②。《现代汉语词典》将干部解释为两层意思：(1)国家机关、军队、人民团体中的公职人员(士兵、勤杂人员除外)；(2)指担任一定的领导工作或管理工作的人员。③

在中国政治语境中，“干部概念的外延十分笼统和庞杂，几乎无所不包”④。“领导干部”和“公务员”在不同语境下含义有所不同。为了方便研究，依据我国现行《党政领导干部选拔任用工作条例》与《公务员法》和考虑纪检监察工作现实，我们在此从宽泛意义上来界定纪检监察干部的内涵和外延。简而言之，纪检监察干部是指在各级纪检监察机关中从事纪检监察工作的人员。纪检监察干部构成复杂和规模庞大，既包括在各级纪检监察机关中担任领导职务的干部，比如各级纪委书记兼监委主任、纪委副书记兼监委副主任、纪委常委、监委委员、纪委监委内设职能部门负责人和派驻纪检监察组组长、纪委监委内设职能部门副职负责人和派驻纪检监察组副组长等领导干部，也包括在各级纪委监委机关内设职能部门工作和派驻纪检监察组中工作且占比最大的公务员、参公管理人员和事业编人员。各级纪检监察机关中的临时聘用人员和工勤人员，不属于纪检监察干部的范围。

作为纪检监察干部队伍简称的纪检监察队伍是由纪检监察干部个体组成的群体。基于这样的理解，我们将纪检监察队伍界定为在各级纪检监察机关及其派出(驻)组织中行使纪检监察职权并承担纪检监察责任的工作人员。当然，需要特别指出的是，纪检监察队伍行使纪检监察职权并承担纪检监察责任，都是受组织的委托、代表组织并以组织的名义而不是以个人的名义实施的。

2. 县级纪检监察队伍的含义

县级纪检监察队伍作为县级纪检监察干部队伍的简称，具体是指在县

---

① [苏]斯捷潘年、斯米尔诺夫：《苏联大百科全书选译》，程敏译，人民出版社1955年版，第1页。

② 熊成帅：《中国共产党“干部”概念的多重内涵》，载《深圳社会科学》2023年第4期。

③ 参见中国社会科学院语言研究所词典编辑室编：《现代汉语词典》(第6版)，商务印书馆2014年版，第425页。

④ 王海峰：《干部国家与中国建设：一个新的分析概念和框架》，载《上海行政学院学报》2012年第4期。

级纪委监委(即合署办公的党的各级纪律检查机关和国家各级监察机关)及其派驻纪检监察组中行使纪检监察职权并承担纪检监察责任的工作人员。具体而言,县级纪检监察队伍就是指在县级纪委监委及其派出(驻)组织中行使纪检监察职权并承担纪检监察责任的领导干部、业务干部和综合管理干部等三大类干部。

关于县级纪检监察队伍的外延构成,有以下几点值得说明:

第一,关于县级纪检监察队伍的行政区划问题。我国县级纪委监委类型众多,包括普通县的纪检监察机关、县级市的纪检监察机关、市辖区的纪检监察机关,以及少数民族自治地方自治州所辖县、区和自治县的纪检监察机关及自治旗的纪检监察机关。总之,县级纪检监察队伍包括在县级纪委监委机关和由县级纪委监委派驻相关单位的纪检监察组中行使纪检监察职权并承担纪检监察责任的领导干部、业务干部和综合管理干部,而不包括县级纪委监委中的临时聘用人员和工勤人员、乡镇(街道)纪检监察干部和村(社区)纪检监察干部。

第二,关于县级纪检监察队伍的行政级别问题。人员众多、规模庞大的县级纪检监察队伍,并不是仅指在行政级别上是县处级的纪检监察干部,而是指既包括行政级别为县处级的纪检监察干部(如行政级别为副县级的市辖区、县级市、县、自治县、旗的纪委书记,行政级别为正县级的副省级市所辖各区、市、县的纪委书记),也包括行政级别为正科级的县级纪委副书记和监委副主任及行政级别为副科级的县级纪委专职常委、监委专职委员、内设职能部门负责人和派驻纪检监察组组长,还包括为正副股级的内设职能部门副职负责人和派驻纪检监察组副组长,更包括在县级纪委监委机关内设各职能部门工作和在派驻纪检监察组工作的占比最大的科员。

第三,关于县级纪检监察队伍的人员构成问题。首先,就县级纪委监委机关工作干部的构成来看:一方面包括县级纪委监委中由纪委书记、纪委副书记、纪委常委以及监委主任、监委副主任与监委委员两部分六类型干部组成的领导班子成员。这部分干部人数在 10 人上下。另一方面包括在县级纪委监委各部、室、中心和直属事业单位等内设职能部门工作的负责人和在编在岗直接或间接从事纪检监察工作的相关人员,而不包括工勤人员、抽调借调人员和临时聘用非从事纪检监察工作的人员。这部分干部人数在 20—40 人。其次,就县级纪委监委派驻相关单位的纪检监察组干部的构成来看:既包括派驻县级党委办公室及各职能部门的纪检监察组、县级政府办公室及职能部门的纪检监察组,也包括派驻县级人大常委会的纪检监察组、县级人民政协机关的纪检监察组、县级人民法院的纪检监察组、县级人民检察院的纪检监察组，等等。每一个县级纪委监委派驻相关单位的纪检监察组干部的人数，少则 20 余人，多则达 60 余人。

二、县级纪检监察队伍专业化的概念界定

要弄清县级纪检监察队伍专业化是什么，必须首先明确“专业”和“专业化”是什么？从规范严谨的角度说清楚道明白专业及专业化的内涵，并不是一件轻而易举的事情，需要下一番功夫去认真理析。

（一）专业的含义

何谓专业，中外学术界虽有多种主张，但也有一致性认识。

国外学术界比较有解释力的是社会学所主张的“特征路径说”。所谓“特征路径说”，是指研究者在广泛“总结不同职业发展成专业后所具有的典型特征，以此来提炼和描述理想型专业的要素，并以此判断与解释何为专业”①。在西方社会学学者看来，专业是与职业密切相关的概念。美国社会学家布朗德斯（Brandeis）对专业概念的描述被奉为圭臬。他对“专业”作了描述性的界定：“专业是一个正式的职业；为从事这一职业，必要的岗前培训以智能为特质，涉及知识和某些扩充的学问而不同于纯粹的技能；专业主要供人从事为他人服务而非单纯的谋生工具，从业者获得经济回报不是衡量其职业成功的主要标准。”②在布朗德斯的经典描述中，“专业”具备三大基本特征：其一，专业是一种正式的全日制职业；其二，专业必须拥有知识和技能，以智能为特质；其三，专业必须以服务他人为目的，以完满人生为最终目标。布朗德斯之后，众多学者对专业的内涵展开了多种多样的诠释。比如，英国社会学家卡尔·桑德斯（Carr-Saunders）和威尔逊（Wilson P. A.）则认为，专业是一群人从事一种需要专门技术的职业，这类职业具备了专门的技能和训练、最低限度的报酬和薪资、专业协会以及专业实践的伦理规范等要素。③ 美国社会学家恩斯特·格林伍德（Ernest Greenwood）提出了专业所应具有的五个基本特征：有一套系统的理论、有一定的专业权威、社会的普遍认可、有一套专业伦理道德和有本专业的文化。④

---

① 刘文婧：《应急管理人员专业化的内涵及发展路径》，载《新疆社科论坛》2014 年第 2 期。

② 赵康：《专业、专业属性及判断成熟专业的六条标准——一个社会学角度的分析》，载《社会学研究》2000 年第 5 期。

③ See Carr-Saunders A. M. & Wilson P. A., *The Profession: Their Organization and Place in Society*, Oxford University Press, 1933, p. 17 – 38.

④ See E. Greenwood, *Attribute of a Profession*, Social Work, Vol. 2:3, p. 44 – 55 (1957).

在借鉴国外学说的基础上,国内学术界也对专业作出了自己的界定。比如,社会学学者赵康通过六项标准来说明专业“应该是什么”。他认为判断成熟专业的六项标准包括:“(1)是一个正式的全日制职业;(2)拥有专业组织和伦理法规;(3)拥有一个包含着深奥知识和技能的科学知识体系,以及传授/获得这些知识和技能的完善的教育和训练机制;(4)具有极大的社会效益和经济效益(鉴于高度关注和力求达成客户利益和社会效益);(5)获得国家特许的市场保护(鉴于高度的社会认可);(6)具有高度自治的特点。”①但是,他并没有明确界定专业的内涵。在国内学术界,各学科领域学者大多认为专业与职业(occupation)紧密相关,职业化引发了专业化。专业与职业之所以会紧密相关是缘于社会分工与社会协作的关系。简而言之,则是“职业与专业都会以分工—协作的形式出现,既包含在分工—协作体系中,又对分工—协作形成支持”②。因此,学者大多从职业的角度对专业进行了界定,即以职业来诠释专业。比如有人认为,“专业是社会分工、职业分化的结果……它是指一群人经过专门教育或训练、具有较高深和独特的专门知识与技术、按照一定标准进行专门化的处理活动,从而解决人生和社会问题,促进社会进步并获得相应报酬待遇和社会地位的专门职业”③。

从中外学者关于专业概念的上述界定中,我们可发现他们往往以“职业”概念来解释“专业”概念。从严格意义上来看,职业和专业是两个不同的概念,职业并不等同于专业。但是,职业与专业客观上具有紧密相关性。

《美国社会百科全书》将职业界定为人们为了获得经常性收入而从事的连续性的特殊活动。这种活动具有市场价值,并且决定着人们的社会地位。《中国社会科学百科全书》认为:职业是个人所从事的不同性质的劳动类别,体现为一定的劳动岗位或劳动者不同的社会身份与角色,由社会分工所引起,由经济发展水平所决定。从这两个定义我们可以看出,所谓职业就是指人们从事的相对稳定的、有收入的、专门类别的工作。职业具有同一性、差异性、层次性等特点。另外,职业可分为一般性职业和专门性职业。“一般性职业不需要从业者经过专门的培训与教育;而专门性职业要求从业者经过专门的训练和教育,具有较高深和独特的专门知识和技

---

① 赵康:《专业、专业属性及判断成熟专业的六条标准——一个社会学角度的分析》,载《社会学研究》2000年第5期。

② 张康之:《论风险社会中的专业化问题》,载《江汉论坛》2021年第8期。

③ 岳喜凤:《教师专业化:理念重建与内涵拓展研究》,湖南师范大学2007年硕士学位论文,第4页。

术，是专业性职业，即专业。专业更强调从业人员的社会责任感、社会服务精神和工作的创造性。”①专业作为“专业性职业”，“是知识含量高和发展相对规范的职业，该职业为社会和公众服务，得到国家与服务对象的支持和认可”②。鉴于此，专业的知识领域和教育途径必须相对明确，专业的组织制度和伦理道德必须规范，专业资格的取得必须经过严格而正式的途径，专业能力必然要求较高，专业的自主自律意识必须强。专业和职业具有密不可分的客观联系，因此可以通过职业来界定专业。专业是一种特殊的职业，或者说专门化的职业。基于这样的认识逻辑，我们认为，所谓专业实际上是指某一社会群体经过专门的教育培养或学习训练，掌握了较为高深和独特的专门知识与专门技能，能够按照特定标准和特定规范进行专门化的社会活动，进而创造性地解决问题、促进社会文明进步，并获得相应报酬待遇和社会地位的专门职业。

从构成上来看，衡量某一职业是否到达专业的基本要素主要包括：具有专门知识和专门技能，拥有专业组织和伦理法规，能创造特定的社会效益和经济效益，进而获得社会认可和具有自主自治性。简而言之，专业就应当是具有这些基本要素的社会职业。

（二）专业化的含义

何谓专业化，国外学术界有三种解释路径，即特征解释路径、过程解释路径和权力解释路径。③ 特征解释路径是“总结不同职业发展成专业后所具有的典型特征，以此来提炼和描述理想型专业的要素，并以此判断与解释何为专业化”④。持这种观点的国外学者，将专业化的典型特征归纳为：具有专门的知识、掌握专门的能力、建有专门的组织、设有专门的制度及形成专门的伦理、专门的待遇与报酬、专门的文化等。过程解释路径“侧重于考察职业发展成为专业的历程，以揭示专业化是如何实现的。其中，经典的研究有美国社会学家威林斯基的专业化五阶段过程论、福尔默与米尔斯的动态过程论”。“五阶段过程论概括了成熟专业发展所经历的典型过程，即开始成为全职工作；技术的掌握、培训和实践标准获得重视，并出现培训学校；教育者和实务工作者推动建立更有效的组织，即专业协会；出现

① 胡冠中：《我国高校行政管理人员专业化研究》，天津大学2009年硕士学位论文，第17页。

② 柯长城：《我国公务员专业化的理论基础与实践路径研究——以常州市嘉泽镇为考察个案》，苏州大学2010年硕士学位论文，第10页。

③ 参见刘文婧：《应急管理人员专业化的内涵及发展路径》，载《新疆社科论坛》2014年第2期。

④ 刘文婧：《应急管理人员专业化的内涵及发展路径》，载《新疆社科论坛》2014年第2期。

对垄断技术的法律保护;采用正式的行为守则。"[1]动态过程论明确地提出专业化是一个过程,并认为有许多职业可能介于一个连续体之间。这个连续体的一端是理想类型的专业,另一端是完全无组织性的工作,而专业化是一个可以影响任何职业的专业性程度高低的过程。[2] 权力解释路径的代表人物美国社会学家福塞斯和丹利斯韦兹认为,"权力是专业的核心概念,这种权力主要体现在从业者相对于服务接受者和雇佣机构的自主性,从业者的自主性越高,该专业的专业化程度也越高"[3]。权力解释路径认为,"专业是具有特定权力和声望的职业,将专业化看作专业权力追逐和实现的过程"[4]。

在国内学术界,赵康将专业化界定为一个社会过程。他认为,在国家、社会(客户和公众)、大学和"活动本身"等四个实体要素间错综复杂的互动作用驱使下,一个具有潜在价值且能推动人类社会发展的,经由"次级专长""准职业""形成的职业""出现的专业"等阶段,最终形成"成熟专业"身份的过程,就是专业化。[5] 胡冠中认为,"专业化一般来讲有两层含义。一是指一个普通职业逐渐符合专业标准、成为专门职业并获得相应的专业地位的过程,用 professionalization 一词来表示,侧重讲过程含义;二是指一个职业的专业性质和发展状态处于什么情况和水平,用 professionalism 一词来表示,侧重讲性质含义"。他主张从"过程含义"角度来界定专业化。他认为,专业化具体是指"根据一定专业的特点与标准,来要求和规范一个普通职业群体,以求这个职业群体不断提高从业能力,并争取专业地位,使其所从事的行业成为一种专门职业的过程"[6]。柯长城尽管认为专业化的含义,既可以从职业群体专业化角度去理解,也可以从职业个体专业化角度去理解,但是他更倾向于从个体层面来界定专业化。他认为:"专业化是指职业个体随着职业在社会中的分工、职业自身规范及与社会和服务对象互动中不断发展而不断提高综合能力素质、规范职业行为、培育专业精神

---

① Wilensky H. L. ,*The Professionalization of Everyone*?,American Journal of Sociology,Vol. 69:3, p. 70(1964).

② See Vollmer H. M. & Mills D. , *Professionalization*,Prentice – Hall,1966,p. 62 – 69.

③ P. B. Forsyth & T. J. Danisiewicz,*Toward a Theory of Professionalization*,Work and Occupations, Vol. 12:1,p. 59 – 76(1985).

④ T. J. Larson,*The Rise of Professionalism: A Sociological Analysis*,University of California Press, 1977,p. 5.

⑤ 参见赵康:《专业化运动理论——人类社会中专业性职业发展历程的理论假设》,载《社会学研究》2001 年第 5 期。

⑥ 胡冠中:《我国高校行政管理人员专业化研究》,天津大学 2009 年硕士学位论文,第 21 – 22 页。

和职业道德的过程,是职业个体思想认识、价值观念和行为方式不断转变和提升的过程。”[①]刘宁则认为:“所谓专业化,是指工作状态的标准化、规范化、制度化,它包括个人素养、行为规范和专业技能等方面。”[②]

值得注意的是,绝大多数中外学者都将专业化看成一种过程。“专业化可以被概括为:一种普通职业拥有不可替代性的社会功能的过程。具体而言,专业化是指一种职业形成专业伦理与专业道德、建立和完善专业组织、享有专业自主权的社会功能养成过程。”[③]专业化是指“职业人的专业品质和专业能力不断提高的过程,也是指职业人所需具备的一些内在指标、专业素质和专业结构不断更新、演进和丰富的过程”[④]。参考中外学者的观点,我们将专业化界定为,一个社会职业基于一定标准和规范,增强专业素质、专业知识和专业能力,形成专业意识和专业精神,建立专业伦理和专业规范,获得专业地位和专业自主权的过程。关于专业化的特定内涵,可以从主体、内容和过程三个方面去深入理解与把握。就主体而言,一个职业的专业化既包括该职业群体的专业化,也包括该职业个体的专业化。就内容而言,尽管一个职业专业化的内容指向广泛,但是判断一个职业是否达到专业化的基本内容则应该体现在其是否具备专业知识、专业能力和专业精神方面。对于这一点,后文将进一步详细阐释。就过程而言,一个职业的专业化既包括该职业群体和个体具备专门而独特的素质、知识、技能等的过程,也包括形成专门而独特的思想认识、价值观念、精神品质、行为方式和道德操守的过程。

(三)县级纪检监察队伍专业化的含义

根据纪检监察队伍的职业特性,参考现代专业化理论和社会学家利伯曼专业化“七要件”学说,借鉴中外学术界对专业和专业化的阐释,我们可以对县级纪检监察队伍专业化作出界定。

纪检监察作为基于现代社会分工,特别是权力监督制约分工而产生的特定职业,其队伍的专业化可以从国外学界关于专业化概念诠释的特征解释路径说和过程解释路径说两种主张中汲取有益的理论养料。

如果单纯参考专业化的特征解释路径说,我们可以将县级纪检监察队

---

① 柯长城:《我国公务员专业化的理论基础与实践路径研究——以常州市嘉泽镇为考察个案》,苏州大学2010年硕士学位论文,第11－12页。

② 刘宁:《纪检监察干部队伍专业化建设初探》,载《中国纪检监察报》2012年12月10日,第3版。

③ 张兴:《新建本科院校辅导员队伍专业化建设研究》,载《中国电力教育》2012年第23期。

④ 黄海军:《关于加强纪检监察干部队伍专业化、职业化建设的思考》,载同州清风网2012年6月7日,https://dali.qinfeng.gov.cn/info/1018/8212.htm。

伍专业化界定为,县级纪检监察个体和群体具有扎实的专业知识、较强的专业能力、良好的专业精神,进而获得能够切实履行纪检监察工作职责的职业特质。

如果单纯参考专业化的过程解释路径说,我们可以将纪检监察队伍专业化界定为,纪检监察干部个体专业水平提高的过程以及纪检监察干部群体为争取成为具有独特专业特质和职业地位的社会职业群体而进行努力的过程。

单纯参考特征解释路径说或过程解释路径说来界定县级纪检监察队伍专业化的内涵,虽然有其合理之处,但是我们觉得并不够科学。我们认为应当同时吸收特征解释路径说和过程解释路径说的合理主张来界定县级纪检监察队伍专业化的内涵。如果用描述性语言来说,县级纪检监察队伍专业化就是指通过一系列的制度安排,建设起一支专业化的县级纪检监察工作队伍,使他们具有现代纪检监察所需的知识、能力和精神,从而使他们以纪检监察为职业,能熟练利用组织内外各种资源去有效地开展纪检监察活动,进而有效达成纪检监察工作目标的过程。更为严谨地界定县级纪检监察队伍专业化则是,县级纪检监察工作人员以纪检监察工作为职业平台,通过不断接受培养培训,获得从事纪检监察工作所必需的专业知识、专业能力和专业精神,提高专业水平,实现专业自主,最终成为具有充分胜任力的纪检监察工作者的过程。总而言之,所谓县级纪检监察队伍专业化是指县级纪检监察人员不断接受培养培训,获得从事纪检监察工作所需基本素质、专业知识、专业能力和专业精神,进而能够胜任纪检监察工作的过程。

县级纪检监察队伍专业化既包括县级纪检监察人员个体拥有专业知识和专业能力、形成专业精神的过程,也包括县级纪检监察人员群体拥有专业知识和专业能力、形成专业精神的过程。也就是说,县级纪检监察队伍专业化包含了县级纪检监察干部个体专业化和县级纪检监察干部群体专业化两个方面。所谓县级纪检监察干部个体专业化是指县级纪检监察干部在整个职业生涯中,依托专业组织,通过不断接受培养培训,习得纪检监察工作专业知识和专业能力,实现专业自主,彰显专业精神,最终成为一个高素质专业化纪检监察干部的成长过程。县级纪检监察干部个体专业化是一个人从“普通人”变成“纪监者”的成长过程,是县级纪检监察干部个体专业不断发展的历程,是县级纪检监察干部不断接受新知识、增长专业能力的过程。所谓县级纪检监察干部群体专业化是指县级纪检监察干部群体在专业工作中,依托专业组织,通过不断接受培养培训,逐步提高纪检监察工作专业知识和专业能力,实现专业自主,彰显专业精神,最终成为一个高素质专业化纪检监察工作团体的发展过程。县级纪检监察干部群体专业化是县级纪检监察干部个体专业化的发展和社会承认形式。它是县级纪检监察干部个体专业化发展的必然结果,它从总体上影响着县级纪检监察干部个体专业化的进程及水平。反过来,县级纪检监察干部个体专业化进程及水平也会最终影响县级纪检监察干部群体专业化的进程及发展水平。

无论是从个体还是从群体的角度来讲,县级纪检监察队伍专业化的基本内涵应当包括以下五个方面的内容:一是县级纪检监察干部不再是临时兼职人员,纪检监察也不只是纪检监察机关的临时工作,而成为固定的监督执纪执法岗位,发展为一种职业。二是在纪委监委合署办公、执纪执法一体化的纪检监察新体制下,县级纪检监察干部需要同时掌握政治理论、中共党史党建学、法学等多学科知识和具备监督执纪执法专业能力,但他们首要的任务是"监督"而不是"办案"。三是县级纪检监察干部需要系统地接受纪检监察素质、知识和能力的学习培训,需要遵循严格的职业规范和行为准则,并达到职业准入相关资格。四是县级纪检监察工作的专业特征、岗位属性、职业标准能够获得各级各类组织和人民群众广泛认同,县级纪检监察干部履职的价值和意义能够得到社会群体的肯定,社会愿意接受和认可纪检监察干部的职业身份。五是县级纪检监察干部具有一定的专业自主性,但必须服务于廉洁治理、高质量发展这一公共目标。

三、县级纪检监察队伍专业化的知识体系

在当前纪检监察学已成为培养纪检监察专门人才的一级学科的情况下,纪检监察学的知识体系与马克思主义理论、中共党史党建学、法学、政治学、公安学、公共管理学等知识体系具有何种关系?应该如何定位纪检监察学的学科知识体系在县级纪检监察队伍专业化建设中的地位?这既关涉县级纪检监察队伍专业化的知识体系依何而建的问题,也关涉县级纪检监察队伍专业化的衡量标准问题。

(一)县级纪检监察队伍专业化的知识体系在构成上具有复杂多样性

随着纪检监察体制改革的一体推进、党风廉政建设和反腐败斗争的持续推进以及全面从严治党战略向纵深发展,纪检监察机关的工作理念与工作职责已产生很大变化,纪检监察实务部门对高素质专业化纪检监察人才的需求持续攀升。总之,"纪检监察事业的发展对纪检监察专业人才的需

求是持续、稳定和较大规模的”①。《纪律检查委员会工作条例》第47条明确规定“加强理论研究和学科建设，提高把握政策、监督执纪、做思想政治工作等能力，建设高素质专业化干部队伍”。《监察官法》第32条也规定：“国家加强监察学科建设，鼓励具备条件的普通高等学校设置监察专业或者开设监察课程，培养德才兼备的高素质监察官后备人才，提高监察官的专业能力。”无论是从党内法规还是从国家法律来看，培养系统掌握从事纪检监察工作所需专业知识的高素质专业化纪检监察干部，成为一个紧迫而重要的时代课题。

然而，各级纪检监察干部所应掌握的专业知识绝不是简单零碎的，而是在知识体系来源和构成上是复杂多样的。就县级纪检监察队伍而言，其所应掌握的专业知识体系来源和构成同样具有复杂多样性。这种复杂多样性源于纪检监察学知识体系来源的复杂多样性。纪检监察学知识体系一部分体现为纪检监察理论、党的纪律学、监察法学和廉政学等学科自身独有的知识，另一部分则是来自马克思主义理论、中共党史党建学、法学、政治学、公安学、公共管理学等多个学科供给与融合的知识。在2024年1月教育部公布的《研究生教育学科专业简介及其学位基本要求（试行版）》中，专门设置了纪检监察学学科简介。在这个简介中，将作为一级学科的纪检监察学（Discipline Inspection and Supervision）界定为“纪检监察学是研究党和国家监督体系、党风廉政建设和反腐败的理论、制度和实践的综合性学科。纪检监察学科以习近平新时代中国特色社会主义思想为指导，是对中国共产党领导的纪检监察实践的经验总结和理论概括，是与马克思主义理论、中共党史党建学、法学、政治学、公安学、公共管理学等学科紧密相关的一门新兴学科”②。

纪检监察学成为法学门类下一个独立一级学科之后，并不意味着纪检监察干部只需要掌握纪检监察学独有的学科知识就足够了。之所以这么说，一是因为纪检监察工作的内在特性需要纪检监察干部掌握复杂多样的专业知识。纪检监察工作是依据党纪国法两大规范，行使纪检监察权力，实施教育预防惩处等的复杂的业务工作，因此需要各级纪检监察干部掌握党内监督、国家监督、纪律检查、监察调查、思政工作等多方面的知识。二是因为纪检监察学自身的知识体系是由马克思主义理论、中共党史党建

① 王冠、任建明：《创建纪检监察学的意义、现状与建议》，载《北方论丛》2022年第2期。

② 纪检监察学学科评议组：《纪检监察学学科简介》，载国务院学位委员会第八届学科评议组、全国专业学位研究生教育指导委员会编：《研究生教育学科专业简介及其学位基本要求（试行版）》，2024年1月。

学、法学、政治学、公安学和公共管理学等学科知识交叉与融合而成的。“根据纪检监察学科的研究内容，与其相近的一级学科有马克思主义理论、中共党史党建学、法学、政治学、公安学、公共管理学等学科。纪检监察学科既与上述学科密切相关，同时在研究对象、理论、知识基础和研究方法方面自成体系。”①也就是说，纪检监察干部需要的纪检监察学知识体系同上述相近学科知识体系，既有紧密相关性，也有特定差异性。

鉴于纪检监察学学科简介对纪检监察学和几个相近学科的相关性与差异性已经做了较为明确的说明，在此我们不再做具体的阐释。另外，由于纪检监察学设立时间还很短，还不能充分地向各级纪检监察机关输送毕业生，目前还不是纪检监察干部的主要来源。目前各级纪检监察干部更多依托的是法学、公安学、中共党史党建学、马克思主义理论和政治学等学科的人才培养与输送。也就是说，当前各级纪检监察干部的职前专业知识，还要依靠法学、公安学、中共党史党建学、马克思主义理论和政治学等学科的知识供给。当然，即使纪检监察学已培养出大量专门人才，依然需要马克思主义理论、中共党史党建学、法学、政治学、公安学和公共管理学等学科知识体系的支撑。从这一点可以看出，县级纪检监察队伍专业化的知识体系在来源和构成上具有复杂多样性。

（二）县级纪检监察队伍专业化的知识体系将在纪检监察学汇集呈现

纪检监察学虽然知识体系的来源与构成具有复杂多样性，在不同程度上同相近学科具有交叉融合性，但是纪检监察学绝不是这些学科理论与知识的简单拼凑和杂糅组合，而是一门具有独特研究对象、研究内容、研究范式和研究方法的新兴学科。

“纪检监察学科坚持以发展和完善中国特色社会主义监督制度为导向开展研究，围绕解决大党独有难题、党在长期执政条件下推进自我革命、永葆党的先进性和纯洁性、健全党和国家监督体系等重大课题提供理论支撑和构建相关知识体系。”②纪检监察学科虽同前述相近学科密切相关，但在研究对象、理论、知识基础和研究方法方面自成体系。纪检监察学是遵循新时代纪律检查与国家监察工作深度融合的实践逻辑，专门研究纪检监察

① 参见纪检监察学学科评议组：《纪检监察学学科简介》，载国务院学位委员会第八届学科评议组、全国专业学位研究生教育指导委员会编：《研究生教育学科专业简介及其学位基本要求（试行版）》，2024 年 1 月。

② 纪检监察学学科评议组：《纪检监察学学科简介》，载国务院学位委员会第八届学科评议组、全国专业学位研究生教育指导委员会编：《研究生教育学科专业简介及其学位基本要求（试行版）》，2024 年 1 月。

制度、活动及其运行发展规律的一个新兴学科。纪检监察学是一个具有特定逻辑前提、地位价值、概念范畴、原理原则、实践技术和研究范式的独立学科。纪检监察学的这种独立性主要体现在以下两方面:一是从学理来源上看,纪检监察学虽然具有与前述相近学科知识的交叉融合属性,但是其也具有自身独特的逻辑前提、概念范畴、原理原则、实践技术等。纪检监察学不是前述相近学科知识的简单拼凑,而是有选择地吸收相近学科知识形成全新的、独立的概念范畴、原理原则、制度规范和实践技术。二是从实践来源上看,在新时代合署办公新体制和纪法贯通、纪法衔接、法法衔接新机制下,纪检监察学具有党的纪律检查与国家监察监督二元融合性。尽管党的纪律检查与国家监察监督在长期独自实践中形成了"两套不同的知识生产、知识传授和操作手册,在基本概念理解、原理价值推导、制度规范运用、思维方式设定等方面都存在差异"①,但是作为独立一级学科的纪检监察学不是党的纪律检查和国家监察两套知识的简单相加,而是根据纪检监察融合一体的时代要求,将两套知识有机融合成一套全新独立的知识体系。纪检监察学是以纪检监察概念、原理、价值为基石,以纪检监察制度、规范、体系为中轴,以纪检监察实践、技术、知识为照应,以纪检监察思想、政治、文化为理想的综合知识体系。纪检监察学虽有其多学科融合性,但其更有新学科独特性。这种独特性最基本的体现则是在其专门化的知识体系上。纪检监察学知识体系应当包括理论类知识、制度类知识、实践类知识和文化类知识四种形态,从而在整体上形成"以制约和规范公权力为核心的原理—制度—实践—文化四个有机面向"②。从基本类型及其构成上来看,纪检监察学的知识体系主要包括以下内容:

第一,纪检监察理论类知识。纪检监察理论类知识主要通过概念范畴、学理渊源和价值观念等方面体现出来。在概念范畴上,纪检监察学应当包括纪检与监察、监督与政治监督、监察权与纪检监察权③、纪检监察与纪检监察机关、政治监督与社会监督、党内监督与国家监督、纪律检查与法治监察、依规治党和依法治国等基础概念。在概念范畴体系上,虽然可分为纪检独有范畴和监察独有范畴,但是更应关注纪检与监察共有范畴。在学理渊源上,纪检监察学不仅必须以马克思主义建党学说、政党学说、国家学说、权力监督学说以及中华传统廉政治理思想精华、近现代西方权力监

---

① 王旭:《建构中国自主的纪检监察学知识体系》,载《求索》2022 年第 6 期。

② 王旭:《建构中国自主的纪检监察学知识体系》,载《求索》2022 年第 6 期。

③ 参见喻少如、许柯:《中国特色纪检监察学范畴体系的建构与展开》,载《廉政文化研究》2022 年第 3 期。

督学说合理内核等为理论渊源，还必须以习近平新时代中国特色社会主义思想为根本指导，贯彻落实习近平法治思想以及习近平总书记关于全面从严治党、党的自我革命、党和国家监督体系、解决大党独有难题等重要论述。在价值观念上，纪检监察学研究的内容包括公共权力应“姓公”、公共权力易腐化乱用、公共权力必受监督、“立党为公、执政为民”的政党理念等。

第二，纪检监察制度类知识。纪检监察制度类知识是新时代依规治党与依法治国有机统一所形成的中国特色社会主义公共权力监督的制度文明新形态、新制度规范，具体包括党规党纪知识和法律法规知识两大部分。党规党纪知识主要包括党的纪律、党内法规、党内制度、党内规范性文件等类型，具体体现为以党章、准则、条例、规定、办法、规则、细则等为名称的管党治党制度体系。法律法规知识主要包括宪法学、行政法学、刑法学、公务员法、公职人员政务处分法、刑事诉讼法学、证据法学、犯罪心理学、监察法学（主要包括监察法及其实施条例、监察官法）等。

第三，纪检监察实践类知识。近年来，在以习近平同志为核心的党中央坚强领导下我国持续深入地一体推进党的纪律检查体制改革、国家监察体制改革、纪检监察机构改革，纪检与监察在形式上实现了一体化，即纪检与监察从“物理融合”迈向了“化学融合”。但是，值得注意的是，党的纪检与国家监察的互相融合，不仅在于纪法规范层面的融合，更在于纪法实践层面的融合。纪检监察实践类知识是纪检监察学知识体系的一个重要组成部分。纪检监察实践类知识是指将纪检监察理论知识和实践知识运用于纪检监察活动的操作程序、手段、方式和技术等的总称。纪检监察实践类知识主要体现为纪律监督、纪律检查、纪律审查、监察监督、监察调查、案件审理、处分救济、宣传教育、证据收集与运用、文书制作与处理等纪检监察具体工作应遵循的程序、采取的手段方式和使用的技术等。

第四，纪检监察文化类知识。纪检监察文化类知识是围绕纪检监察干部在纪检监察工作实践过程中形成和发展起来的职业意识、理想信念、价值取向、专业精神等的总称。纪检监察学中不可或缺纪检监察文化知识板块，主要应当围绕马克思主义监督思想的坚持与发展、中华优秀传统廉政文化的传承与创新、国外权力监督思想的鉴别与借鉴、新时代中国廉洁文化建设与应用等方面来着力开展研究。当然，纪检监察文化知识的建设和发展，还应当主要从中国监察史、中国法律史、中国共产党党史、监察制度比较学、思想政治教育学、教育学和心理学等学科中吸取资源与养分。

虽然目前各级纪检监察干部主要接受的是马克思主义理论、中共党史党建学、法学、政治学、公安学和公共管理学等的教育培训,但是在不久的将来纪检监察学会在各级纪检监察专门人才的培养及输送上发挥重要作用。也就是说,纪检监察学将逐步成为纪检监察干部获得职前专业知识的主要学科。基于此,我们认为县级纪检监察队伍专业化的知识体系主要应依据纪检监察学来构建。

四、县级纪检监察队伍专业化的衡量标准

前面对县级纪检监察队伍专业化的内涵进行了界定,说明了县级纪检监察队伍专业化"是什么"的问题。接下来探讨县级纪检监察队伍专业化的衡量标准问题。要弄清这个问题,首先应从弄清普通职业专业化的衡量标准开始。

(一)普通职业专业化的衡量标准

对于衡量一个普通职业是否专业化的标准,中外学界有着多种主张。比如,根据能力素质模型的解释,衡量一个职业是否达到专业化的要素,包括知识、技能、自我概念、特质和动机等五个方面。① 根据冰山理论的解释,衡量一个普通职业是否达到专业化的要素,包括专业知识、专业能力或专业技能等显性素质和专业信念、专业观念、专业思维、专业态度、专业伦理等隐性素质两大方面。② 根据专业化运动理论的解释,衡量一个普通职业是否达到专业化的标准有六条,这六条标准具体体现为知识、质量、效率和道德等四个表征。一个普通职业专业化程度的高低也就是沿着六个标准和四个表征呈现出的纵向运动和横向运动的状况。③ 也有研究者在总结中外学者关于专业化的构成要素基础上,归纳出衡量一个普通职业专业化与否的"A、B、C、D、E、F"标准。其中,A是指从业人员的入职要求,B是指从业人员的知识和技能,C是指从业人员的职业行为,D是指从业人员的专业精神,E是指从业人员的职业认识与心态的端正,F是指从业人员的伦理道德追求。④

参考和借鉴上述观点,我们认为衡量一个普通职业是否达到专业化的

---

① 参见柯长城:《我国公务员专业化的理论基础与实践路径研究——以常州市嘉泽镇为考察个案》,苏州大学2010年硕士学位论文,第13页。

② 参见柯长城:《我国公务员专业化的理论基础与实践路径研究——以常州市嘉泽镇为考察个案》,苏州大学2010年硕士学位论文,第13页。

③ 参见赵康:《专业、专业属性及判断成熟专业的六条标准——一个社会学角度的分析》,载《社会学研究》2000年第5期。

④ 参见柯长城:《我国公务员专业化的理论基础与实践路径研究——以常州市嘉泽镇为考察个案》,苏州大学2010年硕士学位论文,第14页。

标准,从广义角度来看应包括专业资格是否取得、专业意识是否建立、专业行为是否规范、专业能力是否具备、专业精神是否树立、专业道德是否恪守。但是,如果仔细分析,我们会发现在这个广义的衡量标准中,实际上存在重复性和不完整性。比如:专业资格是否取得,实际上是考察从事某一普通职业所必备的知识和技能是否具备,这与专业能力是否具备存在交叉重复之处;专业心态、专业精神实质上也有近似之处,可以总括为专业精神是否具备。另外,规范和指引专业行为的制度规范没有被包含其中,这是一个缺憾。我们认为广义的衡量标准存在一定疏漏之处。为了避免这种疏漏,在遵循排他律和周延性原则基础上,我们提出狭义标准,即将衡量一个普通职业是否达到专业化的基本标准概括为专业知识、专业能力和专业精神。

当然,要进一步明确这个狭义标准,首先得从弄清专业知识、专业能力和专业精神三个概念的内涵和外延开始。

1. 专业知识

何谓专业知识,中外学术界鲜见明确的界定。德国费利克斯·劳耐尔(F. Rauner)仅从清晰性、功能性、实用性、经济性、创新性、工作过程导向性与社会责任感等构成特征上对专业知识(professional knowledge)做了分析性阐释。[①] 一般而言,专业知识是指从事某种职业所应具备的相对稳定且系统化的专门知识。专业知识既不同于纯粹的理论知识,也不同于一般的实践知识或经验知识,而是二者的有机统一体。基于此,我们认为专业知识是指在特定工作情境中,通过有效地收集处理信息,将本行业和相关行业的理论知识与实践知识相互融合并进行系统分析判断后,最终采取最有效的方式解决工作问题并达成工作目标的专门知识。专业知识具有四个明显特征:第一,专业知识以深厚的基本理论知识为基础[②];第二,专业知识以熟练的规范操作与权变创新为表征;第三,专业知识以灵活的工作情境分析判断为核心;第四,专业知识以崇高的职业理想和职业伦理为依归。

从基本构成维度来看,专业知识包括两大方面:一是专业理论知识,二是专业技术知识或者专业实践知识。专业理论知识是指由一系列概念、判断、推理和原理等构成的系统化了的科学知识,而专业技术知识是指在专

---

① See Rauner, F., *The Apprenticeship Approach: A Way to Overcome Demarcations between Vocational and Higher Education*, Foreign Language Teaching and Research Press, 2011, p. 23 – 25.

② 参见王璐、徐国庆:《从工作知识到专业知识——职业教育课程知识论基础的发展》,载《职教论坛》2019 年第 9 期。

业实践中形成的操作性知识。专业理论知识和专业技术知识有着不同的存在形态(见表1-1)。

表1-1　专业知识的存在形态

专业知识的构成	专业知识的存在形态
专业理论知识	学科、学科群
专业技术知识	学科或部分被整合入学科
	文字化的技术规范、技术标准以及操作流程等
	物态化的工具、设备及其说明书、操作指南等
	可言说形式的工作经验、体会等
	不可言说形式的个人经验、诀窍等

专业知识具有上述复杂多样的构成体系和表现形态,我们又该如何去衡量某个职业的从业者是否具有相应的专业知识呢?为了化繁为简,让衡量某种职业的从业者是否具有相应的专业知识简便易行,我们认为,可以从入职前和入职后两个阶段进行综合考虑和归纳。首先,从从业者入职前所学专业(包括全日制所学专业和非全日制所学专业)、所获学历(包括所获的最低学历和最高学历)、所获学位(包括所获的最低学位和最高学位)和资格证书等方面,来判断衡量从业者是否具备了从事某个职业的专业知识。其次,从从业者入职后接受在职教育[比如入职后再通过自考、函授、攻读研究生、参加开放大学(广播电视大学)及各级党校研究生班等方式,获得同所从事工作相关的专业知识]、工作培训及通过工作实践和个人自学等途径或方式获得从事该职业的专业知识。在终身学习理念和"干中学"观念已经深入各职场人士大脑的今天,从业者入职后通过各种途径或方式获得职业所需专业知识,也是专业知识的一种重要来源。鉴于此,我们认为衡量从业者是否具备专业知识,既不能只从入职前所学专业、所获学历学位等来考查,也不能片面地从入职后所接受教育培训和工作训练等来判断,而是应该从入职前和入职后两个阶段去综合考虑。

2. 专业能力

从传统意义上讲,专业能力(professional ability)特指"专家所拥有的,区别于新手或经验不足的人所拥有的一般知识和技能"①。从专业社会学角度来看,专业能力不是"专家"才能独占的一个概念,而应该是"专业人

① 纪玉华、韩存新:《哈特列斯"专业知识修辞学"理论建构思路》,载《外国语言文学》2011年第4期。

士”共享的一个概念。是否具有专业能力，应该从三个基本维度进行判断：处于一定专门职业领域中、具备专业知识和掌握专业技能、履行专门职责。鉴于此，我们认为，所谓专业能力是指同特定职业或工作岗位紧密相关，区别于一般能力和其他职业领域中独有的能力。专业能力是同职业相匹配的能力集合，是在“通才”基础上形成“专才”所应具备的能力。当然，专业能力不同于专业技能。在内涵上，作为具有鲜明“技术特征”的专业技能比专业能力更为特殊；但在外延上，专业能力包含专业技能，是“内化专业技能的一种能力整合”①。

对于不同职业群体而言，专业能力的内容构成千差万别。基于研究的需要和方便，我们在此仅以公务员为例来分析其专业能力构成内容的相关情况。2003 年原人事部印发的《国家公务员通用能力标准框架（试行）》，将不同职务职级的公务员应具备的通用性专业能力规定为政治鉴别能力、依法行政能力、公共服务能力、调查研究能力、学习能力、沟通协调能力、创新能力、应对突发事件能力和心理调适能力等九大方面。② 另外，该框架还分别对处于不同职级的公务员具体设定了专业能力指标（见表 1－2）。

表 1－2　国家公务员通用性专业能力指标

序号 \ 能力指标 \ 职级	厅级	处级	科级	科办员
1	学习能力	学习能力	学习能力	学习能力
2	政治鉴别能力	政治鉴别能力	政治识别能力	政治认知能力
3	调查研究能力	调查研究能力	调查研究能力	调查研究能力
4	表达能力	表达能力	表达能力	表达能力
5	依法行政（办事）能力	依法行政（办事）能力	依法行政（办事）能力	依法行政（办事）能力
6	科学决策与推动发展能力	参谋与策划能力	工作执行力	工作执行能力
7	管理创新能力	工作创新能力	工作创新能力	工作创新能力

① 黄正夫、郭平：《教师专业能力体系研究——基于国家教师教育课程标准》，载《内蒙古师范大学学报（教育科学版）》2013 年第 4 期。

② 参见《人事部关于印发〈国家公务员通用能力标准框架（试行）〉的通知》（国人部发〔2003〕48 号），2003 年 11 月 18 日印发。

续表

序号＼能力指标＼职级	厅级	处级	科级	科办员
8	公共服务能力	公共服务能力	服务基层能力	服务基层能力
9	党风廉政建设能力	党风廉政建设能力	自我规范和约束能力	自我规范和约束能力
10	战略性团队建设能力	团队组织管理能力	团队协作能力	团队合作能力
11	公共危机管理能力	应急管理能力	应急能力	应变能力
12	身心健康与调适能力	身心健康与调适能力	身心健康与调适能力	身心健康与调适能力

尽管《国家公务员通用能力标准框架（试行）》制定时间已久，并不能机械照搬来作为新时代公务员专业能力的判断标准，但其规定的基本内容，对于我们研究新时代公务员专业能力构成仍具有一定参考价值。就我国普通公务员而言，其应当具备的专业能力一般包括政治认知能力、调查研究能力、学习能力、团队合作能力、沟通协调能力、依法行政（办事）能力、文字表达能力、开拓创新能力、应急应变能力、心理调适能力等。而对科级以上领导干部而言，除了具备普通公务员应当具备的专业能力之外，还应当具备有更高要求的政治识别能力、政治鉴别能力、统筹兼顾能力、组织指挥能力、科学决策能力、团队建设管理能力、开拓创新能力、知人善任能力、风险应对能力等。①

由于专业能力具有复杂多样的构成内容或表现形式，因此，衡量从业者是否具有相应的专业能力需要化繁为简。就公务员专业能力的衡量标准而言，我们认为最高人民检察院 2016 年印发的《检察机关岗位素能基本标准（试行）》和《检察机关岗位素能基本标准应用指南（试行）》中提出的通用性专业能力和岗位性专业能力这个两分法具有较强的借鉴意义。比如，根据该标准和该应用指南的规定，在检察机关中从事侦查检察业务类的公务员，其通用性专业能力包括证据审查能力、风险防范能力和参与社会整理能力，其岗位性专业能力按不同具体岗位则分别是：管理指导岗应当具备业务规划能力、业务指导能力、管理调配能力和团队建设能力；案件

① 参见洪向华主编：《新时代高素质专业化干部队伍建设》，中共党史出版社 2018 年版，第 85 页。

承办岗应当具备纠正违法能力、业务指导能力和案件汇报能力；办案辅助岗应当具备讯问询问能力、文书制作能力和信息技术运用能力。[①] 借鉴检察机关岗位素能衡量的基本标准，对于公务员从业者是否具备相应的专业能力，可以从其通用性专业能力和岗位性专业能力两大方面作出判断。

3. 专业精神

专业精神（professional spirit）作为一种主观形式的客观存在物，是一个内隐性强和构成复杂的概念。专业精神虽然具有主观性和能动性，但是它须臾也离不开客观世界，离不开对客观物质的依赖。专业精神要受到诸如专业知识、专业能力等客观物质的制约和影响。当然，专业精神对专业特性的维系与强化、对专业知识的发展和专业能力的提升，既可能发挥推动作用，但也可能产生阻碍作用。

有关专业精神的内涵，不同学者众说纷纭，归纳起来主要体现为道德说、品质说和价值观说三种。道德说在教育学研究教师专业精神时体现得尤为明显。不少研究者把教师专业精神等同于教师职业道德或者师德。比如，有国外学者将教师专业精神界定为教师在从事教育劳动中所遵循的行为准则和必备的道德品质。[②] 而有的中国学者将教师专业精神界定为教师的思想信念、道德品质与专业伦理。[③] 当然，不仅教育学领域如此，在医学和社会学等领域，也有不少人认为专业精神可较多地从其工作者的道德品质方面体现出来。在品质说的主张者看来，所谓专业精神是一个职业从业者在工作中体现出来的思想、观念、认知和品性等。他们认为，专业精神主要体现为从业者具有坚定的信念、坚强的意志、执着的精神、认真的态度、顽强的意志等，特别是体现为该从业者对工作的真心热爱、高度专注、积极投入和敬业奉献等品质。在价值观说的主张者看来，专业精神是指从业者在从事工作中逐渐形成的，基于对所做工作的社会价值的认知与判断，最终表现出对工作的热爱、专注和投入的价值取向和价值追求。因此，他们认为认同感、使命感和责任感是专业精神的集中体现。

上述三种主张，都具有一定的合理性和解释力，对于启迪和丰富我们对纪检监察队伍专业精神理论与现实问题的研究，具有重要的参考意义。但是我们仍需正确鉴别和合理借鉴。道德说把专业精神等同于或混同于

---

① 参见最高人民检察院：《检察机关岗位素能基本标准（试行）》，中国检察出版社 2016 年版，第 15 页。

② See Bergem & Trygve, *The Teacher as Moral Agent*, Journal of Moral Education, Vol. 19:2, p. 88 (1990).

③ 参见朱宁波：《论教师的专业精神》，载《教育科学》1999 年第 3 期。

职业道德,用职业道德代替专业精神,这实际上是忽视了专业精神内在的意识性与精神性,窄化了专业精神的外延,具有片面性。在品质说中,专业品质虽然内在包含于专业精神之中,但专业品质不是专业精神的全部。专业精神除了包含相应专业品质之外,还有其他更为丰富的内容。价值观说更多体现的是从业者对所从事职业或工作的价值判断和认知认同,更多体现在认识层面,但是,专业精神更应指向的是从业者的实践层面。总而言之,上述三种主张虽有其一定合理性,但也存在片面性。在参考其合理性基础上,我们依据马克思主义关于精神概念内涵和属性的解释,将专业精神界定为某种职业的从业者对自己所从事职业所持有的理想、信念、态度、作风、价值观和道德操守等的总称。专业精神是在专业知识和专业能力基础上发展而来的一种对所从事职业或工作极其热爱和投入的精神风范与精神品格。专业精神是一个外延广泛的概念,其不仅包括对所从事职业的认知、态度、道德和品性,还包括其在从事职业过程中所体现出来的稳定而持久的理想、信念、作风和价值观等。比如,公务员这个特殊职业群体有其特定专业精神。专业精神是公务员“在工作中所表现出来的工作作风和价值追求”①,是公务员做好各类工作的动力和前提。公务员专业精神的内涵可以界定为公务员基于自身职业特点,并以专业认同为基础而形成的信念、品性、态度、作风、道德和价值取向等精神风范的总称。而公务员专业精神的外延则包括信念坚定、爱岗敬业、忠于职守、勤奋务实、开拓创新、恪守法律、清正廉洁和乐于奉献等方面。

上文虽然对衡量普通职业专业化的三个基本衡量标准做了分析,但是对于这三个基本衡量标准的关系值得进一步阐明。专业知识、专业能力和专业精神作为衡量专业化的三个维度,三者之间并不是互相排斥的,而是紧密相关的。就专业精神同专业知识与专业能力的关系而言,专业精神是某个职业从业者能够做好工作的动力。专业精神的缺失会使专业知识和专业能力的作用大打折扣。当然,专业精神离开了专业知识和专业能力的依托与支撑,也难以形成与增强。专业知识、专业能力和专业精神三者统一于专业化实践过程中。专业知识是专业化的基础,专业能力是专业化的保证,专业精神则是专业化的动力。无论是私人领域从业者的专业化建设,还是公共领域从业者的专业化建设,均是如此。就公务员专业化建设而言,专业知识是公务员队伍专业化建设的基础,专业能力是公务员队伍专业化建设的保证,专业精神是公务员队伍专业化建设的动力。

---

① 徐振辉:《建设高素质专业化干部队伍》,载《金华日报》2018 年 1 月 15 日,第 11 版。

（二）县级纪检监察队伍专业化的衡量标准

十九届中央纪委四次全会提出“建设高素质专业化纪检监察干部队伍”，是对纪检监察干部走专业化发展道路的明确要求。新时代纪检监察干部要走专业化发展道路，首先应弄清楚纪检监察干部专业化的衡量标准。由于纪检监察干部虽属公务员范畴①，但并非普通公务员，因此其专业化的衡量标准并不能机械照搬普通公务员专业化的衡量标准。鉴于县级纪检监察队伍专业化的特殊性和复杂性，因此对县级纪检监察队伍专业化衡量标准的构建，既要把握好其基本原则，也要明晰其特定构成。

1. 县级纪检监察队伍专业化衡量标准的构建原则

县级纪检监察队伍专业化衡量标准的构建，需要坚持以下基本原则：

（1）政治性与专业性相统一原则。

之所以必须坚持政治性与专业性相统一原则，首先是因为纪检监察机关是政治机关的性质定位决定了纪检监察工作具有鲜明的政治性。纪检监察干部作为纪检监察机关这个特定政治机关的工作人员，“属于党政干部中的一员”②。党政干部身份决定了纪检监察队伍专业化建设中、政治素质始终处于优先考虑地位，政治标准是首要标准，政治素质过硬作为第一位素质始终被强调。无论是在新民主主义革命时期对各级纪检监察干部提出的“有阶级觉悟”“最革命”“最忠实”“正派”等要求，还是社会主义革命和建设时期与改革开放时期提出的“立场坚定，旗帜鲜明”“党性强”“作风正派”“刚正不阿”等要求，以及新时代提出的“坚持以党性立身做事”“政治忠诚”“敢于斗争”“纪律严明”“始终做党和人民的忠诚卫士”等要求，都是突出了政治标准，都是在强调政治性为纪检监察队伍建设的首要标准。

但是，根据纪检监察工作的特性，纪检监察干部毕竟是“治官之官”。在参照普通党政干部建设基本标准的基础上，在强调其政治标准的前提下，纪检监察干部队伍建设还必须依据其工作特性来确立专业标准。这个

---

① 根据《监察官法》第 17、18 条的规定，监察委员会可以根据监察工作需要，依照法律和国家有关规定，既可从事业单位“从事公务的人员中选择符合任职条件的人员担任监察官”，也可“在从事与监察机关职能职责相关的职业或者教学、研究的人员中选拔或者聘任符合任职条件的人员担任监察官”。根据这两条规定，在各级纪检监察机关中客观上就存在事业单位编制性质的监察官。在《监察官等级管理办法（试行）》中也体现出了这点。也就是说，从现行国家法律和党内法规等的规定来看，各级纪检监察干部绝大多数是公务员，但也包括少量事业编人员。然而，为了研究的简易可行，我们在本研究成果中没有过多考虑事业编县级纪检监察干部的特殊性。

② 冉红音、王军仁：《纪检监察干部选任标准的演变及启示》，载《中国人事科学》2023 年第 6 期。

专业标准就是要体现其专业性,强调其专业知识、专业能力和专业精神。2016 年以来,在全国纪检监察系统中逐步形成了“没有离开业务的政治,也没有离开政治的业务”①的共识。毕竟“纪检监察工作具有很强的政治性、政策性、专业性,实现新时代新征程的目标任务,对纪检监察干部队伍的政治能力、专业素养和综合素质都提出了更高要求”②。纪检监察工作的专业特性决定了纪检监察干部队伍专业化建设也要突出专业性,这是其一。其二,新时代纪检监察新体制的建立,纪检监察职责的正确有效履行,需要抓好包括县级在内的所有纪检监察干部队伍专业知识、专业能力和专业精神等的建设,不断重视和加强其专业性。2018 年以来纪检监察新体制建立后,原归属于行政权力范畴的监察权从行政权中独立,成为一种同行政权、司法权并立的单独而新型的权力。加之在纪委监委合署办公管理体制下,纪检监察干部需要一体化履行纪检监察两大职能,则必须具备专业化的纪检监察知识、能力和精神。在新时代纪检监察新体制之下,如果仍然仅突出强调纪检监察干部队伍建设中的政治素质和政治标准,却忽视其应当具备扎实的专业知识、较强的专业能力和较高的专业精神等专业标准,那么要实现纪检监察工作高质量发展则是不现实的。鉴于此,县级纪检监察队伍专业化建设及其衡量标准构建不可忽视其专业性。

当然,纪检监察工作绝对“不能把政治与业务割裂开来”③。既然纪检监察工作是既具政治性又具专业性的伟大事业和光荣职业,那么对其工作队伍专业化建设的衡量标准的构建,就应当将政治性与专业性统一起来,坚持“又红又专”原则。县级纪检监察队伍专业化的衡量标准亦是如此。坚持政治性与专业性相统一原则,首先是要在抓好县级纪检监察队伍政治性建设的前提下,去重视和加强其专业化建设;其次是在重视和加强县级纪检监察队伍专业化建设的过程中不可忽视其政治性建设。

(2)通用性与专门性相统一原则。

根据纪检监察干部所担负职责的内在规定,包括县级在内的各级纪检监察干部队伍专业化衡量标准的构建,必须坚持通用性与专门性相统一原则,即要坚持“博与专”有机统一的原则。所谓通用性标准是指适用于所有纪检监察干部的衡量标准,所谓专门性标准是指适用于不同岗位纪检监

---

① 杨晓超:《深入贯彻全国巡视工作会议精神 推进新时代巡视工作高质量发展》,载《中国纪检监察》2019 年第 8 期。

② 窦克林:《锻造堪当新时代新征程重任的高素质纪检监察干部队伍》,载《中国纪检监察》2023 年第 5 期。

③ 杨晓超:《增强“四个意识” 深化政治巡视》,载《中国纪检监察报》2017 年 3 月 8 日,第 5 版。

察干部的衡量标准。坚持通用性与专门性相统一原则的原因在于以下方面：

根据党章和党内法规的规定，各级纪律检查委员会的职责是监督执纪问责，主要体现为对所管辖范围内所有党组织和党员开展党纪教育、监督检查、纪律审查、处分问责以及受理控告申诉、保护党员权利；而根据《监察法》、《监察官法》及相关法律法规的规定，各级监察委员会履行监督调查处置职责，主要体现为对所管辖范围内所有行使公权力的公职人员和相关人员开展廉政教育、监督检查、监察调查与处分问责。在合署办公体制之下，纪检监察机关实行一套工作机构、两个机关名称、一体履行监督执纪问责和监督调查处置双重职责。作为履行上述双重职责的具体承担者，各级纪检监察干部除了具备过硬的政治素质之外，还必须具备较为全面通用的专业知识、专业能力和专业精神。比如，各级各类岗位纪检监察干部均要较为全面地掌握政治理论、党史党建、党规党纪、法律法规、思想教育、信息技术、安全管理等专业知识。县级纪检监察干部作为基层纪检监察干部，衡量其队伍专业化的标准也同衡量其他各级纪检监察队伍专业化的标准一样，具有鲜明的综合性和通用性。

尽管县级纪检监察队伍专业化衡量标准具有鲜明的综合性和通用性，但是我们也不可否认其具有明显的特定性和专门性。我们对党内法规和国家法律赋予县级纪委监委的各项职权职责进行系统梳理，大致可将“纪检监察职权分解为纪检监察领导职权、纪检监察业务职权、纪检监察辅助职权三类一级职权，其中业务职权是核心职权，其他职权都服务于业务职权”。[①]（见表1－3）

表1－3　县级纪委监委职权划分及其岗位设置情况

一级职权	二级职权	岗位设置
纪检监察领导职权	行政领导职权	兼任监委主任的纪委书记、兼任监委副主任的纪委副书记等
	业务领导职权	兼任监委副主任的纪委副书记、纪委常委、监委委员
	人事领导职权	兼任监委主任的纪委书记、兼任监委副主任的纪委副书记、不兼任监委委员的纪委常委

① 参见王希鹏：《纪检监察学基础》，中国方正出版社2021年版，第301页。

续表

一级职权	二级职权	岗位设置
纪检监察业务职权	信访举报职权	信访室
	监督检查职权	纪检监察室或党风政风监督室
	审查调查职权	纪检监察室
	案件审理职权	案件审理室
	案件监督管理职权	案件监督管理室
	党风政风监督职权	党风政风监督室
	宣传教育职权	宣传部
纪检监察辅助职权	日常运转保障职权	办公室
	组织人事保障职权	组织部、纪检监察干部监督室、廉政教育培训中心等
	技术装备保障职权	电教信息中心、信息技术保障室、数据技术中心、留置管理中心等

在县级纪委监委中,根据纪检监察干部享有职权、承担职责和工作任务等的不同,可以分成领导岗、业务岗和辅助岗,而业务岗也可再作出更具体的岗位细分。比如,根据《中国共产党纪律检查机关监督执纪工作规则》(以下简称《纪律检查机关监督执纪工作规则》)第 11 条第 1 款的规定,县级纪委监委内部的纪检监察室、案件审理室和案件监督管理室等业务部室分开设置,不仅履行不同职责,而且还相互制约监督。即便同样是承担监督检查和审查调查职责的县级纪委监委内设纪检监察室,也分成了第一、第二、第三、第四等数量不等的多个纪检监察室。除了领导岗和辅助岗干部在知识和素能上有一定程度的特殊性,业务岗干部普遍都是按这些干部自身所学专业、业务能力和工作经历等来配备的。这样的干部配备,体现出了对县级纪检监察干部素质、知识和能力的专门性考量。这种专门性考量客观上反映出衡量县级纪检监察干部队伍专业化的标准具有岗位性特征。

一方面,从县级纪检监察干部的职业属性和工作特点等来看,其专业化的衡量标准应体现通用性;另一方面,从县级纪委监委内部分设不同部室并各司其职来看,其专业化的衡量标准更应体现专门性。基于此,似乎县级纪检监察队伍专业化的衡量标准存在矛盾性。其实不然,这只是一种认识上的偏差。现行党的纪律检查机关和国家监察机关合署办公体制似乎要求所有的县级纪检监察干部,特别是业务部室干部一体化履行纪检监察双重职责、具备履行纪检监察双重职责所需的多种知识与多种能力。然而,这不仅是很困难的,也是不现实的。这种困难和不现实,不仅在中高层纪检监察机关干部队伍中客观存在,在县级这类基层纪检监察机关干部队伍中更不可避免。不顾县级纪检监察干部队伍的实际,而仅强调其专业化衡量标准在于通用性,不仅不切实际,而且有害于纪检监察工作。当然,仅强调县级纪检监察队伍专业化衡量标准在于专门性,而忽视其通用性,也是失之偏颇的。因为县级纪检监察干部同其他各级纪检监察干部一样,仅具备一定专门知识与专业能力并不等同于其就能完全胜任纪检监察工作。总之,县级纪检监察干部队伍专业化的衡量标准,必须坚持通用性与专门性辩证统一原则。

(3)稳定性与发展性相统一原则。

新时代新体制下县级纪检监察队伍同其他各级纪检监察队伍一样,直接履行着对所管辖范围内各级党组织、党员干部、普通党员及各类公职人员和相关人员是否违反党规党纪与国家法律进行监督,对所管辖范围内党员干部、公职人员和相关人员是否存在职务违法和职务犯罪、是否存在违反道德操守、是否涉及涉法特定事件等问题进行审查调查、问责处罚和特别调查的职责。县级纪检监察队伍担负职责的明确性,决定了其履职所需专业知识、专业能力和专业精神的相对稳定性。唯有具备明确性且相对稳定性的专业知识、专业能力和专业精神,才能正确有效履职,才能确保县级纪检监察工作高质量发展。

随着纪检监察新体制的建立,党内监督和国家监督成为各级纪检监察机关的第一职责,这必然对纪检监察干部原来所具有的以查办案件为主的知识体系带来较大冲击。众所周知,各级纪检监察队伍履行监督执纪问责和监督执法处置的职责范围不仅十分广泛,而且还会随着管党治党和治国理政形势发展而不断变化。在这种情况下,建设高素质专业化纪检监察干部队伍的基本标准,虽然可在一定程度上参考既有做法,但是更需要立足新时代新体制"另起炉灶"。然而,从现有党内法规和国家法律制度体系来看,纪检监察干部应当具备的专业知识体系还在不断构建完善之中。有关公权力行使的逻辑、过程、规则、风险等方面的政治学知识,有关党和国家监督检查的党建知识和政策知识,以及谈话、讯问和询问相关单位及人员的心理学知识等,是否也应当成为纪检监察干部的基础知识;金融、工程、基建、医疗等行业领域的专业知识,是否也应当在特定条件下成为纪检监察干部的必备知识,在目前有关纪检监察干部应当具备哪些专业知识还没有完全统一明确标准的情况下,还需要根据纪检监察机关的性质和职责以及纪检监察工作发展的新形势新任务新要求来确定。同样,有关各级纪检监察干部应当具备专业素能的基本标准,目前也没有出台统一的官方规定,也需要根据纪检监察机关的性质和职责以及纪检监察工作发展的新形势新任务新要求来确定。鉴于以上情况,县级纪检监察队伍专业化衡量标准的构建,也必然会不断调整变化和动态完善。总之,考虑到各级纪检监察干部要走高素质专业化发展道路的目标和各级纪检监察干部专业知识以及专业能力的国家标准还没完全明确,因此尚需要根据纪检监察工作的新形势新任务新要求来最终确定衡量县级纪检监察队伍专业化的基本标准。鉴于此,我们认为县级纪检监察队伍专业化衡量标准的构建势必应当坚持稳定性与发展性相统一的原则。唯有如此,县级纪检监察队伍专业化的衡量标准才会具有科学合理性。

2. 县级纪检监察队伍专业化衡量标准的基本构成

上文已明确提出衡量普通职业从业者是否具有专业化的共性化基本标准包括专业知识、专业能力和专业精神三个方面。纪检监察干部作为专门从事纪检监察工作的个性化职业从业者,其专业化的衡量标准也应该包括专业知识、专业能力和专业精神三个方面。不仅如此,由于我国纪检监察干部大多是公务员,因此纪检监察队伍专业化的衡量标准也应当同普通公务员专业化的衡量标准有紧密相关性。也就是说,对于纪检监察干部专业化的衡量标准来说,上文提出的普通公务员专业化的衡量标准,也具有一定参照性。“纪检监察干部队伍专业化,就是要求纪检监察干部具备优秀的职业操守、深厚的专业知识、娴熟的专业技能。”①当然,纪检监察干部作为对各级各类行使公共权力的党内外干部及相关人员进行监督执纪问责和履行监督调查处置职责的专门工作者,衡量其是否专业化的专业知识、专业能力和专业精神,虽然在具体构成内容上同普通公务员的专业知识、专业能力和专业精神具有一定相近性,但更体现出差异性。纪检监察机关是履行党内监督和国家监督的专责机关,是政治机关而不是行政机关和司法机关,纪检监察工作既不同于行政工作和司法工作,也不同于一般的党建工作,因此,衡量县级纪检监察队伍专业化的标准也具有鲜明的个性与特性。鉴于此,我们将从通用性和岗位性两大维度来分析县级纪检监察干部专业知识、专业能力和专业精神等方面的基本内容。

① 刘宁:《纪检监察干部队伍专业化建设初探》,载人民网 2012 年 12 月 10 日,http://fanfu.people.com.cn/n/2012/1210/c141423-19847392.html。

（1）专业知识。

某种专门职业从业者获得专业知识的路径大致可分为三条：一是入职前获得（以下简称职前获得）；二是入职后获得（以下简称职后获得）；三是入职前和入职后接续获得（以下简称职前职后接续获得）。一般而言，职业从业者职前获得相应专业知识是其能够从事该职业的前提和基础。与之相似，作为特殊职业群体的纪检监察干部入职前所获专业知识，也是确保其能够获准进入纪检监察机关从事纪检监察工作的前提和基础。在上文中，我们分析了作为培养纪检监察干部专业素养、专业知识和专业能力的纪检监察学这个新兴学科的学科属性、学科渊源和学科知识等情况。分析这些情况，目的在于分析阐明纪检监察学在纪检监察干部职前获得专业知识上具有重要的地位和作用。但是，纪检监察学毕竟是近年才创建的新学科，不仅本硕博招生人数很有限，而且所培养的人才还没有进入职场。目前各级纪检监察机关所需的大量纪检监察干部，除了来自法学、公安学、公共管理学和中共党史党建学等紧密相关学科培养输送的人才之外，更多是来自同纪检监察工作不大相关的汉语言文学、英语、新闻学、化学、生物学、医学等众多学科培养输送的人才。这些来自不大相关学科的人才需要各级纪检监察机关采取入职后的专门培训、实践锻炼等方式来增加其专业知识。这些干部专业知识的获得就是典型的职后获得。总之，从现实情况来看，作为特殊类型公务员的各级纪检监察干部，其专业知识虽然有部分人在职前就通过所学专业基本获得，但是更多的人还是通过职后获得的。

县级纪检监察队伍除了应当具备普通公务员的政治政策知识、法律法规知识、公共管理知识、公文写作知识、现代办公知识等之外，更需要具备从事纪检监察工作特有的知识。根据培养从事纪检监察工作专门人才所需学科知识、县级纪检监察队伍专业化衡量标准的构建原则以及县级纪检监察队伍有效履职所需业务知识，同时参考中共中央办公厅和国务院办公厅 2023 年印发的《关于建立领导干部应知应会党内法规和国家法律清单制度的意见》，我们认为县级纪检监察队伍应当具备以下基本专业知识（见表 1－4）。

表1-4 县级纪检监察队伍专业知识的基本构成

一级专业知识	二级专业知识	三级专业知识
政治理论知识	马克思主义理论知识	马克思主义哲学、马克思主义政治经济学、马克思主义政治学、马克思主义伦理学、马克思主义中国化理论、习近平新时代中国特色社会主义思想、习近平法治思想等知识
	政治原理知识	政治学基础、政治监督理论、政党政治理论、政治责任理论、政治文化理论、当代中国政治制度、中国古代监察制度史、中外反腐败制度比较等知识
	政策理论知识	马克思主义政策理论,中国共产党政策思想,党和国家的经济政策、政治政策、文化政策、社会政策等知识
党史党建知识	中共党史知识	中国共产党历史、中国共产党党风廉政建设和反腐败斗争史、中国共产党纪检监察工作发展史等知识
	党的建设知识	党的学说、党的建设原理、马克思主义中国化党建理论、习近平关于全面从严治党论述摘编、习近平关于党风廉政建设和反腐败斗争论述摘编等知识
党规党纪知识	党的纪律知识	中共中央、中央纪委及其工作部门、各级地方党委及纪委等制定的各项纪律与规矩知识
	党内法规知识	党章、党的组织法规、党的领导法规、党的自身建设法规、党的监督保障法规等知识
法律法规知识	宪法与行政法知识	宪法、国家安全法、行政法与行政诉讼法、公务员法、公职人员政务处分法等知识
	刑事法学知识	刑法学、刑事诉讼法学、证据法学、犯罪心理学等知识
	监察法学知识	监察法及其实施条例、监察官法等知识
财会金融知识	财务会计知识	经济学、会计学、审计学、统计学、财务管理学等知识
	金融行业知识	金融学、银行学、保险学、证券学、投资学等知识
思政工作知识	思政工作原理知识	教育学、心理学、思想政治教育学、思想政治教育心理学等知识
	思政工作方法知识	思想政治教育方法与技巧、谈话方法与技巧、讯问方法与技巧、询问方法与技巧等知识

续表

一级专业知识	二级专业知识	三级专业知识
文书笔录制作与处理知识	文书制作与处理知识	纪检监察机关公文写作与处理知识
		监督检查各类文书制作与处理知识
		审查调查各类文书制作与处理知识
		案件审理各类文书制作与处理知识
		内部决策各类文书制作与处理知识
	笔录制作与处理知识	谈话笔录、讯问笔录、询问笔录、审理阅卷笔录、审理笔录等制作与处理知识

在表 1 - 4 中,我们更多是从通用性角度对县级纪检监察队伍所应具备的专业知识的基本体系进行构建。值得注意的是,县级纪检监察队伍大致可以分为领导岗、业务岗和综合岗三类,三类岗位干部除了要具备通用性专业知识之外,还得具备从事自身岗位工作所需的特定专门知识。比如,处于领导岗的县级纪检监察干部,除了要具备表 1 - 4 中的专业知识外,还需要具备领导科学与艺术、公共部门人力资源管理、党和国家大政方针等知识;处于业务岗的县级纪检监察干部,除了要具备表 1 - 4 中的专业知识外,特别需要精准掌握纪检监察线索收集、研判与处理知识,党纪政纪检查知识,违纪行为审查知识,违反道德操守问题监督知识,以及职务违法、职务犯罪和同身份有关犯罪调查知识等;处于综合岗的县级纪检监察干部,除了要具备表 1 - 4 中的专业知识外,还需要掌握组织人事知识、宣传教育知识、调查研究知识、档案管理知识等。尽管县级纪检监察干部在领导岗、业务岗和综合岗等不同岗位上还可因分管工作或所属部室等不同而产生所需专业知识的差异性,但是在同一岗位上所需专业知识仍然有不少相同性。另外,即便在县级普通纪检监察干部中,也存在比一般公务员和司法机关人员大得多的内部不同岗位、不同部室之间或外部不同机关之间的流动性。鉴于以上客观情况,也考虑研究的可操作性,我们对那些即便因分管工作或归属于同一类岗位但分属不同部室的纪检监察干部所需的专业知识,也主要从该岗位绝大多数干部应具备的专业知识角度来归纳分析衡量。在后文中,我们也主要是从绝大多数县级纪检监察干部通用性专业知识来实证分析其成效与不足的。

以上是对县级纪检监察队伍应具备的专业知识的基本内容构成作出的分析说明。但是,还有一个值得进一步探讨说明的问题是,我们该如何判断县级纪检监察干部是否具有相应的专业知识。我们认为,可以从两个方面去判断:一是从县级纪检监察干部职前所学专业(包括全日制所学专业和非全日制所学专业)、所获学历(包括所获的最低学历和最高学历)和所获学位(包括所获的最低学位和最高学位)、资格证书和从业经历等方面去判断。二是从县级纪检监察干部职后学历提升、专门培训、实践锻炼和个人自学等方面去判断。

(2)专业能力。

县级纪检监察队伍除了应当具备普通公务员的共性能力之外,更需要具备从事纪检监察工作特有的能力。由于“专业能力是监察官选任的核心标准”,而根据《监察官法》所采行的“全员纳入”模式的设计①,专业能力就是众多监察官身份和纪委干部身份集于一身的县级纪检监察干部选任的核心标准。县级纪检监察队伍专业能力的获得,也同纪检监察队伍专业知识的获得一样,大致上可分为职前获得、职后获得和职前职后接续获得三种。只不过县级纪检监察队伍在职前获得的专业能力更多是一种基础性和潜在性能力,尚需要在纪检监察实务中不断历练才能转化成满足业务需要的专业能力。而职后获得的专业能力才是真正意义上的专业能力。鉴于此,在后文中我们主要从通过职后接受培训、实践锻炼和专业训练等方式获得的专业能力来分析。

与所有县级纪检监察干部都应当无差异性地具备通用性专业知识不同,县级纪检监察干部在专业能力上体现出一定的差异性。这既是由纪检监察工作对象和工作内容的广泛性与复杂性所决定,也是纪检监察机关内部岗位设置和职责分工的需要。鉴于此,我们依据前文提出的通用性和专门性相结合原则,将行使纪检监察领导职权和纪检监察业务职权的县级纪检监察干部的专业能力,归纳为以下基本内容(见表1-5)。

表1-5 县级纪检监察队伍专业能力的基本构成

基本岗位	具体岗位	基本构成	内涵释义
领导岗	行政领导职权岗	纪法适用能力	正确运用党纪国法领导纪检监察行政工作的能力
		决策指挥能力	能够实时掌握纪检监察相关工作进展、重点、难点和疑点等情况,思路清晰、决策正确、靠前指挥相关工作顺利开展的能力

① 参见杨晓曼:《我国监察官选任标准实施的检视与问题应对》,载《华南师范大学学报(社会科学版)》2023年第4期。

续表

基本岗位	具体岗位	基本构成	内涵释义
领导岗	行政领导职权岗	组织协调能力	为了保障纪检监察相关工作顺利开展,主动对各种资源进行合理分配安排,并妥善处理内外部和上下级关系的能力
		身心调适能力	依据工作情况,主动采取自我调适措施,有效调整身心,达到胜任纪检监察行政领导工作的能力
	业务领导职权岗	纪法适用能力	正确运用党纪国法指导纪检监察业务工作的能力
		问题研判能力	对纪检监察工作中各类重要业务问题进行正确研判的能力
		业务指导能力	对分管部室单位开展相关业务工作进行合理调配、督办落实、质量监控等的能力
		身心调适能力	依据工作情况,主动采取自我调适措施,有效调整身心,达到胜任纪检监察业务领导工作的能力
	人事领导职权岗	纪法适用能力	正确运用党纪国法领导纪检监察人事工作的能力
		管理调配能力	对纪检监察工作任务进行合理安排,对各种资源进行合理配置,进而促进工作有序高效开展的能力
		团队建设能力	根据纪检监察工作需要,通过各种管理手段选任、调配、管理和培养纪检监察干部队伍,提升队伍整体素质和工作效能的能力
		身心调适能力	依据工作情况,主动采取自我调适措施,有效调整身心,达到胜任纪检监察人事领导工作的能力
业务岗	信访举报业务岗	纪法适用能力	正确运用党纪国法开展信访举报工作的能力
		线索收受能力	归口接收、甄别研判和分级受理信访举报线索及其他问题线索的能力

续表

基本岗位	具体岗位	基本构成	内涵释义
业务岗	信访举报业务岗	检查督办能力	做好筛选交办件、按规定程序和要求开展督办和审核核查处理结果等工作的能力
		群众工作能力	做好群众信访举报的沟通反馈、教育引导、协调疏导和矛盾化解等工作的能力
	监督检查业务岗	纪法适用能力	正确运用党纪国法开展监督检查工作的能力
		监督检查能力	依据党纪国法重点对党组织和公职人员的政治监督、遵纪守法、党风政风、履行职责、秉公用权、廉洁从政从业和道德操守等情况进行监督检查的能力
		线索处置能力	综合分析研判问题线索,按程序提出处置意见的能力
		立卷建档能力	对党员领导干部建立健全廉政档案和对各类监督检查文件材料进行规范化建档管理,并依序制作卷宗和及时归档的能力
		文书与笔录制作能力	依法规范地制作各类监督检查文书和笔录的能力
		身心调适能力	依据工作情况,主动采取自我调适措施,有效调整身心,达到胜任监督检查工作的能力
	审查调查业务岗	纪法适用能力	正确运用党纪国法开展审查调查工作的能力
		线索处置能力	在对问题线索进行综合分析研判的基础上,分别采取谈话函询、初步核实、暂存待查、予以了结等方式加以处置的能力
		审调措施使用能力	在纪律审查和监察调查阶段依规依纪依法使用各种措施调查取证和查清违纪违法事实的能力
		证据适用能力	依规依纪依法收集、固定、审查和运用证据的能力

续表

基本岗位	具体岗位	基本构成	内涵释义
业务岗	审查调查业务岗	思政教育能力	对审查调查对象进行党纪国法教育引导的能力
		立卷建档能力	对审查调查中的各类文件材料进行规范化建档管理,并依序制作卷宗和及时归档的能力
		文书与笔录制作能力	依法规范地制作各类审查调查文书和笔录的能力
		安全管理能力	在审查调查阶段采取有效措施防范被审查调查对象和涉案人员自伤、自残、自杀、逃跑以及证据灭失等安全事故发生的能力
		身心调适能力	依据工作情况,主动采取自我调适措施,有效调整身心,达到胜任审查调查工作的能力
	案件审理业务岗	纪法适用能力	正确运用党纪国法开展案件审理工作的能力
		审核把关能力	遵循纪法所规定的程序对涉嫌违纪或者职务违法、职务犯罪等案件的事实、证据、定性、处理、办理和手续等进行审核把关的能力,以及对应当给予纪律处理或处分、政务处分的案件和复议复查案件进行审核处理的能力
		文书与笔录制作能力	依法规范地制作各类案件审理文书和笔录的能力
		身心调适能力	依据工作情况,主动采取自我调适措施,有效调整身心,达到胜任案件审理工作的能力
	案件监督管理业务岗	纪法适用能力	正确运用党纪国法对问题线索以及审查调查部门与案件审理部门查办案件情况进行监督管理的能力
		联系协调能力	对于归口管理查办案件工作中的特定事项同有关部门进行联系协调的能力

续表

基本岗位	具体岗位	基本构成	内涵释义
业务岗	案件监督管理业务岗	线索管理能力	统一接受和备案管理有关单位移交的相关问题线索以及下级纪检监察机关线索处置和案件查办报告的能力
		监督检查能力	对审查调查部门使用审查调查措施情况、重要取证工作情况和安全办案情况等进行监督检查的能力
		统计分析能力	对集中管理的问题线索定期进行汇总核对和统计分析的能力
	党风政风监督业务岗	纪法适用能力	正确运用党纪国法开展党风政风监督工作的能力
		综合协调能力	综合协调纪检监察机关内部监督力量和加强纪检监察专责监督与其他方面监督的衔接协调进而形成监督合力的能力
		督促检查能力	组织开展党风政风监督专项督促检查和通报曝光典型问题的能力
		分析研判能力	综合分析和调查研究本地区党风政风监督工作开展情况，提出工作规划和建议的能力
	宣传教育业务岗	党纪国法宣传能力	正确及时宣传党纪国法和上级政策文件的能力
		宣传事务执行能力	组织协调所辖地区全面从严治党、党风廉政建设和反腐败宣传教育以及办理新闻事务、管理机关网络宣传电教等工作的能力
		廉洁文化建设能力	采取多种途径方式有效开展廉洁文化建设的能力
		社会舆论引导能力	通过及时发布审查调查、巡察派驻信息和通报曝光典型案例，强化群众监督和引导社会舆论的能力

通过表 1 - 5 可以看出，尽管处于不同领导岗的县级纪检监察干部在专业能力上有一定差异性，但是也有较多相同性。加之这些处于不同领导岗的县级纪检监察干部的分管工作有较多交叉和重叠，因此他们也就必须

具备一些相同的专业能力。这些相同的专业能力包括纪法适用能力、问题研判能力、决策指挥能力、组织协调能力、业务指导能力、团队建设能力和身心调适能力等。鉴于此，我们就更多从相同性或通用性角度，从以上七个方面来构建县级纪检监察领导岗干部专业能力的内容。与之相似的是，我们对处于不同业务岗的县级纪检监察干部的专业能力内容也更多是从相同性或通用性角度来构建的。处于不同业务岗的县级纪检监察干部的专业能力具体包括纪法适用能力、线索处置能力、监督检查能力、谈话突破能力、调查取证能力、证据运用能力、案件审理能力、案件监管能力、风险驾驭能力、思想教育能力、立卷建档能力、文书与笔录制作能力、身心调适能力等内容。

另外，由于县级纪检监察干部职前获得的专业能力更多是一种潜在性能力，而入职后获得的专业能力才是真正意义上的专业能力，因此判断县级纪检监察干部是否具备从事相关纪检监察工作所需专业能力，在后文中我们主要采取问卷调查和个别访谈方式对其入职后接受培训、参加实践锻炼和专业训练等情况来把握与分析。

（3）专业精神。

纪检监察队伍的专业精神是指纪检监察干部在从事纪检监察工作中形成的稳定而持久的精神品格。纪检监察队伍的专业精神，从狭义上来讲是指纪检监察干部对自己所从事的纪检监察工作保持专注度与敬业度。就专注度而言，主要表现在纪检监察干部对纪检监察工作有着全心投入的理念和精益求精的态度。就敬业度而言，主要表现为纪检监察干部在纪检监察工作中表现出强烈的“工匠精神”，对纪检监察工作始终按照专业规范的要求而努力追求高标准严要求，始终忠于职守，勤勉笃行，求真务实，不断追求卓越。① 由于纪检监察工作是一项政治性、政策性、纪律性和专业性都很强的工作，因此各级各类纪检监察干部要真正做好纪检监察工作，不仅需要专注度和敬业度这种狭义上的专业精神，更需要在信念、品格、思维、态度、作风、伦理和人格等方面体现出的广义上的专业精神。就信念而言，聚焦在纪检监察干部应该信念坚定；就品格而言，聚焦在纪检监察干部应该始终政治忠诚；就思维而言，聚焦在纪检监察干部应该树立纪法思维，做到恪守纪法；就态度而言，聚焦在纪检监察干部应该兢兢业业，敬业担当；就作风而言，聚焦在纪检监察干部应该做到实事求是，追求客观公正；

① 参见刘昕：《建设适应时代发展要求的专业化干部队伍》，载《中国党政干部论坛》2018 年第 5 期。

就伦理而言，主要是指纪检监察干部应该保持理性文明；就人格而言，聚焦在纪检监察干部应该做到廉洁奉公。

以上关于各级各类纪检监察干部专业精神内容构成的讨论分析，也适用于县级纪检监察干部专业精神内容构成的讨论分析。只不过需要说明的是，县级纪检监察干部，无论是领导岗的纪检监察干部，还是业务岗和综合岗的纪检监察干部，都必须全员一盘棋地直接或间接围绕监督执纪问责和监督调查处置这两大职责来履职尽责。即便是办公室、组织部和宣传部等综合岗工作人员，也应当围绕监督执纪问责和监督调查处置这两大职责来设置和履行职责。鉴于此，我们关于县级纪检监察队伍专业精神内容构成的归纳分析，就不再以岗位不同分别构建，而是以通用性或相同性来构建。具体而言，县级纪检监察队伍专业精神的基本内容构成见表1－6。

表1－6　县级纪检监察队伍专业精神的基本内容构成

	基本内涵界定	构成维度描述			
		层级一： 立场坚定 遵规守纪	层级二： 政治清醒 忠实履职	层级三： 行动自觉 服务大局	层级四： 忠诚执着 无私奉献
1.信念坚定	始终坚定对马克思主义的信仰、对社会主义和共产主义的信念，坚持以习近平新时代中国特色社会主义思想来武装头脑、指导实践、推动工作。对党、国家和人民忠诚，坚定不移推动正风肃纪反腐向纵深发展，坚定不移推进纪检监察工作高质量发展	积极参加政治理论学习，理解并认同中国共产党管党治党和治国理政的路线、方针与政策。有敏锐的政治判断力、过硬的政治领悟力、坚决的政治执行力，在大是大非面前政治立场坚定，始终严格遵守政治纪律和政治规矩	坚持正确的政治方向、坚定的政治立场、鲜明的政治态度，保持清醒的政治头脑和政治定力。自觉抵制企图动摇党对纪检监察工作的领导和偏离中国特色社会主义制度的错误思想，忠实履行纪检监察职责	把思想和行动统一到中央的决策部署上来，把服务大局、着眼长远的要求落实到纪检监察工作的全过程，维护社会和谐稳定、政治生态健康，促进经济社会发展	坚持以人民为中心的发展思想，把为党、国家和人民事业贡献力量作为自己的最高追求，坚定不移做中国特色社会主义事业和全面从严治党战略的落实者、推进者和奉献者

续表

	基本内涵界定	构成维度描述			
		层级一：忠诚于党	层级二：忠诚于国家	层级三：忠诚于人民	层级四：忠诚于纪法
2.政治忠诚	坚持忠诚老实的政治美德，忠诚于党、忠诚于国家、忠诚于人民、忠诚于纪法，对党和国家事业矢志不渝、无私无畏、坚守初心、不忘使命	时刻注重党性锻炼，不断提高政治觉悟，听党指挥、听党召唤，为党尽责、为党分忧，始终维护党中央权威，做到“两个维护”，保证中央政令畅通，保证纪检监察正确的工作方向	忠于中国特色社会主义事业，把爱国主义同社会主义有机统一于建设中国特色社会主义现代化事业；忠于国家利益，维护国家统一和民族大团结，严守国家秘密，同一切危害国家利益的言行斗争；忠于国家宪法和法律法规，严格依法履行纪检监察职责	始终坚持人民立场，始终坚持以人民为中心，始终坚持让人民群众评判，始终坚持走群众路线，做人民利益的忠实守护者，顺乎民心、尊重民意、一心为民	遵守党章、贯彻党章、维护党章，增强宪法意识，弘扬宪法精神，强化法治信仰和法治思维，严格依照党章、宪法和监察法行使权力、履行职责，始终以党纪国法为准绳，依规依纪依法履行职责，维护党纪国法权威
	基本内涵界定	构成维度描述			
		层级一：学习纪法明确作用	层级二：遵从纪法保障人权	层级三：执行纪法注重程序	层级四：崇尚纪法维护正义
3.恪守纪法	严格遵守党规党纪和国家法律，牢固树立中国特色社会主义法治理念和纪法思维，依纪依规依法正确履行纪检监察职责，维护党纪国法的尊严和权威，做到纪法贯通、纪法双守、纪法双施	学习贯彻习近平法治思想，正确理解和掌握纪法原则、纪法精神、纪法制度及其之间的异同关系，强化纪法意识、纪法思维和纪法素养。既坚持纪法分开、纪严于法、纪在法前，又坚持纪法贯通、法法衔接、纪法双守、纪法双施。清楚认识和发挥党规党纪和	严格遵守党规党纪和国家法律，准确执行党规党纪和国家法律，依规依纪依法追究责任。坚持预防和惩治违规违纪违法及犯罪行为与保障人权并重，强化人权纪法保障，坚决防止对党规党纪和国家法律的误用滥用	正确执行党纪国法，要成为纪法皆通的“专才”，成为善于运用纪法思维及方式开展工作的“专家”，做到纪法贯通、法法衔接。秉持职业良知，严格遵守相关实体和程序规定，敢于责任担当，勇于同各种违纪违规违法及犯罪行为作斗争	崇尚和信仰宪法法律和党规党纪。坚持实体正义与程序正义并重，善于运用纪法贯通思维及方式开展工作。系统思考影响全面从严治党和党风廉政建设的深层次原因，促进解决管党治党和廉政治理中存

续表

	基本内涵界定	构成维度描述			
		层级一：学习纪法 明确作用	层级二：遵从纪法 保障人权	层级三：执行纪法 注重程序	层级四：崇尚纪法 维护正义
		国家法律在推进全面从严治党和全面依法治国中的重要作用			在的矛盾和问题，推动完善中国特色社会主义权力监督制度体系，加强政治监督，维护社会公平正义
	基本内涵界定	构成维度描述			
		层级一：爱岗敬业 忠于职守	层级二：勤勉笃行 求真务实	层级三：善于监督 敢于斗争	层级四：勇于担当 乐于奉献
4.敬业担当	能够准确理解纪检监察机关的性质与职责，认同并热爱自己从事的纪检监察职业，忠于职守，勤勉笃行，求真务实，善于监督，敬业担当，勇于担当，乐于奉献	准确理解纪检监察机关的性质与职责，认可纪检监察工作的价值与意义，认同纪检监察干部的身份，热爱纪检监察职业。不折不扣履行纪检监察职责，工作作风严谨，忠于职守	履行监督执纪执法职责，勤奋踏实，兢兢业业，积极进取，笃行不怠，勤政为民。监督检查和查办案件，以事实为依据，以纪法为准绳，实事求是，不偏不倚，精益求精	主动探索和把握党内监督与国家监督规律，严格依规依纪依法履行监督职责。敢于监督，善于监督，监督效果显著。始终做到"打铁自身硬"，刚正不阿、敢于斗争、善于斗争	切实履行岗位职责，敢于碰硬，敢于负责，勇于担责，不怕得罪人。能够正确对待名利得失，耐得住清贫，守得住寂寞，顶得住诱惑，抗得住干扰，任劳任怨，艰苦奋斗，乐于奉献
	基本内涵界定	构成维度描述			
		层级一：实事求是 严执纪法	层级二：客观公允 不偏不倚	层级三：刚正不阿 不枉不纵	层级四：引领公正 正义导向
5.客观公正	在履行党内监督执纪问责和国家监督调查处置职责过程中，立场客观，	坚持党纪国法面前"人人"平等，不受个人好恶和情绪影响，客观认定违规、	秉承纪委干部和监察官职业良知，恪守客观立场，以专业理性的思维分析	在履行党内监督执纪问责和国家监督调查处置职责过程中，自觉抵制外	通过自身卓越表现，形成示范效应，鼓励带动他人客观、公正地

续表

	基本内涵界定	构成维度描述			
		层级一：实事求是严执纪法	层级二：客观公允不偏不倚	层级三：刚正不阿不枉不纵	层级四：引领公正正义导向
	坚持以事实为依据、以纪法为准绳，不偏不倚，不枉不纵，切实维护党纪国法的权威性、严肃性和社会的公平正义	违纪、违法和犯罪行为事实，忠于事实真相，坚持秉公办案，严格依据纪法规定并正确适用纪法	和解决问题，处理或查办违规违纪问题和违法犯罪行为应当事实清楚、证据确凿、定性准确、处理恰当、程序合法（规）、手续完备，不偏不倚，审慎作出决定，坚持政治效果、法律效果和社会效果的有机统一	界的诱惑和干扰，准确把握党内法规和国家法律的精神，严格依纪依规依法办事，坚守职责权限，铁面无私，不枉不纵，所办案件经得起历史的检验和人民的检验	行使监督权、执纪权和执法权，努力形成公平正义和风清气正的良好氛围，让监督执纪执法对象在每一起违规违纪违法案件中都能感受到公平正义
	基本内涵界定	构成维度描述			
		层级一：谨言慎行平等待人	层级二：客观冷静从容平和	层级三：应变有度作风优良	层级四：人文关怀教育感化
6. 理性文明	在履行纪检监察工作职责过程中，以理性的思维、平和的心态把握和处理与业务有关的各种情况，以规范的举止、文明的形象取信于监督审查调查对象和广大人民群众	自觉遵守各项纪检监察礼仪规范，摒弃特权思想和霸道作风，平等待人，举止规范，态度公允，庄重大方，用语文明	客观冷静应对各种问题，能有效控制情绪，认真听取多方意见、建议和诉求，耐心细致地开展工作，以理性而专业的思维分析矛盾、解决问题	在承担急难险重任务和遇到重大及突发性事件时，沉着自信应对，及时化解危机。善于换位思考，注重以事实为依据、以纪法为准绳，以理服人，作风优良	具有强烈的人文关怀意识，根据监督执纪执法对象的特点，不断改进工作方式方法，注重教育感化，注重“惩前毖后、治病救人”，推动形成理性文明的监督执纪执法理念与文化

续表

	基本内涵界定	构成维度描述			
		层级一：严守纪法守住底线	层级二：自警自省行为规范	层级三：崇廉拒腐清白正直	层级四：引领示范营造氛围
7. 廉洁奉公	恪守纪检监察干部职业道德和廉洁从政要求，严于律己，秉公办事，不徇私情，不谋私利，公正无私，品行端正，襟怀坦荡，为人正直，自觉抵制不正之风	清楚认识并正确把握各项政治纪律、政治规矩和国家法律的规定及要求的行为底线，自觉遵守廉洁从政相关规定，不以权谋私，不利用职务便利为自己、家人或者他人谋取不正当利益	注重职业形象和职业操守，面对权力常有自警之心，行使权力常有自省之心。规范与当事人、特殊关系人及其他单位组织的接触交往行为	面对金钱、美色、权力等诱惑毫不动摇，自觉净化生活圈、朋友圈、社交圈，清白做人、干净做事，形成廉洁奉公的职业习惯	发挥引领示范作用，自觉抵制不正之风，以卓越表现影响和带动他人模范执行有关廉政规定，形成风清气正的良好政治生态

一个职业从业者的专业精神一般在入职后经过一段时间的历练才能形成。县级纪检监察干部专业精神的真正形成也是如此。因此，对于我们所探讨的县级纪检监察干部的专业精神及其内容构成，在后文中我们主要采取问卷调查和个别访谈方式对其入职后的情况进行实证调查。

最后，需要总结指出的是，县级纪检监察队伍专业化的衡量标准，不仅体现为专业知识、专业能力和专业精神三者，而且还体现为三者的有机统一。县级纪检监察队伍专业化不能仅从某一方面来判断，不能认为具备了某一方面就说实现了专业化。比如，如果仅具有专业知识却没有结合纪检监察工作实际而转化成专业能力，那么这种专业知识也仅是使其获得专业化发展的可能，还不等同于现实。当然，具有专业能力，一般来说则具有相应的专业知识。但是，即便具有一定的专业知识和专业能力，却没有具备相应的专业精神，这样的县级纪检监察干部也还算不上高素质专业化的纪检监察干部。当然，在县级纪检监察队伍专业化的衡量标准之中，专业知识、专业能力和专业精神三者处于不同的地位。其中，专业知识是纪检监察队伍专业化的基础，专业能力是纪检监察队伍专业化的保证，专业精神是纪检监察队伍专业化的动力。

第二章　县级纪检监察队伍专业化建设的必要性和重要意义

之所以要重视并加强县级纪检监察队伍专业化建设，既是因为县级纪检监察干部在所处特定地域层级上履职具有特殊性，也是因为其在职业属性、岗位职责等方面具有必要性。正是二者的叠加作用，需要重视并加强县级纪检监察队伍专业化建设。当然，我们认识到在新时代重视并加强县级纪检监察队伍专业化建设的独特性和必要性的同时，更要充分认识其重要意义。

一、县级纪检监察队伍专业化建设的独特性审视

首先，是缘于县级政权的特殊性和重要性。正是这种地域层级上的特殊性，使县级纪检监察队伍专业化建设同中央、省、市三级纪检监察队伍专业化建设具有差异性。其次，是缘于县级纪检监察干部队伍自身的独特性。正是县级纪检监察队伍自身的独特性，决定了县级纪检监察队伍比中央、省、市三级纪检监察队伍更应该走专业化发展道路。对此，具体分析如下。

（一）县级纪检监察队伍专业化建设的独特性缘于县级政权的独特性

理解县级纪检监察队伍专业化建设的独特性，应当从分析县级政权在党和国家中所具有的独特地位与重要功能开始。县级政权在地位与功能上的特殊性，是应当重视并加强县级纪检监察队伍专业化建设的外在客观原因之一。

自秦以来，历朝历代都把郡县作为国家治理的基石。这种情况，沿袭至今。县级政权具有其他层级政权所不具有的独特性。在当今中国中央、省级、市级、县级和乡镇等五级政权体系中，县级政权承上启下、协调左右并连接城乡。县级政权既是国家进行宏观调控的基本单位，又是政权具体管理的集合体；既是管辖相对独立的行政区域，又是党和国家政策的具体执行者，处于各种关系的交接位置。“郡县治，则天下安；郡县安，则天下安。”[①]县级治理在当今中国国家治理和政府治理中均具有极其重要的地

① 夏文贵：《中国边境县治理研究：以 M 县为例》，云南大学出版社 2020 年版，第 269 页。

位与意义。

县级政权在我国国家治理结构中占据重要地位。“县”既是“国家结构单元”也是“地方行政建制”与“行政区划单位”。作为“国家结构单元”的“县级政权”是国家基于治理需求而设计的一种“地方政权建制”，明确其所管辖范围则构成了“地方区划单位”，三者的有机统一组成了县级政权单位。“我国县的建制始于春秋时期，因秦代推进郡县制而得到巩固和发展。2000多年来，县一直是我国国家结构的基本单元，稳定存在至今。”①目前我国存在多样化的县级政权建制，除普通县之外，还有县级市、市辖区、自治县、自治旗、特区、林区和工农区等建制。县级政权建制之所以应运而生并经久不衰，在我国自古至今漫长的治国理政历史中始终以“最基本的政治单元”②角色存在，首先是因为县级政权在我国国家治理结构中具有承上启下的独特地位，是国家与社会、城乡勾连的“接点”部位。③其次是因为县级政权是相对完整的条块结构型政权，适应了我国国体及政体，具有相对独立的逻辑规定和具体的内涵构成。④

从古到今作为基本治理单元的县级政权之所以应运而生并经久不衰，还在于其具有较为齐备的机构设置与职权配置，是“功能最齐全”的基层政权，⑤在国家治理体系中发挥着重要作用。首先，县级政权的功能齐全体现在其机构设置上。就当代中国来看，县级政权机构设置体现出非常高的“同一性”。比如，县级党委机关包括党委办公室、组织部、宣传部、政法委、统战部以及直属机关工委等；县级党的纪律检查机关和县级监察委员会一般内设办公室、机关党委、组织部、宣传部、信访室、党风政风监督室、案件监督管理室、案件审理室、1个至5个或6个纪检监察室等内设机构，另外还设电教与信息中心这个直属事业单位；县级行政机关设置有经济管理、市场监管、公共服务、社会治理等20多个部门；县级人大机关一般内设办公室、研究室、代表工作委员会、法制工作委员会、预算工作委员会等办公机构和经济委员会、预算委员会、法制委员会等专门委员会；县级政协机关一般包括办公室、提案委员会、经济委员会、农业和农村委员会等“一办八委”。县级政权还设有人民法院、人民检察院等司法机关以及工会、共青

① 《习近平谈治国理政》（第2卷），外文出版社2017年版，第140页。

② 武君婷：《中国县级政府的角色定位》，载《理论导刊》2006年第9期。

③ 参见徐勇：《“接点政治”：农村群体性事件的县域分析——一个分析框架及以若干个案为例》，载《华中师范大学学报（人文社会科学版）》2009年第6期。

④ 参见欧阳静：《县域政府包干制：特点及社会基础》，载《中国行政管理》2020年第1期。

⑤ 参见范逢春：《县级政府社会治理质量测度标准研究》，中国人民大学出版社2015年版，第43页。

团、妇联、科协、工商联等人民团体和社会团体。其次，县级政权的功能齐全还体现在其职权配置上。虽然县级政权在地理位置、自然条件、历史传统、人口规模、经济发展等方面差异较大，但是由于我国是中央集权的单一制国家，不同地区的县级政权在职权配置与职责承担上均具有同一性。国家在法律中对县级政权的权责作出了“统一性”的规定，即便是实行区域自治的民族地区的县级政权，在职权职责的配置上与其他地区县级政权也没有太大的区别。县级政权作为县域内唯一具有整体性治理能力和大范围动员能力的行动主体，一方面，直接面向基层、面向农村，是上级政策的具体执行者，承担的任务十分繁重；另一方面，还必须基于本地实际制定符合县级地区发展要求的具体政策，推动县域经济社会发展及改善民生。县级政权一般拥有政治管理、经济管理、文化管理、生态治理和社会服务等基本管理职权。县级政权职权配置覆盖县域社会的不同领域，这表明县级政权在县域治理功能上具有完整性和重要性。正如习近平总书记所指出的那样：“在我们党的组织结构和国家政权结构中，县一级处在承上启下的关键环节，是发展经济、保障民生、维护稳定、促进国家长治久安的重要基础。”

正是因为县级政权在建制上具有稳定性、地位上具有重要性、功能上具有完整性、职责上具有同一性，所以将县级政权作为纪检监察队伍专业化建设研究的基本单位，从理论上来看是可行的，从现实上来看是必要的。

（二）县级纪检监察队伍专业化建设的独特性缘于县级纪检监察干部队伍的独特性

习近平总书记早在2015年会见全国优秀县委书记的讲话中，就曾指出县一级“是干部干事创业、锻炼成长的基本功训练基地”[①]。对于纪检监察干部而言，县一级也是其干事创业、锻炼成长的基本功训练基地。县级纪检监察干部队伍作为县级廉政治理的重要主体，在县一级训练基地锻炼成长和履职尽责的情况值得高度关注和深入研究。因为县级纪检监察干部队伍作为保障县级纪检监察工作高质量发展的一支重要力量，其专业知识、专业能力和专业精神等状况如何，对“郡县治，则天下安”有着重要影响。同中央、省、市三级纪检监察干部相比，县级纪检监察干部具有其独特性。这种独特性不仅体现在其人数规模和队伍结构方面，还体现在其岗位职责、工作对象和地位待遇等方面。

第一，就人数规模来看，县级纪检监察需要走专业化发展道路。就当

① 习近平：《在会见全国优秀县委书记时的讲话》，载《人民日报》2015年9月1日，第2版。

前实际情况来看，县级纪检监察干部人数众多。在2018年2月底前，全国2849个县级监察委员会全部完成组建。当时的统计数据显示，在全国划转的6.1万个编制和实际转隶的4.5万名干部中，县级监察委员会干部占了70%左右。① 我国各级纪检监察干部总人数规模从中央、省级、市级到县级逐级递增，呈现金字塔结构。中央纪委国家监委专职纪检监察干部人数最少，总共有1200人左右，其中部级领导28人，司局级领导120人、内设职能部门（包括巡视工作领导小组办公室）1050余人；31个省级纪委监委（不含2个特别行政区以及台湾地区）专职纪检监察干部总计1.5万人左右；333个市级纪委监委专职纪检监察干部总计3.4万人左右；而2843个县级纪委监委②专职纪检监察干部总计27万人左右。有学者在2022年年初时就曾指出，如果包括中央、省两级巡视组和派驻纪检监察组，市、县两级巡察组和派驻纪检监察组，乡镇纪委和派出监察室等组织的专职纪检监察干部等在内，全国各级纪检监察系统"专职纪检监察干部不少于50万人"③。人数众多且岗位重要的县级纪检监察干部队伍是否政治过硬、业务精湛和本领高强，是否适应廉政治理体系现代化的要求，是否能够真实提升县级纪检监察工作效能，值得密切关注和认真审视。毕竟"纪检监察机关干部队伍的专业化程度决定着其各项职能履行的成效"④。

第二，就队伍结构来看，县级纪检监察干部需要走专业化发展道路。目前县级纪检监察干部来源多样，年龄、专业、能力等结构都不尽科学合理。一是从年龄结构来看，县级纪检监察干部普遍较为年轻。我们调查发现，各县级纪委监委干部的年龄大多在36—40岁，而市级、省级和中央纪检监察干部的平均年龄，则逐级增大。一般而言，年龄与人生阅历、工作经验等呈正相关关系。总体年轻的年龄结构且普遍简单的工作历练，在一定程度上可影响县级纪检监察干部监督执纪执法的专业能力。二是从专业结构来看，当前县级纪委监委中真正科班毕业于法学、中共党史党建学、公安学、会计学、金融学等同纪检监察业务工作紧密相关专业的人员还不多，绝大多数属于"半路出家"人员。据我们对X省内相关县级纪检监察干部的调查，学习同纪检监察工作并不太相关专业的人数，占到了我们所调查

① 参见钟纪言：《改革开放40年纪检监察事业的创新发展》，载《中国纪检监察报》2018年12月18日，第3版。

② 国家统计局2022年年底统计的全国县级行政区划数为2843个。参见《中国统计年鉴2023》，载国家统计局网，https://www.stats.gov.cn/sj/ndsj/2023/indexch.htm。

③ 王冠、任建明：《创建纪检监察学的意义、现状与建议》，载《北方论丛》2022年第2期。

④ 过勇、宋伟：《中国县级纪检监察机构的现状、困境与改革思路》，载《经济社会体制比较》2015年第4期。

的1948人中的55.65%。在这55.65%的占比中,不仅有汉语言文学(占比为10.16%)和英语(占比6.57%)两个语言文字类通用型专业,更有占比达25.31%的"其他"专业。基于这样的专业结构,大部分纪检监察干部是必须通过"传帮带"和长期的"师徒制"才能胜任实际办案需要的。特别是在纪检监察新体制下,县级纪委监委监督对象增加、监督范围扩大,这也就意味着纪检监察干部需要具备更扎实的业务知识和更强的业务能力。鉴于此,组织开展各种培训来促使纪检监察干部养成终身学习习惯,进而不断积累专业知识和专业能力十分必要。三是从能力结构来看,目前县级纪检监察干部面对纪检监察工作的新形势新任务新要求,呈现出较为明显的不全面不精湛问题。这主要体现在:(1)不能充分适应反腐形势变化后的新要求。这种不适应尤其突出地体现在线索处置能力、谈话讯问能力、案件审理能力等方面。(2)不能完全匹配履职依据贯通性的新要求。县级纪检监察干部需要履行监督执纪和监督执法双重职责。这种有效履行"双重职责"的客观要求,就需要县级纪检监察干部不仅要熟悉政治政策理论,还要掌握党章党规党纪,更要正确适用法律法规。但是,主客观原因的影响使有的县级纪检监察干部并不能完全胜任履职依据"纪法贯通、法法衔接和纪法双施"的新要求,其监督执纪问责和监督调查处置能力并未达到全面与精湛,从而致使有的县级纪检监察干部难以将"纪法并行、纪法双守、纪法双施、纪法彻底贯通"要求完全落到实处。(3)不能充分胜任履职方式一体化的新要求。根据党章及党内相关法规的规定,纪委的职责是监督、执纪和问责;根据《监察法》及相关法规的规定,国家各级监委的职责是监督、调查和处置。在国家监察体制改革完成以后,县级纪委监委应当履行的职责相对于以前来说,不仅履职内容增加了、范围扩大了,而且履职方式也发生了变化。县级纪委监委面对多样性的履职内容,需要采取一体化而不是分散化的履职方式,具体而言是要一体化履行监督执纪问责和监督调查处置双重职责。就县级纪检监察干部而言,则要求同一批人既履行监督执纪问责职责,又同时或同步履行监督调查处置职责。这种一体化的履职方式,不仅对"老纪检"干部(纪检监察体制改革前就在纪委从事纪律检查工作的人员)产生了履职能力不全面不精湛而导致的胜任难问题,也对"新纪检"干部(纪检监察体制改革后从人民检察院转隶进来的人员以及后来从其他单位新进的人员)产生了履职能力不足而导致的胜任难问题。

第三,就岗位职责来看,县级纪检监察干部需要走专业化发展道路。作为党内监督和国家监督专责机关,县级纪委监委的基本职责归纳起来就是发现问题和处置问题,相对应地,县级纪委监委就有了监督检查权和审查调查权。按此逻辑，县级纪委监委的内设机构及其相互关系的设计，应该围绕着对上述权力的行使进行有效制约和监督展开。但是，由于相关规章制度的规定和机构编制数量的限制，县级纪委监委一般统设数个同类机构来一体化履行多项职责。比如，就履行监督检查和审查调查两个核心职责的机构设置而言，县级纪委监委并没有分设监督检查室和审查调查室，而是统设6—7个纪检监察室来一体履行。这样的做法，一方面是中共中央办公厅印发的《纪律检查机关监督执纪工作规则》的规定。根据该规则第11条第1款的规定，市地级以上纪委监委实行监督检查和审查调查部门分设，而县级纪委监委则不分设。另一方面是受编制限制。县级纪委监委内设机构编制有限，一般无法增加编制分设监督检查和审查调查两类部门，而是统一设置数个纪检监察室来一体化履行监督检查和审查调查两项职责。本来从权力性质上讲，监督检查权和审查调查权是两种不同的权力，其适用对象、行使流程、采取的措施以及对权力行使者专业知识及专业能力的要求都存在差异。正确有效履行监督检查职责，要求县级纪检监察干部既要广泛熟悉党章党规党纪，掌握评判标准，否则就无法对一个地区或单位党的领导、党的建设、全面从严治党是否存在不足或违规之处进行评判；又要熟悉同公职人员行使职权相关的法律法规，否则也无法判别其履职行为是否违法或犯罪。正确有效履行审查调查职责，还要求县级纪检监察干部具备较强的思想政治工作能力、调查取证能力和审查谈话能力等。因为只有较强的思想政治工作能力，才能使审查调查对象知错认错或悔罪认罪；只有较强的调查取证能力和审查谈话能力，才能保证取证行为合法规范、保证证据与待证事实存在关联关系，才能够用党的政策和策略来教育审查调查对象，最终教育感化审查调查对象。

第四，就工作对象来看，县级纪检监察干部需要走专业化发展道路。新时代县级纪检监察队伍监督执纪执法的对象日益广泛，既包括对城区党员干部、公职人员及相关工作人员进行监督执纪执法，也包括对广大农村党员干部、公职人员及相关工作人员进行监督执纪执法。因此，这不仅对县级纪检监察干部队伍的专业知识和专业精神的要求越来越高，而且对其专业能力的要求也越来越高。县级纪检监察干部不仅要熟知并正确运用党规党纪对党员干部进行监督执纪问责，也要熟知并正确运用法律法规对普通公职人员进行监督执法问责。还值得注意的是，即便看起来是处于基层的如此众多的监督执纪执法对象，其违规违纪、职务违法和职务犯罪等行为也呈现出不同于以往的新趋势新特点。在党的十八大以来强力反腐的震慑之下，以往突出的面对面、直接化和赤裸裸的传统违纪违法及腐败行为减少了，而实施手段隐形变异、形式翻新升级、以合法形式掩盖非法目的的新型腐败和隐性腐败增多了。基于这些情况，加强县级纪检监察干部专业化建设就是大势所趋。

第五，就地位待遇来看，县级纪检监察干部也需要走专业化发展道路。县级纪检监察队伍不是“万金油”队伍，而是履行监督执纪问责和监督执法问责的专业化队伍。既然是专业化队伍，就需要重视其专业化建设和专业化发展。县级纪检监察干部在地位、待遇和晋升等方面不同于中央、省、市三级纪检监察干部。县级纪检监察干部不仅地处基层、直面乡镇村（社区），具有地位较低、待遇不高和晋升困难等特点，还面临监督执纪执法对象不断扩大、履职事项多而杂、工作任务重而急、要求高且责任大等情况。县级纪检监察干部队伍虽然岗位特殊、职责关键、使命光荣、作用突出，但是由于基层地域的限制、专业人才引进的困难、专业化培训的不足等，在面对日益智能化、复杂化、隐蔽化和专业化的违规违纪和腐败现象时，“本领恐慌”、能力不足和“职业倦怠”等现象时有发生。履行监督、执纪、执法和问责等职责的效率与效果，在一定程度上存在不尽如人意的情况。加之县级政府财力物力有限，县级纪委监委要想引进或留住法学、会计学、金融学和审计学等学科专业优秀人才依然面临较大困难。高层次专门人才引不进来，而低层次低能型人员却淘汰化解不掉。广泛化、持续性的反腐倡廉工作任务，高标准、专业化的反腐倡廉职责要求，时常遭遇县域空间人财物资源和晋升发展空间的掣肘，这在一定程度上影响到县级纪检监察工作高质量发展。

总之，县级纪检监察干部队伍在人数规模、队伍结构、工作对象、地位待遇和机构设置等方面，呈现出与中央、省、市级纪检监察干部队伍的差异性与特殊性。为了能真正贯彻全面从严治党向基层延伸战略、切实推进县级纪检监察工作高质量发展，有必要重视和加强县级纪检监察队伍专业化建设。县级纪检监察队伍专业化建设不是无中生有、无关痛痒的假问题，而是事关新时代纪检监察工作高质量发展能否实现的真问题。

二、县级纪检监察队伍专业化建设的必要性分析①

之所以需要重视并加强县级纪检监察队伍专业化建设，是因为除了这支队伍在保障县级政权正确有效运行中具有地域上的独特性之外，更重要

① 参见李永洪、潘磊：《论新体制下加强县级纪检监察队伍专业化建设的必要性》，载《西华师范大学学报（哲学社会科学版）》2019 年第 6 期。

的则是县级纪检监察队伍在内在职业属性、古今经验借鉴、相关近业参照、客观现实需要等方面具有其必要性。

(一)加强县级纪检监察队伍专业化建设是缘于县级纪检监察干部职业属性的内在要求

纪检监察工作作为我们政治领域的一种专门工作,不仅是现代社会劳动分工的体现,更是权力监督分工细致化和专业化的具体体现。在我国理论界和实务界,纪检监察工作被公认是一种专门而独特的职业。既然纪检监察工作是一种专门职业,其自然与其他职业具有共性。这个共性是所有职业的从业人员都必须具备相应的专业知识、专业能力和专业精神,都必须以其专业性立足于社会,以其专业知识、专业能力和专业精神创造社会价值,从而获取相应的社会地位和社会报酬。

纪检监察工作具有性质、特点、职责和要求等方面的特殊性,因此纪检监察干部应当具备的专业知识、专业能力和专业精神不同于一般职业。作为一种因为社会分工而产生的职业,纪检监察干部队伍之所以能独立并区别于其他公职人员,也是因为其具有的专业特性。正是因为这种专业特性,纪检监察干部才在当今的政治生活中显得尤其重要。专门从事纪检监察工作的干部,必然有其内在的职业特性和内在要求。纪检监察干部必须掌握从事纪检监察工作的专业知识、具备从事纪检监察工作的专业能力和形成从事纪检监察工作的专业精神。在全面推进廉政治理现代化的新时代,要使这类专业人员有为并有位,必须转变观念、提高认识和健全机制,努力推进纪检监察队伍的专业化发展。纪检监察干部不仅要熟悉党内规章制度,更要深谙相关法律知识。采取切实可行的措施建立日益专业化的权力监督及反腐败人才队伍,具有重要的现实意义。打造适应新时代需要的高素质纪检监察队伍,不仅要走向职业化,更要走向专业化。县级纪检监察队伍的建设自然应当如此。在新时代下,要将县级纪检监察工作作为一个职业来认识和对待,必须加强对县级纪检监察队伍专业化的建设。唯有具备专业知识、专业能力和专业精神的纪检监察工作人才队伍,才能保障纪检监察队伍有为且有位,才能真正履行好监督、执纪、执法和问责的重任。对此,纪检监察干部深有同感。从事多年纪检监察实务工作的西安市纪委监委第一纪检监察室原主任、退休干部高振虎曾言道:“积多年体会,深知纪检监察案件检查这一职业的艰辛,它不仅需要谨言慎行、埋头苦干、淡泊名利,更需要超强的耐力、精通的业务和较高的能力、水准。”①随着国

① 高振虎编著:《纪律审查与监察调查教程》,中国政法大学出版社2019年版,第3页。

家监察体制改革的深入推进，纪检监察工作的专业性只会越来越强，为此纪检监察干部不仅要具有较高的政治素质和工作热情，而且必须具有较强的专业知识和业务能力。①

近些年来，从纪检监察实务界到理论界，越来越多的人认识到应该将纪检监察工作作为一个专门职业，应该加强专业化建设。实际上，中共中央已经在党内法规中明确提出要建设高素质专业化纪检监察队伍。这具体体现在 2021 年 12 月 24 日中共中央发布的《纪律检查委员会工作条例》中。该条例第 7 章“队伍建设和监督”下的第 47 条明确提出“加强思想淬炼、政治历练、实践锻炼、专业训练，加强理论研究和学科建设，提高把握政策、监督执纪、做思想政治工作等能力，建设高素质专业化干部队伍”。

（二）加强县级纪检监察队伍专业化建设是缘于古今中外廉政建设经验的外在借鉴

古今中外监察官制度和我国行政监察体制实践中的成功经验，对于加强我国纪检监察队伍专业化建设具有重要的借鉴意义。

1. 缘于中国古代监察官建设经验的历史借鉴

原中央纪委书记赵乐际在十九届中央纪委六次全会上指出的“必须坚持以史为鉴，运用历史经验推进纪检监察工作高质量发展”②，不仅对我们推进新时代纪检监察工作高质量发展有重要指导意义，也对我们推进新时代县级纪检监察队伍专业化建设有重要指导意义。中国自秦以降就在官僚系统中专门设置具有监察百官职能的御史、谏官和封驳官等监察官吏。监察官作为“治官之官”，担负着“纠劾官邪”“匡辅人君”的使命，非一般官员可比。因此相比于一般官员的选拔，历朝历代统治者都十分重视监察官员的“高标准”选拔。古代监察官员虽然位卑，但是权重，故对其的遴选异常严格。除了需要具备内存忠厚之心、外振正直之气的“德行显著”的首要条件之外，还必须达到“学问渊博”“明法律令”“器识远大”“政绩显著”等条件。③ 具体而言：（1）在“德”的方面，监察官员应为百官之表率④。监

① 参见中共中央纪律检查委员会中华人民共和国国家监察委员会法规室编写：《〈中华人民共和国监察法〉释义》，中国方正出版社 2018 年版，第 251 页。

② 赵乐际：《运用党的百年奋斗历史经验推动纪检监察工作高质量发展　迎接党的二十大胜利召开——在中国共产党第十九届中央纪律检查委员会第六次全体会议上的工作报告》，载《人民日报》2022 年 2 月 25 日，第 2 版。

③ 参见薛小建编著：《中国国家监察体制的历史与变革》，人民日报出版社 2020 年版，第 2 页。

④ 参见孙光妍、邓琦、毕晓棠：《德法兼济与腐败治理研究》，黑龙江人民出版社 2003 年版，第 176 页。

察官“位卑而权重,非刚正廉洁、忠直敢言之人不能充任”①。在唐朝,将刚正不阿、敢谏直言作为担任御史大夫、御史中丞等监察官的首选标准。② 将“正直”作为选任监察官的首要标准,唐之后的历代均遵循。比如,创造“仁宗盛治”的宋仁宗赵祯曾宣谕宰臣,“谏官、御史必用忠厚、淳直、通明治体之人”。明成祖朱棣把御史的选拔标准概括为:“御史当用清谨介直之士,清则无私,谨则无忽,介直则敢言。”③(2)在“才”的方面,监察官员不仅要有较高的文化和学识素养,还要通晓法令。就文化学识而言,历朝均选任那些学识优长之人担任御史和谏官。就通晓法令而言,历代统治者均认为承担纠举非法之责的监察官必须谙熟法令。唯有如此,监察官在判断是非之时才能依据法律、诏令、律典等作出正确的选择。对此,西汉规定“通晓法律、法规,依法定罪的才能担任御史,历史上有名的御史张汤、赵禹都是熟悉各种法律、法规的代表”④。(3)在“能”的方面,监察官员应有较丰富的从政为官经验,特别是要求其具有基层为官的经历和经验。⑤ 这是因为不具有较高的才华和能力,监察官员是无法对贪官进行查处惩戒的。具体来说,拟任监察官员的人必须具备丰富的基层工作经验且业绩良好,必须通晓各类业务,必须了解官场规律。比如,唐朝初期就明确规定,监察御史必须从那些有地方及基层为官从政经历的人中选用。唐朝之所以作出这样的规定,是因为地方州、县是唐朝基层部门,州、县属官有基层工作的实践经验,熟悉地方行政业务,熟悉官场,了解风俗民情,从地方属官中选任监察官,有助于实行有效的监察。又如,北宋时期也多从有丰富基层为官经历的官员中选任台谏官。再如,清朝的《钦定台规》明确规定,各部郎中、员外郎选充科道官(六科给事中与都察院各道监察御史)必须任职满 3 年及以上。⑥

当然,中国古代监察官员不仅选任标准、选任方式等不同于一般官吏,对其的考课或考绩、奖惩也不同于一般官吏。严格、专门和独特的考核与奖惩制度,也是确保各类监察官员监察效能实现的必备条件。特别是自秦汉开始,为了确保监察官员能奉典守法、公正廉明、依法履行职权,还“建立了监察官责任制,规定了包括失察不举、漏泄省中语、不廉洁、职权滥用在

---

① 张晋藩、张京凯:《监察官选任的历史经验与当代传承》,载《光明日报》2021 年 11 月 3 日,第 11 版。

② 参见张晋藩主编:《中国古代监察制度史》,中国方正出版社 2019 年版,第 161 页。

③ 参见陈仁锡:《皇明世法录》卷九《文皇帝宝训》。

④ 陈业燕:《中国古代监察制度研究》,河北大学 2016 年硕士学位论文,第 11 页。

⑤ 参见彭勃、龚飞:《中国监察制度史》,人民出版社 2019 年版,第 403 页。

⑥ 参见张晋藩主编:《中国古代监察制度史》,中国方正出版社 2019 年版,第 351 页。

内的多种渎职罪名"[①]。由于时代和阶级的局限,我国古代监察官员专业化建设非常有限,但是从总体上来看仍然具有一定进步性和可借鉴性。综上所述,我国历朝历代关于御史大夫、御史中丞、谏议大夫、门下侍中、门下侍郎等监察官员的选任、考绩(考课)、职责、管控、奖惩、升降、流转等方面的制度设计,摒弃其为封建阶级统治服务的阶级局限,从其功能设计层面来看,也具有一定精华之处,可为当今我国县级纪检监察队伍专业化建设提供文化滋养和经验借鉴。

2. 缘于国(境)外反腐败队伍建设经验的合理借鉴

国外有较为丰富的权力监督思想。"权力监督者必须具备专门素质及专业能力"是权力监督思想的一个重要组成部分。一是西方古代不少思想家对权力监督者必须具备的专业素能曾作出过深刻论述。比如,柏拉图在《理想国》中就曾指出:一个理想的国家应有生产者、治国者和护国者三个阶级,他们的分工合作是一个国家存在和发展的前提和基础。而护国者阶级是履行权力监督的专门阶级,其除了应具备"智慧之德"外,更应具备专门的知识和技艺。[②] 亚里士多德认为,在大型城邦中,对于各项包含决策执行、日常管理、权力监督等的行政工作不仅需要"各设专职",而且必须设法让那些才德高尚且具有政治能力的人来承担行政工作[③]。孟德斯鸠在分析"什么样的政体需要监察官"时指出,"共和国需要监察官"。之所以如此,是因为"品德"是共和国的原则,而"风俗"是共和国的基础。为了防止共和国的"品德"和"风俗"被"破坏"或被"腐化",则需要有德行与能力的"监察官"来"加以纠正"。[④] 二是近现代思想家和学者对西方权力监督者专业素能的研究更为丰富。比如,美国学者莱斯利·里普森就指出,政治监督是基于社会分工的重要领域,对政治"进行治理是专门化的职业,需要专业知识和非同一般的品格与头脑"[⑤]。一些学者通过对不同国家或地区反腐败实践的经验观察、案例分析和国际比较,揭示出反腐人员专业化建设的重要性。比如,杰瑞米·波普和哈布里耶娃等人分别通过对欧美、俄罗斯和亚洲等相关国家或地区的比较研究,得出了较为一致的观点:有效反腐必须由独立、专业、能胜任的人员及其团队实施。由一大批专业人士

① 参见张晋藩主编:《中国古代监察制度史》,中国方正出版社2019年版,第79页。

② 参见[古希腊]柏拉图:《理想国》,郭斌和、张竹明译,商务印书馆1986年版,第67-70、260-264页。

③ 参见[古希腊]亚里士多德:《政治学》,吴寿彭译,商务印书馆1965年版,第101、222页。

④ 参见[法]孟德斯鸠:《论法的精神》(上卷),张雁深译,商务印书馆1963年版,第85页。

⑤ [美]莱斯利·里普森:《政治学的重大问题——政治学导论》,刘晓等译,华夏出版社2001年版,第72页。

组成的既具独立性又具权威性的专门反腐机构，是廉洁国家或地区能够保持廉洁的一个“重要法宝”。[①] 三是中国学者通过对欧美和亚洲等国家或地区的廉政建设经验的比较研究，指出重视反腐队伍专业化建设是其有效治腐的一条成功经验。项继权、宋振国等人分别通过全球性或地区性的比较分析指出：芬兰、挪威、丹麦、瑞典、加拿大、新西兰等欧美和大洋洲国家，以及新加坡、中国香港等亚洲国家或地区有较成功的反腐实践，不仅在于建有统一、独立、权威、专门的反腐机构，更在于拥有素质好、能力强、专业化的反腐工作人员。[②] 王捍忠也指出，我国香港廉政公署正是“根据时代和形势的需要，不断提高队伍的专业化水平”。特别是通过采取“综合立体措施，我国香港廉政公署打造了一支专业化程度很高的队伍。这支队伍，就是我国香港廉政公署打赢反腐战役的精锐部队，一直以来，他们战无不胜，攻无不克”。[③] 这些清廉国家或地区普遍注重“加强反腐败机构干部队伍专业化建设，选调经验丰富、能力素质强的财务、会计、法律、IT、通信等专业人员充实办案力量，增强办案人员的业务能力”[④]。总之，重视反腐败机构人员的专业能力和素质，成为欧美和亚洲等清廉国家或地区的一条基本经验。

3. 缘于当代中国反腐队伍建设经验的直接借鉴

改革开放以来，中央和地方一直在采取各种措施加强反腐队伍的建设。“从2009年起，中国县级纪检监察机关已开始试行相关资格准入制度，除符合《公务员法》相关规定外……重点选调和录用熟悉经济、法律、财会、计算机等专业知识的干部进入纪检监察机关。”[⑤]在党的十八大之前，一些地方就开始了纪检监察干部专业化建设的探索。比如，辽宁省锦州市在2010年为了“改善干部队伍年龄结构、知识结构和专业结构，对新晋正科级以下干部，实行凡进必考制（考试、考核），注重选调熟悉经济、法

① 参见［新西兰］杰瑞米·波普：《制约腐败——建构国家廉政体系》，清华大学公共管理学院廉政研究室译，中国方正出版社2003年版，第407－412页；［俄］哈布里耶娃主编：《腐败：性质、表现与应对》，李铁军等译，法律出版社2015年版，第403－407页。

② 参见项继权、李敏杰、罗峰：《中外廉政制度比较》，商务印书馆2015年版；宋振国、刘长敏等：《各国廉政建设比较研究》，知识产权出版社2006年版，第10－11页。

③ 王捍忠：《走近香港廉政公署》，国家行政学院出版社2019年版，第143页。

④ 李秋芳、孙壮志主编：《反腐败体制机制国际比较研究》，中国社会科学出版社2015年版，第24、29页。

⑤ 吴倩：《全国政协委员曹义孙称亟需培养专业化的反腐队伍》，载新浪网，https://news.sina.com.cn//2010－03－08/091019814576.shtml。

律、金融、审计等专业知识的人才充实到纪检监察队伍”①。而湖北省在2010年也为了打造一支高素质的纪检监察队伍，积极探索加强自身建设的新办法。“各级纪检监察机关在加强干部队伍专业化建设上下了很大功夫，取得了明显成效。”②尤其是党的十八大以来，随着纪检监察新体制的建立，地方各级纪检监察机关陆续开展了加强纪检监察干部队伍专业化建设的实践，并取得了不少各具特色的实践经验。根据党中央和中央纪委部署，浙江省各级纪检监察机关在“三转”中，注重队伍的专业化、职业化建设，选调了一批会计、审计、司法、侦查、理论研究等专家型、专业型干部充实到纪检监察队伍，有效改善了队伍的能力素质结构，着力提高反腐倡廉的能力。③ 江西省九江市都昌县在2015年就针对县级纪检监察机关“专业人才缺乏”等问题，“严格准入门槛，改善队伍结构”，采取“建立与人民警察、法官、检察官一样的资格准入制”“坚持凡进必考，公开选拔”“建立健全纪检监察干部在职培训机制，实行岗位轮训制度”等措施，加强县级纪检监察队伍的专业化职业化建设。④ 另外，在2018年3月全国四个层级监察委员会建立之后，地方各级纪检监察机关通过经常性的业务培训班等方式，着力加强地方各级纪检监察队伍专业化建设。比如，陕西省咸阳市兴平市针对本地纪检监察干部“业务水平参差不齐、日常监督不会不善、审查调查工作粗糙等问题”，通过“统筹培训内容”和“丰富培训方式”等措施来努力提升县乡基层纪检监察干部队伍专业化水平。⑤ 山东省临沂市郯城县纪检监察机关针对县乡纪检监察干部队伍整体素质不够高的问题，通过“采取领导领学、调研深学、党课讲学、交流互学、线上引学等‘五学’方式”、“开办纪检监察干部夜校”和“聚焦监督检查、审查调查、信访处置和信息技术实操等重难点业务”开展培训等举措，着力打造了“一支忠诚干净担当、专业化能力强、敢于善于斗争的纪检监察铁军。”⑥安徽省滁州市琅琊区纪委除了在2016年时通过抓机制、抓信念、抓业务、抓状态和抓团

---

① 王绍辉、丑维强：《锦州完善机制 优化纪检监察队伍》，载《中国纪检监察报》2010年12月13日，第3版。

② 黄先耀：《深入推进体制机制制度创新 不断提高反腐倡廉建设科学化水平》，载《楚天风纪》2010年第12期。

③ 参见董瑛：《切实抓好反腐败的基础性工作》，载《光明日报》2015年11月22日，第8版。

④ 参见宋黎明：《纪检监察队伍职业化的思考》，载都昌县纪委监委网2016年1月1日，https://dclz.duchang.gov.cn/09/201601/t20160101_4553034.html。

⑤ 参见赵存锁：《努力提升干部队伍专业化水平　扎实推进纪检监察工作高质量发展》，载陕西省纪委监委网2021年3月8日，https://www.qinfeng.gov.cn/info/1067/141036.htm。

⑥ 《强化自身建设 锻造纪检监察铁军》，载郯城县纪委监委网2023年5月8日，http://www.tcxjjjc.gov.cn/info/1017/2108.htm。

队的“五抓”措施来提升纪检监察干部专业能力之外，在 2018 年还通过“开展集中培训、专题讲座、知识竞赛、业务测试等活动”来“夯实业务基础、提升业务能力”①，进而不断锻造过硬县级纪检监察队伍和提升县级纪检监察干部队伍专业化水平。四川省达州市宣汉县纪委监委“围绕信访接待、监督检查、审查调查、案件监督管理、案件审理等业务工作”，通过采取设立“周课堂”、实施“青蓝工程”和组织“跟班学习”等有效举措，着力打造一支业务精通、经历丰富的多元化、专业化的县乡纪检监察干部队伍。② 山西省晋城市下辖高平市纪委监委连续举办了四期全市纪检监察干部业务培训，通过授课教师、授课内容和能力提升的“三个专业化”建设，着力提升地方纪检监察干部专业知识和专业能力。③ 而同省的忻州市纪委监委与中国政法大学合作，先后举办多期地方纪检监察干部专业化能力提升培训班，不断推进地方纪检监察队伍专业化建设。④近几年，广东省佛山市、江苏省无锡市和江阴市等地组织纪检监察干部旁听法庭庭审，把业务培训搬到庭审现场。“实案旁听、观看法庭质证过程，是快速增强纪检监察干部证据意识的有效途径。”⑤总之，不少县级纪检监察机关普遍通过教育培训、改革进人制度等多种方式，着力提升县级纪检监察队伍专业化水平，并积累了初步经验。特别值得指出的是，与内地各类县级纪委监委现在才注重队伍专业化建设形成明显差异的是，我国香港地区早在廉政公署建立时就注重其职员的专业化建设。经过 40 余年的建设和发展，香港廉政公署在职员队伍专业化和独立性建设方面积累了丰富经验，对我国内地县级纪检监察队伍专业化建设富有启迪价值。不少研究者均对此作出了阐释。“香港反腐之所以能取得成功，关键是拥有一支非常专业的反腐队伍。”⑥香港廉政公署拥有一批专业的电脑专家、律师、会计、顾问、教育家等专业人士，能够在腐败发生之前和过程中通过高技术含量的分析发现问题，提前请人

---

① 马景琴：《“四点”着力锻造过硬队伍》，载滁州市琅琊区纪委监委网 2018 年 3 月 30 日，http://www.czlyjjjc.gov.cn/dt/gongzuodongtai/2018-09-30/2667.html。

② 参见尹可：《宣汉：打造多元化、专业化纪检干部队伍》，载达州日报网 2020 年 12 月 15 日，http://www.dzrbs.com/html/2020-12/15/content_894017.html。

③ 参见《高平：“三个专业化”培训提升纪检干部履职能力》，载晋城市纪委监委网 2017 年 10 月 16 日，http://www.jcmj.gov.cn/gzdt/gp/art/2021/art_85421b6a16aa46c2a28a4968fff3ad1c.html。

④ 参见《山西省忻州市纪检监察干部专业化能力提升培训班在我校昌平校区举行开班仪式》，载中国政法大学网 2019 年 2 月 27 日，https://news.cupl.edu.cn/info/1185/28597.htm。

⑤ 张琰：《把业务培训搬到庭审现场——各地组织纪检监察干部旁听法庭庭审，强化法治思维》，载中央纪委国家监委网，https://www.ccdi.gov.cn/yaowen/201805/t20180518_172172.html。

⑥ 老姜：《反腐更需专业性》，载《南方日报》2012 年 7 月 2 日，第 4 版。

“喝咖啡”。港剧《廉政追缉令》里那些神乎其神的桥段其实并非“纯属虚构”，可能是现实。①

（三）加强县级纪检监察队伍专业化建设是缘于公安司法队伍建设模式的类比效应

纪检监察机关在具体职责上虽然同公安机关、人民检察院和人民法院并不完全相同，但是它们在预防和打击贪腐及渎职等公权滥用行为上有着紧密相关性和职责相近性。即便是具有侦查和预防职权的反贪污贿赂、反渎职侵权和职务犯罪预防等部门人员整体转隶到同级监察委员会后，余下承担公诉及司法监督等职能的检察官也同纪检监察队伍在履职行权上有一定交集。作为纪委监委最相近部门的公安机关、检察院和法院，普遍都通过职业立法来确保其工作者走专业化履职行权发展的道路。比如，作为综合管理类公务员和专业技术类公务员的警察，也有《人民警察法》以及《国家公务员通用能力标准框架（试行）》等来确保警察专业化的建设。关于检察机关工作队伍专业化建设，不仅全国人大常委会出台了《检察官法》，而且最高人民检察院还颁布了《检察机关岗位素能基本标准（试行）》，对检察官及检察院相关工作人员的专业素能作出了明确规定和要求。关于审判机关工作队伍专业化建设，全国人大常委会出台了《法官法》，最高人民法院也出台了保障《法官法》有效实施的配套规章制度，从而确保了审判人员专业化建设的落实。

我国的警察、检察官和法官等，正是分别通过上述专门性职业立法及规章制度对准入条件、权利义务、任免程序、交流回避、职务职级、考核奖惩、教育培训、工资福利、退出机制等的明确规定，才确保了其专业化建设的切实可行。相对于警察、检察官和法官，纪检监察干部虽然职责有一定差异性和特殊性，但是监察体制改革完成后，机构合署、人员混编、履职协同使纪检监察干部与警察、检察官和法官具有了较为明显的工作方式及工作手段上的相似性。我国纪检监察工作人员与警察、检察官和法官有着紧密的职责相关性及履职方式手段上的相似性，理应与上述人员一样通过建立健全职业立法来逐步走专业化的发展之路。警察、检察官和法官专业化建设的基本模式，不可避免地为县级纪检监察队伍专业化建设带来了近业参照与类比效应。

① 参见黄晓阳：《廉政公署全传》，江苏人民出版社 2009 年版，第 1 页。

(四)加强县级纪检监察队伍专业化建设是缘于县级反腐倡廉效能提升的现实需要

新时代要加强县级纪检监察队伍专业化建设,还是因为现实的需要。这个现实逻辑主要体现在县级纪检监察工作效能提升的客观需要。之所以说县级反腐倡廉效能的提升有赖于县级纪检监察队伍专业化建设,原因主要有以下几点。

1. 加强县级纪检监察队伍专业化建设,是适应廉政治理体系和治理能力现代化建设新要求并最终确保县级反腐倡廉效能提升的现实需要

党的十八届三中全会提出了"完善和发展中国特色社会主义制度,推进国家治理体系和治理能力现代化"这个全面深化改革的总目标。"国家治理体系与国家治理能力无疑是两个关系密切的概念,其中最要紧的应该是国家治理能力。"①现代化的治理体系仅为提升现代化的治理能力提供结构性前提和体制性保障,而治理能力回答的是"治理的本领与效能"问题。"有了好的治理体系不一定就有好的治理绩效,还要看治理能力。"②"国家治理能力的现代化才是更根本的目标。"③

国家治理现代化是一个多元性和集成性的建设工程,包括国家治理体系和国家治理能力现代化两大方面。廉政治理现代化是国家治理现代化中不可或缺的一个重要组成部分,"实现国家廉政治理现代化是推进国家治理现代化的必然要求"④。但是,正如在国家治理现代化建设的两大构成部分中,国家治理能力现代化"更为关键"一样,在廉政治理现代化建设中廉政治理能力现代化也尤为关键,因为"廉政治理能力是国家治理能力的重要组成部分"⑤。2018 年 3 月四级监察委员会建立,标志着廉政治理体系现代化初步建成。但是,廉政治理体系现代化的初步建成,并不必然意味着廉政治理能力现代化会同步实现。经过 6 年多的建设和发展,我国廉政治理体系现代化水平越来越高。但是,现代化的廉政治理体系必须有现代化的廉政治理能力与之匹配。廉政治理体系现代化的逐步建成只是准备了"物理框架"和前提条件,只是初步完成了推进廉政治理效能提升的"前半程",还需要对"后半程"用心用力,即抓好廉政治理能力的现代化

---

① 杨光斌:《实现国家治理现代化的关键是什么》,载《人民论坛》2017 年第 25 期。

② 郭强:《关于国家治理现代化若干问题的思考》,载《科学社会主义》2014 年第 1 期。

③ 郑慧、何君安:《试论国家治理体系和国家治理能力现代化》,载《新视野》2014 年第 3 期。

④ 陈永杰、黄恬恬:《基于治理理论的国家廉政治理现代化研究》,载《湖北社会科学》2015 年第 10 期。

⑤ 高新民:《国家治理体系现代化与反腐倡廉建设》,载《中共党史研究》2014 年第 2 期。

建设。现代化的廉政治理体系唯有专业化的人去操作,静态的制度体系才能有效运转起来,才能将党纪国法的制度优势转化为廉政治理效能。鉴于此,我们认为廉政治理能力现代化关键在于人,在于纪检监察干部。

根据党章和《监察法》的规定,纪律检查委员会是党内监督专责机关,国家监察委员会是国家监督专责机关。虽然全国四级纪委监委“合署办公”新体制建立已逾6年,但是并不意味着纪检和监察已完全“融为一体”,二者的深度“化学融合”还需要加强。之所以这么讲,原因在于:第一,二者监督对象不同。在党章和《监察法》有关各自监督对象的规定中,纪委的监督对象必须是党组织、党员领导干部及普通党员(重点是党员领导干部);监委的监督对象是所有公职机关和公职人员,不论是不是中共党员,只要其是掌握公权力并行使公权力的人员,都是监委监督的对象。第二,二者行使职权不同。党章第46条规定,党的各级纪律检查委员会的职责是监督、执纪、问责;而《监察法》第11条则明确规定,监察委员会依法履行监督、调查、处置职责。由此可见,党的纪律检查委员会主要监督党组织及其成员的行为,负责党内纪律监管;监察委员会作为国家监察机关则对宪法法律规定范围内行使国家公权力的人员进行监督。① 尽管纪委和监委的监督对象与监督职权有差异,但是这些有差异的监督对象和监督职权却均由“一身二任”的纪检监察人员来承担。同一个纪检监察干部既要监督、执纪与问责,又要监督、调查与处置;既要执纪,又要执法。如此广泛的监督对象和复杂的履职内容,必须是具有专业知识、专业能力和专业精神的人员才可胜任。

我国党风廉政建设和反腐败斗争的历史与现实不断证明,“坚决打赢反腐败这场正义之战”,不仅需要坚持正确的政治方向,更需要足够的专业人才作保障。在高压反腐的背景下,一些领域之所以“腐败滋生的土壤依然存在”,一些纪检机关之所以“无案可查”“纹丝不动”……全面从严治党的本领恐慌、反腐倡廉的能力不足、专业人才缺乏应该是一个重要原因。② 为政之要,唯在得人。在当前,虽然县级纪检监察干部的地位待遇和工作条件等方面相对于以往来说有了较大改善,但是在“严紧硬”的内控机制和高强度的工作任务面前,仍然有些县级纪检监察干部存在程度不同的“能力不足”“本领恐慌”。为了适应廉政治理体系现代化的新要求,为了新时代权力监督和反腐倡廉的效能提升,必须加强县级纪检监察队伍专业

---

① 参见薛小建编著:《中国国家监察体制的历史与变革》,人民日报出版社2020年版,第95页。

② 参见董瑛:《“打赢反腐败这场正义之战”的六大关键标识》,载《人民论坛·学术前沿》2017年第8期。

化建设。加强县级纪检监察队伍专业化建设,既是中国新时代高素质专业化干部队伍的题中应有之义,也是日益现代化的廉政治理体系有效运转的必然要求。

2. 加强县级纪检监察队伍专业化建设,是直面新时代公职人员违纪违法新形势并最终确保县级反腐倡廉效能提升的现实需要

进入新时代,不仅意味着中国社会主要矛盾发生了新变化和国家发展战略实现了新调整,也意味着国家治理要适应新形势和解决新问题,更意味着新体制下履行监督执纪问责和监督调查处置的县级纪检监察队伍面临新形势新任务新挑战。我国迈入新时代以来,县级纪检监察队伍面临两大特定新形势新挑战。第一种是公职人员违纪违法和腐败行为呈现出新特点。在党的十八大以来强力反腐、持续反腐的震慑之下,以往的面对面、直接化和赤裸裸的传统的违纪违法及腐败行为减少了,出现了更多实施手段隐形变异、形式翻新升级、以合法形式掩盖非法目的的新型腐败和隐性腐败。第二种是新技术发展催生了新的腐败方式方法。多样而复杂的新型腐败和隐性腐败方式方法使调查取证难度增大。众所周知,进入 21 世纪以来,科学技术日新月异,特别是信息技术、网络技术、大数据技术和人工智能等得到快速发展。对此,有人认为,这可使纪检监察机关治理腐败案件有先进技术可凭借或可依托,有助于纪检监察机关更好地实施科技反腐,通过大数据深度挖掘技术则可使腐败分子遁形。但是,我们应该看到技术进步在治理腐败上的“短板”。因为“技术进步也可以为贪腐分子提供新的腐败手法”①。日新月异的新技术催生新行业新业态,但是在党纪国法供给不足、监管出现盲区、“不能腐”机制存在滞后性的情况下,新技术新行业新业态的发展在一定程度上为贪腐分子提供了新的契机。另外,新技术发展也有可能“助力”腐败分子隐匿腐败痕迹。由于公职人员的腐败行为“技术含量”和“知识水平”越来越高,其违纪违法及腐败越轨行为越来越趋于智能化、专业化、隐蔽化和复杂化。这种情况下,对纪检监察干部有效履职所需专业知识和专业能力的要求,自然也会越来越高。李成言在 2006 年就指出,“面对花样翻新的腐败和违规行为,廉政工作者也必须‘与时俱进’,及时更新知识结构和提升技术水平……除了工作流程的规划和硬件设备的建设之外,廉政建设从业人员的知识和技能培训显得尤为

① 刘明:《公众对新型腐败的认知与态度调查报告(2022)》,载《国家治理》2022 年第 14 期。

重要"①。在新时代力度不减、节奏不变和驰而不息的常态化反腐要求下，县级纪检监察干部要在海量信息世界中收集和研判高隐蔽性与高分散性的腐败信息，不仅需要纪检监察干部掌握专门的科技知识和具备专业科技的运用能力，而且还要付出更大的人财物力代价和时间精力成本。在科技迅猛发展和反腐常态化推进的双重形势下，要提升县级纪检监察工作效能，不得不注重加强县级纪检监察队伍专业化建设。在现代科技迅猛发展和社会主要矛盾深刻变化的新时代，县域公共事务治理的广度和深度均日益拓展，公共权力在基层社会行使中变质腐败的事件也会不断增加。查办腐败案件、监督公权运行，地处县域层级的纪检监察人员必须具备多样且较丰富的专业知识、较强的专业能力和优良的专业精神，才能确保县级纪委监委反腐倡廉效能的不断提升。

3. 加强县级纪检监察队伍专业化建设，是有效应对县域廉政治理资源禀赋局限并最终确保县级反腐倡廉效能提升的现实需要

县域治理不仅包括县域空间中政治、经济、文化和社会等诸方面一般事务的治理，也包括县域空间中的廉政治理。要在县域社会空间中有效治理腐败并不断提升新时代反腐倡廉效能，离不开相应人财物等资源的保障。

尽管自党的十八大以来县级纪检监察干部的地位、待遇和工作条件以及经费、设施和设备等资源保障相较于以往均得到了明显改善，但由于地域层次的限制，县级纪委监委高层次高水平的人力资源供给并不很充分，结果导致高素质专业化纪检监察干部队伍建设仍然不够理想。随着纪检监察新体制的建立，县级纪委监委面临的任务越来越重，需要的专业人才越来越多。首先，县级纪检监察队伍监督执纪执法的对象日益广泛。既包括对城区党员干部和公职人员进行监督执纪执法，也包括对广大农村党员干部和相关人员进行监督执纪执法。其次，对县级纪检监察队伍的专业知识、专业能力和专业精神的要求越来越高。不仅要熟知并正确运用党规党纪对党组织和党员干部进行监督执纪问责，也要熟知并正确运用法律法规对普通公职人员进行监督执法问责。最后，县级纪检监察队伍工作要求越来越精准化和专业化，履职压力越来越大。由于县级政府总体财力物力有限，县级纪检监察队伍的经济待遇并不高；更由于县域人事编制的制约，县级纪委监委要想引进或留住法学、公安学、会计学和审计学等学科专业优秀人才依然面临较大困难。广泛化持续性的反腐倡廉工作任务、高标准专

① 李永洪、潘磊：《论新体制下加强县级纪检监察队伍专业化建设的必要性》，载《西华师范大学学报（哲学社会科学版）》2019 年第 6 期；李成言主编：《廉政工程：制度、政策与技术》，北京大学出版社 2006 年版，第 3 页。

业化的反腐倡廉职责要求，遭遇县域空间人财物资源和晋升发展空间的掣肘，这在一定程度上影响到县级反腐倡廉效能的持续性提升。如何通过县级纪检监察队伍专业化建设，确保县级纪检监察队伍不过多受县域资源禀赋制约，进而真正提升县级反腐倡廉效能，是一个现实而迫切的时代课题。

三、县级纪检监察队伍专业化建设的重要意义

在全党上下需要时刻保持解决大党独有难题的清醒和坚定，把党的伟大自我革命进行到底、把全面从严治党战略向基层延伸、把党风廉政建设和反腐败斗争持续深化和不断推进纪检监察工作高质量发展的新时代，加强县级纪检监察队伍专业化建设，具有十分重要的意义。

（一）县级纪检监察队伍专业化建设是推进新时代基层纪检监察工作高质量发展的前提

推进纪检监察工作高质量发展，是新时代新征程中党中央对包括县级在内的各级纪检监察干部提出的新要求新任务。根据现行纪检监察管理体制和纪检监察工作职权，县级纪检监察干部监督执纪问责和监督调查处置的基本工作对象与工作内容，不仅包括对同级党委政府及其成员执行纪律和落实廉洁自律规定情况的监督，也包括按干部管理有关规定负责查办所辖范围内城乡科级党政机关及其领导干部、工作人员以及人民团体、企事业单位及其领导干部、依法履行公职工作人员违纪违法案件，还包括对村（社区）党组织和自治组织及其领导班子、履行公职工作人员的违纪违法案件的查办。根据《纪律检查机关监督执纪工作规则》及其官方释义中经常采取的“提级管辖”以及近年来各地推出的“乡案县审”等创新做法，县级纪检监察干部越来越多地承担着乡镇纪检监察职责。根据中央决策部署，不仅中高层纪检监察工作要高质量发展，基层纪检监察工作也要高质量发展。而要推进基层纪检监察工作高质量发展，除了基层各级党委和纪检监察机关要抓好党内法规、国家法律和上级决策部署的落实之外，更需要县级纪检监察干部履职尽责和切实担当。县级纪检监察干部要能履职尽责和切实担当，除了需要政治过硬和作风优良之外，还必须夯实纪法业务知识，锤炼过硬业务能力。要做到这些，最为根本的保证则在于加强县级纪检监察队伍专业化建设。通过专业化建设，县级纪检监察干部队伍将具备扎实的专业知识、较强的专业能力和优良的专业精神。

习近平总书记高度重视各级纪检监察干部队伍建设，强调要“努力建设一支政治素质高、忠诚干净担当、专业化能力强、敢于善于斗争的纪检监

察铁军”①。县乡村(社区)纪检监察工作高质量发展的新形势新任务,对广大县级纪检监察干部的专业知识、专业能力和专业精神等均提出了更高要求。但是,客观来讲,当前基层纪检监察工作要实现高质量发展,还受到不少因素的制约和影响。这些制约和影响因素,除了县、乡和村(社区)之间存在“监督动力不足”和“信息不对称”②等主客观方面因素之外,更主要的还在于主体方面的因素。主体方面的制约和影响,主要体现为乡镇(街道)村(社区)中履行监督执纪执法职责的人手有限、力量分散、素质不高、知识不足、能力不强等。为了推进基层纪检监察工作高质量发展,面对乡镇(街道)村(社区)中履行监督执纪执法职责的主体之不足,最终需要县级纪检监察干部队伍来兜底弥补。但是,县级纪检监察干部队伍要切实有效地兜底弥补乡镇(街道)村(社区)中履行监督执纪执法职责的主体之不足面临不少困难。在目前尚不能根本改变县、乡、村(社区)各层级基层纪检监察主体状况及其人员配置的情况下,为了较好地推进基层纪检监察工作高质量发展,最为切实有效的办法是着力加强县级纪检监察干部队伍的专业化建设。着力加强县级纪检监察队伍专业化建设,不断提高其政治素质、夯实其专业知识、提升其专业能力、增强其专业精神,才能使其政治过硬、业务精通、本领高强,才能真正有效推进基层纪检监察工作高质量发展。另外,还应当深刻认识到,唯有加强县级纪检监察队伍专业化建设,才能使县级纪检监察干部正确精准高效地利用专业知识、依靠专业技能和秉承专业精神,在监督执纪问责与监督调查处置工作中少花时间、少走弯路和少犯错误。总之,就纪检监察工作自身来说,加强县级纪检监察队伍专业化建设,才有助于推进新时代基层纪检监察工作高质量发展。

(二)县级纪检监察队伍专业化建设是确保全面从严治党战略在基层贯彻落实的保障

全面从严治党,基础在“全”、关键在“严”、要害在“治”。全面从严治党战略中的“全面”,实际上就是要治全党,从层次上来说,涵盖了党的建设各个层次,既包括中央层次,也包括省、市层次,还包括县、乡、村(社区)等基层。全面从严治党战略,不仅要在中央、省、市等层次认真加以贯彻落实,也要在县、乡、村(社区)等基层认真加以贯彻落实。在十八届中央纪委六次全会上的讲话中,习近平总书记提出了“推动全面从严治党向基层

① 王畅颖:《全面提升纪检监察干部的“看家本领”——纪检监察机关深化全员培训工作综述》,载《中国纪检监察》2021 年第 24 期。

② 付宇程:《发展全过程人民民主:破解基层腐败防治难题的有效路径》,载《探索》2022 年第 4 期。

延伸”。之所以要推动全面从严治党向基层延伸,有双重逻辑。一是理论逻辑。这具体体现为推动全面从严治党向基层延伸是全面从严治党战略思想的题中应有之义。二是现实逻辑,即基层“微腐败”治理的需要。基层“微腐败”也可能成为“大祸害”。基层“微腐败”损害的是老百姓切身利益,啃食的是群众获得感,挥霍的是基层群众对党的信任,侵蚀的是党的执政根基。民心是最大的政治,必须通过深入推进全面从严治党向基层延伸,着力解决纠正一切损害基层群众利益的腐败和不正之风。习近平总书记指出:“在一些地方、部门、单位,基层干部不正之风和腐败问题还易发多发、量大面广。有的搞雁过拔毛,挖空心思虚报冒领、克扣甚至侵占惠农专项资金、扶贫资金;有的在救济、补助上搞优亲厚友、吃拿卡要;有的高高在上,漠视群众疾苦,形式主义、官僚主义严重;有的执法不公,甚至成为家族势力、黑恶势力的代言人,横行乡里、欺压百姓。”①尽管这些问题近年来得到较好整治,但是并没有完全消除。因此,贯彻落实全面从严治党战略,必须扎实抓好全面从严治党向基层延伸。唯有如此,才能固本强基。2024年3月中央纪委国家监委作出在当年4月至10月在全国集中开展整治群众身边不正之风和腐败问题专项行动,这就是全面从严治党向基层延伸的一个具体体现。

在基层,全面从严治党战略的贯彻落实主体,除了包括履行主体责任的县、乡、村(社区)三级党委(党工委、党支部)之外,还包括履行监督责任的县级纪委监委和乡级纪检监察力量,但最为重要的则是依靠县级纪委监委。作为在基层履行全面从严治党监督责任的专责机关,县级纪委监委要真正发挥出监督执纪问责和监督调查处置实效,必须依赖具体担负监督执纪执法职责的县级纪检监察干部队伍的素能。全面从严治党具有很强的政治性、政策性、专业性,没有丰富的专业知识、较强的专业能力和扎实的专业精神是无法胜任的。为了确保县级纪检监察干部切实履行全面从严治党职责,势必应当加强其专业化建设。通过积极的专业化建设,县级纪检监察干部不断提高政治素质、专业素养、业务能力和工作作风,才能真正担当起全面从严治党向基层延伸的重任。

党风廉政建设和反腐败斗争是全面从严治党的重要组成部分,加强县级纪检监察队伍专业化建设是抓好基层党风廉政建设和反腐败斗争的重要保障。在党的二十大报告中习近平总书记指出,“只要存在腐败问题产

---

① 习近平:《在第十八届中央纪律检查委员会第六次全体会议上的讲话》,载《中国纪检监察》2016年第10期。

生的土壤和条件，反腐败斗争就一刻不能停，必须永远吹冲锋号”，“以零容忍态度反腐惩恶，更加有力遏制增量，更加有效清除存量”，“坚决惩治群众身边的‘蝇贪’”①。在当前一些县、乡、村（社区）等各级各类干部之中，由于权力监督不严密、教育管理不到位、干部素质不够高、廉洁文化作用弱化等原因，一些城乡基层中各类干部身上出现的形式主义、官僚主义和贪污腐败等问题，仍具有顽固性、反复性和多发性。基层党风廉政建设和反腐败斗争是一个复杂化和专业化的政治工程。要抓好这个政治工程，必然需要有过硬政治素质、扎实专业知识、较强专业能力和较好专业精神的县级纪检监察干部队伍。

深入推进全面从严治党战略在基层贯彻落实、切实抓好基层党风廉政建设和反腐败斗争，也是为了在新时代新征程中始终保持风清气正的基层政治生态。尽管通过党的十八大以来各级党委和各级纪检监察机关的久久为功及持续用力，风清气正的良好政治生态得以形成。但是，正如习近平总书记在二十届中央纪委二次全会上的重要讲话中指出的那样，我们这个大党必须解决的独有难题之一，就是“如何始终保持风清气正的政治生态”。“解决这些难题，是实现新时代新征程党的使命任务必须迈过的一道坎，是全面从严治党适应新形势新要求必须啃下的硬骨头。”②在新征程中要始终保持风清气正的基层政治生态，需要各级党委积极履行管党治党的主体责任，需要各级干部遵规守纪、严守纪法和自律自警，更需要高素质专业化县级纪检监察干部队伍切实履行监督执纪问责和监督调查处置职责。

（三）县级纪检监察队伍专业化建设是锻造党的忠诚干净担当基层好干部队伍的关键

当前，我国正处于全面建成社会主义现代化强国、实现第二个百年奋斗目标，以中国式现代化全面推进中华民族伟大复兴的关键时期。由于“中国式现代化的内容丰富，并具有引领性价值”③，因此中国式基层治理现代化也应是中国式现代化的题中应有之义。无论是中国式现代化建设，还是中国式基层治理现代化建设，都离不开广大人民群众的智慧和力量，更离不开各级党员干部的敬业和担当。新时代中国式现代化建设，特别是新时代中国式基层治理现代化，离不开忠诚干净担当的基层好干部。

---

① 《党的二十大文件汇编》，党建读物出版社2022年版，第52页。

② 《一刻不停推进全面从严治党　保障党的二十大决策部署贯彻落实》，载《人民日报》2023年1月10日，第1版。

③ 徐勇：《中国式基层治理现代化的方位与路向》，载《政治学研究》2023年第1期。

锻造忠诚干净担当的县、乡、村(社区)等各类基层好干部,除了需要这些干部自身做好自警、自省、自重和自律等内在的修炼之外,客观上还需要外在的教育、管理和监督来保证。由于当今“铲除腐败滋生土壤任务依然艰巨”①,因此实现中国式基层治理现代化所需要的忠诚干净担当基层好干部,既不会与生俱来,也不会自然长成。鉴于此,一方面,需要各级党委和政府加强教育、培养和管理,另一方面,需要各级纪检监察机关加强监督、教育和规范。毕竟“好干部是选出来的,更是管出来的。严管就是厚爱,是对干部真正负责”。为此,“要坚持从严教育、从严管理、从严监督,把从严管理干部贯彻落实到干部队伍建设全过程”②。

在全面推进基层治理现代化新征程中,除了各级党委要切实担当起从严教育、管理和监督广大基层干部队伍的主体责任之外,最为基本的主体力量则是县级纪委监委。县级纪委监委作为履行党内监督和国家监督的专责机关,作为对广大基层干部履行教育管理、监督检查和处分问责等职责的专门机关,对锻造忠诚干净担当的基层好干部具有义不容辞的责任。管理学基本原理告诉我们,一个组织目标的实现、职能的发挥,是要依赖于其成员的素质和能力的。基于此,县级纪委监委在锻造忠诚干净担当基层好干部上要能真正发挥“保驾护航”作用,也必然有赖于其纪检监察干部的素质和能力。加强县级纪检监察干部队伍专业化建设,打造政治过硬、业务精通、本领高强、作风优良、纪律严明、清正廉洁的县级纪检监察铁军,则是锻造忠诚干净担当基层好干部的重要依托力量。因为起“保驾护航”作用的县级纪检监察干部队伍、忠诚干净担当的广大基层好干部,既难以选出来,也难以管出来。鉴于此,在锻造忠诚干净担当基层好干部过程中,需要充分依靠高素质专业化县级纪检监察干部发挥“啄木鸟精神”和“保驾护航作用”。总之,在全面建设社会主义现代化国家和大力推进中国式基层治理现代化的新征程中,持续纯洁基层干部队伍、锻造忠诚干净担当基层好干部,一刻也离不开高素质专业化的县级纪检监察干部的“保驾护航”。加强县级纪检监察队伍专业化建设是锻造忠诚干净担当基层好干部队伍的关键所在。

---

① 《党的二十大文件汇编》,党建读物出版社 2022 年版,第 16－17 页。

② 习近平:《努力造就一支忠诚干净担当的高素质干部队伍》,载《求是》2019 年第 2 期。

第三章　县级纪检监察队伍专业化建设的实践探索和实证调查

为了切实把握新时代县级纪检监察队伍专业化建设的基本现状，我们既从满足学术研究科学性要求的角度，又结合团队自身能力及依托资源等可行性角度，围绕专业知识、专业能力和专业精神等专业化建设的核心内容，对新时代县级纪检监察队伍专业化建设的全国实践和X省进展等情况，分别采取文献分析法和实证调查法两种研究方法展开了较为全面深入的研究。

一、全国县级纪检监察队伍专业化建设的实践探索

由于纪检监察工作的特殊性和严肃性，全国各地县级纪委监委都严格遵守纪检监察工作保密制度，严格落实保密责任，因此全国各地县级纪委监委干部队伍的人员构成及其规章制度在各类网站及相关媒体中公开的程度很有限。鉴于这种情况，在充分考虑自身能力、精力和资源等可行性条件基础上，我们采取了两种方法对新时代全国县级纪检监察队伍专业化建设的基本实践进行了研究。一是采取文献分析法。通过对县级纪委监委网站和上级纪委监委网站、相关知名公网和专业期刊及硕博研究生学位论文等进行广泛搜索和深度挖掘，在坚持"合并同类项，保留差异性"原则前提下，收集、整理和归纳了X省内外县级纪检监察队伍专业化建设的基本实践。二是采取实证调查法。我们充分借助业缘、学缘、地缘等关系，对X省内14个县级纪委监委干部和派驻纪检监察组干部现场调查（即线下调查）所得资料以及这14个调查单位提供的领导讲稿、工作总结和宣传资料等进行深度挖掘和分析，进而获取X省内县级纪委监委干部队伍专业化建设的基本实践。通过采取以上两种基本研究方法，我们对全国各地县级纪检监察队伍专业化建设的实践探索情况进行了归纳。

（一）部分地方开始了以改革准入机制来推进县级纪检监察队伍专业化建设的初步探索

准入机制健全完善与否对县级纪检监察干部队伍专业化建设水平高低有着重要影响。近些年来，全国相关省、市、县三级纪检监察机关针对县级纪检监察干部队伍准入方面开展了一些具体实践，对县级纪检监察队伍

专业化建设产生了一定推进作用。比如，早在2014年8月四川省成都市纪委就出台了《成都市纪检监察干部资格准入及淘汰退出暂行办法》。该办法规定："除了须是中共党员、具有相应的工作经历和专业背景要求外，原则上新进人员（领导班子成员除外）须具有全日制硕士研究生及以上学历，年龄不超过35岁。"近几年龙泉驿区纪委监委始终严格遵照执行该办法，逐步建立健全了明确而刚性的准入资格条件，从入口上严格把控，从而确保能引进年轻且素质高能力强的专业人才。龙泉驿区纪委监委引进的二三十位专业对口、学历更高、知识更全的专门人才进入机关和派驻纪检监察组工作，对该区纪检监察队伍专业化建设起到了有力推进作用。[①] X省L市RX纪委监委自2018年后就严格按照上级相关要求，对新遴选人员设置了资格条件：一般要求本科学历，且年龄控制在35周岁以下，需要有丰富的基层或本系统工作经验。同时也设置了偏好专业：具有法学、财会、审计等专业背景的优秀公务员优先考虑。这些做法为进一步优化纪检监察干部队伍，进而逐步提高纪检监察干部队伍专业水平奠定了坚实的基础。[②] 自2019年起，X省A市LZS纪委监委严抓干部选用，以政治标准为核心要义，以人岗相适为基本原则。调研中了解到，近3年，机关班子成员9人均有从事或分管监督、执纪执法、审查调查工作经历，其他干部队伍中有法律、经济、审计、会计专业干部85人。2020年，福建省厦门市集美区按照"缺什么选调什么""需要什么选调什么"的思路，从全区各单位（部门）选调了一批法律、财政、审计、工程、党建、信息化等专业的干部，打造了一支专业覆盖面广、复合程度高、整体能力强的团队。[③] 2021年，广西壮族自治区南宁市马山县纪委监委以监察体制改革为契机，及时开展缺额岗位干部任免和人员调整充实工作。通过遴选、选调等方式，重点引进党建、法律、财政、金融、审计等方面人才充实到纪检监察队伍，同时尽可能提高队伍中拥有全日制大学本科学历的干部比重。[④] 2021年9月，X省Q市DLX纪委监委为加强队伍建设，严格把控干部资格准入，制定了县纪检监察干部任职资格标准，规定县纪委监委将通过公招、抽调、遴选、选调等方式，拓宽选人用人的视野和渠道，以充实队伍专业人才。根据这个标准，目

---

① 参见刘莉：《新进人员原则上须硕士及以上学历》，载《四川日报》2014年8月12日，第8版。

② 2022年5月24日在X省L市RX纪委监委现场调查获得的资料。

③ 参见《集美：全方位打造高素质专业化纪检监察干部队伍》，载厦门市纪委市监委网2020年9月4日，https://www.xmcdi.gov.cn/gzdt/dwjs/202009/t20200904_5389259.htm。

④ 参见杨辉：《马山县纪委监委扎实推进党史学习教育，着力锻造纪检监察铁军》，载南宁纪检监察网2021年9月30日，http://jw.nanning.gov.cn/ywsd/xqyw/t4892626.html。

前该县纪委监委机关干部中有法律、公安、财会等专业背景的占比达58%，机关干部获得大学学历人数达100%，这对该县建设一支高素质专业化纪检监察干部队伍起到了有力的推动作用。① 2022年，河南省驻马店市正阳县拓宽选人用人视野，综合运用公务员招录、公开遴选、交流轮岗、挂职锻炼等形式，进一步充实纪检监察队伍力量，优先选拔财会、法律相关专业人才，不断提高监督力量专业化水平。② 广东省汕头市潮南区纪委监委着眼于全区干部队伍的长远建设，结合岗位需要和个人特点，综合运用选拔任用、内部调整、招录选调等方式吸收了一批新兴骨干力量，把合适的干部放到合适的岗位上，做到人岗相适，激发了该区纪检监察干部的创业热情，推动纪检监察工作向高质量发展。③ 云南省怒江傈僳族自治州贡山独龙族怒族自治县纪委监委2019年发布的纪检监察室和案件审理室两个职位公招公告中，明确要求专业为法学类、学历为本科及以上、年龄为"2019年毕业的非在职硕士及以上学历人员18至40岁，其他人员18至35岁"、招考对象为"非公务员及非参照公务员法管理事业单位工作人员"。④ 陕西省咸阳市永寿县纪委以纪检监察机构改革为契机，根据"组织任命一批、公开选调一批、临时抽调一批"的原则，共招收纪检专业人员39人，其中本科学历占比71%。通过考察各县级纪委监委的具体实践，我们发现较多的地方都从专业、学历及年龄等方面改革纪检监察工作人员的准入资格，普遍采取遴选、公招和选调等方式来充实办案队伍，引进了一定数量的专业人才来优化纪检监察干部队伍结构，从而确保了县级纪检监察干部队伍专业化建设水平的逐步提高。

（二）各地普遍采取了通过优化培训机制来推进县级纪检监察队伍专业化建设的具体实践

培训是提升县级纪检监察干部队伍专业知识、专业能力和专业精神的一种常用且有效的机制和方式。近些年来，全国各地就县级纪检监察干部队伍培训方面展开了众多实践，对县级纪检监察队伍专业化建设产生了较

---

① 参见《Q市DLX关于干部人才队伍建设工作情况的报告》，Q市DLX纪委监委工作资料，2021年9月2日。

② 参见张锟、徐小防、李军：《正阳县纪委监委练就过硬本领锻造纪检监察铁军》，载《驻马店日报》2022年4月29日，第3版。

③ 参见杨可：《关注潮南纪委全会④丨聚焦高素质专业化要求，潮南区纪委监委以"四个突出"强化干部队伍建设》，载南方+网2021年3月27日，http://static.nfapp.southcn.com/content/202103/27/c5015547.html? group_id=1。

④ 《县（区）级单位·纪检监察室、案件审理室》，载云南华图网2014年8月12日，https://yn.huatu.com/skzwb/2019/zhiwei/464346.html。

好的促进作用。

首先，注重结合自身实际抓好自己组织的内部培训。比如，自 2019 年 1 月起，X 省 B 市 DYX 纪委监委结合自身实际创设“读书会”培训方式和举办“学思践悟”讲堂，对提高纪检干部专业意识与专业思维具有重要促进作用。① 山西省晋城市高平市纪委自 2019 年以来接连举办四期纪检监察干部培训班，围绕“三个专业化”主题，着力培养纪检监察干部执纪能力。江西省南昌市南昌县纪委监委在全县纪检系统开展比学习、比作风、比贡献、争当标兵、争做模范、争创业绩的“三比三争”系列活动，努力打造一支高素质专业化的纪检队伍。吉林省延边朝鲜族自治州龙井市纪委安排每周三早晨进行“早学习”，通过学党课、学业务知识、学经典案例来全面掌握纪检知识。陕西省咸阳市兴平市自 2020 年以来，在突出政治理论学习为要基础上，坚持纪法文本学习为主和相关专业知识学习为重的培训原则。依靠科学设计专题培训、有效运用网络学习、强化研讨交流、开办模拟课堂和开展以案代训等方式，一体推进了该市纪检监察干部理论水平和业务能力两个方面的专业化建设。② 江西省新余市分宜县纪委创新培训模式，打造“清风夜校”培训平台，通过集中培训、以考促学等方式，强化党纪法规、业务知识培训。广西壮族自治区崇左市纪委建立“以老带新，实战实训”工作机制，结合工作需要，开展经典案例分析、业务演练等不同主题的培训活动，有力地提升了纪检监察队伍专业化水平。2021 年 3 月，A 市 PAX 纪委监委聚焦解决县级纪检监察干部线索研判、走读式谈话、审查调查、案件审理等核心业务能力提升难题，邀请市县两级纪委业务骨干和高等院校及人民检察院专业人员，开展每月 1 次的集中性系统培训；通过实施跟班学习制度，逐步提升了纪检监察干部的专业能力；通过提高分级分类培训精准度，着力加强应知应会知识学习培训，实施案例式、研讨式、在线式培训方式，不断提升专业技能和专业精神，从而达到提升县级纪检监察队伍专业化建设的实效。③ 2022 年，宁夏回族自治区吴忠市盐池县全面加强纪检队伍专业化建设，综合运用“集中研学、外出培训、跟班（案）学习、师傅带徒弟”等方式，打造周一政治理论学习和周三业务“夜学”机制，

---

① 2021 年 3 月 18 日在 B 市 DYX 纪委监委现场调查获得的资料。

② 参见赵存锁：《努力提升干部队伍专业化水平 扎实推进纪检监察工作高质量发展》，载秦风网 2021 年 3 月 8 日，https://www.qinfeng.gov.cn/info/1067/141036.htm。

③ 2021 年 3 月 10 日在 A 市 PAX 纪委监委现场调查获得的资料。

为全县纪检工作发展提供坚强保证。①

其次，注重借助外部优势抓好“送出去”培训。早在 2018 年 5 月，X 省 P 市高新区纪委监委为推动一线办案人员转变取证观念、强化法治思维、培养程序合法性与证据客观性职业素养，组织全区 70 多名纪检监察干部参加该区法院的现场庭审，在观摩真实庭审的过程中，纪检干部对证据裁判原则、实物证据的重视等方面增强了认识。② 同年 7 月，X 省 Q 市 DLX 纪委监委组织了包括县纪委监委全体干部在内的 61 名纪检干部赴浙江大学开展为期一周的专题培训，提升纪检干部的政治素质和履职本领。③ 2019 年，江苏省宿迁市泗洪县纪委大力推进纪检队伍专业化，打造“小班制”教学培训，推行“以案代训”“轮岗锻炼”等制度，提升办案人员业务水平。另外，还组织办案人员旁听犯罪案件庭审，把课堂搬到庭审现场。2018 年以来各地纪委监委组织纪检监察干部旁听法庭庭审，把业务培训搬到庭审现场，进而提升纪检监察干部的法律内功和专业化水平。诸如安徽省太和县纪委监委、天津市静海区纪委监委等地方的县级纪检监察机关，“注重组织调查人员旁听自己亲自参与办理的案件”，对自己收集证据的过程进行回顾，了解法院在证据采纳过程中所采取的基本原则，发现自己在办案过程中的问题与不足，以便提高讯问与询问技巧，进而更有效地运用各项调查措施。④ 2019 年以来，X 省 U 市 RHQ 纪委监委借助当地纪检监察学院这一专业培训机构优势，与其签订培训合同，常态化、精准化培训 RH 区纪检监察干部，着力增长和提升县级纪检监察干部政策理论知识与实践业务技能，取得显著效果。⑤ 内蒙古自治区纪委监委 2021 年下半年以来，实施同高等院校的“校地合作培训”方式，挂牌内蒙古大学监察官培训学院，依托该校学科、师资和科研等优势加强培训基地建设，进而为内蒙

---

① 参见范晓儒：《县纪委监委“四个聚焦”打造高素质专业化纪检监察铁军》，载《银川日报》2022 年 6 月 24 日，第 1 版。

② 参见张琰：《把业务培训搬到庭审现场——各地组织纪检监察干部旁听法庭庭审，强化法治思维》，载中央纪委国家监委网 2018 年 5 月 18 日，https://www.ccdi.gov.cn/yaowenn/201805/t20180518_66379.html。

③ 参见《2018 年纪检监察系统专题培训工作方案》，来自 X 省 Q 市 DLX 纪委监委工作资料。

④ 参见张琰：《把业务培训搬到庭审现场——各地组织纪检监察干部旁听法庭庭审，强化法治思维》，载中央纪委国家监委网 2018 年 5 月 18 日，https://www.ccdi.gov.cn/toutiao/201805/t20180518_172097.html。

⑤ 参见《关于 U 市 RHQ 纪检监察干部综合素质提升全员培训班（一期）的通知》，U 市 RHQ 纪委监委工作资料，2021 年 7 月 16 日。

古自治区内各层级纪检监察机关干部队伍培训、培养和输送提供支撑。[①] 2021年，X省N市GX纪委监委选派县纪检干部上挂省市纪委监委展开“实战练兵”，提升案件查办各项技能。[②]

最后，注重创新机制方式实施特色化培训。X省L市RX纪委自2019年起，还创新性地采取了“沉浸式”培训、“青蓝结对”传帮带、抽调派驻机构干部跟班学习等培训形式，极大地提升了培训效果。同时，为检测培训效果，该县还设置了纪检干部培训考试机制，实行考试结果与年终绩效考核直接挂钩。这些培训方式为提高纪检干部监督执纪能力、打造专业化铁军创造了有利条件。[③] 河北省邢台市广宗县纪委监委立足自身实际，实施“点题式”“菜单式”培训，按“需”定制，因室制“宜”，从而确保广大纪检监察干部都成为纪法皆通的“专才”和“行家里手”。[④] 2018年8月，X省A市GPQ纪委监委发布《关于开展“两学一考”学习教育活动的通知》，长期实行学理论、学专业知识、考应知应会的“两学一考”，并通过闭卷考试检验学习情况，将情况纳入个人年度考核，倒逼全区纪检干部自觉学、经常学。[⑤] 同月，X省R市QWX纪委监委制订了年度纪检监察干部全覆盖培训学习计划，通过“远程培训”“会议培训”“集中培训”“实践培训”的“四训方式”，推动纪检监察干部专业能力提升。[⑥] 同年10月，X省A市XCX纪委监委探索“沉浸式”干部培训模式，采取集中“学”、轮流“讲”、研讨“悟”等方式引导干部学有所获、学以致用，不断提升各项能力。[⑦] 2020年10月，X省Q市DLX纪委监委为深化全员培训，开展线上与线下一体学习模式；举办纪检监察论坛，组织年中年末测试，将测试效果与职位调整、评先评优、日常考核挂钩，倒逼着全体纪检干部主动参与学习培训。[⑧] 2021年，X省N市GX纪委监委大力拓展纪检干部学习培训形式，推进“以考促

---

① 参见吕佳蓉：《建设高素质专业化纪检监察干部队伍》，载《中国纪检监察报》2021年8月28日，第1版。

② 参见《中共GX纪委GX监察委员会关于呈送〈2021年度纪检监察工作总结〉的报告》，N市GX纪委监委工作资料，2021年12月31日。

③ 来自L市RX纪委监委资料。

④ 参见国燕锋：《打造高素质专业化的纪检监察队伍》，载《共产党员（河北）》2022年第10期。

⑤ 参见《中共A市GPQ纪委办公室关于开展“两学一考”学习教育活动的通知》，A市GPQ纪委监委工作资料，2018年8月17日。

⑥ 来自R市QWX纪委监委工作资料。

⑦ 参见《A市纪检监察信息第50期工作动态》，2019年10月25日。

⑧ 参见《关于2020年在线培训年中测试情况的报告》，来自Q市DLX纪委监委工作资料。

学”，开办纪检干部“清风讲堂”，提升案件查办各项技能。[①] 同年6月，X省L市RX纪委监委采取集中观看纪委监委视频课程、一对一或一对多的跟班学习、有较强办案能力的新任纪检干部跟案学习、应知应会知识的集中测试四种方式，促进新任纪检干部更快进入新状态、学习新知识、掌握新能力。[②] 2018年5月，广西壮族自治区玉林市博白县纪委监委就同全国众多县级纪委监委一样，“开展读书学习活动，通过学、练、用、谈，让纪检监察干部在有限时间里汲取新知识，了解新形势，提升新能力，进入新状态，着力提升纪检监察干部队伍的业务能力和综合素质。”[③]同年11月，四川省宜宾市长宁县纪委监委制订全年培训方案，采取“政治理论专题学”“业务知识集中学”“搭建平台自主学”“竞赛评比促进学”的“四学模式”，不断提升了包括县级纪检监察干部在内的各类干部的专业知识和专业能力。[④] 2022年1月，四川省成都市郫都区纪委监委开设了“学法一刻”和“读书分享”环节，倒逼纪检监察干部挤出时间主动学习，打造“五强五好”干部。[⑤] 同年4月，X省N市JAX纪委监委为锻造一支“铁军”，实施“百日提能”“扶新+扶青”“五步递进”计划，旨在通过为期半个月的轮岗锻炼、“老带新”帮扶、链条递进式的培训，全面深化纪检干部培训培养。[⑥]

总体来看，各县级纪委监委较为普遍地采取了线上线下培训相结合、分级分层培训、专题培训、体验式培训、以案代训、跟班培训、岗位练兵、挂职锻炼、讲练考赛、“师徒制”等方式，来提升县级纪检监察干部专业知识、专业能力和专业精神的具体实践。其中，“啄木鸟”微课堂、“学思践悟”讲堂、“清风论坛”等是各地采用比较多的培训学习载体，“骨干+新人”“纪检干部+派驻干部”等是各地实施得比较多的自创培养培训模式。这些培训在一定程度上推动了县级纪检监察干部队伍专业知识、专业能力和专业精神逐步提升。

---

① 参见《中共GX纪委GX监察委员会关于呈送〈2021年度纪检监察工作总结〉的报告》，N市GX纪委监委工作资料，2021年12月31日。

② 参见《中共RX纪委办公室2021年新任纪检监察干部培训方案》，L市RX纪委监委工作资料，2021年6月10日。

③ 李海斌：《博白：组织纪检监察干部开展读书学习活动》，载广西纪检监察网2018年5月25日，https://www.gxjjw.gov.cn/staticpages/20180525/gxjjw5b07bd54-131754.shtml。

④ 参见罗晓平：《打造“五型”模范机关　建设高素质专业化纪检监察干部队伍》，载《宜宾日报》2021年11月19日，第3版。

⑤ 参见《青蓝传承｜“学法+读书”锻造“五强五好”干部》，载清廉蓉城·清廉鹃城2022年1月21日，https://pixian.ljcd.gov.cn/show-457-11091-1-17.html。

⑥ 参见《中共JAX纪委办公室关于印发〈X纪委监委2022年工作要点〉的通知》，N市JAX纪委监委工作资料，2022年4月13日。

(三)较多地方推出了以创新管理机制来推进县级纪检监察队伍专业化建设的特定实践

管理机制是影响县级纪检监察干部队伍专业化建设水平的一个重要因素。近些年来,全国各地省、市、县三级纪检监察机关针对县级纪检监察干部队伍管理机制创新方面也开展了一些具体实践,对县级纪检监察队伍专业化建设形成了良好的推进作用。比如,陕西省渭南市合阳县纪委监委为主动适应监察体制改革的新形势新要求,始终把干部能力建设放在首位,在2018年时就在全县纪检监察系统扎实开展了"五抓五促"活动。该县既特别注重"从组织建设规范化、业务工作专业化、设施设备标准化等方面入手",抓建章立制促工作规范;也特别注重制定纪委监委机关考勤考核管理细则等规章制度,优化量化考核指标,并综合运用"三项机制",加强对干部的监督管理。通过这些努力,促进了纪检监察干部政治理论和业务能力双提升,着力解决了本领恐慌问题,进一步激发了全县纪检监察干部尽职履职新动能。[①] 贵州省黔东南苗族侗族自治州黄平县纪委监委创新性地对所属干部进行分类管理,建立了纪检监察巡察人才库、组织人事人才库、公文写作与计算机人才库、审查调查人才库和案件管理人才库,每年向上级纪委监委上报拔尖人才与青年业务骨干并进行重点培养,为培养和储备一批高素质纪检监察人才干部队伍奠定了基础。云南省邵桐市彝良县纪委采取"3+1"方式为每个纪检监察室配齐3名法学专业人员和1名有关专业人才,推动县纪委监委队伍更加专业化、规范化。2018年5月X省N市GX纪委监委印发的《2018年全县纪检监察组织队伍建设工作要点》从"选、育、用、管"四个方面着手,加强干部制度化管理,打造GX专属"最美纪检人"。[②] 2019年5月,X省A市XCX纪委监委开展纪检工作实战大评比,出台《纪检监察案件质量管理办法》,通过对案件办理程序、笔录记录、相关事实认定、结案期限、办案质量等进行评比,对进一步规范纪检监察人员办案程序、提升办案质量产生了较好的激励和示范效应。[③] 同年9月,该市YSX纪委监委制定了《加强委机关室主任队伍建设十条暂行规定》,指出机关室主任是科室的带头人,应强化对室主任的政治思

---

① 参见种雷艳、蒋彩虹:《"五抓五促"激发纪检监察干部履职新动能》,载清廉渭南网2018年11月19日,https://weinan.qinfeng.gov.cn/info/1037/46480.htm。

② 参见《中共GX纪委办公室关于印发〈2018年全县纪检监察组织队伍建设工作要点〉的通知》,N市GX纪委监委工作资料,2018年5月8日。

③ 参见《A纪检监察信息第18期工作动态》,A市XCX纪委监委工作资料,2019年5月14日。

想、工作作风和执纪执法本领等方面的管理和培训，着力建设高素质专业化室主任队伍。① 吉林省延边朝鲜族自治州纪委监委制定了《2020年—2025年延边州纪检监察系统铁军队伍建设规划纲要》《延边州纪委监委职级晋升工作办法》等组织制度10项，组织流程图24个，把组织制度贯穿于干部培养、选拔、管理等队伍建设工作全方位。2020年，四川省绵阳市安州区纪委监委为了“下大气力加强自身建设，打造高素质专业化纪检监察干部队伍”，不仅采取了“优化队伍结构，配齐配强人员”、“举办‘安州清风·微讲堂’‘微党课’”和“加强专业化建设，分层分类制订培训计划”等举措，而且还专门制定了《纪检监察工作目标绩效管理实施办法（试行）》，“体现奖罚结合、优劳优得”。② 同年9月，四川省成都市郫都区纪委监委为深化对纪检监察干部的日常监督管理，颁布了《区纪委监委中层干部选拔任用规程》《区纪委常委会议事规则》等管理制度，不断强化以制度约束权力、以制度管理人事机制，努力建设干净担当的纪检监察铁军。③ 2021年11月，四川省宜宾市长宁县纪委监委改革完善内部管理机制，制定了《机关干部职工日常工作质效管理办法》，专门针对干部工作中的延误、失误、错误等“三误”问题进行内部问责，从而不断提升了干部职工的工作效率，并实现管理出效益、管理出办案精品。④ 2022年1月，X省M市NXQ纪委监委印发了《NXQ纪委监委内部借用人员管理规定》，规定全区跟班学习、抽调和定岗锻炼人员必须严格程序如实填写审批表、严格控制时间要求，从而确保业务干部在专业能力不断得以提升的情况下仍然能够承担本单位的纪检监察主责主业。⑤ 同年，U市RHQ纪委监委印发了《RHQ纪委监委关于健全“室组地”模式的工作办法（试行）》，委机关纪检监察室、派驻纪检监察组、乡镇纪检监察机构建立上下联动的工作机制，按照就近原则将其分为4个协同联动工作小组，“积极发挥‘室’的专业优势、‘组’的探头优势和‘地’的属地优势作用”，为更好地打

① 《中共YSX纪委YSX监委关于印发〈加强委机关室主任队伍建设十条暂行规定〉的通知》，A市YSX纪委监委工作资料，2019年9月30日。

② 参见《中国共产党绵阳市安州区第二届纪律检查委员会第六次全体会议上的工作报告》，载科技城廉政网2021年8月12日，http://jwjcj.my.gov.cn/xxgk/azqjwjw/hyzl/26880591.html。

③ 参见顾文辉：《中国共产党成都市郫都区第十四届纪律检查委员会第九次全体会议上工作报告》，载清廉蓉城·清廉鹃城2020年9月25日，https://pixian.ljcd.gov.cn/show-1301-10345-1-17.html。

④ 参见罗晓平：《打造“五型”模范机关 建设高素质专业化纪检监察干部队伍》，载《宜宾日报》2021年11月19日，第3版。

⑤ 参见《关于印发〈NXQ纪委监委内部用人员管理规定〉的通知》，M市NXQ纪委监委工作资料，2022年1月5日。

破壁垒，整合全区纪检监察专业人才力量，提升纪检监察工作实效奠定了坚实的制度化基础。[①]

（四）一些地方采取了以健全考核机制来推进县级纪检监察队伍专业化建设的积极实践

考核是正向促进或负向倒逼县级纪检监察干部队伍专业化建设水平的一个重要因素。考核机制健全完善与否对于县级纪检监察干部队伍专业化建设水平也有重要影响。近些年来，相关纪检监察机关针对县级纪检监察干部队伍履职考核方面开展了积极探索，对县级纪检监察队伍专业化建设产生了积极促进作用。比如，云南省昆明市呈贡区自2018年以来稳步推进职务与职级并行政策，创新制定量化评分办法，以工作实绩、工作经验、民主测评等综合评价标准相结合打分排名的方式，使职级晋升条件既突出政治标准又坚持实干导向，同时向基层倾斜，避免了唯资历论、唯年限论。[②] 陕西省咸阳市永寿县纪委监委针对纪检监察干部能力专业化评价主观性强、随意性大等问题，设立了4个维度23个指标，采取自我评分和复评得分，两者综合分析求得加权评估分值，分级分类对干部专业素质进行量化分析与定性分析，确定三种评价标识：专家、专业人才、专业人员。打造纪检监察干部三类发展路径：通才型干部、专家型干部、应用型干部，形成纪检监察干部储备年轻化、选拔任用专业化、培训评价差异化，推动了纪检监察工作高质量推进、专业化能力建设深入发展。[③] 云南省临沧市云县纪委监委和天津市宝坻区纪委监委等众多县级纪委监委先后出台《云县纪委县监委公务员平时考核工作方案》《宝坻区纪委监委平时考核工作实施方案》等考核工作方案或实施方案，考核评价干部政治素质、业务能力和工作实绩，激励干部忠诚履职、提高本领、担当尽责。[④] 河南省濮阳市南乐县纪委监委健全考核机制，制定并落实了《审查调查工作积分量化考核办法》，实行“周例会、月通报、季讲评、半年总结、年度考核”机制，用制度倒

---

① 参见《关于印发〈RHQ纪委监委关于健全“室组地”模式的工作办法（试行）〉的通知》，U市RHQ纪委监委工作资料。

② 参见肖坤：《呈贡：“五管齐下”建设高素质专业化纪检监察干部队伍》，载昆明市纪委市监委网2020年11月10日，http://jw.km.gov.cn/c/2020-11-10/3733721.shtml。

③ 参见张丽娜：《永寿县纪委以干部队伍专业化助力“三化”建设》，载永寿县纪委监委网2020年11月3日，http://yongshou.qinfeng.gov.cn/info/1009/8584.htm。

④ 参见张志忠：《云县：出台公务员平时考核方案　加强干部队伍建设》，载临沧市纪委监委网2021年3月12日，http://www.lcjjjc.gov.cn/info-14-9920.html；《宝坻区纪委监委平时考核工作实施方案》，载宝坻区纪委监委网2022年1月5日，https://baodi.tjjw.gov.cn/qt/2022/01/05/details_20220105790.html。

逼纪检干部履职尽责。① 2020 年 12 月,四川省达州市宣汉县根据全县纪委监委的专业、特长、爱好等,设立“ABC 岗”(A 为自身从事的工作岗位,B 岗位和 C 岗位则是根据自身实际选择的其他岗位),鼓励纪检干部在完成自身业务工作的同时,积极到其他业务科室学习锻炼,组织则根据其工作的完成情况进行适时考核,将此作为人才储备和流通的重要参考。② 2021 年 4 月,X 省 U 市 RHQ 纪委监委制定了《RHQ 纪委监委开展公务员平时考核工作实施方案》,指出将由各部室围绕德、能、勤、绩、廉五大板块,对纪检干部进行一月一小结、一季一考核,同时注重对考核结果的运用,将平时的考核结果与公务员年度考核挂钩,采取优奖劣惩,全面评价纪检干部的工作能力和工作业绩,激励担当作为。③ 同年 11 月,四川省宜宾市长宁县纪委监委制定了有关纪检监察干部的《差异化考核办法》《内部绩效考核办法》等多个考核办法,通过构建科学易行的考核评价体系,从工作数量、质量、可比度等方面进行既精准化又差异化的考核,并把考核情况作为干部评先评优的重要依据,真正从制度上引领干部敢想敢为。④ 2022 年 3 月,X 省 M 市 NXQ 纪委监委对委机关综合部室和业务部室分别设置了全面且细致的考核指标和评分细则,同时组织将考核结果与评先评优挂钩,对委机关纪检监察干部尽心尽责、严守程序和规范履职起着激励促进作用。⑤ 同月,X 省 L 市 RX 纪委监委办公室印发了以《中共 L 市 RX 纪委 L 市 RX 监察委员会公务员平时考核实施方案》为代表的一系列履职考核制度,具体针对区机关、派驻机构等多类干部履职情况进行严格规范考核。考核制度的建设,旨在增强全区纪检监察干部履职尽责的责任感和使命感,形成忠于职守、勤于工作和落实主业主责的良好氛围。⑥

(五)个别地方开启了以建立奖惩机制来推进县级纪检监察队伍专业化建设的相关实践

奖惩机制也是正向促进或负向倒逼县级纪检监察干部队伍专业化建

① 参见李晓瑜、李琰:《锻造高素质专业化纪检监察队伍》,载《濮阳日报》2022 年 2 月 13 日,第 2 版。

② 参见张平:《宣汉:打造多元化、专业化纪检干部队伍》,载达州日报网,http://www.dzrbs.com/html/2020-12/15/content_894017.html。

③ 参见《中共 U 市 RHQ 纪委办公室关于印发〈RHQ 纪委监委开展公务员平时考核工作实施方案〉的通知》,U 市 RHQ 纪委监委工作资料,2021 年 4 月 16 日。

④ 参见罗晓平:《打造“五型”模范机关 建设高素质专业化纪检监察干部队伍》,载《宜宾日报》2021 年 11 月 19 日,第 3 版。

⑤ 参见《2022 年总体目标及内设机构工作考核指标》,M 市 NXQ 纪委监委工作资料,2022 年 3 月 30 日。

⑥ 来自 L 市 RX 纪委监委工作资料。

设水平的一个重要手段。近些年来，相关地区针对县级纪检监察队伍的奖励惩戒问题逐步建立了一定机制，从而对县级纪检监察队伍专业化建设也形成了积极促进作用。比如，江苏省江阴市纪委监委为了落实“三转”，不断推进制度建设，推动正风肃纪惩戒机制建设，推进廉政风险防范机制建设，推进惩治和预防腐败保障机制建设。针对落实“三转”实践中出现的问题，江阴市纪委监委通过明确职能定位、调整人员配备、转变监督方式、完善专业化队伍等措施，持续推进江阴市纪委监委治理能力现代化。贵州省铜仁市石阡县为激励纪检监察干部忠诚履职，采取广泛推荐、综合考评等方式，评选出一个个“杨荣式”先锋模范岗，从而增强了全县纪检监察干部“比学赶帮超”意识，激励广大县乡纪检监察干部履职尽责、勇于监督、敢于斗争和担当作为。以召开日常会、中心组研讨学习会为契机，在会议结束后不发通知、不打招呼、不漏题型进行“突击式”考试，对排名靠后的5人通报批评，并扣除绩效考核分，倒逼全县纪检监察干部主动学习党纪法规知识，不断提升综合业务能力。① 湖北省襄阳市南漳县为整肃干部作风，增强纪律定力，强化内部监督，修改完善了《南漳县纪检监察干部问责办法(试行)》和《南漳县纪检监察干部“十不准”》，对本县纪检监察干部的纪律法律方面严格要求，对于犯错的干部则根据《南漳县纪检监察干部问责办法(试行)》和《南漳县纪检监察干部“十不准”》严格处置。为推动纪检监察干部教育、提醒和监督常态化、长效化，着力锻造忠诚干净担当的纪检监察铁军奠定了坚实的制度基础。② 吉林省通化市通化县注重建章立制，加强日常管理，通过制定出台《通化县纪委监委机关干部考核管理规定(试行)》对相关纪检监察干部的行为进行了严格约束。对于部分不符合工作要求、屡次违反纪检监察部门相关纪律规定的干部进行了严肃处理并公示，有效推动了政治素质高、忠诚干净担当、专业化能力强、敢于善于斗争的纪检监察铁军建设。③ 浙江省桐乡市针对该市纪检监察系统中的青年骨干力量，制定了《委局机关青年干部量化评价方法》，将青年纪检监察干部的工作实绩、评优评先、个人奖惩等情况，以量化分数的形式动态记录，作为这些干部提拔任用的主要依据，并通过经常性了解和定期分析相结合的

---

① 参见石继坚:《石阡:“强”字当头锻造过硬纪检监察队伍》，载《铜仁日报》2019年7月25日，第6版。

② 参见《县纪委监委:打铁先从自身硬 努力建设高素质专业化纪检监察干部队伍》，载南漳县纪委监委网 2021年2月24日，http://www.hbnz.gov.cn/jwjcw/ztzl/14j6c/hqzg/202102/t20210224_2404976.shtml。

③ 参见褚小瑶、林帅:《通化县从严从实加强纪检监察干部队伍建设》，载《通化日报》2022年4月1日，第3版。

方式，对青年干部实行跟踪考核，通报考核分数。①

（六）少数地方开创了以优化退出机制来推进县级纪检监察队伍专业化建设的初步实践

县级纪检监察干部的退出，是指已经进入县级纪委监委和派驻纪检监察组的两类干部，因晋升、转岗、交流、借调、抽调、辞职、辞退和退休等原因退出纪检监察工作岗位的情形。建立健全科学合理的退出机制，平稳有序实施纪检监察干部能进能出和合理流动，在一定程度上也有助于县级纪检监察干部队伍专业化建设。在近些年的县级纪检监察队伍建设中，部分地区针对县级纪检监察队伍退出机制开展了一定创新实践。这些创新和探索，在一定程度上对县级纪检监察队伍专业化建设也产生了一定影响。比如，2019 年 X 省 A 市 LZS 纪委监委在抓好内部监督、严防干部职权滥用的基础上，建立了干部退出制度。建立辞职、辞退等退出制度，不仅明规立矩注重对队伍纯洁性的建设，也有助于清退那些政治素质不高、专业知识不足、业务能力不强、履职尽责不到位的干部，从而促进了该市高素质专业化县级纪检监察队伍建设。② 同年 3 月，四川省巴中市纪委监委在所辖 5 个区县纪委监委中建立纪检监察干部“凡进必考、凡进五必查”准入机制和“优者上、庸者下、劣者汰”退出机制，获得了四川省纪委监委工作专刊肯定性推介。该市纪委监委通过坚持无为者无位，畅通“退出”渠道，疏通问责追究调整，不断推动优者上、庸者下、劣者汰。这样的“宽出”取向，既维护了队伍的纯洁性，又保证了队伍的高素质强能力。③ 福建省龙岩市长汀县畅通退出渠道，对于那些不适合从事纪检监察工作的“不作为干部”“慢作为干部”“乱作为干部”“有污点干部”，由县纪委监委提出意见，交由党委组织部门牵头负责，调离队伍。这种做法，在一定程度上提升了该县纪检监察干部队伍的纯洁性和素能。④ 河北省承德市承德县纪委监委创新纪检监察干部正常退出机制，对出现或存在“内部不和、纪律不严、能力不佳”等情况的纪检监察干部，经县纪委党委会讨论后，采取个人申请主动退出或责令退出纪检监察队伍的处置方式。这种做法，为形成“能上能下、能

---

① 参见钱蕾：《桐乡大力提升青年纪检监察干部素质》，载《中国纪检监察报》2012 年 5 月 19 日，第 2 版。

② 参见《中共 LZS 纪委关于组织建设和干部队伍管理情况的汇报》，A 市 LZS 纪委监委工作资料。

③ 参见蒲康林：《铸造让党放心人民满意的纪检监察铁军》，载《巴中日报》2019 年 3 月 4 日，第 3 版。

④ 参见曾燕福：《严把准入门槛 锤炼执纪铁军》，载《闽西日报》2019 年 1 月 25 日，第 2 版。

进能出"的科学管理机制提供了有力保障。[①] 当然,值得说明的是,从我们采取各种方式收集到的资料来看,全国各地有关县级纪检监察队伍退出机制进行有效构建的还不多。大多数地方还没有建成相关制度和机制。即便个别地方有零星的退出制度及实践,要么是基于个别领导的重视或者现实问题的倒逼而不得不创建的,主动创建规范化并常态化实施的退出制度及其落实机制的地方还较少;要么仅是针对那些因消极怠工、能力不够或者存在工作失误等不适合再从事纪检监察工作的干部来实施的。也就是说,常态化、规范化和制度化的退出机制建设还明显不足。如果没有成熟完善的退出机制作为保障,高素质专业化的县级纪检监察干部队伍建设也难以取得良好的效果。

二、X 省县级纪检监察队伍专业化建设的实证调查

我们选择 X 省相关县级纪委监委作为调查单位,是多方面因素综合权衡的结果。首先,全国县级纪检监察队伍专业化建设具有高度相同性。在我国单一制国家结构之下,不仅从中央到省、市、县各级地方的纪检监察机关的机构设置具有鲜明的"上下同构、左右相同"特点,而且连其干部队伍的岗位设置、进退方式、管理模式、奖惩机制等也具有鲜明的"上下同构、左右相同"特点。具体就县级纪委监委的机构设置和干部队伍建设而言,无论是 X 省内不同市州的县级纪委监委的机构设置和干部队伍建设,还是 X 省外不同市州县级纪委监委的机构设置和干部队伍建设,均具有高度相同性。基于此,我们认为,通过对 X 省内不同市州县级纪检监察队伍专业化建设状况的实证调查,也可以反映出全国不同地区县级纪检监察队伍专业化建设的一般情况。其次,方便、高效和可行地实施研究的理性考量。考虑到自身能力和精力有限,若要在全国各地随机抽取较大数量的县级纪委监委开展实证调查,对我们来说不仅面临能力和精力上不足的制约,还受到前几年暴发的新冠疫情影响。为了方便高效地开展研究,我们仅选择 X 省内 26 个县级纪委监委开展实证调查。最后,X 省县级纪检监察队伍专业化建设具有较好的代表性和典型性。X 省不仅是中国西部经济大省、人口大省和资源大省,还是农业大省、民族大省。X 省有廉洁治理的成功经验和优秀实例,也有腐败多发的深刻教训和负面案例。即便在 X 省县级纪检监察队伍专业化建设中,也存在进程有快有慢、做法有实有

---

① 参见王海军:《承德县纪委创新机制激发干部队伍活力》,载《承德日报》2010 年 6 月 6 日,第 3 版。

虚、成效有大有小和问题有多有少等情况。因此，以具有复杂多样性的X省为样本，分析其县级纪检监察队伍专业化建设现状，具有代表性和典型性。

（一）调查单位及调查对象

我们实证调查具体指向的调查对象是X省内相关县级纪委监委的纪检监察干部。然而，要确定调查对象，首先得确定调查单位。为此，我们就应从调查单位和调查对象两个方面来具体明晰调查的县级纪检监察干部是哪些。

1. 调查单位

统言之，X省内相关县级纪委监委就是我们的调查单位。2022年12月31日民政部发布的全国行政区划统计表显示，X省下辖20多个市和自治州，而这20多个市州则下辖180多个县、市、区和自治县，具体包括105个县、55个市辖区、19个县级市和4个自治县。[①] X省有180多个县（市、区、自治县）行政区划建制，就有180多个县级纪委监委。[②] 对于这180多个县级纪委监委，一方面，由于精力、能力和地域广阔等主客观因素的制约，我们无法全覆盖地进行实证调查；另一方面，由于这180多个县级纪委监委具有高度的相同性，也没有必要耗费大量的人力、财力和时间等成本去逐一调查。尽管不需要对这180多个县级纪委监委全部都进行调查，但是需要采取科学抽样对一定数量的县级纪委监委进行调查。

根据上级政策文件要求和各县（市、区、自治县）行政编制实际，我们了解到在这180多个县级纪委监委中，依据辖区人口多少和面积大小等的不同，各县级纪委监委的编制数少则35人左右、多则近60人，而派驻县（市、区、自治县）内单位纪检监察组的编制数少则30人左右，多则近60人。若我们取两头的大致数，则每个县级纪委监委和派驻纪检监察组的在编人数合计在70—120人。按此推算，X省全省县级纪委监委在编的纪检监察干部人数有1.3万—2.2万人。而据我们从相关单位核实，“截至2022年6月，X全省180多个县（市、区）纪检监察机关（含派驻、派出机构）共核定编制17057个，实配15238人”[③]。对于这些分布广泛且人数众多的县级纪检监察干部，我们仅能通过随机抽样调查的方式开展研究。

为了既体现代表性又兼顾覆盖性，我们在随机抽样时，除了以人口规

---

① 参见《中华人民共和国行政区划统计表》，载全国行政区划信息查询平台网，http://xzqh.mca.gov.cn/statistics/2022.html。

② 县级纪委监委是“县（市、区、自治县）纪委监委”的总称。

③ 《X省纪委监委研究室工作报告》，2023年1月12日。

模为依据对P、G、A、M、N等5个市各选择2个县级纪委监委作为调查单位之外,其他16个市州均只选择1个县级纪委监委作为调查单位。当然,为了体现抽样的随机性,我们对各市州所有县级纪委监委分别采取随机选择的方式来最终确定具体调查单位名单(见表3-1)。

表3-1 X省内抽样调查单位

单位:个

市州	调查单位		小计
	线下调查单位	线上调查单位	
P市	LQYQ纪委监委 PDQ纪委监委		2
L市	RX纪委监委		1
U市		RHQ纪委监委	1
M市	NXQ纪委监委	LX纪委监委	2
O市		ZJX纪委监委	1
G市	STX纪委监委	AZQ纪委监委	2
F市		CXX纪委监委	1
B市	DYX纪委监委		1
K市		LCS纪委监委	1
R市	QWX纪委监委		1
A市	SQQ纪委监委 PAX纪委监委		2
Q市	DLX纪委监委		1
N市	JAX纪委监委 NXQ纪委监委		2
C市	WSX纪委监委		1
D市		QX纪委监委	1
S市		YJX纪委监委	1
E市	EYQ纪委监委		1
J市		AYX纪委监委	1
H州		WCX纪委监委	1
I州		LDX纪委监委	1

续表

市州	调查单位		小计
	线下调查单位	线上调查单位	
T 州		HLX 纪委监委	1
合计	14	12	26

注：遵循学术研究惯例和调查单位要求，我们均将所调查地区和调查单位的真实名称进行了匿名化处理。后文均做了类似处理。

2. 调查对象

笼统来讲，上述 26 个县级纪委监委的全体纪检监察干部都是我们的调查对象。但是，这种笼统性的理解会使人产生误解。为此，有必要对县级纪检监察队伍的内涵和构成作出必要的界定与说明。

我们在研究中所设计的研究对象是县级纪检监察队伍，实际上是县级纪检监察干部队伍的简称。对于这个县级纪检监察干部队伍，并不是指在行政级别上必须是县处级的纪检监察干部，而是既包括县处级的纪检监察干部（例如，行政级别为副县级的一般县、市、区纪委书记，行政级别为正县级的 P 市各区、市、县纪委书记），也包括行政级别为正科级的县级纪委副书记和监委副主任、行政级别为副科级的县级纪委专职常委、监委专职委员、内设职能部门负责人和派驻纪检监察组组长，还包括正副股级的内设职能部门副职负责人和派驻纪检监察组副组长，也包括在县级纪委监委机关内设各职能部门工作和派驻纪检监察组工作的占比最大的一级、二级科员。简而言之，县级纪检监察队伍在基本内涵上，是指在县级纪委监委机关和各派驻纪检监察组从事纪检监察业务工作的人员。

县级纪检监察队伍在基本构成上，具体包括在县级纪委监委机关工作的干部、由县级纪委监委派驻相关单位的纪检监察组干部，而不包括乡镇（街道）纪检监察干部和村（社区）纪检监察干部。首先，就县级纪委监委机关干部的构成来看：一方面包括县级纪委监委中由纪委书记、纪委副书记、纪委常委以及监委主任、纪委副主任与监委委员两部分六类型干部组成的领导班子成员。这部分干部人数在 10 人上下。另一方面包括在县级纪委监委各部、室、中心和直属事业单位等内设职能部门工作的负责人和在编在岗直接或间接从事纪检监察工作的相关人员，而不包括工勤人员、抽调人员和临时聘用非从事纪检监察工作的人员。这部分干部在 20—40 人。其次，就县级纪委监委派驻相关单位的纪检监察组干部的构成来看：既包括派驻县级党委办公室及各职能部门的纪检监察组、县级政府办公室及职能部门的纪检监察组，也包括派驻县级人大常委会的纪检监察组、县级人民政协机关的纪检监察组、县级人民法院的纪检监察组、县级人民检察院的纪检监察组等。县级纪委监委派驻相关单位的纪检监察组干部的人数，少则也在25人左右，多则可近60人。

（二）调查过程

为了适时而真实地了解X省内各县级纪委监委中纪检监察队伍专业化建设的基本现状，我们除了采取问卷调查方式收集数据信息之外，还采取了个别访谈和查阅文件资料等方式收集数据信息。

1. 项目立项前的调查过程

在2019年项目立项前，我们采取的是现场问卷调查和现场个别访谈的方式。在2017年7月—2019年6月，我们先后选择P市LQYQ、A市PAX、E市EYQ、B市DYX和N市NXQ共5个县级纪检监察机关作为我们的具体调查单位。之所以选择这5个县级纪委作为调查单位主要基于以下几点原因：

（1）从地理位置上讲，这5个调查单位分别位于X省东部、X省北部、X省南部及省会等5个不同城市的下辖县（区），可以由点到线、由线及面地对X省内不同地区县级纪检监察队伍专业化发展的现状作出评估，全面了解县级纪委专业化建设情况。

（2）从经济发展水平来说，这5个调查单位所处地区既有经济发展较好的省会城市下辖县级区，又有经济发展水平较为一般的县（区）。选取经济发展水平不同的县（区）能够较为全面了解X省县级纪委专业化建设现状，并探索县级纪委专业化程度与经济发展水平是否直接相关。

（3）从地区廉洁程度和机构建设现状来看，这5个调查单位处于不同类型的地区。例如，P市LQYQ作为我国新一线城市的下辖县级区，纪委监委建设标准化程度高，各级领导政治支持程度高，纪检监察人员自我认识水平高，能够为本次调研提供可信度更高的数据资料。PAX地处A市，深受A市拉票贿选案的影响，自时任县委书记因涉嫌严重违纪并犯罪于2015年被判处无期徒刑①后，该县历任领导班子均高度重视全县政治生态的净化与修复工作，而历届纪委监委领导班子团结带领广大纪检监察干部敬业担当，时至今日该县政治生态得到较好修复。E市于2013年2月设立EYQ。由于EYQ成立时间较短，且未发生过政治生态污染事件，区纪检监察干部队伍专业化建设处于稳步发展过程中，对于本项目研究具有参

① 李志勇：《她卸掉了自己遵规守纪的“刹车装置”》，载《中国纪检监察报》2015年9月10日，第3版。

考价值。DYX 原任纪委书记因腐败被查处，纪委自身各项工作受到严重影响，纪委干部队伍建设更是停滞不前。① 2016 年 7 月新任纪委书记上任以后，采取一系列规范有力措施，认真抓好纪委自身建设与履职效能提升“两手工作”，从而使该县纪检监察干部队伍素能得到明显提升。N 市 NXQ 在 2007 年对乡镇纪委进行改革，即撤销乡镇纪委而设立片区纪委。该项改革虽然在 2012 年被叫停，但是也“取得了一定成就”②。

（4）选取的调查单位具有学缘和业缘等关系。这 5 个调研单位均有纪检监察干部与本项目组成员因学缘和工作合作交流较多。这些优势不仅使我们的实地调研可以顺利有效开展，更有利于我们获得真实有用的信息，从而切实增进我们对县级纪检监察队伍专业化建设现状的了解。

在各县（区）纪委领导大力支持之下，我们于 2017 年 7—12 月分别前往上述 5 个调查单位进行实地问卷调查和个别访谈。另外，由于 2018 年 3 月中央、省、市、县四级监察委员会完全建立，纪检监察新体制建成。在这个纪检监察新体制下，纪委监委合署办公。鉴于此，我们又于 2018 年 7—11 月先后对上述 5 个县（区）纪委监委进行了回访型个别访谈，以便掌握纪检监察新体制建立后各单位纪委监委人员转入流出、人员组成、机构设置与教育培训等情况，进而深入了解各单位纪检监察队伍专业化建设的新进展、新成效及新问题等。在此特别说明的是，在回访型访谈中使用的访谈提纲及其适用对象，并不完全等同于 2017 年 7—12 月所使用的访谈提纲及其适用对象。产生这种情况的原因有以下几点：一是纪检监察新体制建立之后，原来所设计的访谈提纲中一些问题已经不合时宜。二是前后两次调查虽然仅间隔一年左右，但是这 5 个县（区）纪委监委中纪检监察干部的人员构成已发生了一定变化。具体体现为原来访谈的一些纪检监察干部，要么因交流或晋升已经调离本单位，要么因转岗或轮岗已经不在原岗位。对此，我们在确保与第一次调研相同访谈人数的情况下，在现有在编在岗纪检监察干部中补充了相同岗位干部接受访谈。

2. 项目立项后的调查过程

虽然 2019 年 9 月底本项目获批立项，但是 2019 年年底新冠疫情暴发，我们原定在 2020 年开展的较大规模的实地调查一次次被迫取消或推迟。为了保证项目研究的顺利进行，我们经多次讨论后，决定对项目立项后的实证调查采取两种方式进行：一种是线下问卷调查和个别访谈（现场

---

① 岳三猛：《女老板拎 96 万进了厅官办公室》，载《法制晚报》2017 年 12 月 24 日，第 3 版。

② 参见刘建茂：《撤销乡镇纪委改革观察》，载《决策》2012 年第 6 期。

问卷调查和个别访谈),另一种是线上问卷星调查。对于这两种实证调查,我们有着不尽相同的实施过程。

(1)线下问卷调查和个别访谈的实施过程。

线下问卷调查指的是调查人员持调查问卷到各县(市、区)纪委监委驻地进行的现场调查。线下问卷调查包括跟踪型和新增型两类线下问卷调查。所谓跟踪型问卷调查是指对2019年9月项目立项前已经实施过(前述2017年7月—2019年6月)现场问卷调查的A市PAX、B市DYX、E市EYQ、P市LQYQ、N市NXQ等5个县级纪委监察局,分别于2021年3月中旬—4月中旬使用修正后的问卷重新进行了现场调查。之所以这样做,是因为2019年9月项目立项后县级纪委监委及其派驻纪检监察组的人员构成、工作任务、履职要求等,同2019年9月项目立项前的情况已经发生了较大变化,原来的调查数据已不能再直接使用和作为分析依据。所谓新增型问卷调查具体是指对2019年9月项目立项后,根据党内监督及反腐倡廉的新形势、纪检监察"三项改革"(党的纪检体制改革、国家监察体制改革和纪检监察机构改革)的新任务和纪检监察工作高质量发展的新要求,我们对新增加的A市SQQ、C市WSX、P市PDQ、G市STX、L市RX、M市NXQ、N市JAX、R市QWX、Q市DLX等9个县(区)纪委监委分别于2021年9月中旬—11月中旬、2022年4月上旬—6月上旬使用修正后的问卷进行了现场调查。2019年项目立项后我们实施跟踪型和新增型两类线下问卷调查的共计14个单位(见表3-2)。

表3-2　项目立项后线下问卷调查实施情况

序号	单位[1]	时间	地点
1	A市PAX纪委监委	2021年3月10日	该单位机关驻地
2	B市DYX纪委监委	2021年3月18日	该单位机关驻地
3	E市EYQ纪委监委	2021年3月25日	该单位机关驻地
4	P市LQYQ纪委监委	2021年4月8日	该单位机关驻地
5	N市NXQ纪委监委	2021年4月15日	该单位机关驻地
6	A市SQQ纪委监委	2021年9月17日	该单位机关驻地
7	C市WSX纪委监委	2021年10月13日	该单位机关驻地
8	P市PDQ纪委监委	2021年10月22日	该单位机关驻地
9	G市STX纪委监委	2021年11月18日	该单位机关驻地

续表

序号	单位	时间	地点
10	L 市 RX 纪委监委	2022 年 5 月 24 日	该单位机关驻地
11	M 市 NXQ 纪委监委	2022 年 5 月 25 日	该单位机关驻地
12	N 市 JAX 纪委监委	2022 年 5 月 27 日	该单位机关驻地
13	R 市 QWX 纪委监委	2022 年 6 月 8 日	该单位机关驻地
14	Q 市 DLX 纪委监委	2022 年 6 月 9 日	该单位机关驻地

注:表中的调查单位均按实施调查时间的先后排序。后文均按此处理。

为了弥补线上线下问卷调查的不足,更为了直接获取 X 省内各抽样县级纪委监委干部对自身专业化建设的认知、态度和建议,我们借到各单位驻地实施线下问卷调查之机,用半天时间对各单位相关干部开展个别访谈。我们在 2021 年 9 月中旬—11 月中旬、2022 年 4 月上旬—6 月上旬对 14 个实施线下问卷调查单位中的 11 个县级纪委监委 140 名干部开展了现场个别访谈(见表 3 -3)。

表 3 -3 项目立项后线下个别访谈实施情况

序号	单位	时间	地点
1	B 市 DYX 纪委监委	2021 年 3 月 19 日	该单位机关驻地
2	E 市 EYQ 纪委监委	2021 年 3 月 25 日	该单位机关驻地
3	A 市 SQQ 纪委监委	2021 年 9 月 17 日	该单位机关驻地
4	C 市 WSX 纪委监委	2021 年 10 月 14 日	该单位机关驻地
5	P 市 PDQ 纪委监委	2021 年 10 月 22 日	该单位机关驻地
6	G 市 STX 纪委监委	2021 年 11 月 18 日	该单位机关驻地
7	L 市 RX 纪委监委	2022 年 5 月 24 日	该单位机关驻地
8	M 市 NXQ 纪委监委	2022 年 5 月 26 日	该单位机关驻地
9	N 市 JAX 纪委监委	2022 年 5 月 27 日	该单位机关驻地
10	R 市 QWX 纪委监委	2022 年 6 月 8 日	该单位机关驻地
11	Q 市 DLX 纪委监委	2022 年 6 月 10 日	该单位机关驻地

(2)线上问卷调查的实施过程。

线上问卷调查具体是指使用问卷星所实施的网络问卷调查。我们之所以采用问卷星实施线上问卷调查,一方面是因为问卷星自身所具有的易用、快捷、低成本等优势,契合了我们调查的需要。问卷星作为一个具有投放方式相对简单、投放问卷数量较大、实时性人性化、数据采集及结果分析方便等优点的专业性在线问卷调查平台，不仅可为大量企业进行客服需求等调查服务，也可以为我们面向多地区县级纪检监察干部调查所使用。另一方面是因为主客观多方面的制约使我们实施全面线下问卷调查有困难。由于集中纪检监察干部填问卷难和新冠疫情的长期影响，实施线下人工发放问卷的传统调查存在困难，于是我们借助问卷星实施了网络问卷调查。为了保障线上线下问卷调查所获得的数据信息具有一致性和可比性，问卷星线上调查的问卷与线下调查的问卷不仅框架结构一样，所设问题也一样。问卷星线上调查分“两步走”进行。第一步，2021 年 11 月我们分别依托校友和 X 省纪委监委党风廉政研究中心等的协助，分别在 G 市 AZQ 和 U 市 RHQ 2 个县级纪委监委开展非全覆盖的试调查，收集并初步分析了调查对象所填写的问卷，同时检验问卷星调查的可适性和可靠性。第二步，2022 年 3 月上旬—4 月中旬我们对前述已经进行了试调查的 2 个县级纪委监委干部再次进行了问卷星调查，并对被抽样中没有开展线下调查的 10 个县级纪委监委干部分批次实施问卷星线上调查。

对于上述两类 12 个县级纪委监委实施线上调查情况见表 3－4。

表 3－4　项目立项后线上问卷调查实施情况

序号	单位	时间	方式
1	G 市 AZQ 纪委监委	2022 年 3 月 5—12 日	问卷星线上调查
2	U 市 RHQ 纪委监委	2022 年 3 月 5—12 日	问卷星线上调查
3	K 市 LCS 纪委监委	2022 年 3 月 15—22 日	问卷星线上调查
4	D 市 QX 纪委监委	2022 年 3 月 15—22 日	问卷星线上调查
5	F 市 CXX 纪委监委	2022 年 3 月 15—22 日	问卷星线上调查
6	O 市 ZJX 纪委监委	2022 年 3 月 15—22 日	问卷星线上调查
7	J 市 AYX 纪委监委	2022 年 3 月 25—31 日	问卷星线上调查
8	S 市 YJX 纪委监委	2022 年 3 月 25—31 日	问卷星线上调查
9	M 市 LX 纪委监委	2022 年 4 月 5—12 日	问卷星线上调查
10	I 州 LDX 纪委监委	2022 年 4 月 5—12 日	问卷星线上调查
11	H 州 WCX 纪委监委	2022 年 4 月 15—22 日	问卷星线上调查
12	T 州 HLX 纪委监委	2022 年 4 月 15—22 日	问卷星线上调查

3. 项目鉴定后的调查过程

2023 年 4 月中旬，我们根据鉴定专家提出的建议，在进一步修订完善调查问卷和访谈提纲后，于2023年4月下旬—6月初对原来抽样确定并在2021年3月10日—2022年6月9日采取线下问卷调查的14个县级纪委监委1122名纪检监察干部和2022年3月5日—4月22日采取线上问卷调查的12个县级纪委监委980名纪检监察干部①，分别再次进行了现场问卷调查（见表3－5）。

表3－5　项目鉴定后现场问卷调查实施情况

序号	单位	时间	地点
1	A市SQQ纪委监委	2023年4月20日	该单位机关驻地
2	A市PAX纪委监委	2023年4月21日	该单位机关驻地
3	B市DYX纪委监委	2023年4月24日	该单位机关驻地
4	C市WSX纪委监委	2023年4月25日	该单位机关驻地
5	D市QX纪委监委	2023年4月26日	该单位机关驻地
6	E市EYQ纪委监委	2023年4月27日	该单位机关驻地
7	F市CXX纪委监委	2023年4月28日	该单位机关驻地
8	G市STX纪委监委	2023年5月8日	该单位机关驻地
9	G市AZQ纪委监委	2023年5月9日	该单位机关驻地
10	H州WCX纪委监委	2023年5月10日	该单位机关驻地
11	I州LDX纪委监委	2023年5月11日	该单位机关驻地
12	J市AYX纪委监委	2023年5月15日	该单位机关驻地
13	K市LCS纪委监委	2023年5月16日	该单位机关驻地
14	L市RX纪委监委	2023年5月16日	该单位机关驻地
15	M市LX纪委监委	2023年5月17日	该单位机关驻地
16	M市NXQ纪委监委	2023年5月17日	该单位机关驻地
17	N市JAX纪委监委	2023年5月18日	该单位机关驻地
18	N市NXQ纪委监委	2023年5月19日	该单位机关驻地
19	O市ZJX纪委监委	2023年5月22日	该单位机关驻地

① 虽然一些调查单位的干部数量在近一两年时间中有所变化，但是为了保证3个不同时间段调研数据的一致性，我们首先设计了本次调研仍然分别依据以前线下线上调研干部总数来进行。当然，由于个别调查单位干部近年中有了一定变化，我们对其的问卷调查数量也有一定调整。

续表

序号	单位	时间	地点
20	P 市 LQYQ 纪委监委	2023 年 5 月 23 日	该单位机关驻地
21	P 市 PDQ 纪委监委	2023 年 5 月 24 日	该单位机关驻地
22	Q 市 DLX 纪委监委	2023 年 5 月 25 日	该单位机关驻地
23	R 市 QWX 纪委监委	2023 年 5 月 25 日	该单位机关驻地
24	S 市 YJX 纪委监委	2023 年 5 月 30 日	该单位机关驻地
25	T 州 HLX 纪委监委	2023 年 5 月 31 日	该单位机关驻地
26	U 市 RHQ 纪委监委	2023 年 6 月 1 日	该单位机关驻地

注:由于本次调研时间受到特定限制,加之所调查单位数量多且地域分散,为了提高调查效率和确保调查质量,我们在预先设计的各个时段内采取连片地区接续实施调查的做法。

为了弥补问卷调查的不足,也为了直接面对面地获取 X 省内各抽样县级纪委监委干部对自身专业化建设的认知、态度和建议,我们借到各单位驻地实施现场问卷调查之机,也对原来的 11 个县级纪委监委 140 名干部开展了现场个别访谈(见表 3 –6)。

表 3 –6　项目鉴定后现场个别访谈实施情况

序号	单位	时间	地点
1	A 市 SQQ 纪委监委	2023 年 4 月 20 日	该单位机关驻地
2	B 市 DYX 纪委监委	2023 年 4 月 24 日	该单位机关驻地
3	C 市 WSX 纪委监委	2023 年 4 月 25 日	该单位机关驻地
4	E 市 EYQ 纪委监委	2023 年 4 月 27 日	该单位机关驻地
5	G 市 STX 纪委监委	2023 年 5 月 8 日	该单位机关驻地
6	L 市 RX 纪委监委	2023 年 5 月 16 日	该单位机关驻地
7	M 市 NXQ 纪委监委	2023 年 5 月 17 日	该单位机关驻地
8	N 市 JAX 纪委监委	2023 年 5 月 18 日	该单位机关驻地
9	P 市 PDQ 纪委监委	2023 年 5 月 24 日	该单位机关驻地
10	Q 市 DLX 纪委监委	2023 年 5 月 25 日	该单位机关驻地
11	R 市 QWX 纪委监委	2023 年 5 月 25 日	该单位机关驻地

（三）调查数据

1. 项目立项前获得的调查数据

（1）问卷调查数据（见表3－7）。

表3－7　项目立项前现场调查问卷收集情况

序号	单位	纪委监察局干部总人数	发放问卷份数	回收问卷份数	回收问卷数占发放问卷数的百分比（%）	有效问卷份数	有效问卷数占回收问卷数的百分比（%）
1	P市LQYQ纪委监委	38	38	38	100	35	92.11
2	A市PAX纪委监委	35	33[1]	33	100	32	96.97
3	E市EYQ纪委监委	28	28	28	100	28	100
4	N市NXQ纪委监委	25	24	24	100	24	100
5	B市DYX纪委监委	37	37	37	100	36	97.30
合计		163	160	160	100	155	96.88

注：发放问卷份数与纪委监察局干部总人数不一致，是因为在实施问卷调查时，有的干部因为出差和开会等原因不在单位，无法填写问卷。

（2）个别访谈数据（见表3－8）。

表3－8　项目立项前现场个别访谈人数

单位：人

序号	单位	第一次访谈人数	第二次访谈人数
1	P市LQYQ纪委监委	10	7
2	A市PAX纪委监委	9	7
3	E市EYQ纪委监委	8	6
4	N市NXQ纪委监委	8	6
5	B市DYX纪委监委	9	7
合计		44	33

2. 项目立项后获得的调查数据

2021年3月中旬—4月中旬、2021年9月中旬—11月中旬、2022年4月上旬—6月上旬，我们先后分三段时间对项目立项前的5个县级纪委监委的干部和项目立项后的9个县级纪委监委的干部，分别实施了线下问卷调查和线下个别访谈。

(1)线下问卷调查数据和线下个别访谈数据。

①线下问卷调查数据。线下调查14个县级纪委监委的干部后,收集到以下线下调查问卷(见表3-9)。

表3-9 项目立项后线下调查问卷收集情况

序号	单位	纪委监委机关所在干部人数	派驻相关单位纪检监察组干部人数	干部人数合计	发放问卷份数	回收问卷份数	回收问卷数占发放问卷数的百分比(%)	有效问卷份数	有效问卷数占回收问卷数的百分比(%)
1	A市PAX纪委监委	51	48	99	99	95	95.96	93	97.89
2	B市DYX纪委监委	48	48	96	96	96	100	92	95.83
3	E市EYQ纪委监委	32	31	63	63	63	100	61	96.83
4	P市LQYQ纪委监委	55	46	101	101	99	98.02	97	97.98
5	N市NXQ纪委监委	31	32	63	63	62	98.41	60	96.77
6	A市SQQ纪委监委	51	50	101	101	100	99.01	95	95
7	C市WSX纪委监委	52	47	99	99	95	95.96	90	94.74
8	P市PDQ纪委监委	56	47	103	103	100	97.09	96	96
9	G市STX纪委监委	45	37	82	82	80	97.56	76	95
10	L市RX纪委监委	30	34	64	64	64	100	62	96.88
11	M市NXQ纪委监委	41	33	74	74	70	94.59	68	97.14
12	N市JAX纪委监委	32	33	65	65	60	92.31	56	93.33
13	R市QWX纪委监委	36	20	56	56	56	100	51	91.07
14	Q市DLX纪委监委	32	24	56	56	55	98.21	53	96.36
合计		592	530	1122	1122	1095	97.59	1050	95.89

②线下个别访谈数据。我们在2021年9月中旬—11月中旬、2022年4月上旬—6月上旬对14个实施线下问卷调查的11个县级纪委监委140名相关干部开展了现场个别访谈(见表3-10)。

表 3－10　项目立项后线下个别访谈人员构成情况

序号	单位	访谈领导机构成员人数	访谈组织部干部人数	访谈信访室干部人数	访谈党风政风监督室干部人数	访谈各纪检监察室干部人数	访谈案件审理室干部人数	访谈案件监督管理室干部人数	访谈纪检监察干部监督室干部人数	访谈派驻纪检监察组干部人数	合计
1	B 市 DYX 纪委监委	2	1	1	1	2	1	1	1	2	12
2	E 市 EYQ 纪委监委	2	1	1	1	2	1	1	1	2	12
3	A 市 SQQ 纪委监委	2	1	1	1	3	1	1	1	3	14
4	C 市 WSX 纪委监委	2	1	1	1	2	1	1	1	2	12
5	P 市 PDQ 纪委监委	3	1	1	1	3	1	1	1	3	15
6	G 市 STX 纪委监委	3	1	1	1	3	1	1	1	3	15
7	L 市 RX 纪委监委	2	1	1	1	2	1	1	1	2	12
8	M 市 NXQ 纪委监委	2	1	1	1	2	1	1	1	2	12
9	N 市 JAX 纪委监委	2	1	1	1	2	1	1	1	2	12
10	R 市 QWX 纪委监委	2	1	1	1	2	1	1	1	2	12
11	Q 市 DLX 纪委监委	2	1	1	1	2	1	1	1	2	12
合计		24	11	11	11	25	11	11	11	25	140

当然，有三点值得说明：

第一，关于个别访谈提纲设计情况。个别访谈按所设问题是否具有开放性，可分为结构式个别访谈和非结构式个别访谈两种。在 2019 年 9 月项目立项后，我们借助地缘、学缘和业缘等优势于 2021 年 9 月中旬—11 月中旬、2022 年 4 月上旬—6 月上旬，先后在 X 省内针对相关县（市、区）纪检监察领导干部和工作人员进行结构式个别访谈的同时，也同步实施了非结构式个别访谈。为了提高访谈的质量和效率,我们在设计个别访谈提纲时,既设计了结构式访谈的固定性问题,也设计了非结构式访谈的开放性问题或临场追问性问题。如此设计并在访谈中同步实施,充分考虑了两种访谈方式各自的优缺点,更利于我们掌握真实信息。

第二,关于个别访谈人员构成情况。首先,在县级纪委监委中,领导机构包括纪委的书记、副书记与常委以及监委的主任、副主任与委员两部分六类型领导干部,其中纪委的书记和副书记同监委的主任和副主任分别是由相同的人来担任的,而纪委的专职常委和监委的专职委员则是由不同的人来担任。其次,由于各个调查单位辖区人口、辖区面积、管辖乡镇(街道)和职能部门等规模不同,其纪委监委领导机构成员人数不完全相同,因此我们选择不同纪委监委领导机构干部的访谈人数是有差异的。最后,与县级纪委监委领导机构成员人数多寡类似,各县级纪委监委内部所设案件审理室、对外派驻纪检监察组的数量也不尽相同,因此我们选择不同纪委监委案件审理室和派驻纪检监察组干部的访谈人数也有差异。

第三,关于个别访谈具体实施情况。在 2019 年 9 月项目立项前实施现场问卷调查时,我们在对 P 市 LQYQ、A 市 PAX、B 市 DYX、E 市 EYQ、N 市 NXQ 等 5 个县(区)纪委监委进行现场问卷调查的同时,虽然分别已经同步了个别访谈,但是由于 2019 年 9 月项目立项后纪检监察工作出现了新情况、面临了新形势、提出了新要求,原对 5 个县(区)纪检监察干部关于县级纪检监察专业化建设的个别访谈,在内容和结论上都有不适应性和不合理性。因此,我们采用修改后的个别访谈提纲,仅选择 2019 年项目立项前的 B 市 DYX 纪委监委和 E 市 EYQ 纪委监委两个单位的纪检监察干部重新进行了回访型个别访谈,并选择 A 市 SQQ 纪委监委、C 市 WSX 纪委监委等 9 个新单位的纪检监察干部进行了个别访谈。

(2)线上问卷调查数据。

2022 年 3 月上旬—4 月中旬我们对 12 个县级纪委监委实施线上问卷调查(见表 3 - 11)。

表 3-11　项目立项后线上调查问卷收集情况

序号	单位	纪委监委机关所在干部人数	派驻相关单位纪检监察组干部人数	干部人数合计	回收问卷星份数	有效问卷星份数	有效问卷星份数占回收问卷星份数的百分比(%)
1	G 市 AZQ 纪委监委	38	43	81	79	79	100
2	U 市 RHQ 纪委监委	31	25	56	53	50	94.34
3	K 市 LCS 纪委监委	51	43	94	91	87	95.60
4	D 市 QX 纪委监委	55	44	99	95	90	94.74
5	F 市 CXX 纪委监委	44	37	81	78	72	92.31
6	O 市 ZJX 纪委监委	56	49	105	101	97	96.04
7	J 市 AYX 纪委监委	57	55	112	106	101	95.28
8	S 市 YJX 纪委监委	39	33	72	68	62	91.18
9	M 市 LX 纪委监委	40	45	85	82	82	100
10	I 州 LDX 纪委监委	29	26	55	52	50	96.15
11	H 州 WCX 纪委监委	32	28	60	56	56	100
12	T 州 HLX 纪委监委	43	37	80	77	72	93.51
合计		515	465	980	938	898	95.74

注:由于我们是将问卷星链接网址通过微信发送给每一个调查单位具体负责人(大多是该单位的组织部部长),然后由其在本单位工作群中发送给机关干部和派驻相关单位纪检监察组干部在线填写。考虑到县级纪检监察干部中有一定比例的干部长时间被抽调到市州纪委监委办案和跟班学习等情况,为了方便这些也属县级纪检监察干部范围的干部对问卷星的填写,我们不是以每一个抽样调查单位所属县级行政区划设定为数据来源的 IP 地址,而是以该调查单位所属上一级(市、州)行政区划设定为数据来源的 IP 地址。这样的做法,既避免了遗漏应该填写问卷的抽调干部,也减少了按每个县级调查单位设计 IP 地址的麻烦。

3. 项目鉴定后获得的调查数据

在合理采纳 2021 年 3 月中旬—4 月中旬、2021 年 9 月中旬—11 月中旬、2022 年 4 月上旬—6 月上旬等三段时间所实施线上线下问卷调查数据信息和线下个别访谈数据信息的基础上,我们更多依据 2023 年 4 月下旬—6 月初对 26 个县级纪委监委干部现场问卷调查所得数据信息和对 11 个县级纪委监委干部现场个别访谈所得数据信息,最终统计整理出项目鉴定后所获的两大基本数据。

(1)现场问卷调查所得的数据。现场调查 26 个县级纪委监委干部后,收集到以下数据(见表 3-12)。

表 3－12　现场调查问卷最终收集数据情况

序号	单位	纪委监委机关所在干部人数	派驻相关单位纪检监察组干部人数	干部人数合计	发放问卷份数	回收问卷份数	回收问卷数占发放问卷数的百分比（%）	有效问卷份数	有效问卷数占回收问卷数的百分比（%）
1	A 市 SQQ 纪委监委	51	50	101	101	100	99.01	97	97
2	A 市 PAX 纪委监委	51	48	99	99	95	95.96	93	97.89
3	B 市 DYX 纪委监委	48	48	96	96	96	100	94	97.92
4	C 市 WSX 纪委监委	49	48	97	97	94	96.91	93	98.94
5	D 市 QX 纪委监委	52	47	99	99	95	95.96	94	98.95
6	E 市 EYQ 纪委监委	32	31	63	63	63	100	61	96.83
7	F 市 CXX 纪委监委	41	40	81	81	81	100	80	98.77
8	G 市 STX 纪委监委	45	37	82	82	80	97.56	76	95.00
9	G 市 AZQ 纪委监委	39	46	85	85	84	98.82	82	97.62
10	H 州 WCX 纪委监委	27	23	50	50	50	100	48	96.00
11	I 州 LDX 纪委监委	28	23	51	51	51	100	49	96.08
12	J 市 AYX 纪委监委	57	55	112	112	106	94.64	104	98.11
13	K 市 LCS 纪委监委	38	37	75	75	75	100	75	100
14	L 市 RX 纪委监委	30	34	64	64	64	100	62	96.88
15	M 市 LX 纪委监委	40	49	89	89	89	100	86	96.63
16	M 市 NXQ 纪委监委	41	33	74	74	70	94.59	68	97.14
17	N 市 JAX 纪委监委	32	33	65	65	60	92.31	56	93.33
18	N 市 NXQ 纪委监委	31	32	63	63	62	98.41	60	96.77
19	O 市 ZJX 纪委监委	54	47	101	101	98	97.03	97	98.98
20	P 市 LQYQ 纪委监委	55	46	101	101	99	98.02	97	97.98
21	P 市 PDQ 纪委监委	56	47	103	103	100	97.09	96	96
22	Q 市 DLX 纪委监委	32	24	56	56	55	98.21	53	96.36
23	R 市 QWX 纪委监委	36	20	56	56	56	100	54	96.43
24	S 市 YJX 纪委监委	29	28	57	57	57	100	54	97.74
25	T 州 HLX 纪委监委	34	33	67	67	67	100	64	95.52
26	U 市 RHQ 纪委监委	31	25	56	56	56	100	55	98.21
合计		1059	984	2043	2043	2003	/	1948	/

（2）现场个别访谈所得的数据。我们在 2023 年 4 月下旬—5 月下旬、2021 年 9 月中旬—11 月中旬、2022 年 4 月上旬—6 月上旬对 11 个县级纪

委监委 140 名干部[①]再次进行了现场回访型个别访谈得到以下数据信息（见表 3－13）。

表 3－13　现场个别访谈最终人员构成情况

序号	单位	访谈领导机构成员人数	访谈组织部干部人数	访谈信访室干部人数	访谈党风政风监督室干部人数	访谈纪检监察室干部人数	访谈案件审理室干部人数	访谈案件监督管理室干部人数	访谈纪检监察干部监督室干部人数	访谈派驻纪检监察组干部人数	合计
1	B 市 DYX 纪委监委	2	1	1	1	2	1	1	1	2	12
2	E 市 EYQ 纪委监委	2	1	1	1	2	1	1	1	2	12
3	A 市 SQQ 纪委监委	2	1	1	1	3	1	1	1	3	14
4	C 市 WSX 纪委监委	2	1	1	1	2	1	1	1	2	12
5	P 市 PDQ 纪委监委	3	1	1	1	3	1	1	1	3	15
6	G 市 STX 纪委监委	3	1	1	1	3	1	1	1	3	15
7	L 市 RX 纪委监委	2	1	1	1	2	1	1	1	2	12
8	M 市 NXQ 纪委监委	2	1	1	1	2	1	1	1	2	12
9	N 市 JAX 纪委监委	2	1	1	1	2	1	1	1	2	12
10	R 市 QWX 纪委监委	2	1	1	1	2	1	1	1	2	12
11	Q 市 DLX 纪委监委	2	1	1	1	2	1	1	1	2	12
合计		24	11	11	11	25	11	11	11	25	140

对于历年调查所获数据信息的运用，在此需要作出以下三点特别说明：

①关于 2019 年项目立项前所获问卷调查数据信息和个别访谈数据信息的使用说明。在 2019 年 9 月项目立项前，我们先后于 2017 年 7 月—

① 在 2023 年 4 月下旬—5 月下旬回访型个别访谈的 140 名干部，并不完全是以前访谈的人员。因为据我们实地调查发现，在一两年时间中流出和进入县级纪委监委的人员较多。因此，我们对这 11 个单位的再度回访型访谈，仅是对现在编在岗相关岗位个别干部的访谈，而不是对以前曾访谈过但现在已经不在纪检监察机关相关岗位工作的人员的访谈。

2019 年 6 月对 A 市 PAX、B 市 DYX、E 市 EYQ、P 市 LQYQ、N 市 NXQ 等 5 个县级纪委监察局分别实施了现场问卷调查和个别访谈，获得了当时关于县级纪检监察队伍专业化建设的相关情况。但是，由于 2018 年 3 月中央、省、市、县四级监察委员会设立，纪检监察新体制建成。这些新设立的县级纪委监委在工作职责、机构设置、人员配置、工作要求和规章制度等方面，已经很大程度上不同于以前的县级纪委监察局。因此，2019 年项目立项前我们对上述 5 个县级纪委监委干部的问卷调查和个别访谈所得数据信息，已经"不合时宜"了。鉴于此，我们在后文关于县级纪检监察队伍专业化建设的基本成效和主要问题的分析中，就不再依据这些"不合时宜"的数据信息来做例证分析。这些"不合时宜"的数据信息仅在我们的相关分析中做对比分析使用。

②关于后文县级纪检监察队伍专业化建设基本成效和主要不足分析所依据数据资料的说明。第一，2021 年和 2022 年所获调查数据信息是后文做相关方面分析的重要依据。2021 年 9 月中旬—11 月中旬、2022 年 4 月上旬—6 月上旬所开展的线下问卷调查和线下个别访谈所获数据信息，以及 2022 年 3 月上旬—4 月中旬线上问卷调查所获数据信息，均是我们分析县级纪检监察队伍专业化建设的基本成效和主要问题的基础数据信息。受新冠疫情以及《纪律检查委员会工作条例》《监察官法》颁布等多种因素影响，我们在 2021 年和 2022 年实证调查所获数据信息同 2023 年调查所获数据信息有一定差异。尽管有一定差异性，但是仍然有较大相同性。也就是说，在 2021 年和 2022 年两年间我们调查所获数据信息仍然符合当前县级纪检监察队伍专业化建设的实际情况，仍然具有较大的证明力和适用性。第二，2023 年所获调查数据信息是后文分析的最新依据。在 2023 年 4 月下旬—6 月初，我们依据修改后的调查问卷和访谈提纲，对 X 省内 20 多个市州 20 多个县级纪委监委干部和派驻纪检组干部全部实行现场集中问卷调查和现场面对面个别访谈。最终有效填写调查问卷的纪检监察干部总人数为 1948 人、接受个别访谈的 11 个县级纪委监委干部和派驻纪检组干部总人数为 140 人。

③关于有效填写新修订现场调查问卷的 1948 名干部的情况介绍。第一，关于工作岗位情况（见图 3－1）。从图 3－1 可以看出，在有效填写新修订现场调查问卷的 1948 名县级纪检监察干部中，减去县级纪委监委领导岗干部（领导班子）152 人、派驻纪检监察组 632 人和其他工作人员 33 人后，剩下 1131 人。在这剩下的 1131 名纪检监察干部中，纪检监察室有 480 人、纪检监察干部监督室有 79 人，合计 559 人。这个合计数，基本满足了 X 省纪委 2022 年 4 月印发的《关于加强县乡基层党风廉政建设的工作

方案》提出的"在不增加机构数量、人员编制的基础上,纪检监察室统筹监督检查、审查调查工作,人员数量原则上不少于县纪委监委机关总数的50%"①的要求(应当达到566人,尚少7人)。

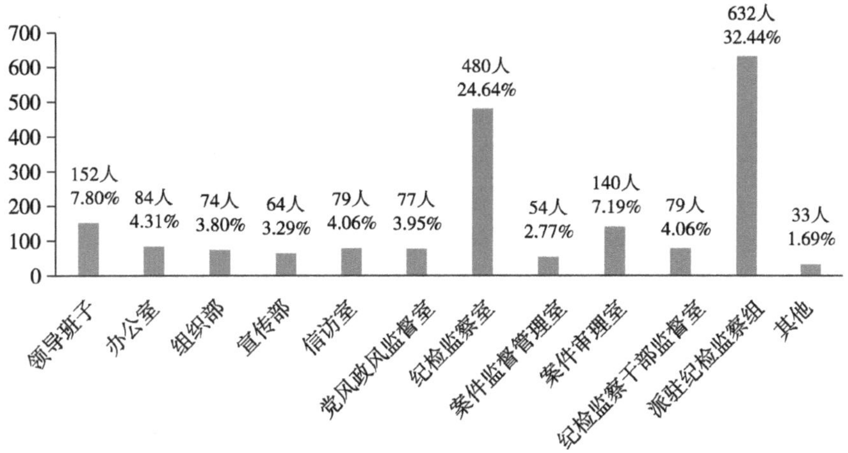

图3-1　县级纪检监察干部工作岗位统计

第二,关于职务职级情况(见图3-2)。从图3-2可看出,在领导职务序列中,县级纪检监察干部中人数最多的是乡科级副职,共692人,占比为35.52%,其次是乡科级正职,最少的是县处级副职。而在非领导职级序列中,人数最多的两项是一级科员和二级科员,占比分别为16.12%、14.12%。

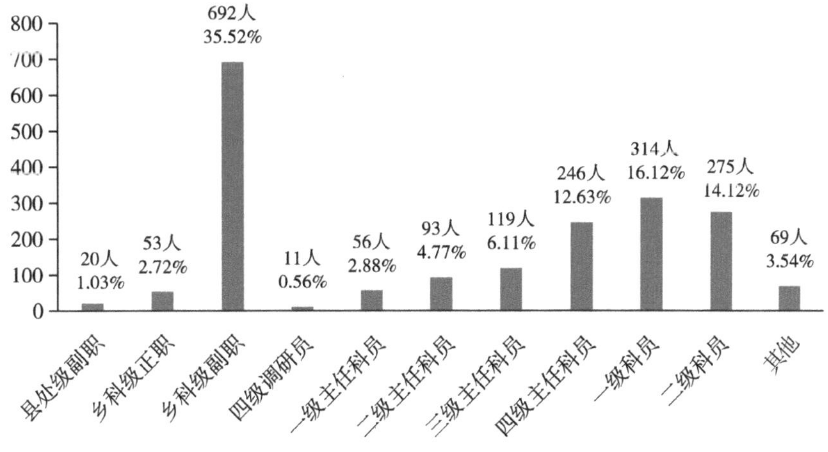

图3-2　县级纪检监察干部职务职级统计

---

① 刘一霖、侯荣:《将群众身边问题解决在群众身边》,载《中国纪检监察报》2022年12月21日,第5版。

4. 最终收集到的文件资料的基本情况

(1)内部文件的收集。我们在 2021 年 9 月中旬—11 月中旬、2022 年 4 月上旬—6 月上旬对 14 个县级纪委监委实施现场(即线下)问卷调查以及借助校友资源和业务合作对 12 个县级纪委监委实施现场(即线下)问卷调查的过程中,收集到了 13 个县级纪委监委的内部文件。除此之外,我们在 2023 年 4 月下旬—6 月初实施的项目鉴定后现场再调查和再访谈过程中,补充收集了 10 个县级纪委监委的相关文件。总之,在近 3 年时间中,我们收集了县纪委监委 79 份相关文件。这些文件由市州和县级纪委监委印发,主要涉及县级纪检监察干部准入、培训、管理和监督等方面的规章制度、指导意见和实施办法等。

(2)工作资料的收集。我们在 2021 年 9 月中旬—11 月中旬、2022 年 4 月上旬—6 月上旬分别对 14 个和 12 个县级纪委监委实施现场问卷调查的过程中,共收集到 16 个县级纪委监委的 83 份相关工作资料。其中,在 14 个县级纪委监委实施现场问卷调查过程中收集到相关工作资料 59 份(现场收集到 48 份,现场调查结束后相关单位通过邮寄、邮件和微信等方式发来 11 份),在 12 个县级纪委监委实施现场问卷调查的过程中仅收集到 24 份(均是相关单位通过邮寄、邮件和微信等方式发来的)。另外,我们在 2023 年 4 月下旬—6 月初实施的现场再调查和再访谈过程中,也补充收集了 10 个县级纪委监委相关的 43 份相关工作资料。总之,在近 3 年时间中,我们收集了 26 个县级纪委监委 125 份相关工作资料。这些工作资料主要包括县级纪委监委组织部和办公室等部室提供的人员名单、工作总结、宣传报道、特色材料,以及县级纪委监委领导在相关工作场合的交流汇报资料。

第四章　县级纪检监察队伍专业化建设的基本成效和主要不足

依据2023年对X省内20多个市州20多个县级纪委监委干部和派驻纪检监察组干部的最新的问卷调查与个别访谈所获数据及资料信息，参考并对比分析2021—2022年两年对X省内20多个市州20多个县级纪委监委干部和派驻纪检监察组干部的线上线下问卷调查与线下个别访谈所获数据及资料信息，我们对X省内县级纪检监察队伍专业化建设的基本成效和主要不足进行了较为全面深入的分析。

一、X省内县级纪检监察队伍专业化建设的基本成效

通过实证调查，我们发现近年来X省内县级纪检监察队伍专业化建设取得了较为明显的成效。

（一）专业知识得到逐步增长

是否具备扎实的专业知识，是衡量一个职业从业者专业化建设水平高低的重要标准之一。

1.衡量县级纪检监察干部是否具备从事纪检监察工作所需的相关专业知识的方式

衡量县级纪检监察干部是否具备从事纪检监察工作所需的相关专业知识，一般有以下几种方式：

一是通过县级纪检监察干部职前所学专业来判断。根据回收到的1948份有效问卷中县级纪检监察干部对问卷多选题第11题“您认为县级纪检监察干部所需专业知识同以下哪些专业紧密相关”作答的数据统计分析，我们发现县级纪检监察干部大多数认为同纪检监察工作比较相关的专业是纪检监察学、法学、中共党史党建学、马克思主义理论、政治学、经济学、会计学、金融学、财政学、审计学、统计学、侦查学、公共管理、心理学等①（见表4－1）。从理论上来讲，一个人职前所学专业为其从事同专业相关的工作打下了专业知识基础。当前我国众多公职人员招考的实际情况也印

① 县级纪检监察干部所填调查问卷中所选专业次数占总人数（1948人）的比例超过60%的，我们才认为该专业同县级纪检监察干部所需专业知识具有紧密相关性。

证了这一点。在近年来中央和地方公务员招考中，越来越多的报考岗位要求考生在本科或硕士阶段所学专业必须与岗位要求一致。“专业的事由专业的人来做”，日益成为当今社会各行各业选用人才所坚持的基本理念。在新时代纪检监察新体制下，县级纪检监察干部队伍建设理应坚持这一理念。县级纪检监察干部选任也需要坚持人岗匹配原则，也需要重视其是否具有紧密相关专业的教育背景和具备一定的专业知识。如果一个县级纪检监察干部职前所学专业为前述相关专业，则可以认为该干部初步具备了从事纪检监察工作所需专业知识。

表4－1　县级纪检监察干部认为与所需专业知识紧密相关专业情况问卷统计

专业	被选次数	被选次数占总人数(1948 人)的比例(%)[1]
纪检监察学	1858	95.38
法学	1845	94.71
中共党史党建学	1794	92.09
马克思主义理论	1581	81.16
政治学	1468	75.36
经济学	1497	76.85
会计学	1753	89.99
金融学	1538	78.95
财政学	1294	66.43
审计学	1567	80.44
统计学	1352	69.40
侦查学	1795	92.15
公共管理	1295	66.48
工商管理	729	37.42
心理学	1556	79.88
工程造价与管理	798	40.97
汉语言文学	305	15.66
计算机科学与技术	861	44.20
其他	124	6.37

[1]多选题百分比计算方法：(1)多选题选项百分比的含义是指选择该选项的人次在所有填写人数中所占的比例；(2)多选题选项百分比＝该选项被选择次数÷有效答卷份数。所以多选题百分比相加可能超过100%。举例说明：有10个人填写了一道多选题，其中6个人选择了A，5个人选择了B，3个人选择了C。则选择A的比例是60%，选择B的比例是50%，选择C的比例是30%。3个百分比相加为140%。后文类似情形，也是按此计算出来的。

二是通过县级纪检监察干部主要入职方式来判断。近年来不少地方在通过公招和遴选等方式补充县级纪检监察干部时，已经明确地规定了专业和学历等方面的准入资格。这些准入资格的设置，在一定程度上有利于改善县级纪检监察干部队伍的专业知识结构。

三是通过县级纪检监察干部职前所从事工作来判断。一般而言，同纪检监察工作紧密相关的工作是巡察工作、信访工作、公安工作、司法工作、执法工作、财会工作、审计工作等。如果一个县级纪检监察干部入职前所从事工作为前述工作，则可以认为该干部基本具备了从事纪检监察工作所需专业知识。

四是可以通过县级纪检监察干部职后参加培训、工作实践、知识测试等情况来判断。如果一个县级纪检监察干部职后参加培训收获较大、工作实践实绩突出、知识测试成绩较好，则可以认为该干部基本具备了从事纪检监察工作所需专业知识。

2. 县级纪检监察干部专业知识得到一定增长的体现

通过对X省内26个县级纪委监委干部的线上线下问卷调查和11个县级纪委监委干部的线下个别深度访谈，我们发现当前县级纪检监察干部的专业知识得到了一定增长，专业知识水平得到一定提升。具体体现在以下几个方面：

（1）从县级纪检监察干部职前职后所学专业来看：通过分析有效填写的1948份问卷，我们发现所学为中共党史党建学、法学、马克思主义理论、政治学、经济学、会计学、金融学、财政学、审计学、侦查学等专业的总人数为864人，占比为44.35%（见图4－1）。我们从官方资料中了解到的情况，也同此相近。“截至2022年6月，X省县级纪检监察干部中具有法律、审计、财务、经济等专业背景的干部占比在44.1%。”①2022年6月，近45%的紧密相关专业占比相较于2018年纪检监察体制改革前有了较为明显的增长。我们从所收集的内部资料和个别访谈中得知，不少县级纪委监委在检察院反贪污贿赂局、反渎职侵权局两个部门人员转隶过来之前，所学专业为法学和侦查学等的人员很少。随着合署办公体制的建立，各个县级纪委监委还从县委宣传部、公安局、财政局、税务局、信访局、市场监督管理局、卫健局、城管局等部门考调遴选部分所学专业为公安学、经济学、会计学和财政学等的人员。另外，一些县级纪委监委还鼓励或支持本单位工作人员报考非全日制的法律专业硕士、会计专业硕士、审计专业硕士、工程

① 《X省纪委监委研究室工作报告》，2023年1月12日。

专业硕士、资产评估专业硕士、公共管理硕士和工商管理硕士等来提升学历和改善专业知识结构。通过这些举措,目前各地县级纪委监委干部的专业背景得到逐步优化,专业知识结构有了一定改善。

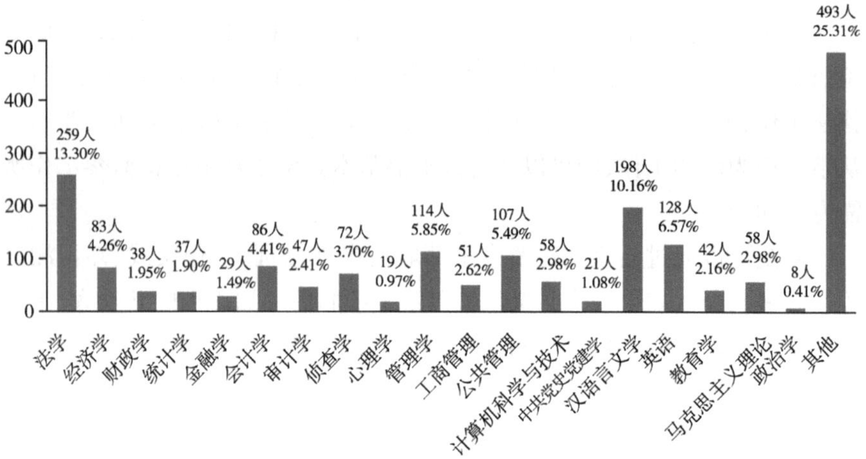

图4-1　县级纪检监察干部所学专业统计

注:所谓"其他"专业是指除上述专业之外其他相关专业的总称。因这些专业不仅数量众多,而且零碎分散,一一列出则过于冗长繁杂,故将其统称为"其他"专业。

(2)从县级纪检监察干部主要入职方式来看:通过对调查问卷和个别访谈数据信息的统计分析,我们发现近年来各县级纪委监委补充新人的方式主要有三种:一是通过对其他党政机关和少量国有企事业单位在编在岗的公务员和其他公职人员采取选任、遴选、转隶、考调、借调、转岗等方式;二是通过对同纪检监察工作专业相关的优秀大学毕业生和研究生采取公招考试或选调生考试方式;三是通过部队现役军官士兵转业或退伍安置等方式。通过采取这三种基本方式,各县级纪委监委逐步较好地充实和优化了自己干部队伍的专业知识结构(见图4-2)。特别是从前两类准入方式来看,2018年3月纪检监察新体制建立后,不少地方在公招和遴选纪检监察工作人员时,已经较为明确地规定了专业、学历及年龄等报考资格或遴选资格,逐步从人员入口上把控,重视引进年轻且专业知识基础较好的人才。比如,自2014年8月《成都市纪检监察干部资格准入及淘汰退出暂行办法》颁行以来,成都市龙泉驿区纪委监委严格践行相关规定,对于新进人员(领导班子成员除外)作出明确要求,"除了须是中共党员、具有相应的工作经历和专业背景要求外,原则上新进人员(领导班子成员除外)须具有全日制硕士研究生及以上学历，年龄不超过35岁”[①]。云南省怒江傈僳族自治州贡山独龙族怒族自治县纪委监委早在2019年发布的纪检监察室和案件审理室两个职位(非选调生岗位)的公招公告中，就明确要求专业为法学类、学历为本科及以上。[②] 这些做法，在我们所调查的县级纪委监委中也有一些相似实践。这些相似实践，在一定程度上有利于吸纳更多学历更高、知识水平更全面的人才进入纪委监委工作，从而有助于纪检监察队伍专业化建设有效推进。

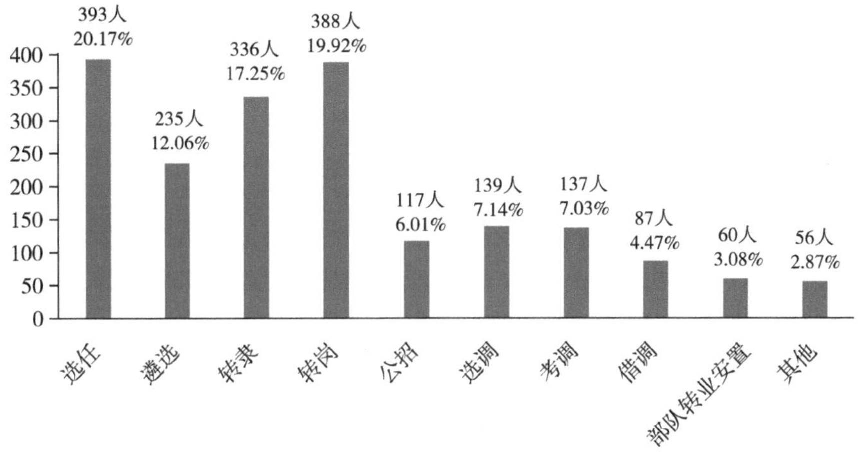

图4-2　县级纪检监察干部进入纪检监察机关的方式统计

(3)从县级纪检监察干部职前工作经历来看：通过对1948份有效调查问卷的分析，我们发现有较大比例的干部进入纪委监委工作前所从事的工作与纪检监察工作有一定相关性。同纪检监察工作具有直接相关性的工作，主要包括党务工作(如县乡纪委纪检工作、县乡党委宣传及统战工作等)、信访工作、巡察工作、公安工作、司法工作、执法工作、财会工作和审计工作等(见图4-3)。其中，占比较大的分别是党务、司法、公安和执法等工作，各自占比为19.05%、17.25%、12.06%和10.93%。一般来说，原来就从事同纪检监察工作具有较为紧密相关性工作的干部，所具备从事纪检监察工作的相关知识就更为专业、更为匹配一些。

① 刘莉：《新进人员原则上须硕士及以上学历》，载《四川日报》2014年8月12日，第8版。

② 《县(区)级单位·纪检监察室、案件审理室》，载云南华图网2014年8月12日，https://yn.huatu.com/skzwb/2019/zhiwei/464346.html。

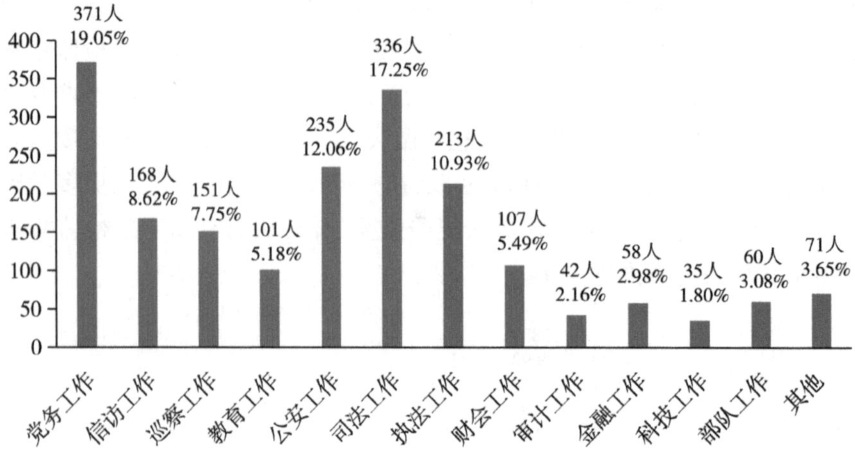

图4－3　县级纪检监察干部进入纪检监察机关之前所从事的工作统计①

通过对1948名县级纪检监察干部在进入县级纪委监委前后的工作类型进行对比分析(见表4－2),我们就能理解专业知识在纪检监察工作中的重要性,也更能理解目前县级纪检监察干部专业知识的一定增长性。

表4－2　X省内相关县级纪检监察干部入职前②与入职后所从事工作对比

入职前工作	人数	占比(%)	入职后工作	人数	占比(%)
党务工作	371	19.05	办公室工作	104	5.34
			组织部工作	113	5.8
			宣传部工作	94	4.82
			干部监督室工作	41	2.1
			领导管理工作	19	0.98
信访工作	168	8.62	信访室工作	109	5.6
			党风政风监督室工作	59	3.03

① 在图4－3中的执法工作是“行政执法工作”的简称,具体是指依据《行政处罚法》《环境保护法》等规定而享有行政处罚权的县级市场监督管理局、城市综合行政执法局、生态环境局、卫生健康局、文化广播电视旅游局、交通运输局、税务局等部门及其派出机构对行政相对人的违规违法行为依法作出处罚行为等方面的工作。因为前面已经单列了公安工作,所以在这里就不包括同样也拥有行政处罚权的公安机关开展的执法工作。

② 这里所谓“入职前”也包括了原来属于党的纪委人员和政府监察局人员以“纪检监察干部”新身份重新被安置到县级纪委监委不同岗位上的情况。

续表

入职前工作	人数	占比(%)	入职后工作	人数	占比(%)
巡察工作	151	7.75	纪检监察室工作	50	2.57
			案件审理室工作	23	1.18
			派驻纪检监察组工作	78	4
教育工作	101	5.18	党风政风监督室工作	36	1.85
			宣传部工作	45	2.31
			电教信息中心工作	20	1.03
公安工作	235	12.06	纪检监察室工作	136	6.98
			案件审理室工作	43	2.2
			派驻纪检监察组工作	56	2.87
司法工作	336	17.25	纪检监察室工作	188	9.65
			案件审理室工作	81	4.16
			案件监管室工作	34	1.75
			领导管理工作	33	1.69
执法工作	213	10.93	纪检监察室工作	89	4.57
			案件审理室工作	74	3.8
			案件监管室工作	38	1.95
			领导管理工作	12	0.62
财会工作	107	5.49	纪检监察室工作	46	2.36
			案件审理室工作	35	1.8
			干部监督室工作	26	1.33
审计工作	42	2.16	纪检监察室工作	27	1.39
			干部监督室工作	15	0.77
金融工作	58	2.98	案件监管室工作	18	0.92
			干部监督室工作	14	0.72
			派驻纪检监察组工作	26	1.33
科技工作	35	1.80	纪检监察室工作	13	0.67
			电教中心工作	22	1.13
部队工作	60	3.08	办公室工作	19	0.98
			派驻纪检监察组工作	18	0.92
			后勤服务中心工作	23	1.18

续表

入职前工作	人数	占比(%)	入职后工作	人数	占比(%)
其他	71	3.65	办公室工作	19	0.98
			纪检监察室工作	27	1.39
			派驻纪检监察室工作	25	1.28
合计	1948	100	/	1948	100

(4)从县级纪检监察干部职后培训等来看:通过问卷调查和个别访谈,我们发现县级纪检监察干部较为普遍地认为,培训有助于专业知识的丰富和专业能力的提升。绝大多数干部认为参加培训“重要”甚至“非常重要”,只有1.85%的人认为“不重要”(见图4-4)。一次次高质量的培训,无论是入职前的岗前培训、晋升后的任职培训,还是在职期间常态化的政治理论培训、党纪国法培训和具体业务培训,对县级纪检监察干部专业知识增长都是大有裨益的。

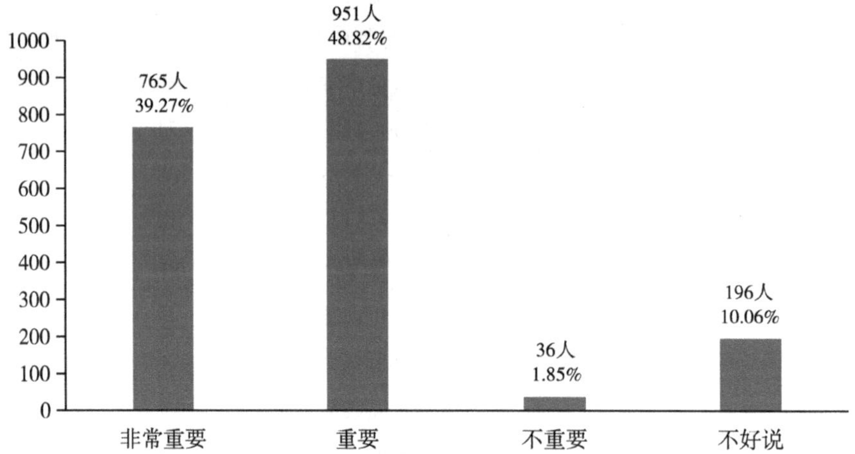

图4-4 县级纪检监察干部认为从事纪检监察工作参加培训是否重要的统计

(二)专业能力得到不断提升

县级纪检监察队伍专业能力是指县级纪检监察干部在履行党内监督执纪问责与国家监督调查处置等职责中,应当具备的专门能力。专业能力既是专业化建设的重要表现,也是专业化建设的重要保证。一般而言,县级纪检监察队伍基本专业能力主要包括党的纪律适用能力(以下简称党纪适用能力)、国家法律适用能力(以下简称国法适用能力)、线索处置能力、监督检查能力、审查调查能力(主要包括谈话突破能力、调查取证能力、证据运用能力等)、案件审理能力、案件监管能力、风险驾驭能力、思想教育能力、立卷建档能力、文书及笔录制作能力和身心调适能力等具体能力。我们在调查获取1948名县级纪检监察干部工作岗位信息(见图4-5)的基础上,通过对县级纪委监委领导班子、特定部室与派驻纪检监察组干部开展的问卷调查和个别访谈,主要分析了县级纪检监察队伍在党纪适用能力、国法适用能力、线索处置能力、审查调查能力、案件审理能力、案件监管能力等几个核心专业能力得以提升的基本状况。

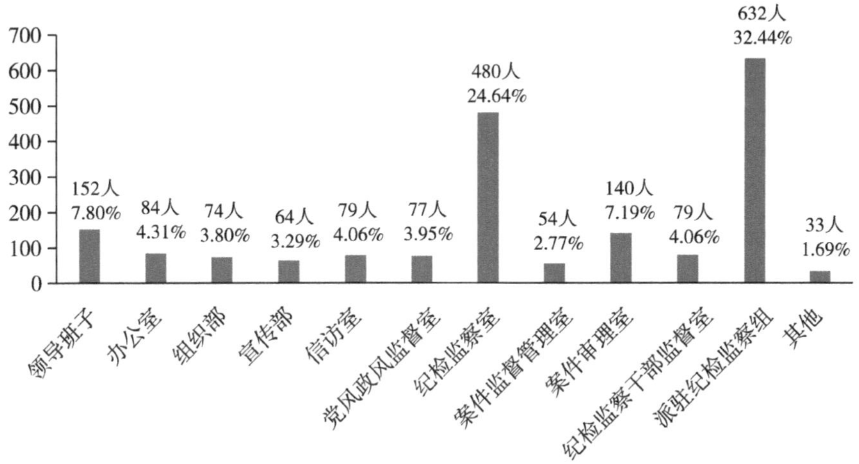

图4-5　县级纪检监察干部工作岗位统计

1. 党纪适用能力有所提升

党纪适用能力具体是指纪检监察干部熟练依据并运用各种成文和不成文的党内纪律规矩履行党内监督、执纪和问责三类具体职责的专门能力。我们通过对党纪适用能力的调查和访谈分析,县级纪检监察干部的党纪适用能力虽有不足,但是总体处于较好状态。首先,在“全方面把握相关党规党纪、党纪解释和党纪政策,正确理解党纪条文和适用条件,对于一般性案件能够准确适用党纪”方面,虽然没人选择自评为“非常好”,但是38.76%的干部选择自评为“好”、40.11%的干部选择自评为“一般”,这两项相加之和为78.87%,这表明了县级纪检监察干部总体上能够较好地胜任工作需要。其次,在“熟练运用相关党规党纪,结合案情对案件准确定性,作出正确的党纪处理”方面,虽然同样没人选择自评为“非常好”,但是选择自评为“好”和“一般”的人员分别占37.16%和42.32%,这两项相加之和为79.48%,这也表明县级纪检监察干部总体上能胜任工作需要。最后,在“具有扎实的党纪知识基础和实践经验,能运用相关党纪解释案件,说明道理”方面,选择自我评价为“非常好”的占比仅5.34%,选择自我评价为“好”的占比是36.66%，选择自我评价为“一般”的占比达40.58%，这三项相加之和为82.58%，表明县级纪检监察干部总体上能较好地胜任工作需要（见表4－3）。

表4－3　县级纪检监察干部纪法适用能力调查状况（n＝1693人）①

调查项目		非常好（%）	好（%）	一般（%）	不好（%）
党纪适用能力	全方面把握相关党规党纪、党纪解释和党纪政策，正确理解党纪条文和适用条件，对于一般性案件能够准确适用党纪	0	38.76	40.11	21.13
	熟练运用相关党规党纪，结合案情对案件准确定性，作出正确的党纪处理	0	37.16	42.32	20.52
	具有扎实的党纪知识基础和实践经验，能运用相关党纪解释案件，说明道理	5.34	36.66	40.58	17.42
国法适用能力	全方面把握相关法律法规条文、原则和精神，正确理解法律法规适用条件，对于一般性案件能够准确适用法律	7.28	36.13	38.87	17.72
	熟练运用相关法律法规，结合案情对案件准确定性，作出正确的法律处理	8.51	37.48	39.59	14.42
	具有扎实的法律知识基础和实践经验，能运用相关法律解释案件，说明道理	6.18	37.22	40.95	15.65

2. 国法适用能力有所提升

国法适用能力是指纪检监察干部熟练依据并运用相关成文的国家法律法规履行国家监督、调查和处置三类职责的专门能力。通过对国法适用能力的调查和访谈，我们发现，尽管分别有百分之一二十的干部自认为国法适用能力“非常好”和“不好”，但是其他绝大多数干部是“好”或“一

① 我们在此调查的1693人，是在“图4－5　县级纪检监察干部工作岗位统计”中除去县级纪委监委内设的办公室、组织部等综合办公部室和“其他”之外的所有干部人数。对于县级纪委监委的领导班子成员和派驻纪检监察组成员，我们认为这两类干部也同样应当具备纪法适用能力。

般”。在“全方面把握相关法律法规条文、原则和精神,正确理解法律法规适用条件,对于一般性案件能够准确适用法律”方面,7.28%的干部选择自评为“非常好”,36.13%的干部选择自评为“好”,38.87%的干部选择自评为“一般”,这三项相加之和为82.28%。这表明其此项能力在总体上能胜任工作需要。在“熟练运用相关法律法规,结合案情对案件准确定性,作出正确的法律处理”方面,选择自我评价为“非常好”、“好”和“一般”的干部人数分别占8.51%、37.48%和39.59%,这三项相加之和为85.58%。这表明其此项能力可胜任工作需要。而在“具有扎实的法律知识基础和实践经验,能运用相关法律解释案件,说明道理”方面,选择自我评价为“非常好”、“好”和“一般”的干部人数分别占6.18%、37.22%和40.95%,这三项相加之和为84.35%。这表明此项能力在总体上能胜任工作需要(见表4-3)。

3.线索处置能力有所提升

信访室干部和派驻纪检监察组干部处理来自检举控告、信访举报、交办转办等方式所反映公职人员违规违纪、涉嫌职务违法、职务犯罪或违反职业操守等问题线索时,只有具备较强的线索发现、研判和处理等能力,才能敏锐地从各种“信息源”中发现问题并正确高效地处置问题。在对X省内26个县级纪委监委信访室79名干部和派驻纪检监察组632名干部的问卷调查和个别访谈中,我们了解到他们在线索处置能力调查问题的回答中,大多数人表现出较强的专业能力。在“能从信访举报中分析发现违纪违法行为”方面,7.04%的干部对自己的评价是“非常好”,38.12%的干部对自己的评价是“好”,40.21%的干部对自己的评价是“一般”,这三项相加之和为85.37%。这表明县级纪检监察干部的此项能力在总体上能较好地胜任工作需要。在“能与信访举报群众沟通,判断其举报内容的真实性和可查性”方面,3.56%的干部对自己的评价是“非常好”,37.48%的干部对自己的评价是“好”,40.89%的干部对自己的评价是“一般”,这三项相加之和为81.93%。这也表明县级纪检监察干部的此项能力可胜任工作需要。在“能对各类举报内容进行初步判定、准确甄别并正确分类”方面,5.39%的干部自我评价是“非常好”,38.01%的干部自我评价是“好”,40.54%的干部对自己的评价是“一般”,这三项相加之和为83.94%,这也表明县级纪检监察干部的此项能力在总体上能胜任工作需要(见表4-4)。

表4－4　县级纪检监察干部线索处置能力状况调查（n＝711人）

调查项目		非常好（%）	好（%）	一般（%）	不好（%）
线索处置能力	能从信访举报中分析发现违纪违法行为	7.04	38.12	40.21	14.63
	能与信访举报群众沟通，判断其举报内容的真实性和可查性	3.56	37.48	40.89	18.07
	能对各类举报内容进行初步判定、准确甄别并正确分类	5.39	38.01	40.54	16.06

4. 审查调查能力有所提升

审查调查能力是指纪检监察机关纪检监察室干部依据党内法规和国家法律法规的规定，对涉嫌违规违纪、职务违法或者职务犯罪行为进行证据收集、查明案情及依纪依法采取相关措施的专门能力。在对X省内26个县级纪委监委各纪检监察室共480名干部的问卷调查和个别访谈中，我们了解到他们在案件审查调查能力方面，总体上表现出较好的专业能力，但是也存在一定不足。在“能正确理解和严格遵循审查调查的程序及其要求”方面，选择自评为“非常好”的人占8.76%，选择自评为“好”和“一般”的人分别占38.41%和35.23%，这三项相加之和为82.40%。这表明县级纪检监察干部的此项能力在总体上可较好地胜任工作需要。在“能正确使用纪律审查措施和监察调查措施，严守相关规定无差错”方面，选择自评为“非常好”的人占4.31%，选择自评为“好”和“一般”的人分别占38.40%和40.61%，这三项相加之和为83.32%。这表明县级纪检监察干部的此项能力可较好地胜任工作需要。在“能规范制作和使用相关纪律及法律文书”方面，选择自评为“非常好”的人占6.15%，选择自评为“好”和“一般”的人分别占38.12%和40.27%，这三项相加之和为84.54%。这表明县级纪检监察干部的此项能力在总体上较好地胜任了工作需要（见表4－5）。我们从相关资料中了解到，X省内县级纪检监察干部办案经历不断丰富。具体体现为，“X省县级纪检监察干部中具有审查调查经历人数逐年上升，2022年占比达73.3%，同2019年相比增长7.2%”①。一个县级纪检监察干部若具有较为丰富的办案经历，那么他就具有更强的审查调查能力。

① 《X省纪委监委研究室工作报告》，2023年1月12日。

表 4-5　县级纪检监察干部审查调查能力状况调查（n=480 人）

调查项目		非常好(%)	好(%)	一般(%)	不好(%)
审查调查能力	能正确理解和严格遵循审查调查的程序及其要求	8.76	38.41	35.23	17.60
	能正确使用纪律审查措施和监察调查措施,严守相关规定无差错	4.31	38.40	40.61	16.68
	能规范制作和使用相关纪律及法律文书	6.15	38.12	40.27	15.46

5. 案件审理能力有所提升

案件审理能力是指纪检监察机关案件审理室对审查调查部门审查调查终结后移送来的涉嫌违规违纪或者职务违法、职务犯罪案件,严格依照党内法规和国家法律进行审核把关,并提出纪律处理或纪律处分、政务处分意见的专门能力。在对 X 省内 26 个县级纪委监委案件审理室 140 名干部的问卷调查和个别访谈中,我们了解到他们在案件审理能力方面调查问题的回答中,绝大多数人表现出较好的专业能力。在“能根据党规党纪和法律法规,对案情及线索处置、审查调查和文书笔录制作等工作情况进行审核把关纠错”方面,选择自评为“非常好”的干部占 7.35%,选择自评为“好”和“一般”的干部分别占 31.17% 和 45.23%,这三项相加之和为 83.75%。这表明县级纪检监察干部的此项能力能胜任工作需要。而在“能够多渠道获取相关信息,进行合理的关联和思考,准确认定案件性质和判断案件查办合规合法合理与否等情况”方面,选择自评为“非常好”的干部占 10.16%,选择自评为“好”和“一般”的干部分别占 40.13% 和 35.47%,这三项相加之和为 85.76%。这也表明县级纪检监察干部的此项能力在总体上较好地胜任了工作需要。在“能够抓住核心问题和关键矛盾,联系各种因素,进行全方位思考,提出正确的纪律处理或纪律处分、政务处分意见”方面,选择自我评价为“非常好”的干部占比是 10.58%,选择自我评价为“好”和“一般”的干部分别占 43.31% 和 30.34%,这三项相加之和为 84.23%,表明县级纪检监察干部的此项能力在总体上较好地胜任了工作需要(见表 4-6)。

表 4－6　县级纪检监察干部案件审理能力状况调查(n＝140 人)

调查项目		非常好(%)	好(%)	一般(%)	不好(%)
案件审理能力	能根据党规党纪和法律法规,对案情及线索处置、审查调查和文书笔录制作等工作情况进行审核把关纠错	7.35	31.17	45.23	16.25
	能够多渠道获取相关信息,进行合理的关联和思考,准确认定案件性质和判断案件查办合规合法合理与否等情况	10.16	40.13	35.47	14.24
	能够抓住核心问题和关键矛盾,联系各种因素,进行全方位思考,提出正确的纪律处理或纪律处分、政务处分意见	10.58	43.31	30.34	15.77

6. 案件监管能力有所提升

案件监管能力是案件监督管理能力的简称,是指纪委监委案件监督管理室干部体现出来的专业能力,主要包括管理问题线索、提出分办意见和监督案件办理等方面的能力。在对 X 省内 26 个县级纪委监委案件监督管理室 54 名干部的问卷调查和个别访谈中,我们了解到他们在案件监管能力方面调查问题的回答中,绝大多数人表现出较好的专业能力,没有自我评价为“不好”的情况。在“能熟练对问题线索进行集中管理,定期汇总”方面,24.12% 的干部选择自评为“非常好”,45.63% 的干部选择自评为“好”,30.25% 的干部选择自评为“一般”。“能根据案件问题线索的特征,提出分办意见”方面,选择自我评价为“非常好”的人占比是 20.41%,选择自我评价为“好”和“一般”的人分别占比为 44.21% 和 35.38%。“能及时对案件的调查进程和结果进行跟进及监督”方面,选择自我评价为“非常好”、“好”和“一般”的人分别占比是 26.63%、43.23% 和 30.14%(见表 4－7)。

表 4－7　县级纪检监察干部案件监管能力状况调查(n＝54 人)

调查项目		非常好(%)	好(%)	一般(%)	不好(%)
案件监管能力	能熟练对问题线索进行集中管理,定期汇总	24.12	45.63	30.25	0
	能根据案件问题线索的特征,提出分办意见	20.41	44.21	35.38	0
	能及时对案件的调查进程和结果进行跟进及监督	26.63	43.23	30.14	0

（三）专业精神得到初步彰显

纪检监察队伍专业精神，是指纪检监察干部基于纪检监察职业特性，在一定专业知识和专业能力基础上形成的理想信念、思维作风、道德操守和价值观等的总称。专业精神是专业化建设的动力和灵魂。考察县级纪检监察干部专业精神的强弱情况：一方面可以通过县级纪检监察干部对专业精神在纪检监察工作中是否重要的态度和对从事纪检监察工作应当具备哪些专业精神的认知来判断。一般来说，那些认为专业精神越重要和对专业精神构成内容认知越准确的人，相对而言其专业精神就会增强越快，进而保持一个相对较高的水平。另一方面可以通过对县级纪检监察干部的各项专业精神的访谈来判断。虽然这种访谈可能由于调查对象的主观原因有一定误差，但是从 140 名个别访谈对象的共性结果中还是可以判断出其整体状况的。通过对 X 省内 26 个县级纪委监委干部线上线下问卷调查和 11 个县级纪委监委干部的线下个别深度访谈，我们发现当前县级纪检监察干部的专业精神均得到了一定彰显。这具体体现在以下几个方面。

1. 从纪检监察干部对专业精神重要与否的态度来看

我们通过调查发现，在有效填写的线上线下 1948 份调查问卷中，绝大多数县级纪检监察干部认为专业精神在纪检监察工作中“非常重要”（占比为 22.17%）和“重要”（占比为 46.05%），仅有 7.96% 的人认为“不重要”、23.82% 的人认为“不好说”（见图 4－6）。

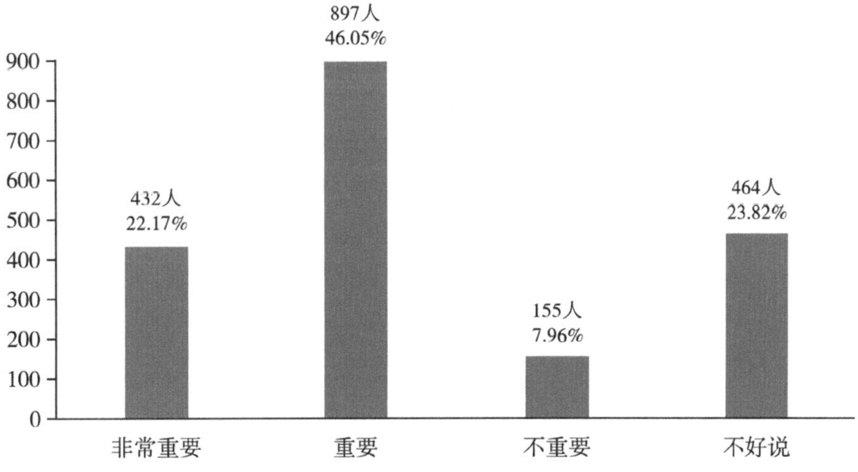

图 4－6　县级纪检监察干部认为专业精神在纪检监察工作中是否重要的统计

图 4－6 反映出县级纪检监察干部对专业精神重要性的总体认知。这种总体认知虽然具有主观性，但是至少在一定程度上反映出县级纪检监察干部队伍对专业精神的重要性有了较为明确的认识。

2. 从纪检监察干部对专业精神构成内容的认知来看

抽样调查的1948名X省内县级纪检监察干部中，绝大多数人认为专业精神作为确保纪检监察工作高质量发展的精神动力，有着复杂多样的内容构成。他们在回答调查问卷中提出的“您认为县级纪检监察干部应当具备的专业精神主要包括哪些”之问中，大多数人对各选项作出了较为明确的选择（见表4－8）。

表4－8　认为县级纪检监察干部应当具备哪些专业精神统计

专业精神类型	被选次数（次）	选项百分比（%）
信念坚定	1892	97.13
政治忠诚	1890	97.02
恪守纪法	1834	94.15
敬业担当	1830	93.94
客观公正	1847	94.82
理性文明	1726	88.60
廉洁奉公	1912	98.15
其他	315	16.17

从表4－8可看出，县级纪检监察干部对专业精神不仅有一定认知，而且还对其构成内容有明确区分。这在一定程度上反映出当前县级纪检监察干部对专业精神的认知在提升。

3. 从纪检监察干部对自身专业精神状况的访谈来看

我们通过对X省内11个县级纪委监委140名纪检监察干部的线下个别访谈发现，部分干部不仅对专业精神的内涵和作用等理论问题有自己的理解与认识，而且对专业精神的建设和培育等实际问题也有自己的思考与看法。

（1）对专业精神基本概念的看法。尽管县级纪检监察干部大多不能完全科学地界定专业精神，但他们中的大多数人能从构成要素和基本特点等方面对专业精神作出一定解释。比如，有人认为：“专业精神不应是一个抽象的概念，而是有多样内容的具体概念。信念坚定、忠诚敬业、勇于担当、敢于斗争、精益求精、无私奉献等，都应该是县级纪检监察干部专业精神的体现。”[①]有人则认为:“纪检监察干部专业精神具有综合性、内隐性和导向性等特点。专业精神的构成内容,不应是单一的,而应是多样的。比如,忠诚担当、敬业奉献、专注认真、遵纪守法等,都可以说是纪检监察干部专业精神的重要构成内容。”[②]也有人认为:“从事纪检监察工作,不仅需要专业知识和专业能力,还要具有信念坚定、政治忠诚、纪法严明和客观公正的专业精神。专业精神看起来具有抽象性,但是专业精神在实践上具有鲜明的针对性和指向性;专业精神在构成内容上具有多样性;专业精神在形成过程上具有长期性;专业精神在作用发挥上具有重要性。”[③]这些干部对专业精神的理解反映出他们对从事纪检监察工作所应当具备何种专业精神,已经有了初步认知。

(2)对于专业精神作用的认识。我们通过问卷调查发现,有 22.17% 的县级纪检监察干部认为专业精神“非常重要”、有 46.05% 的县级纪检监察干部认为“重要”,两项之和占比近 70% 。可以说,绝大多数县级纪检监察干部认为,专业精神很重要,并不是可有可无的。我们在个别访谈中也发现,大多数人认为具有良好的专业精神,不仅有助于自身做好工作,也有助于自身的职业发展。有人认为:“专业精神可以弥补纪检监察干部在专业知识与专业能力方面的不足,能够激发纪检监察干部干事创业的热情和潜力。”[④]有受访者谈道:“专业精神集中反映党、国家和人民对纪检监察人员的期待和要求,为全体纪检监察人员提供统一的行为指引、价值导向和内驱动力,是其内在价值观、职业理想、职业信念和职业道德的集中体现。如果没有专业精神的指引和支撑,从事纪检监察工作就只能是为了混口饭吃的营生。专业精神对于纪检监察干部切实干好工作具有指导和动力作用。”[⑤]

(3)对于如何增强专业精神的思考。在 2021—2023 年不同时段的个别访谈中,我们均发现县级纪检监察干部基于自己的认知和自身的岗位,提出了不少具有针对性和可操作性的对策建议。有一些人认为:“应该加强对县级纪检监察干部职业道德、职业理想和职业价值观等的教育培训来增强其专业精神。”[⑥]还有一些人认为:“应该通过日常工作实践磨砺和专

① 来自对 NSJAXL20220527 的访谈。
② 来自对 ASSQQL20230420 的访谈。
③ 来自对 GSSTXY20230508 的访谈。
④ 来自对 RSQWXN20220608 的访谈。
⑤ 来自对 LSRXL20230516 的访谈。
⑥ 来自对 PSPDQY20230524 的访谈。

门教育培训相结合的方式来增强县级纪检监察干部专业精神。”①也有部分人提出:“党和国家有必要通过建立健全相关规章制度来规范和引导纪检监察干部的职业心理、职业态度、职业价值观及职业行为来增强专业精神。”②还有人提出:“鉴于专业精神本身的特殊性和内隐性,塑造、培养和增强县级纪检监察干部的专业精神并不能一夜速成和一蹴而就。因此,对于塑造、培养和增强县级纪检监察干部专业精神,除了需要各级组织采取教育培训、工作历练和制度规范等多管齐下方式来推进之外,也需要各个纪检监察干部自身通过端正职业态度、增强职业认同、加强理论学习、注重实践锻炼和重视自我修养等方式进行努力。”③总体而言,大多数县级纪检监察干部认为增强专业精神,不仅非常重要,也非常紧迫。但是,他们也认为,增强专业精神不单是纪检监察干部个人需要努力的事情,更需要各级纪检监察机关采取多种方式来培养。

二、X省内县级纪检监察队伍专业化建设的主要不足

通过2021—2023年不同时间段对X省内20多个市州20多个县级纪委监委和派驻纪检监察组1948名干部的实证调查,我们发现,当前地处基层、人数众多、作用突出的县级纪检监察干部队伍的专业化建设水平在总体上已得到较快提升,并取得了较为明显的成效。但是,面对新时代大力推进基层纪检监察工作高质量发展的新形势新任务新要求,县级纪检监察干部队伍专业化建设水平仍然存在不小差距,仍然存在一些突出问题。比如,在我们关于“县级纪检监察干部对本单位专业化建设成效的认识”的调查中,有效样本总数为1948份,持肯定性观点的占比仅为58.26%(其中,“非常好”占比为19.09%,“好”占比为39.17%),持否定性和怀疑性观点的占41.74%(“不好”和“不好说”两个选项占比之和)(见图4-7)。

---

① 来自对MSNXQN20220526的访谈。

② 来自对GSSTXL20230508的访谈。

③ 来自对ASSQQL20230420的访谈。

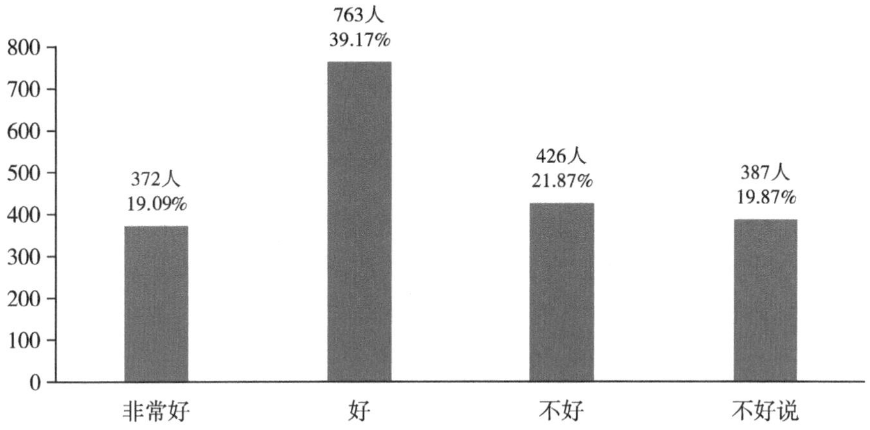

图 4－7 县级纪检监察干部对本单位专业化建设成效的认识情况统计

在新时代党风廉政建设和反腐败斗争面临新形势新任务新要求的情况下，切实推进基层纪检监察工作高质量发展不仅需要县级纪检监察工作人员更具有专业知识、专业能力和专业精神，而且对县级纪检监察队伍专业化建设提出了更高的要求。但是，从调查情况来看，我国当前县级纪检监察队伍专业化建设水平仍然有待提高。比如，就我们关于县级纪检监察干部对队伍“专业化建设中存在的突出问题是什么”的调查来看，“专业知识不扎实”、“专业能力不过硬”和“专业精神不够强”均分别被比例不低的纪检监察干部认为是突出问题（见图 4－8）。总之，无论是在专业知识结构上，还是在专业能力水平上，抑或在专业精神培养上，县级纪检监察队伍专业化建设都还存在较多突出问题。具体而言，主要体现在以下方面。

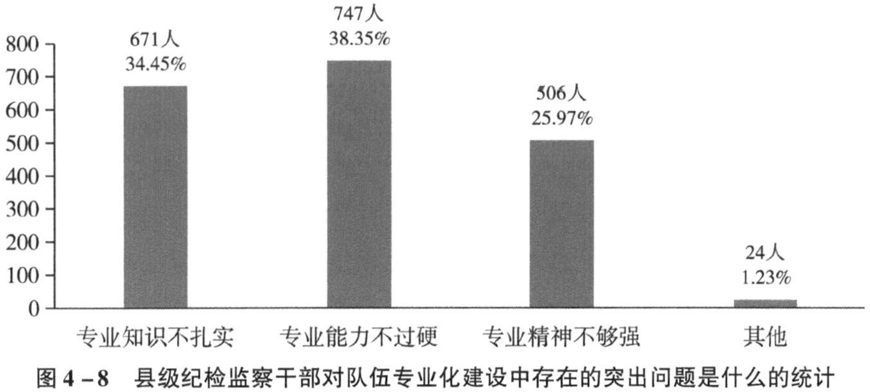

图 4－8 县级纪检监察干部对队伍专业化建设中存在的突出问题是什么的统计

（一）专业知识不系统不扎实

尽管我们在上文中已客观分析指出了县级纪检监察队伍的专业知识从整体上看有了逐步增长，但是从基层纪检监察工作高质量发展新要求和制约县级纪检监察干部专业知识提升的主客观因素来看,不可否认的是,县级纪检监察队伍在专业知识的系统性和扎实性上还存在一些不足。具体来看,这些不足主要表现在以下几个方面。

1. 从县级纪检监察干部所学专业来看,存在所学专业同纪检监察工作不太相关的结构性问题

通过对1948名县级纪检监察干部进行问卷调查,我们发现职前职后所学专业同纪检监察工作有紧密相关性的法学(占比13.30%)、中共党史党建学(占比1.08%)、马克思主义理论(占比2.98%)、政治学(占比0.41%)、经济学(占比4.26%)、会计学(占比4.41%)、金融学(占比1.49%)、财政学(占比1.95%)、审计学(占比2.41%)、统计学(占比1.90%)、侦查学(占比3.70%)、公共管理(占比5.49%)、心理学(占比0.97%)等专业的县级纪检监察干部加起来,其人数在1948人中仅占44.35%,尚未达到1/2(见图4-1)。

然而,与此形成鲜明对比的是,学习同纪检监察工作并不太相关专业的人数占到了我们所调查的1948人中的55.65%。在这55.65%的占比中,不仅有汉语言文学(占比10.16%)和英语(占比6.57%)两个语言文字类通用型专业,更有占比达25.31%的名目繁多的"其他"专业。我们对调查对象所填的"其他"专业进行统计核实后发现,"其他"包括以下学科专业:新闻学、广播电视学、广告学、传播学、播音与主持、网络与新媒体等新闻学类专业;美术学、艺术设计、平面设计、电脑美术设计、数字媒体艺术、摄影、服装设计与工程等美术学类专业;体育学、运动训练、运动康复等体育学类专业;数学教育、计算数学、应用数学和数理统计等数学类专业;物理教育、理论物理学、应用物理学、材料物理等物理学类专业;应用电子科学与技术、电子信息工程、电气工程与自动化、电子仪器测控等电子学类专业;化学教育、有机化学、无机化学、分析化学、物理化学、生物化学和应用化学等化学类专业;生物教育、生物技术、生物工程、动物科学、植物保护、林学、农学、园艺学、林业技术与管理等生物(生态、林学和农学)类专业;地理科学、资源环境科学、地理信息系统、环境工程、水文与水资源工程、国土管理与开发、资源环境与城乡规划管理等地理科学类专业;临床医学、预防医学、中西医临床医学、兽医学、动物医学、法医学、护理等医学类专业;食品科学与工程、食品质量与安全、食品工艺等食品科学与工程类专业;建筑学、建筑环境与设备工程、建筑经济管理、城乡规划、风景园林等建筑学类专业;土木工程、工程管理、道路与桥梁工程、勘察技术与工程、工业与民用建筑工程等土木类专业;机械制造、数控技

术、控制科学与工程、测控技术与仪器、机械电子工程、机械工程及自动化、机械设计制造及其自动化等机械学类专业；汽车运用工程、车辆工程、道路交通管理等交通运输类专业；军事程控交换指挥、步兵分队指挥、炮兵指挥、武警内卫指挥、通信指挥、飞行器制造、航空宇航推进理论与工程、飞行管制与指挥等军事学类专业。另外，还有材料科学与工程、水利水电工程、石油与天然气工程、油气储运工程、冶金工程、纺织工程、人口与计划生育管理等更零星的专业。

虽然这些“非科班”出身的县级纪检监察干部通过进入纪检监察系统后的在职深造、继续教育和在职培训，在一定程度上改善了自身同纪检监察工作不相关的专业知识结构，逐步丰富了自己的专业知识内容，但是通过在职深造、继续教育和在职培训所获得的专业知识，与科班出身的县级纪检监察干部所获得的专业知识毕竟还是有所差异的。这种差异不仅体现在其专业思维和专业意识上，也体现在其对专业知识掌握的广度和深度上。不具有广博和专精的专业知识，不可避免地会在一定程度上影响到县级纪检监察干部队伍工作的质效。对于这一点，一些县级纪检监察干部在回答“自身专业知识是否满足工作需要”问题时，也提供了很好的佐证(见图4－9)。

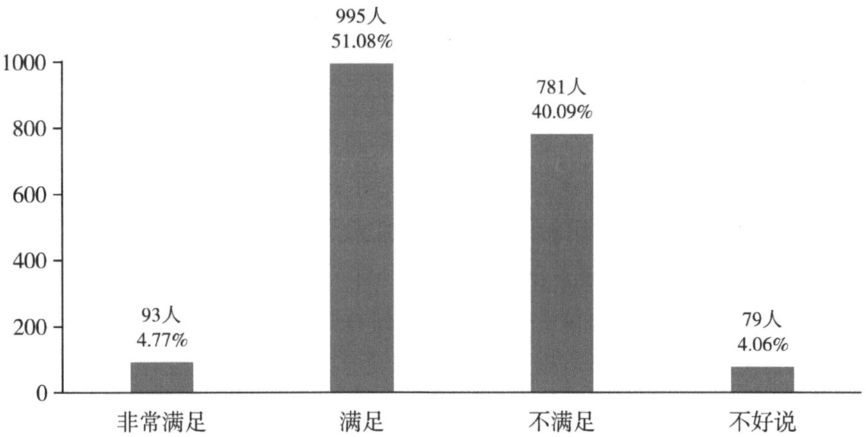

图4－9　县级纪检监察干部自身专业知识是否满足工作需要的情况统计

从图4－9可看出，在1948名县级纪检监察干部中，虽然共有占比55.85%(“非常满足”和“满足”占比之和)的人认为自身具有的专业知识能够满足工作需要，但是仍有40.09%的人认为自身专业知识尚不能满足工作需要。若将“不好说”认定为“不满足”的话，则“不满足”的占比将达到44.15%，这是一个值得注意的不小比例。

2. 从县级纪检监察干部所获学历来看，存在因受教育方式特殊而致掌握专业知识不系统问题

尽管学历并不能完全代表能力、文凭并不能完全等同于水平，但是中外众多教育科学研究成果早已证明，学历和文凭同能力及水平有着紧密的正相关性。我们通过对 1948 份调查问卷的分析发现，在目前的县级纪检监察干部队伍中仍然存在 45.84% 的人员没有接受过全日制教育，而是通过非全日制教育获得相应学历的（见图 4 – 10）。

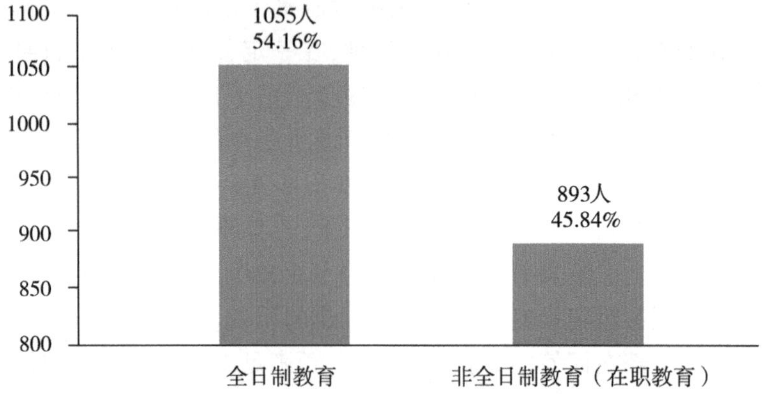

图 4 – 10　县级纪检监察干部获得最后学历的学习方式统计

众所周知，非全日制教育对专业知识掌握的全面性、系统性和深入性，显然不同于全日制教育。在目前的县级纪检监察干部队伍中，仍然有近 50% 的人通过非全日制教育这种“半路出家”或“自学成才”的方式，走上纪检监察业务工作岗位。这些非“科班出身”的领导班子成员和业务干部，较多是以“师傅带徒弟”“同行传帮带”等方式，从零碎而具体的工作实践中学习和把握专业知识的。这些纪检监察干部通过“干中学”方式所获得的知识，存在经验成分多、理论底色少和零碎性明显等特点。“您获得从事纪检监察工作所需基本专业知识的途径有哪些”这个多选题的选择，反映出县级纪检监察干部掌握的专业知识更多靠入职后接受培训、工作实践、个人自学等途径来获得，具体情况见表 4 – 9。县级纪检监察干部通过这些途径获得的专业知识，虽然在一定程度上弥补了其专业知识“先天不足”的问题，但是也难以避免其掌握的专业知识存在不全面不系统不深刻的问题。系统深刻的专业知识是有效开展纪检监察工作的前提和基础。俗话说，“基础不牢地动山摇”。专业知识底子不系统不扎实，会不可避免地影响县级纪检监察干部的履职尽责。

表 4－9　县级纪检监察干部获得从事纪检监察工作所需基本专业知识的途径统计

主要途径	选择次数(次)	选择次数占总人数的百分比(%)
入职前学校读书获得	327	16.79
入职前工作实践获得	835	42.86
入职后接受培训获得	1108	56.88
入职后工作实践获得	1749	89.78
入职后个人自学获得	925	47.48
入职后在职读书获得	86	4.41

3. 县级纪检监察干部掌握的知识状况呈现的薄弱之处反映出其掌握专业知识不扎实问题

在多选题“您认为自己掌握得比较薄弱的基本专业知识是哪些”的回答中，我们分析发现分别有 85.68%、70.43%、69.71% 和 58.88% 的县级纪检监察干部认为自己在掌握财会金融、法律法规、党规党纪、思政工作等知识上存在较为明显的薄弱之处（见表 4－10）。在针对 11 个县级纪委监委 140 名干部的个别访谈中，我们也发现类似情况的存在。

表 4－10　县级纪检监察干部掌握基本专业知识存在薄弱情况的统计

知识类型	选择次数(次)	选择次数占总人数的百分比(%)
政治理论知识	734	37.68
党史党建知识	751	38.55
党规党纪知识	1358	69.71
法律法规知识	1372	70.43
财会金融知识	1669	85.68
思政工作知识	1147	58.88
文书与笔录制作知识	853	43.79
其他	357	18.33

法律法规知识、党规党纪知识、财会金融知识、思政工作知识等作为县级纪检监察干部从事纪检监察工作必需的核心类专业知识，存在较为明显而集中的薄弱问题，不仅反映出县级纪检监察干部掌握专业知识不够扎实，而且也较大程度上影响到县级纪检监察队伍专业化建设水平，进而制约县级纪检监察工作高质量发展。

总之，县级纪检监察干部学习和掌握的专业知识结构不合理、内容不系统和基础不扎实等问题，会在较大程度上影响到县级纪检监察干部队伍专业化建设的水平。因此，这是一个值得高度关注和认真解决的现实问题。

（二）专业能力不全面不精湛

尽管近年来我国县级纪检监察干部队伍的专业能力有了较快提升，但是面对纪检监察工作高质量发展的新形势新任务新要求，却呈现出较为突出的不全面不精湛问题。这主要体现在以下几方面。

1. 不能充分适应反腐形势变化后的新要求

在新时代驰而不息的高压反腐新形势新要求之下，基层腐败案件仍然在一定层面上存在多发频发现象。县、乡、村（社区）的基层涉案人员不仅腐败手段“花样百出”，反监督反调查能力也有所增强。这些都要求县级纪检监察干部具备更强的纪检监察工作办案专业能力。但是，县级纪检监察队伍的实际情况并不完全如此。首先，就发现甄别问题来看，县级纪检监察干部的线索处置能力还不够全面不够精湛。县级纪检监察机关查办案件的问题线索虽然有检举、控告、举报、转办和交办等多种来源，但在县、乡、村（社区），较为主要的查办案件的问题线索还是来自群众的检举揭发和信访举报。由于群众在检举揭发和信访举报时反映问题的方式和内容并不能做到规范与翔实，仅能给信访室人员留下粗略模糊而复杂多样的线索。再加上国家监委设立以来监督对象的扩大，县级纪委监委面临的信访举报线索越来越多，纪检监察人员需要具备正确而快速研判、初核和处置举报线索的专业能力。

但是，调查结果显示，首先，在线索处置能力方面，仅有极少数干部认为自身此类能力“非常好”，多数干部认为自己只是“较好”或“一般”。比如，在“能从信访举报中分析发现违纪违法行为”方面，虽然有 7.04% 的干部选择自评为“非常好”、38.12% 的干部选择自评为“好”，但是有 14.63% 的干部选择自评为“不好”。若这个数据加上有些干部选择自评情况为“一般”的 40.21%，则表明在此项能力上有 54.84% 的干部胜任力尚不很强。在“能与信访举报群众沟通，判断其举报内容的真实性和可查性”方面，虽然有 3.56% 的干部选择自评为“非常好”、37.48% 的干部选择自评为“好”，但是有 18.07% 的干部选择自评为“不好”。若这个数据加上有些干部选择自评情况为“一般”的 40.89%，则表明在此项能力上有 58.96% 的干部胜任力不太强。在“能对各类举报内容进行初步判定、准确甄别并正确分类”方面，虽然有 5.39% 的干部选择自评为“非常好”、38.01% 的干部选择自评为“好”，但是有 16.06% 的干部选择自评为“不好”。若这个数据加上有些干部选择自评情况为“一般”的 40.54%，则表明在此项能力上有 56.6% 的干部胜任力不够强。具体数据信息，参见上文表 4－4。

其次，纪检监察人员的谈话讯问能力也存在不够全面不够精湛的问题。谈话和讯问是依照党内法规及国家法律的规定，纪检监察机关使用的 12 种审查调查基本措施中最常用的 2 种。谈话既是纪律审查措施，也是监察调查措施。谈话可以分为监督谈话、初步核实谈话和立案后的审查调查谈话等类型。但是，我们在此处所指的谈话，是指立案后的审查调查谈话。讯问是指“纪检监察机关工作人员为了获取被调查人涉嫌职务犯罪事实的口供及其他证据，依照法定程序通过言词等方式进行提问并加以固定的一种调查措施”①。讯问只能由国家监察机关行使，不能以党的纪律检查机关名义行使。由于谈话和讯问主要由纪检监察室工作人员来实施，因此我们在此主要以 X 省内 26 个县级纪委监委 480 名填写问卷的纪检监察室干部为例来分析其谈话讯问能力存在的不足。我们通过调查发现，县级纪检监察干部谈话讯问能力有待进一步提升。这具体体现在：在“依纪依法因人而异、因时而异、因事而异，灵活运用法定方式方法进行谈话讯问，能调动谈话讯问对象积极性主动性，把问题说深说透”方面，虽然有 6.78% 的干部选择自评为“非常好”、36.37% 的干部选择自评为“好”，但是也有 13.21% 的干部选择自评为“不好”。若这个数据加上有些干部选择自评情况为“一般”的 43.64%，则表明在此项上有 56.85% 的干部胜任力尚不太强。在“准确把握谈话讯问对象层次和素质差异，实现切实有效的谈话讯问沟通，善于去伪存真，善于把握和突破谈话讯问的重点难点”方面，虽然有 5.96% 的干部选择自评为“非常好”、35.62% 的干部选择自评为“好”，但是也有 16.07% 的干部选择自评为“不好”。若这个数据加上有些干部选择自评情况为“一般”的 42.35%，则表明在此项上有 58.42% 的干部胜任力尚不够强。在“科学分析谈话讯问信息，对确定问题和有价值线索，形成定论；对不明朗的线索，进一步梳理出印证的人和物”方面，虽然有 8.63% 的干部选择自评为“非常好”、37.16% 的干部选择自评为“好”，但是也有 10.09% 的干部选择自评为“不好”。若这个数据加上有些干部选择自评情况为“一般”的 44.12%，则表明在此项上有 54.21% 的干部胜任力不够强（见表 4－11）。

① 王希鹏：《纪检监察学基础》，中国方正出版社 2021 年版，第 449 页。

表 4－11　县级纪检监察干部谈话讯问能力状况调查(n＝480 人)

调查项目		非常好(%)	好(%)	一般(%)	不好(%)
谈话讯问能力	依纪依法因人而异、因时而异、因事而异,灵活运用法定方式方法进行谈话讯问,能调动谈话讯问对象积极性主动性,把问题说深说透	6.78	36.37	43.64	13.21
	准确把握谈话讯问对象层次和素质差异,实现切实有效的谈话讯问沟通,善于去伪存真,善于把握和突破谈话讯问的重点难点	5.96	35.62	42.35	16.07
	科学分析谈话讯问信息,对确定问题和有价值线索,形成定论;对不明朗的线索,进一步梳理出印证的人和物	8.63	37.16	44.12	10.09

最后,纪检监察干部的案件审理能力也存在不够强的问题。在对 X 省内 26 个县级纪委监委案件审理室 140 名干部的问卷调查和个别访谈中,我们了解到他们在案件审理能力方面的回答中,虽然大多数人表现出比较好的专业能力,但是也有不小比例的人认为自己的专业能力尚存在"不好"的情况。比如,在"能根据党规党纪和法律法规,对案情及线索处置、审查调查和文书笔录制作等工作情况进行审核把关纠错"这个业务上,还存在 16.25% 做得"不好"的干部。在"能够多渠道获取相关信息,进行合理的关联和思考,准确认定案件性质和判断案件查办合规合法合理与否等情况"和"能够抓住核心问题和关键矛盾,联系各种因素,进行全方位思考,提出正确的纪律处理或纪律处分、政务处分意见"两个业务上,也存在做得"不好"的问题,其占比分别为 14.24%、15.77%(见表 4－6)。

2. 不能完全匹配履职依据贯通性的新要求

在纪检监察新体制下,县级纪检监察干部需要履行双重职责,既要监督执纪问责,又要监督调查处置。有效履行"双重职责"的高标准严要求,客观上需要县级纪检监察干部既要熟悉党规党纪也要懂得法律法规。但是,据我们调查了解,现实中的县级纪检监察干部由于主客观原因的影响,其监督执纪问责和监督调查处置能力并未达到全面和精湛的水平,从而致使县级纪检监察干部在纪法并行、纪法双守、纪法双施、纪法贯通上难以完全落到实处。当然,这种情况主要体现在他们的党纪适用能力和国法适用能力两大方面。

在对党纪适用能力三个具体维度的调查中，每个方面均有县级纪检监察干部承认自己存在“不好”的情况，而且比例还不低。具体而言，主要表现为：首先，在“全方面把握相关党规党纪、党纪解释和党纪政策，正确理解党纪条文和适用条件，对于一般性案件能够准确适用党纪”维度，没人选择自评为“非常好”，却有 21.13% 的干部选择自评为“不好”。若这个数据加上有些干部选择自评情况为“一般”的 40.11%，则表明在此项能力上有 61.24% 的干部胜任力不强。其次，在“熟练运用相关党规党纪，结合案情对案件准确定性，作出正确的党纪处理”维度，没人选择自评为“非常好”，却有 20.52% 的干部选择自评为“不好”。若这个数据加上有些干部选择自评情况为“一般”的 42.32%，则表明在此项能力上有 62.84% 的干部胜任力不足。最后，在“具有扎实的党纪知识基础和实践经验，能运用相关党纪解释案件，说明道理”维度，有 17.42% 的干部选择自评为“不好”。若这个数据加上有些干部选择自评情况为“一般”的 40.58%，则表明在此项能力上有 58% 的干部胜任力不太强。具体可参见上文中的表 4－3。

在国法适用能力的三个方面，每个方面均有人自评为“不好”，而且占比也不少。具体而言，主要表现为：首先，在“全方面把握相关法律法规条文、原则和精神，正确理解法律法规适用条件，对于一般性案件能够准确适用法律”方面，尽管有 7.28% 的干部选择自评为“非常好”、36.13% 的干部选择自评为“好”，但是有 17.72% 的干部选择自评为“不好”。若这个数据加上有些干部选择自评情况为“一般”的 38.87%，则表明在此项能力上有 56.59% 的干部胜任力还不够强。其次，在“熟练运用相关法律法规，结合案情对案件准确定性，作出正确的法律处理”方面，虽然有 8.51% 的干部选择自评为“非常好”、37.48% 的干部选择自评为“好”，但是仍有 14.42% 的干部选择自评为“不好”。若这个数据加上有些干部选择自评情况为“一般”的 39.59%，则表明在此项能力上有 54.01% 的干部胜任力还不够强。最后，在“具有扎实的法律知识基础和实践经验，能运用相关法律解释案件，说明道理”方面，虽然有 6.18% 的干部选择自评为“非常好”、37.22% 的干部选择自评为“好”，但是有 15.65% 的干部选择自评为“不好”。若这个数据加上有些干部选择自评情况为“一般”的 40.95%，则表明在此项能力上有 56.6% 的干部胜任力还不够强。具体参见上文中的表 4－3。

以上现象，我们认为主要有两个方面的原因：一方面是县级纪委监委干部队伍存在学历层次较低、所学专业不相关等问题。加之受长期从事党内监督及执纪职业习惯的影响，一些县级纪委监委干部在新体制下仍然惯用纪律思维代替法治思维处理案件，还不能完全做到纪律思维与法治思维并重、纪法并行双施，党纪适用能力和国法适用能力还有待进一步提高。另一方面则是在检察院转隶人员中，尽管绝大多数人能较为熟练地运用法律知识，但对党纪政纪知识的熟悉和运用存在短板，纪律思维树立得还不够强。特别是在涉及党员干部违纪线索或违纪问题处理时，转隶人员还不能很娴熟地运用党规党纪、政纪政策和纪律思维来处理，即党纪适用能力有待加强。

3. 不能充分胜任履职方式一体化的新要求

国家监察体制改革完成以后，纪检监察机关，不仅履职内容增加了、履职范围扩大了，而且履职方式也发生了较大变化。简单来说，纪检监察机关面对多样性的履职内容，需要采取一体化而不是分散化的履职方式。因为根据党章的规定，纪委的职责是监督执纪问责；而根据《监察法》的规定，监委的职责是监督调查处置。在2018年纪检监察体制改革完成后，党的纪委和国家监委实行合署办公，纪委监委一体化履行监督执纪问责和监督调查处置双重职责。具体到纪检监察干部，则要求同一批人既履行监督执纪问责职责，又同时性或同步性履行监督调查处置职责。这种一体化的履职方式，不仅对"老纪检"人（纪检监察体制改革前就在纪委从事纪律检查工作的人员）产生了因履职能力不全面不精湛而导致的胜任难问题，也对"新纪检"人（纪检监察体制改革后从人民检察院转隶进来的人员和从其他单位新引进或公招进来的人员）产生了因履职能力不足而导致的胜任难问题。

首先，"老纪检"人履职能力不全面不精湛而导致的胜任难问题，主要体现在履行监督调查处置职责上。即便是那些多年从事纪律检查工作的"老纪检"人在长期履行监督执纪问责职责中，其形成的更多是纪律思维、掌握的更多是党纪知识、练就的是执纪能力，而不是充分满足履行监督调查处置职责需要的法律思维、法律知识和执法能力。面对严格依法且讲程序重证据的监督调查处置职责，"老纪检"人也会面临不少新问题。《监察法》赋予监察委员会12种调查基本措施，如何正确运用这些调查措施，使自己获得的调查证据与检察院公诉、法院刑事诉讼所需证据的要求与标准相一致，在这一点上"老纪检"人还有专业能力不太胜任的问题存在。一方面，我们通过问卷调查发现，这种不太胜任突出体现在调查取证能力上。案件调查取证人员需要对调查取证的各个环节进行把关，既要有扎实的理论功底，又要熟悉各种调查措施。虽然近些年来县级纪委监委的人员配备在数量上有了较大增长，但是专业人才并不多，纪检监察室、案件审理室等业务部室所需既熟悉党规党纪又精通国家法律的人才依然不够多。比如，在“能正确理解和严格遵循调查的程序及其要求”方面，选择自评为“非常好”的人有 8.76%，选择自评为“好”和“一般”的人分别占 38.41% 和 35.23%，而选择自评为“不好”的人占 17.60%。在“能正确使用监察调查措施，严守相关规定无差错”方面，选择自评为“非常好”的人占 4.31%，选择自评为“好”和“一般”的人分别占 38.40% 和 40.61%，而选择自评为“不好”的人占 16.68%。在“能规范制作和使用相关法律文书”方面，选择自评为“非常好”的人占 6.15%，选择自评为“好”和“一般”的人分别占 38.12% 和 40.27%，而选择自评为“不好”的人占 15.46%（见表 4－12）。

表 4－12　县级纪检监察干部调查取证能力调查（n＝480 人）

调查项目		非常好（%）	好（%）	一般（%）	不好（%）
调查取证能力	能正确理解和严格遵循调查的程序及其要求	8.76	38.41	35.23	17.60
	能正确使用监察调查措施，严守相关规定无差错	4.31	38.40	40.61	16.68
	能规范制作和使用相关法律文书	6.15	38.12	40.27	15.46

另一方面，在我们个别访谈过程中，不少纪检监察干部承认这种情况的客观存在。比如，一名县级纪检监察干部向我们说道：“作为一名在纪委工作多年的同志，因为监督执纪问责经验和能力相对较强，在 2019 年下半年领导将我调整到第三纪检监察室工作。尽管工作 3 年了，但是仍然感觉自己在实施调查和处置上的专业知识和专业能力有欠缺。实际上，不仅我有这样的感觉，同我经历类似的同事，也有同感。”①另一位县级纪检监察干部也说道：“因为监督调查处置（特别是其中的调查和处置）是严格依据国家法律、法定程序和法定方式对职务违法和职务犯罪行为进行监督、调查和处置的。这些工作的严谨性、规范性和程序性要求都特别高，都需要我们这些同志既要熟悉党规党纪，更要熟悉国家法律及其相关规则，否则就会出现差错。对此，我和我的同事们经常想方设法自学相关法律法规和参加法律法规培训，努力充电提能，以免能力不足和本领恐慌。”②

其次，“新纪检”人履职能力不足而导致的胜任难问题，主要体现在履行监督执纪问责职责上。根据党章第 46 条的规定，纪委干部要经常开展

① 来自对 NSJAXN20230518 的访谈。
② 来自对 PSPDQN20230524 的访谈。

党纪教育、监督检查、纪律审查、处分问责、控告申诉和党员权利保护等“六项经常性工作”。但是,要在实际工作中一体化完成“六项经常性工作”并取得良好实效,对“新纪检”人来说则需要其对党规党纪具有全面而充分的理解、把握和执行能力。这正如有的县级纪检监察干部所说的那样:“虽然我是一名在检察院工作多年的党员同志,对国家公职人员贪污贿赂、渎职侵权等职务违法犯罪依法进行案件查办与监督教育等工作比较熟悉,但是对严格依照党规党纪对党员干部和广大党员少数监督执纪问责,我却是一个新兵。虽然我知道监督、执纪、问责,三个方面既彼此联系和相互贯通,又各有侧重和具有不同的内涵及要求。监督才能发现问题,发现问题就要执纪,进而对履职不到位的进行问责。但是,监督、执纪、问责三者中,每一项工作的有效完成都会牵扯多个方面。比如,就监督而言,由于《中国共产党党内监督条例》第 4 章和《纪律检查机关监督执纪工作规则》第 3 章就规定了多种纪检机关开展监督检查工作的方法,对于这些工作方法我们要做到非常熟悉并且能准确运用,还是面临不少知识和能力上的考验。尽管参加了很多培训,但是时至今日仍然面临一定的本领欠缺、能力短板。这种本领欠缺、能力短板,其实在执纪和问责履行上也在一定程度上存在。”①

(三)专业精神部分强整体弱

专业精神作为县级纪检监察干部队伍专业化建设的一个重要内容,在县级纪检监察干部队伍专业化建设中具有独特的作用和特殊的价值。专业精神不仅体现了党和人民对纪检监察干部的期待与要求,也为全体纪检监察干部提供了统一的行为指引、价值导向和内驱动力。专业精神是指引县级纪检监察干部职业认同、履职担当、敬业奉献的精神动力和精神风范。由于一个职业从业者的专业精神可以从专业信念、专业态度、专业品质、专业作风、专业价值观等维度去观察和测度,因此县级纪检监察干部队伍专业精神的型塑和现状,也可以从这些方面去观察和测度。

针对县级纪检监察队伍专业精神现状,我们除了对县级纪委监委干部和派驻纪检监察组干部共 140 人实施线下个别访谈获取相关调查信息之外,还在 2022 年在 12 个没有实施线下个别访谈的县级纪委监委和派驻纪检监察组中,随机选择了 24 名干部进行了电话或微信访谈。通过这样的调查,我们发现当前县级纪检监察队伍的专业精神,总体上存在部分强整体弱的问题。具体而言,就是仅有部分县级纪检监察干部在部分专业精神

① 来自对 MSNXQL20230517 的访谈。

内容的认识与践行上表现出显著的“在行”。这实际上说明还有不少县级纪检监察干部在专业精神的认识与践行上还存在模糊的认识与行为,甚至还有人存在一定的缺失问题。

当然,这种部分强整体弱可以从两个方面去分析。一是从干部组成维度(主体维度)去分析,二是从构成内容维度去分析。

1. 从主体维度来看专业精神部分强整体弱问题

(1)领导班子中存在的部分强整体弱问题。

县级纪委监委领导班子大致可以分为行政型领导、业务型领导和人事型领导三类。围绕“专业精神是什么”“专业精神包括哪些”“专业精神是否重要”“同事们的专业精神如何”“你的专业精神如何”等问题,我们对三类领导中的部分人员实施了个别访谈,通过整理访谈资料发现:在县级纪委监委领导班子中,分管信访举报、审查调查、案件审理和案件监管等业务部室的领导成员,从总体上看对上述几个问题以及对恪守纪法、敬业担当和客观公正等具体内容的理解均较为准确具体,但是对信念坚定、政治忠诚和廉洁奉公等具体内容的理解却有一定含糊性。而那些分管办公室、组织部、宣传部、机关党委等综合部室的行政型领导和人事型领导成员,尽管普遍对信念坚定、政治忠诚、理性文明和廉洁奉公等具体内容的理解较为深刻具体,但是对上述几个问题部分人回答得含糊其词。众所周知,言为心声,行为心表。能够对上述问题回答得明确具体且相对准确,可在一定程度上反映出该领导对专业精神的认知、感悟和体认甚至实践,这些领导都比那些回答时模棱两可、含糊其词的领导强。之所以出现这种情况,最根本的原因在于领导干部所分管工作专业性的强弱不同和自身工作岗位流动性的不同。那些分管业务工作的领导,由于分管工作的专业性较强而流动性较弱,故在抓业务工作过程中在恪守纪法、敬业担当和客观公正等方面逐步养成了较强的专业精神,但是对信念坚定、政治忠诚、理性文明和廉洁奉公等方面的理解却不够深刻具体;而那些分管行政和人事工作的领导,由于分管工作的专业性较弱而流动性较强,故在抓行政管理和人事管理工作过程中在信念坚定、政治忠诚、理性文明和廉洁奉公等方面养成了较强的专业精神,但是对恪守纪法、敬业担当和客观公正等方面的理解却不够深刻具体。

(2)部室干部中存在的部分强整体弱问题。

通过问卷调查和访谈调查我们也发现,在县级纪委监委各部室干部中从事信访举报、审查调查、案件审理和案件监督管理等业务工作的部室负责人及其工作干部,在恪守纪法、敬业担当、客观公正和理性文明等方面体现出较强的专业精神,而在其他方面则相对较弱。而那些在办公室、组织部、宣传部、干部监督室、机关党委和直属单位等综合部室的相关干部,在信念坚定、政治忠诚、理性文明和廉洁奉公等方面体现出较强的专业精神,而在其他方面则相对较弱。

我们通过分析访谈调查结果还发现,不仅从事纪检监察工作的类型不同会影响到部室干部专业精神的强弱,部室干部从事纪检监察工作时间长短和专业背景也会影响其专业精神的强弱。一般来说,从事纪检监察工作时间越长,越能形成较强的专业精神。但是,我们收集的1948份有效的问卷调查中,从事纪检监察工作1—3年的人员有792人,占比为40.66%;从事纪检监察工作4—6年的人员有768人,占比为39.43%;这两项相加占比达到了80.09%。而从事纪检监察工作7—9年以上的人数只占10.21%,从事纪检监察工作10年以上的人数仅占9.70%(见图4-11)。这不仅直接反映出县级纪检监察工作的主力军是进入纪检监察机关工作时间不太长的"新人",而且间接反映出较大比例的县级纪检监察干部可能不会长期在纪检监察机关工作,有的可能追求在尽量短的时间内流动出纪检监察机关。数量较多的干部过快过频地因为晋升、转岗和交流而流出县级纪委监委,为了弥补人员空缺,县级纪委监委又不得不频繁通过遴选、公招、借调等方式引入"新人"。如此大的流动性,不仅会影响县级纪检监察队伍专业知识的丰富和专业能力的提高,而且会影响县级纪检监察队伍专业精神的增强。因为相对而言,"新人"的职业认同感、爱岗敬业情、勤勉敬业行、敢于斗争气、勤政为民志等不仅较弱,而且还不够成熟。

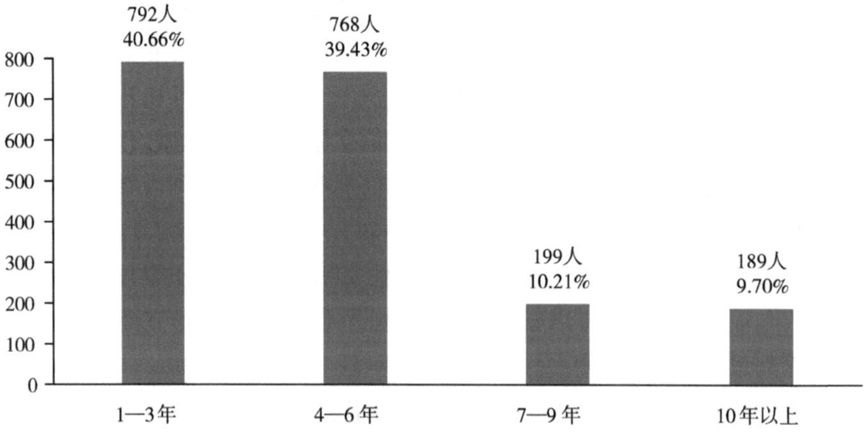

图4-11 县级纪检监察干部从事纪检工作年限情况统计

另外,除了工作时间的长短会在一定程度上影响到专业精神的形成和强弱之外,专业知识背景和专业认同状况也会影响专业精神的强弱。有研究表明，系统接受过全日制专业教育的人，会对自己所学专业和所从事的职业体现出较强的认同感和归属感，而零散接受非全日制教育的人或者“半路出家”的人，对自己所从事职业的认同感和归属感则相对较弱。简而言之，就是接受过某个专业教育的人，会因为接受了该专业教育所产生的“知识共识”而建构起从事同所学专业紧密相关的职业认同。[①] 基于此，我们认为专业知识与专业精神具有一定相关性。如果没有专业知识作为根基，专业精神的型塑或提升则较为缓慢或困难。在前文中我们分析指出，学习同纪检监察工作并不够相关专业的人数，占到了我们所调查的1948人中的55.6%。这些占比为55.6%的干部所学学科专业同纪检监察工作相关性较低，在一定程度上也影响到县级纪检监察干部专业精神的养成和提升。

（3）派驻干部中存在的部分强整体弱问题。

首先，从派驻纪检监察组内部情况来看部分强整体弱问题。派驻纪检监察组中大多仅有组长曾经在一些乡镇或行政部门担任过纪律检查干部或从事过纪律检查工作。这部分干部具有相对较强的纪律检查业务知识和业务能力，从而具有一定的纪律检查专业精神，但是他们没有从事过监察工作，故比较缺乏监督调查处置的业务知识和业务能力。除了组长外，各派驻纪检监察组另外两三名成员大多是来自县级党政部门、乡镇街道、工青妇等人民团体和事业单位的公务员以及参公管理的干部，仅有少数人在入职派驻纪检监察组之前直接或间接从事过纪律检查和监察调查等工作。因此，他们对纪检监察工作的专业信念、专业品性、专业态度、专业价值观等缺乏较为全面的认知，更不要说养成较强的专业精神了。他们只是在入职派驻纪检监察组之后，随着工作阅历和经验的增加，才逐步形成了初步的专业精神。

其次，从派驻干部与机关干部对比来看部分强整体弱问题。正如前文所述，派驻纪检监察组干部大多源于非纪检监察系统且从事纪检监察工作时间较短、职业认同感较弱，而县级纪委监委干部大多直接从事纪律检查和检察院“两反”工作且负责纪检监察工作时间较长。因此，相对于县级纪委监委干部而言，派驻干部的专业精神从整体上看要弱得多。当然，有的人认为，按X省内的政策，派驻纪检监察组的普通成员会被抽调到县级纪委监委相关部室跟班学习和跟案学习或者被重新收归县级纪委监委统

---

① 参见李正东：《社会工作从业人员职业认同及其影响因素研究》，载《华东理工大学学报（社会科学版）》2018年第2期。

一管理统筹安排工作,因此随着业务知识和业务能力的提升,他们也会逐步增强专业精神。这种观点有一定合理性,但是总体来看这些干部专业精神增强的程度非常有限。最为基本的原因在于,这些被抽调或收归县级纪委监委统一管理统筹安排工作的派驻纪检监察组普通成员,限于自身工作经验和身份约束,他们虽然可能在一定程度上提升了个人从事纪检监察工作的业务知识和业务能力,但是并不能安心长久地在派驻纪检监察组甚至县级纪委监委系统工作。不能长久安心地在纪检监察系统工作,则很难奢谈他们能在多大程度上增强专业精神。

2. 从内容维度来看专业精神部分强整体弱问题

从内容维度来看,县级纪检监察队伍的专业精神可以从专业信念、专业品性、专业意识、专业态度和专业价值观等方面考察。当然,这五个方面又可以分别细分成多个小的方面。

(1)专业信念方面的部分强整体弱。

专业信念主要可从是否坚持社会主义、永远跟党走、公平正义、客观公正、理性文明等方面去观察和测度。调查发现,无论是县级纪委监委领导班子,还是县级纪委监委干部和派驻纪检监察组干部,都在坚持社会主义和永远跟党走上表现出坚定的信念。但是,值得注意的是上述各类别干部对公平正义、客观公正和理性文明的信念存在一定差异性和模糊性。比如,县级纪委监委综合部室的一些干部对公平正义、客观公正的坚信程度就不如业务部室的干部,而业务部室的一些干部在理性文明上的坚信程度又不如综合部室的干部。而对于派驻纪检监察组干部来说,无论是组长还是普通组员,他们对公平正义、客观公正和理性文明等的信念坚定程度在一定程度上则有别于县级纪委监委部室干部。调查发现,甚至个别地方派驻纪检监察组干部在这三项上的信念坚定程度整体上不如县级纪委监委部室干部。当然,在有关专业信念各维度的坚定程度上,不仅各地干部呈现出一定差异性,而且即便在同一地不同层级、不同部室和不同派驻纪检监察组之间也存在一定差异性。这种差异性实际上反映出县级纪检监察队伍专业信念坚定性需要进一步增强。

(2)专业品性方面的部分强整体弱。

专业品质集中体现为是否有政治忠诚品质,具体可从是否忠诚于党、忠诚于国、忠诚于人民、忠诚于纪法等方面去观察和测度。调查发现,无论是县级纪委监委领导班子,还是县级纪委监委干部和派驻纪检监察组干部在忠诚于党和忠诚于国上均表现出良好的职业品性。但是,上述一些干部对忠诚于人民和忠诚于纪法的认识却存在不够鲜明的问题。这个问题在忠诚于纪法上表现得较为突出。在访谈中,我们不仅发现个别县级纪委监委业务部室干部在这两个方面存在认识上的不鲜明,而且个别县级纪委监委领导班子成员也存在类似问题。当然,县级纪委监委综合部室干部和派驻纪检监察组干部在这两个方面的认识鲜明程度就更弱一些。党的宗旨是全心全意为人民服务,党不存在有别于人民的特殊利益。中国共产党领导中国人民建立社会主义中国、在党的领导下制定严格党纪和国法,均是为实现和维护人民利益服务的。在这个意义上,我们应该明确忠诚于党、忠诚于国、忠诚于人民、忠诚于纪法是一体和一致的,是“一体四面”的有机统一。忠诚于党、忠诚于国需要通过忠诚于人民、忠诚于纪法来体现,反过来说,忠诚于人民、忠诚于纪法也是忠诚于党、忠诚于国的具体体现。调查发现,前述各地各类纪检监察干部在同时同步同等程度忠诚于四者上存在一定的差异性和不鲜明性,客观上反映出县级纪检监察队伍在专业品性上存在部分强整体弱的问题。

(3)专业意识方面的部分强整体弱。

专业意识集中体现为是否有恪守纪法意识,具体可从是否具有纪律意识、法治意识、证据意识、程序意识等方面去观察和测度。众所周知,2018年县级纪检监察体制改革真正完成,纪检监察机构转隶人员和新增人员随后陆续到岗。但是,这些新增人员完全适应新岗位并高质高效履职存在一定“滞后性”。即便历经五六年的“磨合”与“融合”,我们通过调查发现不同工作背景及岗位经历的干部在对纪律意识、法治意识、证据意识、程序意识等专业意识的养成和践行上仍存在一定差异,并未完全达到四种意识的整体同步增强。具体而言,我们发现原来在纪委工作的干部的纪律意识和程序意识很强,但是法治意识、证据意识却相对较弱;而原来在检察院“两反”部门工作的转隶干部的法治意识、证据意识和程序意识很强,但是纪律意识却相对较弱。派驻纪检监察组的干部不仅在四个意识上整体弱于纪委监委机关干部,而且就其内部表现来看也是纪律意识强,而法治意识、证据意识及程序意识较弱。鉴于以上情况,我们认为当前县级纪检监察队伍的专业意识在总体上也存在部分强整体弱的情况。

(4)专业态度方面的部分强整体弱。

专业态度集中体现为是否有敬业担当态度,具体可从是否爱岗敬业、勇于担当、恪尽职守、精益求精等方面去观察和测度。我们通过调查发现,无论是县级纪委监委领导班子,还是县级纪委监委干部和派驻纪检监察组干部在爱岗敬业和勇于担当上均表现出良好的专业态度。但是,值得注意的是,上述各类别干部在恪尽职守和精益求精上却存在差异。总体上看,县级纪委监委领导干部和业务部室干部在恪尽职守和精益求精上表现得更强更好,县级纪委监委综合部室干部和派驻纪检监察组干部在恪尽职守和精益求精上则相对弱一些。县级纪委监委综合部室干部恪尽职守能较好地做到,但是精益求精上并非均能完全做到。这既有其工作性质和任务的影响,也有这些干部自身工作经历和素能的影响。就派驻纪检监察组干部来看,无论是组长还是普通成员,由于其同派驻单位的关系的影响,以及自己地位及能力等的制约,他们要做到完全恪尽职守和精益求精有不小的难度。通过以上情况的分析,我们认为当前县级纪检监察队伍的专业态度在总体上仍然呈现出部分强整体弱的状况。

(5)专业价值观方面的部分强整体弱。

县级纪检监察队伍的专业价值观,集中体现为其是否树立并践行廉洁奉公价值观,具体可从是否立党为公、执政为民、秉公执纪、秉公执法、廉洁自律、克己奉公等方面去观察和测度。县级纪委监委作为专责履行党内监督和国家监督的一级机关,其干部队伍树立正确的专业价值观,既是正确履职的基本前提,也是彰显专业精神的关键所在。县级纪检监察体制改革完成已 6 年多,从总体上来看,县级纪检监察队伍的专业精神得到了初步彰显,廉洁奉公价值观也得到不断强化,这在前文中亦有所分析。我们通过调查发现,无论是县级纪委监委领导班子,还是县级纪委监委干部和派驻纪检监察组干部,在立党为公和执政为民这两个具体价值观上均表现出良好的价值取向。但是,值得注意的是,不同部室和岗位的县级纪检监察干部,在秉公执纪、秉公执法、廉洁自律、克己奉公等专业精神的树立和践行上却有差异性。县级纪委监委业务部室干部在秉公执法和克己奉公上表现得更好,而县级纪委监委综合部室干部和派驻纪检监察组干部在秉公执法和克己奉公上则相对弱一些。而在秉公执纪和廉洁自律上,县级纪委监委业务部室干部则表现得更好,而县级纪委监委综合部室干部和派驻纪检监察组干部则相对弱一些。之所以出现这样的差异,既有不同岗位干部自身工作经历及其岗位职责要求不同的原因,也有遵从规则差异导致的“制度依赖惯性”所致。比如,县级纪委监委各纪检监察室、案件审理室等业务部室的干部有不少是学法学出身的,以前也大多是在检察院从事“两反”工作或在公安部门从事侦查调查工作,长期依据法律法规履职使他们养成了更大程度上的“秉公执法”。即便是转隶或调入县级纪委监委,仍然在一定程度上存在“遵从法律情结”强于“遵从党纪情结”。而县级纪委监委组织部、宣传部、党风政风监督室和干部监督室等综合部室的干部,大多不是学法学出身的,以前也大多从事的是党政机关、企事业单位依纪依规的综合管理工作,不是从事司法工作或执法工作的,长期的依纪依规履职使他们养成了更大程度上的“秉公执纪”。即便是在纪委监委合署办公体制下,这些干部仍然在更大程度上存在“遵从党纪情结”强于“遵从法律情结”。

第五章　县级纪检监察队伍专业化建设不足的主要原因

从我们在 X 省内的调研数据分析来看，虽然县级纪检监察队伍专业化建设已取得了明显进步，但是从新时代党风廉政建设和反腐败斗争以及全面从严治党战略在基层贯彻落实面临的新形势、新任务和新要求来看，县级纪检监察队伍专业化建设仍存在一定差距。目前县级纪检监察队伍专业化建设仍存在不足，有其县域空间层次和资源保障有限的原因。因为绝大多数县（市、区）级财政收入并不高，自然给予县级纪委监委的资金支持也是相对有限的。县级纪委监委有限的资金保障，对其队伍专业化建设有一定影响。纪检监察职业要吸引所学为法学、会计学、金融学和审计学等就业前景较好的优秀人才加入，目前来看仍有一定困难。但仅有这些简要分析还不够，我们还需要更系统更深入分析县级纪检监察队伍专业化建设不足的内在原因。县级纪检监察队伍专业化建设毕竟是一个系统性政治建设工程，影响其程度高低的因素绝不是单一的。基层空间、资源约束和薪资待遇等，仅是影响县级纪检监察队伍专业化建设水平不高的部分因素，不是全部因素甚至不是最为根本的因素。县级纪检监察队伍专业化建设存在不足，存在复杂多样的原因。对于这一点，在我们对 X 省内 20 多个县级纪委监委 1948 名干部的线上线下问卷调查和 140 名县级纪检监察干部的现场个别访谈中，也有较为具体的呈现（见图 5－1）。

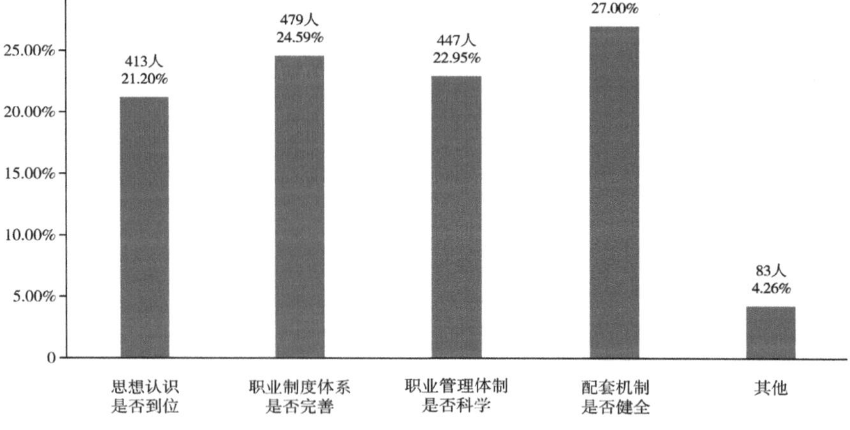

图 5－1　县级纪检监察干部认为影响队伍专业化建设的基本因素统计

从图 5－1 的统计结果来看,县级纪检监察干部认为县级纪检监察队伍专业化建设不足有复杂多样的原因,既包括思想认识是否到位的主观原因,也有制度体系是否健全和配套机制是否完善等客观原因。本章我们拟对县级纪检监察队伍专业化建设不足的主要原因展开较为全面深入的分析。

一、思想认识有偏差

无论是县级纪委监委领导班子成员,还是县级纪委监委和派驻纪检监察组成员,尽管已形成了重视县级纪检监察队伍专业化建设的一定共识,但是由于对“高素质专业化纪检监察干部队伍”要求的理解不到位和自身所处县域纪检监察机关的视野局限,还有一定比例的县级纪检监察干部存在思想认识上的偏差。这种思想认识上的偏差主要体现在以下三大方面:一是认为专业化建设不必要,二是认为专业化建设不重要,三是认为专业化建设不可行。

(一)专业化建设不必要

从我们根据线上线下问卷调查所获数据信息制作的图 5－2 来看,尽管绝大多数(选择“非常必要”和“必要”两个选项之和为 77.92%)县级纪检监察干部对“加强县级纪检监察干部专业化建设是否必要”持肯定观点,但是仍然有 22.08% 的县级纪检监察干部持否定观点(“不必要”和“不好说”两个选项占比之和)。而我们通过对 140 名县级纪检监察各类干部的个别访谈也发现,对于“加强队伍专业化建设是否必要”这个问题的回答,虽然有 2/3 左右的纪检监察干部认为有必要,但是他们对“何以必要”

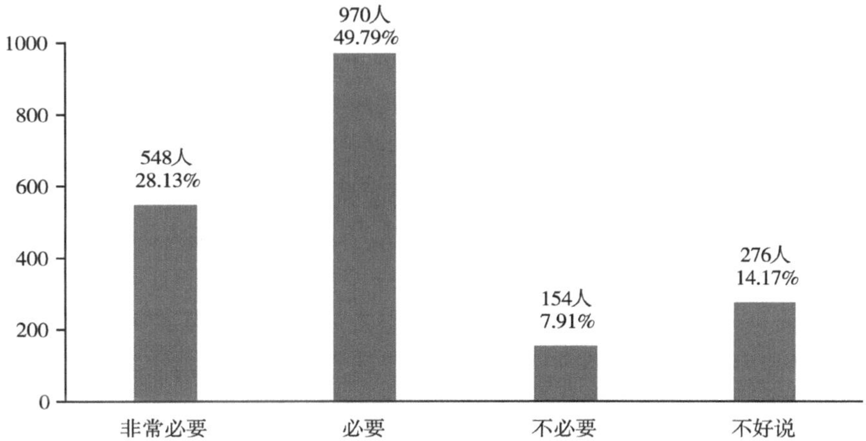

图 5－2　县级纪检监察干部对加强队伍专业化建设是否必要的统计

的回答却不甚明确，甚至是以模棱两可的表达来说明的。另外，尚有 1/3 的纪检监察干部认为在现行纪检监察体制之下，县级纪检监察队伍专业化建设很难推行，即便推行也会无果而终。鉴于此，他们认为目前加强县级纪检监察队伍专业化建设是没必要的。

具体而言，认为目前加强县级纪检监察队伍专业化建设不必要的纪检监察干部主要存在以下几种思想认识上的偏差：

(1)有人认为通过纪检监察体制改革，县级纪检监察队伍已在较大程度上提升了专业化水平，因此加强县级纪检监察队伍专业化建设不必要。自十八届中央纪委三次全会提出“转职能、转方式、转作风”后，县级纪委监委也及时完成了“三转”任务，从而使工作重心聚焦在主责主业上。更重要的是随着县级监察委员会挂牌成立和县级纪律检查内部领导体制改革的快速推进，特别是县级人民检察院反贪污贿赂局、反渎职侵权局和职务犯罪预防部门等整体转隶到县级监察委员会，县级纪委监委合署办公、人员合编和一体化办案的“物理融合”，县级纪检监察队伍的专业化水平已经得到了很大提高，因此县级纪检监察队伍专业化建设也就没有必要了。我们在实证调查中发现，部分干部认为，检察院转隶人员以前主要办理国家工作人员职务犯罪和渎职侵权犯罪案件，其法律知识底子好、专业能力强，故不需要在专业化建设上对他们花更多工夫。他们认为，对于党规党纪知识的掌握及运用，这些转隶干部自学就可以完成。甚至还有人认为，这些转隶人员(特别是其中转隶的员额制检察官)，在一定程度上弥补了纪委工作人员在法律知识和办案能力上的不足，县级纪检监察队伍专业化建设应该是指向原来纪委工作人员的。

(2)有人认为近些年来从公安系统、司法系统和应届本硕毕业生遴选及公招了一定数量的法学、经济学、会计学和马克思主义理论等专业人才，县级纪检监察队伍专业化建设水平自然已得到了较大提升，因此加强县级纪检监察队伍专业化建设不必要。我们调查发现，为数不少的县级纪检监察干部常常从本地实际出发，拿出数据、举出实例来说明他们自 2018 年以来通过遴选、考调、公招等多种方式，引进了多少法学、经济学、会计学、审计学和侦查学等专业背景的人员。他们认为这些人员的加入，不仅因其自身所具备的专业知识和专业能力能够很好地弥补原来队伍专业化不足的问题，而且还能很好地发挥“鲇鱼效应”促进原有干部不断提升专业知识和专业能力。有个别县级纪委监委领导也认为“县级纪检监察队伍的专业知识和专业能力已经达到了较高水平，已经能够胜任县级纪检监察工作，不需要再加强专业化建设"①。"由于纪检监察工作自身的政治性、综合性和复杂性,即便是那些以法学、侦查学、会计学、审计学和经济学等专业学历背景进入县级纪委监委的专业人才,也必须用两三年时间在干中学、在学中干和在练中悟,才能真正成为纪检监察相关工作的熟手和能手。"②有关领导干部和相关人员认为:"由于纪检监察人员的专业知识和专业能力需要在实践中才能逐渐积累,专业精神型塑也是如此。假以时日,丰富工作实践,县级纪检监察队伍专业化水平自然会逐步提高。因此,专门费时费力地进行县级纪检监察队伍专业化建设,没有多大必要,而且短期内也难以实现。"③

(3)有人认为近几年来随着县级纪委监委地位的提高、经费的增加和待遇的提升,除了引进专业人才在一定程度上解决了原队伍专业化建设不足的问题外,更重要的是对于专业知识和专业能力要求强的案件,县级纪委监委可以向外请专家或专业人士协助,因此加强县级纪检监察队伍专业化建设不必要。有的县级纪检监察干部根据《监察法实施条例》第 9 条的规定,认为县级纪委监委之外的组织人事、公安、国家安全、审计、统计、市场监管、金融监管、财政、税务、自然资源、银行、证券、保险等有关部门、有关单位以及高校、党校、科研院所等所具有的各类专业人才,可以为县级纪委监委办理专业复杂案件提供专业知识、专业技术、专业手段等多方面的支持,能够较好地解决自身干部队伍中专业知识和专业能力不足的问题,因此加强县级纪检监察队伍专业化建设没太大必要。④ 根据《监察法实施条例》第 9 条的规定,纪检监察机关开展监察工作时,的确有依法提请有关部门及单位予以协助配合的权力,而有关部门及单位也有予以协助配合的义务。但是,我们要明白纪检监察机关提请有关部门及单位予以协助配合,是以纪检监察机关工作人员具有发现和甄别问题等专业知识和专业能力为前提的。县级纪委监委有权依法提请有关部门及单位予以协助配合开展纪检监察工作,并不意味着纪检监察机关就可以放弃本部门工作人员专业化的建设。如果纪检监察机关履行纪检监察职责时处处事事都要依赖有关部门及单位,那么这个机关也就不能叫作党和国家监督专责机关,甚至这个机关也就没有存在的必要了。显然,这既是不符合现实的,也是不正确的。

---

① 来自对 ASSQQL20210917 的访谈。

② 来自对 ASPAXL20210310 的访谈。

③ 来自对 ESEYQL20230427 的访谈。

④ 来自对 GSSTXL20230508 的访谈。

(4)还有人认为县级纪检监察队伍建设过于专业化,不利于县级纪检监察干部转岗、晋升和交流等方面的流转与发展。有调研对象明确表达出这样的观点:“搞专业化在纪检监察系统存在矛盾问题。一方面希望搞专业化,因为能够提升自己从事纪检监察工作的本领,克服本领恐慌问题;但是另一方面,又不希望搞专业化,因为过于专业化则会走向封闭,不利于个人转岗、交流和提拔。”①“纪检监察工作需要专业化,但纪检监察干部也需要转岗、交流和提拔顺畅化。长期不交流,纪检监察干部对政治待遇及政治前途感到不乐观,容易产生职业倦怠。”②持有这种观点的调研对象还不是少数。鉴于这种观点,他们认为县级纪检监察队伍专业化建设是不应采行的。按现行纪检监察管理体制和用人体制,县级纪检监察干部的轮岗转岗交流并不限于纪检监察系统内,还会面向纪检监察系统之外(如县级党委政府部门、乡镇街道及其国有企事业单位等)。为此,有些人甚至指出,如若县级这一基层纪检监察人员被建设得过于专业化,仅是某一方面的“专才”而不是“通才”,实际上就会造成自我封闭。那么这些纪委监委人员轮岗转岗交流的部门和岗位就会受到限制,轮岗转岗交流机会也会减少。如果转岗、晋升和交流“旋转门机制”及其预期不复存在,也是不利于纪检监察队伍稳定的。因此,从这一点来看,一些人认为县级纪检监察队伍专业化建设也不必要。

(二)专业化建设不重要

这种认为县级纪检监察队伍专业化建设不重要的观点,主要体现在以下几个方面:

(1)有人认为,在现行廉政治理体制和反腐倡廉形势下,县级纪检监察工作高质量发展的实现更多依靠的是领导的重视、机构的强势和考核的严厉等,并不取决于纪检监察干部专业化水平的高低。因为纪检监察体制改革和机构改革完成之后,县级纪检监察主要干部的任免以上级为主、办案也以上级为主,严格依据上级制度政策行事,成为县级纪检监察工作和反腐倡廉工作的鲜明特点。为此,一些人认为,各类县级纪检监察干部专业知识、专业能力和专业精神,并不是县级纪检监察工作高质量发展的决定性因素,而仅是一个有一定影响性的辅助性因素而已。有人甚至更进一步分析指出,县级反腐倡廉的对象仅限于科级及其以下干部和公职人员,而县域是一个具有鲜明“熟人社会”特征的政治空间,反腐倡廉要取得政

① 来自对 NSJAXL20230518 的访谈。

② 来自对 RSQWXL20230525 的访谈。

治效果、纪法效果、社会效果的有机统一，就不得不在遵循现行廉政治理领导体制和工作体制的前提下，很大程度上依赖于上级领导和本级领导的重视、制度体制的引导等。在这些人看来，县级反腐倡廉和廉政治理实效的取得，并不主要靠纪检监察队伍专业化建设水平实现。“领导重视、制度完善和政策落实，才是确保反腐倡廉有效的首要任务，而队伍专业化建设是次要任务。”①因此，他们认为县级纪检监察队伍专业化建设在目前不是最重要的事情。我们在 X 省内 11 个县级纪委监委的线下个别访谈中，发现在所访谈到的 56 名领导班子成员中，虽然大多数对县级纪检监察队伍专业化建设非常重视或重视，占比达到 75%，但是仍然有 19.64% 的领导处于“一般”状态，还有 5.36% 的领导处于“不重视”状态（见图 5－3）。若将态度“一般”和“不重视”的比例相加，则其总和可达 25%。这占比达 25% 的领导班子成员中，包括了个别纪委书记和副书记。如果主要领导对县级纪检监察队伍专业化建设态度不鲜明或不支持，则可想而知其推进成效。

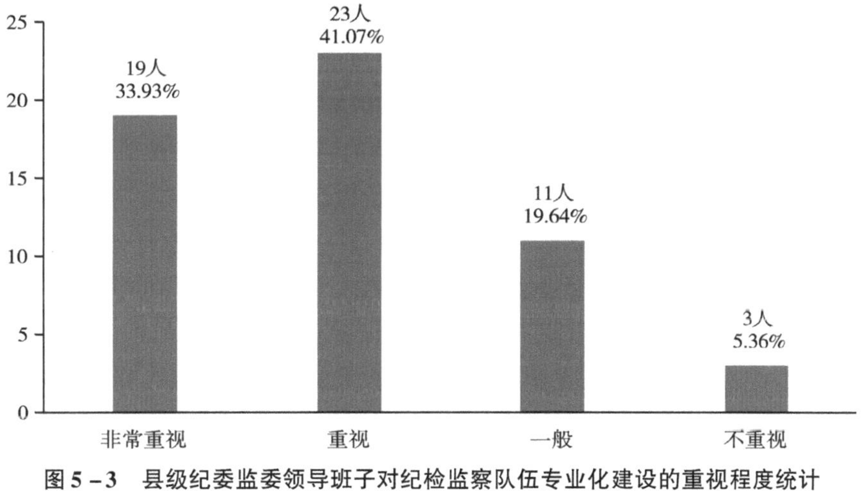

图 5－3　县级纪委监委领导班子对纪检监察队伍专业化建设的重视程度统计

（2）有人认为，县域反腐倡廉对象的级别低，大案要案难案较少，因此县级纪检监察队伍专业化建设没有那么重要。在一些领导和群众看来，县级纪检监察队伍工作对象限于科级及以下干部和公职人员，监督执纪执法问责对象层次较低、权力不大、案情较简单，因此并不需要加强纪检监察队伍专业化建设。这种观点不仅在一些党政领导和普通群众中流行，我们通过调研发现在一些纪检监察机关领导班子成员和广大普通纪检监察干部

① 来自对 NSNXQL20210415 的访谈。

中也较为流行。“县级纪委监委层次低，并没有多少大案要案，案子也并不复杂，也不需要多少专业知识和专业能力。”“县级反腐倡廉的低层次性，即便拥有较强专业知识和专业能力的人员也会英雄难有用武之地，甚至属于人才浪费。”①县域空间反腐对象的基层性和低层级、违规违纪违法案件的简单性，是一些纪检监察干部和群众认为县级纪检监察队伍专业化建设不重要的基本原因之一。也有人认为：“在现行纪检监察管理体制之下，县级纪检监察干部和其他党政机关单位人员都是按照上级指示和相关规章制度履行监督执纪问责与监督调查处置职责而已，并不需要太多太精的专业知识和专业能力。如果遇到确实非常专业的案子，临时聘请体制外的专业人士或者发函请求其他单位专业人员参与即可解决县级纪委监委专业人才不足的问题。因此，县级纪检监察队伍专业化建设既不必要，也不重要。”②

（三）专业化建设不可行

在调查中我们发现，无论是在县级纪委监委领导班子成员中还是普通纪检监察干部中，均存在一定数量的人认为目前县级纪检监察队伍专业化建设是不太可行的。他们所持的理由主要包括：

（1）有人认为，纪检监察工作岗位的特殊性，使县级纪检监察队伍专业化建设不可行。由于纪检监察工作岗位的特殊性源于纪检监察机关性质的特殊性，因此我们首先有必要弄清楚纪检监察机关的性质。而正确认识纪检监察机关性质的钥匙在于“合署办公”。在纪检监察体制改革后，县级监委同县级纪委合署办公，实行“一班人马、两块牌子”的组织体制，一体化履行纪检监察双重职责。根据《纪律检查机关监督执纪工作规则》的规定，纪检监察机关是党和国家监督专责机关。这是对纪检监察机关性质的准确定位。对于这一性质定位，又具体体现为三个方面的含义：一是纪检监察机关本质上是党的工作机构，必须接受同级党委的领导，必须讲政治，据此其自然是政治机关。二是依据党内法规和监察法律的规定，纪检监察机关还有党内监督和国家监督专责机关的性质定位。县级纪委监委作为履行党内监督和国家监督的专责机关，不仅强调了县级纪委监委的专门性职责、履职不力就必须被追究责任，也强调了县级纪委监委的专业化特征。三是县级纪委监委是执纪执法机关。纪检监察机关既是执纪机关又是执法机关，“既以党章党规党纪为依据开展纪律审查，又以《宪法》

① 来自对 QSDLXN20230525 的访谈。

② 来自对 LSRXL20230516 的访谈。

《监察法》《监察官法》等法律法规为依据开展监察调查，履行监督执纪问责和监督调查处置双重职责”[①]。

为了切实保障和充分体现纪检监察机关的性质，依据党内法规和国家法律的规定，纪检监察机关履行岗位职责就有着不同于一般党内机关和国家机关履行岗位职责的原则要求。在这些原则要求中，最为重要的是坚持政治忠诚原则、严格保密原则、纪法双施原则。政治忠诚不仅是纪检监察干部从事纪检监察工作的首要原则，也是纪检监察干部的政治品德。正是基于此，一些县级纪检监察干部就认为，尽管政治忠诚是纪检监察干部的一种政治品德，但是根据政治品德形成的客观规律和基本过程，其并不能通过一般的学校教育、在职培训等方式来实现。比如，对于那些仅有法学、经济学、财政学和会计学等专业教育背景或在公检法领域工作得好的人，如果缺乏坚定正确的政治信仰、政治立场、政治方向和敬业奉献精神，也是不适宜遴选和招录进纪检监察机关工作的。因此，试图通过专业化建设来提升政治忠诚是难以实现的，甚至是不可行的。另外，一些县级纪检监察干部认为从事纪检监察工作所需要遵循的严格保密原则，也制约着县级纪检监察队伍专业化的实现，使其难以可行。比如，有人提出："在坚持严格保密原则前提下，因为向社会开放度和公开度有限，一方面想要吸纳社会专业人才加入比较困难，另一方面要像司法机关那样实行从业资格考试和严格的准入条件也比较复杂。"[②]还有些人认为，从事纪检监察工作所需要遵循的纪法双施原则也制约着县级纪检监察队伍专业化的实现。因为在有的人看来，"县级纪检监察干部要能做到纪法双施，首先要做到纪法双懂。但是，从现实情况来看，真正既懂纪律又精通法律的人才毕竟还少。如果建立严格的准入条件、提高准入的门槛（比如实施以纪法知识为内容的职业资格考试），则要求县级纪检监察各类干部均做到纪法双懂，那么目前在岗的不少纪检监察干部就面临着'下岗''失业'。这样的做法，不仅导致目前的县级纪检监察工作难以为继，也可能诱发严重的社会问题。从这样的角度来看，在现行体制和现实状况下，推行县级纪检监察队伍专业化建设是不适宜、不可行的"[③]。

（2）有人认为，纪检监察干部履责的一体化，使县级纪检监察队伍专业化建设不可行。在纪委监委合署办公体制下，包括县级纪委监委在内的各级纪检监察机关需要一体化履行纪检监察两大职责，即"一身二任"履

① 王希鹏：《纪检监察学基础》，中国方正出版社 2021 年版，第 153 页。

② 来自对 MSNXQY20220525 的访谈。

③ 来自对 RSQWXN20230525 的访谈。

行纪委肩负的监督执纪问责职责和监委肩负的监督调查处置职责。众所周知,组织的职责是需要组织的工作人员去履行的。县级纪委监委所承担的两大类六小类职责,自然也需要县级纪检监察干部来履行。

县级纪检监察干部既要对党组织、党员干部、广大党员和国家公职人员遵守党纪国法及贯彻落实中央决策部署等情况进行监督,也要对违反党纪的党组织和党员干部执纪问责,还要对国家公职人员职务违法、职务犯罪及违反职业操守等行为进行调查处置,更要努力把纪检监察两项职能融合好贯通好执行好。但是,县级纪检监察干部面临的复杂多样且要一体履行的职责,使县级纪检监察队伍专业化建设面临不少主客观因素制约和现实困难。比如,就县级普通纪检监察干部而言,一身履行两种职责成为常态。组织上派你履行何种职责,需视调用岗位的不同而不同。若派到监督检查岗位,则既要对违反党纪行为实施监督检查,又要对违反政务纪律行为进行监督检查,要善于用手中握有的党纪、政纪两把尺子去裁量是非对错和违纪违法行为,用批评教育、约谈函询、诫勉谈话去设置防腐屏障。若派到案件审理岗位,则把握执法职能是首要的,使结果精确无误是基本要求,但也要履行执纪职能,从犯罪事实中去洞察违纪的深层原因,以便对犯罪分子所属单位的责任主体提出有针对性的监察建议。

正是由于县级纪检监察干部在履行纪检监察两大职责上存在复杂性,因此我们调研发现一些县级纪检监察干部认为,要实现县级纪检监察队伍专业化建设,可谓道阻且长,可行性不足。有的人认为:“纪检监察工作包罗万象,不是精于某一方面知识和具备某一方面能力就能做好的,而是需要世事洞明和人情练达的阅历及能力,需要多方面的知识和能力。纪检监察人员不应是仅有知识或理论的书呆子,而应是政治、经济、文化、党纪国法等都知晓一些的‘多面手’。县级纪检监察队伍实行专业化不容易做到。基于此,县级纪检监察队伍专业化建设也是可行性不强的。”①也有人认为:“纪检监察工作本身是一项涉及党规党纪、法律法规均需综合执行的复杂工作,是远比司法工作复杂得多的工作。县级纪检监察队伍不仅工作对象多样,而且履职内容和责任复杂。面对如此复杂多样的履职内容和责任,县级纪检监察队伍专业化建设很难实现,且很不好操作。况且对这种履行复杂职责的县级纪检监察干部队伍实施专业化建设,还需要投入大量的人力、物力和财力;而对于当前经济处于下行状态、县级财政普遍不足的县级纪委监委来说,既没有高层次优秀的人员也没有足够的资金,进行专

---

① 来自对 PSLQYQL20210408 的访谈。

业能力建设就是个‘假命题’，是不可行的。”①

（3）有人认为，纪检监察人员构成的多样性，使县级纪检监察队伍专业化建设不可行。首先，当前县级纪检监察干部来源复杂多样，阻碍了其专业化建设的可行性。从来源上看，当前县级纪检监察干部既包括县级纪委原来的干部，又包括检察院反贪污贿赂、反渎职侵权等部门转隶过来的人员，也包括从县级党群部门、县级公安局及派出所、乡镇党政机关、相关事业单位遴选或考调等进来的公务员，还包括通过选调生和公务员考试而录用的本科生、研究生。人员来源的多样性，必然导致专业化建设同步化、一体化推进困难。检察院、法院、公安、财政、审计等部门过来的人员适应转岗更容易一些，而那些从党群部门过来的人员则较为困难。因为这些党群部门过来的人员从事综合事务还可以，但是从事监督检查、审查调查、案件审理甚至信访件研判、分流和处置等工作都会面临专业知识专业能力不足的问题。其次，当前县级纪检监察干部所学专业的多样性，也影响了其专业化建设的可行性。在第四章之中，我们已经分析指出目前县级纪检监察干部所学专业可谓“五花八门”。所学为法学、侦查学、中共党史党建学、会计学和审计学等同纪检监察工作具有紧密相关性的专业的人员并不是很多。对于来源复杂、专业多样的纪检监察干部，其专业知识、专业能力和专业精神很难在短期得到较大改善。要对这些所学专业各异的县级纪检监察干部进行专业知识改善、专业能力培训和专业精神提升，往往会遇到众口难调的现实困难。对此，有纪检监察干部也就提出：“即便现在从中央到地方都在实施分层分类培训，力图解决众口难调的问题，但是这种培训落实到县级纪委监委中，仍然是名实不尽相符的。因为县级纪检监察干部（特别是县级纪委监委业务部室的干部）的工作往往都是排得满满当当，一个萝卜一个坑，能够静下心来参加短期培训都很不容易，更不要说脱产参加较长时间的业务培训了。”②最后，当前县级纪检监察干部学历学位上的多样性，也制约着专业化建设的推行。我们调查发现，真正通过普通高校全日制教育获得本科学历及学位和研究生学历及学位的县级纪检监察干部，并不占绝大多数。占绝大多数的是那些原来是中专、大专毕业，参加工作后通过函授、自考、电大（开放大学）、研究生班等非全日制教育方式获得相应学历或学位的人员。虽然学历学位并不一定代表能力，但也可以反映出一定的能力。不同学历学位层次的人在知识结构、认知水平、思

① 来自对 ASPAXY20210310 的访谈。

② 来自对 ASSQQL20230424 的访谈。

维方式和学习能力等方面都会呈现出差异性。对于差异性明显的人员采取同一性的培训来改善其专业知识、提升其专业能力和增强其专业精神，效果并不理想。总之，县级纪检监察人员构成的复杂多样性，使对其实施专业化建设必然面临诸多现实难题。这些难题的存在，使县级纪检监察队伍专业化建设存在较大的不可行性。

(4)有人认为，纪检监察干部素能的综合性，使县级纪检监察队伍专业化建设不可行。监督执纪问责和监督调查处置等两大类六小类职责需要县级纪检监察干部同时性一体化正确履行，需要其明确做到纪法并行、纪法贯通、纪法双守、纪法双施，这实际上对县级纪检监察干部提出了素质、知识和能力上更高的要求。具体而言，不仅要求县级纪检监察干部政治素质、理论素质和业务素质等要高，而且要求其党纪知识、国法知识、党建知识、财经知识、管理知识和写作知识等均要丰富，更要求其纪法适用能力、线索研处能力、谈话突破能力、调查取证能力、证据运用能力、案件审理能力、案件监管能力、思政工作能力、文书及笔录制作能力等要强。简而言之，就是要求县级纪检监察干部不仅在专业知识和专业能力等方面呈现出良好的业务素能，更要求其具有较好的政治素能，必须是复合型干部。

但是，政治素质，必须经过长期的思想淬炼、政治历练、实践锻炼和专业训练才可能提高，而不是通过学校培养和在职培训等形式就能实现的。不仅政治素质的提高有一个渐进的过程，其实业务素能的增强也不是一蹴而就的。要想在短期内采取各种培训和实践锻炼等方式来增强县级纪检监察干部的专业知识和专业能力有不少困难。当然，除了通过各种培训和实践锻炼等来改善专业知识结构、提升专业能力和增强专业精神面临不少实际困难外，那种试图通过遴选、考调和选调等方式引进一些具有专业知识与专业能力的公务员及应届毕业生来弥补专业人才不足和专业化不强问题的做法，同样也面临一定困难。因为这种做法在现实中也面临“那些真正专业对口、能力较强的人因怕苦怕累、因责任大但待遇不高、因晋升难而不愿来，愿意来的有时又是专业不太对口、能力不够强的人”[①]的窘境。对于这种困难或窘境，有人指出：“由于素能要求的综合性，而又受现行管理体制、晋升机制和保障机制等的限制，县级纪检监察队伍专业化建设得以真正实现的可行性很低。缓一缓、等一等、看一看，等待条件成熟了再慢慢来。”对于这种因为专业化建设有难度，就采取“等”“看”“拖”方式的思想，我们必须要严厉抵制和纠正。其实，纪检监察干部同高校辅导员在工

① 来自对 BSDYXL20230424 的访谈。

作属性上有一定可比较性，因此，关于高校辅导员专业化职业化建设的实践经验，也可以对县级纪检监察队伍专业化建设提供一定启迪和参考。尽管高校辅导员工作职责更多体现在“育人”上，而纪检监察干部工作职责更多体现在“救人”上，但是二者都是履行“做人的工作”的社会主体，在不少方面具有互通互鉴性。随着高教事业的发展和人们观念的转变，特别是2014年《高等学校辅导员职业能力标准（暂行）》的出台，高校辅导员已经迈上了专业化职业化的发展道路。高校辅导员是具有鲜明政治性且知识能力要求综合的社会群体，其履职所需的职业能力标准都能制定出来并遵照实施，为什么就不能为纪检监察队伍制定一个职业能力标准呢？问题的根本症结还是因为思想认识不到位。

二、制度体系不健全

目前县级纪检监察队伍专业化建设之所以不足，最根本的原因是制度体系建设不健全。在有关党纪国法制度体系中，影响县级纪检监察队伍专业化建设的最为基本和最为典型的制度，主要聚焦在职业立法、准入制度、管理制度三大方面。下面主要针对这几项专门制度展开深度分析。

（一）职业立法不够健全

所谓职业立法是指特定立法机关依照法定程序，针对某种职业的准入资格、选拔任用、权利义务、教育培训、管理监督、晋升任免、保障奖惩和流动退出等方面内容而专门制定的规范性文件。职业立法不仅体现了国家对某一职业进行认可的态度，也体现了国家对某一职业进行规范的程度，更体现国家对某一职业进行保障的程度。就纪检监察干部而言，其职业立法是指特定立法机关依照法定程序，针对纪检监察职业的准入条件、选拔任用、权利义务、教育培训、管理监督、晋升任免、保障奖惩和流动退出等方面内容而专门制定的规范性文件。系统完善的职业立法有利于促进县级纪检监察队伍专业化建设。系统完善的职业立法，一是有利于明确纪检监察干部队伍准入的基本条件和选任机制，进而从入口上保障县级纪检监察队伍具有较好的政治素质和专业素能；二是对教育、培训、监督、考核和退出等管理环节及其措施的具体规定，有利于提升县级纪检监察干部队伍的专业能力；三是规定权利义务、奖励惩戒和晋升任免等内容，有利于促进其职业声望和专业精神的提升。

值得注意的是，有关某个职业的职业立法，往往都是由国家法律、行政法规、部门规章、地方性法规和地方规章等构成的相互联系、相互配套的有机统一体，而不是由一部或个别法律法规等孤立分散的制度文本构成。从这个角度讲,我们在此处讨论的职业立法实际上是指职业立法体系。鉴于此,我们在后文中讨论的有关县级纪检监察干部队伍的职业立法,也是从职业立法体系角度来分析的。纪检监察干部的职业立法体系是确保县级纪检监察队伍专业化建设能否真正推进的基础性和根本性制度集合。没有职业立法体系的健全,县级纪检监察队伍专业化建设是很难实现的。

为了推进监察工作规范化法治化正规化,也为了推进高素质专业化监察官队伍建设,近年来国家颁行了直接同纪检监察干部相关的《监察法》《监察法实施条例》《公职人员政务处分法》《监察官法》等法律法规。国家立法机关专门针对纪检监察干部制定这些法律法规,应该说是我国立法史上的一大创新。这些法律法规针对既是监察官又是纪委干部的一身二任人员的责权利、进退流转和待遇奖惩等方面作出规定,使我国纪检监察干部有了基本的职业立法。但是,这几部法律法规还存在以下问题,不可避免地影响到了县级纪检监察队伍专业化建设。

一是上述几部法律法规所规定内容本身存在的不够具体问题。作为规范国家监察权行使的基本法律,《监察法》仅在第 14 条规定:“国家实行监察官制度,依法确定监察官的等级设置、任免、考评和晋升等制度。”该规定只是原则性地提出了国家要实行监察官制度,而没有更具体的规定。当然,《监察法》作为综合性的法律,对监察官制度不做具体规定有其合理性,因为可以由实施条例和单行法律来作出具体规定。遵循《监察法》立法原则和立法精神制定的起细化和补充作用的《监察法实施条例》在第 257 条规定,“监察机关实行严格的人员准入制度,严把政治关、品行关、能力关、作风关、廉洁关。监察人员必须忠诚坚定、担当尽责、遵纪守法、清正廉洁”。这样的规定虽然比《监察法》第 14 条的规定更具体更明确,但是,《监察法实施条例》所作出的规定,仍然是原则性和抽象性的。即使“政治关”、“品行关”、“作风关”和“廉洁关”标准比较多样,不便在《监察法实施条例》中明确规定,至少也可写明基本的指导性规定,并授权何级何机关来具体制作标准,以免让省、市、县三级纪检监察机关在实践中各行其是、标准不统一。而对于评判标准相对比较刚性的“能力关”,《监察法实施条例》并没有从所学学科专业、岗位职责需要和工作背景等方面作出较为明确的规定,甚至没有授权地方立法立规的指导性条款。

《监察官法》于 2021 年 8 月出台并于 2022 年 1 月开始实施。该法对监察官的职责、义务和权利、任职条件、选用标准、任免、管理、考核、奖励、监督、惩戒和职业保障等作出了相关规定,但是这些规定仍过于原则抽象。《监察官法》立法的重要目的在于打造高素质专业化监察官队伍。但是,该法规定内容的原则性和宏观性，势必会制约这一目的的实现。退一步来讲，即便《监察官法》作为规范和促进监察官履职尽责的实体法，像《法官法》《检察官法》那样存在相对的原则性和宏观性有一定合理性，但是，我们应该知道，为了弥补《法官法》《检察官法》内容规定上相对原则宏观的不足，国家立法机关均直接或授权最高人民法院和最高人民检察院制定了实施细则。但是，《监察官法》实施两年多来，国家立法机关仍然没有授权国家监委制定实施细则来弥补《监察官法》内容规定上的不足。

二是上述几部法律法规所组成的职业立法体系尚不健全的问题。《监察法》作为有关监察权行使的基本法律和《监察官法》的上位法，更多存在的问题是有关监察官制度设计内容不够具体。对于这个问题，后来出台的《监察法实施条例》在一定程度上作出了弥补。因此，我们对《监察法》不应过于苛责。《监察官法》虽然已经施行两年多，但是目前仍然没有国家立法机关授权国家监委制定实施细则来弥补《监察官法》内容规定上相对原则宏观的不足。由于在后文中将专门详细分析“准入制度不明确”问题，因此在这里所讨论分析的职业立法尚不健全问题，具体是指有关纪检监察干部培训、交流、转岗和退出方面的职业立法不够健全问题。

其一，纪检监察干部培训方面的职业立法内容不健全，会影响到县级纪检监察队伍的专业化建设水平。近年来，地方各级纪检监察机关虽然都或多或少开展了对《监察法》《监察法实施条例》《公职人员政务处分法》《监察官法》等法律法规的培训学习，但是由于受领导体制和立法立规权的限制，地方各级纪检监察机关更多是等待国家出台具体配套法律法规来推进这些法律法规在本地的落实。对于这一问题，我们在后文“培训机制不够优化”之处做具体分析。其二，纪检监察干部交流和转岗等职业立法内容的不健全，也会影响到县级纪检监察队伍的专业化建设水平。纪检监察干部交流和转岗等职业立法内容不健全，会出现县级纪委监委领导班子及相关科室负责人向同级或上级交流、轮岗、转岗的机会多，而广大普通纪检监察干部向同级或上级交流轮岗转岗的机会少。通过调研我们还发现，有能力的县级纪委监委专业人才会较容易地交流和转岗，而剩下那些走不了的人员则大多数是那些专业知识和专业能力不够强的人员。其三，有关纪检监察干部退出方面的职业立法内容的不完善，也会影响县级纪检监察队伍专业化建设的水平。建立一支高素质专业化的纪检监察队伍除了严把入口，还要畅通出口。一般来讲，县级纪检监察干部的退出包括晋升、转岗、交流、辞职、辞退和退休等。关于退出立法的不健全不完善，不可避免地会影响到县级纪检监察队伍专业化建设水平的提升。我国纪检监察机关大多是依照《公务员法》来对其干部退出事务进行规范和管理的，但是，我国《公务员法》只是列举性地规定了辞退的过错类消极条件，并没有将不专业不胜任工作作为辞退的必要条件。缺乏专业知识和专业能力的人员只进不出，很大程度上会影响县级纪检监察队伍专业化建设水平的提升。

《监察官法》由于缺乏配套性法规、规章和政策，不仅不好落地落实，而且还会导致整个职业立法不健全。职业立法的不健全，不仅使包括县级在内的各级纪委监委干部在身份地位和履职行权上缺乏相对独立性，而且导致包含县级在内的各级纪检监察机关缺乏相对独立性。当今一些国家和地区之所以能够做到清廉程度较高，一个重要原因是它们的反腐专责机关及其队伍具有较高的独立性。确保反腐专责机关及其队伍具有相对独立性的一个重要制度前提，就是职业立法较健全。如果缺乏较为健全的职业立法来保障纪检监察队伍，其职业化正规化专业化将很难实现。因为纪检监察工作"本身就是一项非常复杂、具体和细致的工程，具有很强的技术性要求。因此，监察立法必须做到明确、具体和严密，富有可操作性，才能达到治吏的目的"①。

与国家职业立法相对应而言，党内有关纪委工作人员进退流转管理的制度设计，也可称为党内"职业立法"。从中央到地方有关纪委工作人员的党内"职业立法"，也在一定程度上存在不健全的问题。尽管目前有《党政领导干部选拔任用工作条例》《纪律检查委员会工作条例》《纪律检查机关监督执纪工作规则》《关于进一步加强和改进纪检监察干部队伍建设的若干意见》《关于严格纪检监察机关选调录用干部标准和程序的意见》等一些关于纪委工作人员近似"职业立法"的规章制度，但是除了《关于严格纪检监察机关选调录用干部标准和程序的意见》《关于进一步加强和改进纪检监察干部队伍建设的若干意见》中有着比较明确的关于纪委干部选拔任用、管理培训、奖惩晋升等方面的内容规定之外，其他几个规章制度中并没有作出相关的具体规定。值得注意的是，《关于进一步加强和改进纪检监察干部队伍建设的若干意见》和《关于严格纪检监察机关选调录用干部标准和程序的意见》这两个规定，由于发布时间已逾 10 年，已经同当前的纪检监察工作新任务新形势很不匹配，故适用性已明显不足。有的纪检监察干部也在这方面提出了自己的看法："由于在纪检监察新体制下，纪检监察工作既是党内监督工作也是国家监督工作，纪检监察工作是兼具政治性和法律性的特殊职业，因此有关纪检监察工作的职业立法体系就不仅是国

① 张晋藩主编：《中国古代监察制度史》，中国方正出版社 2019 年版，第 385 页。

家相关法律法规的集合,还应包括中国共产党党内相关法规的集合,简而言之,应该是党内法规和国家法律的有机统一体。"[①]即便考虑到职业立法有特殊性和复杂性,也不能对其久拖不行。因为不健全的职业立法,势必会阻碍县级纪检监察队伍专业化建设的推进。

(二)准入制度不够明确

根据相关党内法规和国家法律的规定,县级纪委监委在性质上是政治机关,但其还是执纪执法机关。作为执纪执法机关具体工作者的县级纪检监察干部,不仅要有良好的政治思想素养,也要有良好的知识能力素养,特别是要有执纪执法所需的专业知识和专业能力。县级纪检监察干部如何才能具有良好的执纪执法所需专业知识与专业能力,关键在于严把准入关。毕竟"国以人兴,政以才治;事业兴衰,关键在人"[②]。唯有高素质专业化纪检监察干部,才有助于纪检监察工作高质量发展。然而,高素质专业化纪检监察干部并不会凭空产生,需要有专门的准入制度来规范与引导。根据县级纪委监委性质、岗位属性和职责要求,依据党内法规和国家法律的规定,县级纪检监察干部应该有刚性、明确和健全的准入制度设计。但是,现实情况并不如此。县级纪检监察干部准入制度的不明确不具体问题,可以从相关党内法规和国家法律的内容规定进行具体分析。《纪律检查委员会工作条例》《纪律检查机关监督执纪工作规则》《监察法》《监察官法》等党内法规和国家法律对纪检监察干部的准入作出了一些规定。但是,所规定内容呈现出原则性和宏观性有余,而具体性和可操作性不够强的问题。

例如,《纪律检查委员会工作条例》第47条规定"贯彻新时代党的组织路线,坚持党管干部,严把干部准入关,加强思想淬炼、政治历练、实践锻炼、专业训练,加强理论研究和学科建设,提高把握政策、监督执纪、做思想政治工作等能力,建设高素质专业化干部队伍"。这条规定虽然明确提出了要"严把干部准入关",强调了把握政策、监督执纪、做思想政治工作等能力,但是对于"依据什么标准"、"针对哪些方面"和"采取什么方式"等来"严把干部准入关",则没有规定,也没有明确授权由谁来作出规定。《纪律检查委员会工作条例》作为"效力位阶"次于党章和准则的党内法规,其提出严把干部"准入关",实际上是针对纪委干部的"政治关""品行关""作风关""廉洁关"而言的,对"能力关"的强调却不突出。在中央纪委没有统

---

① 来自对NSJAXL20230518的访谈。

② 傅克诚主编:《内强素质 外树形象——纪检监察干部队伍建设概论》,江西人民出版社2006年版,第1页。

一、明确和具体规定的情况下，实际上就只能由各地方纪委来制定。但是，从我们查询收集的相关制度来看，各级地方纪委规定"准入关"的内容和标准并不具体详尽。

《纪律检查机关监督执纪工作规则》第 61 条规定："纪检监察机关应当严格干部准入制度，严把政治安全关，纪检监察干部必须忠诚坚定、担当尽责、遵纪守法、清正廉洁，具备履行职责的基本条件。"这条规定更多突出的是政治标准、纪法标准和廉洁标准，但对知识标准、能力标准等"履行职责的基本条件"强调不够。对于"具备履行职责的基本条件"具体应该体现为哪些方面，是否应该从专业知识和专业能力等方面去衡量等问题，《纪律检查机关监督执纪工作规则》没有具体的规定，也没有授权地方纪委进行规定。在纪检监察干部的准入上，如果过于强调政治条件、过于突出"红"而不同时突出"专"，那么这样选拔进来的人员恐怕也难以很好地胜任新时代的纪检监察工作。因为在纪委监委"合署办公"体制下，县级纪检监察干部不仅要履行党内监督执纪问责职责，还要履行国家监督调查处置职责。而要一体化履行这两大类职责，县级纪检监察干部则必须既要懂政治又要懂业务，必须是"红"与"专"相结合的复合型人才。

《监察法》第 14 条规定："国家实行监察官制度，依法确定监察官的等级设置、任免、考评和晋升等制度。"该条实际上只是宏观性、原则性地提出了国家要实行监察官制度，没有对纪检监察干部的准入作出更具体的规定。当然，《监察法》作为一部综合性的基本法对监察官准入制度不做具体规定，而由后来的专门性的单行法——《监察官法》来作出具体规定，有一定合理性。

《监察法实施条例》第 251 条规定，"监察机关和监察人员必须自觉坚持党的领导，在党组织的管理、监督下开展工作"。这样的规定，突出强调了监察机关和监察人员必须接受党的领导、管理和监督，必须懂政治和讲政治。但是，这并不是说对监察机关和监察人员就应弱化专业知识、专业能力等方面的业务要求。实际上根据党内法规和国家法律，"一身二任"的县级纪检监察干部必须做到政治和业务两方面都要强。《监察法实施条例》第 257 条还规定："监察机关实行严格的人员准入制度，严把政治关、品行关、能力关、作风关、廉洁关。监察人员必须忠诚坚定、担当尽责、遵纪守法、清正廉洁。"这样的规定相较于《纪律检查机关监督执纪工作规则》，除了强调"政治关"之外，还增加了"品行关""能力关""作风关""廉洁关"等方面要求，应该说是比较全面系统的。但是，值得注意的是，《监察法实施条例》仅体现了对纪检监察干部准入的宏观、原则和抽象的规定，而不是明确和具体的规定。

《监察官法》第 3 章“监察官的条件和选用”对监察官准入条件作出了较为具体的规定。首先,《监察官法》第 12 条从 7 个方面规定了担任监察官应当同时具备的“肯定类条件”。这 7 项条件中,前 3 项分别是“政治关”“品行关”“廉洁关”条件,而第 5 项是身心条件、第 7 项是兜底性其他条件,而仅有第 4 项“熟悉法律、法规、政策,具有履行监督、调查、处置等职责的专业知识和能力”和第 6 项“具备高等学校本科及以上学历”是从专业和学历上设置了专业知识和能力方面的条件。其次,第 13 条从 6 个方面规定了禁止进入的“否定类条件”。这 6 个“否定类条件”均不是从专业知识和能力方面作出的规定,而是针对是否违规违纪和“政治不合格”作出的规定。最后,第 14 条是对监察官选任原则的规定、第 15 条和第 16 条是对监察官选任办法的规定、第 17 条和第 18 条是对监察官可从党政机关、事业单位和国有企业公职人员和相关单位教学科研人员中进行选聘的特别规定。除了第 3 章作出上述规定之外,《监察官法》没有作出更具体的准入条件的规定。从制度的角度来看,“《监察官法》未规定监察官应具备党员身份、具有法学教育背景、通过国家法律职业资格考试等条件,主要是出于监察权属性以及监察工作的考量”。而“从实践的角度来看,《监察官法》未对监察官选任资格作出过多条件限制,主要还是为了缓解监察工作案多人少的现状”。总而言之,“当前《监察官法》针对监察官选任资格的规定符合我国的政治体制与实践现状,具有一定的合理性。但是在《监察官法》建立了监察官等级制度的情况下,对于初任监察官的资格考察规定较为笼统,缺乏一定的可操作性”。[①]

仔细考察《监察官法》所规定的相关准入条件和选用办法等,我们会发现这些规定仍然比较模糊和相对原则化宏观性。比如,《监察官法》第 12 条第 1 款第 4 项作出的“熟悉法律、法规、政策,具有履行监督、调查、处置等职责的专业知识和能力”的规定,指向的是《监察官法》实施后选用“新人”(选用新的监察官)的情况。而对于那些在《监察官法》实施以前已经是纪检监察干部的人,法律既没有作出明确规定,也没有作出授权立法的规定。这种不明确的规定,就会导致“旧人”不接受培训特别是不接受考核,甚至在培训和考核后仍达不到“熟悉法律、法规、政策,具有履行监督、调查、处置等职责的专业知识和能力”标准的情况下,也不会或很难会

---

① 杨晓曼:《我国监察官选任标准实施的检视与问题应对》,载《华南师范大学学报(社会科学版)》2023 年第 4 期。

被清退出监察官队伍。如果是这样,不合格的"旧人"不退出,而受行政编制有限性的制约,合格甚至优秀的"新人"也难进来。这种情况实质上是变相否定了第12条第1款第4项"熟悉法律、法规、政策,具有履行监督、调查、处置等职责的专业知识和能力"的准入规定。我们在实证调研中,就发现了这种情况在一些地区较为明显的存在。另外,《监察官法》第15条规定:"监察官采用考试、考核的办法,从符合监察官条件的人员中择优选用。"第16条规定:"录用监察官,应当依照法律和国家有关规定采取公开考试、严格考察、平等竞争、择优录取的办法。"这两条中规定的"考试"是何种考试?是从业资格考试吗?显然不是。因为《构建中国特色监察官制度——两部门有关负责人详解〈中华人民共和国监察官法〉》明确指出对监察官不实行单独职务序列管理,不实行类似法官、检察官那样通过从业资格考试通过者才能准入的模式。① 那么,是像我们在调查中发现的那样"缺乏全省乃至全市州的统一性,而实行各地自主命题、自主考试"吗?如果是这样,那么其权威性、公正性等则存疑。还有"考核"是何种考核、如何进行考核、考核的公平公正如何保证?"考察"是何种考察、如何进行考察、考察的公平公正如何保证?这一系列问题,不仅《监察官法》没有具体规定,也没有实施条例或实施细则出台,更没有授权立法。《监察官法》第17条和第18条规定监察官可从党政机关、事业单位、国有企业等机关及单位和相关单位教学科研人员中进行选择、选拔或聘任,但选择、选拔或聘任的标准、方式和程序分别是什么,该法同样既没有具体规定,也没有实施条例或实施细则出台,更没有授权立法。根据《监察官法》,我们可以发现"监察官选任资格的现有规定虽然可以较大程度地缓解监察办案的人员压力,但是难以充分落实监察官选任标准,不利于建设专业化的监察官队伍"②。

总之,关于纪检监察干部准入条件、准入标准,现行党内法规和国家法律虽然均有一些制度设计和规定,但是这些制度设计和规定并不明确具体。在相关党内法规和国家法律中,基本上没有明确提出由有关部门制定全国统一的诸如实施细则来具体化,也没有授权立法的安排。地方纪委监委引进"新人",只能根据相关党内法规和国家法律的原则性与宏观性规定之精神,自己制定政策来实施。虽然省、市、县三级纪检监察机关制定了部分有关纪检监察干部准入条件或准入资格的地方性规章制度,但多是思

① 参见孙少龙:《构建中国特色监察官制度——两部门有关负责人详解〈中华人民共和国监察官法〉》,载《新华每日电讯》2021年8月25日,第5版。

② 杨晓曼:《我国监察官选任标准实施的检视与问题应对》,载《华南师范大学学报(社会科学版)》2023年第4期。

想政治素质、通识性知识素质、工作资格资历等方面的规定，而对专业知识和专业能力等作出规定的并不多见，特别是对如何公招、遴选和考调具有专业知识和专业能力人才的设计更不多。对于如何公招、遴选和考调进“新人”，地方纪检监察机关大多是参照《公务员法》与《公务员公开遴选办法》等有关公务员招考、遴选和考调等规定来操作的。比如，依据《公务员法》和《公务员公开遴选办法》，在各级纪检监察机关干部准入学历上大多笼统规定为不限专业的本科以上学历。而在准入专业上，各级纪检监察机关几乎没有制定出明确的规定。对此，有县级纪检监察干部也谈到了类似观点：“纪委监委工作对人才需求的多样化，使招考公务员时无法明确具体地规定其专业，结果也就无法实现通过公开招考方式来引进新人。”① 另外，省、市两级纪检监察机关还习惯采取“授权立规”方式让县级纪委监委自己细化纪检监察干部的准入条件。有关县级纪检监察干部准入条件的规定，虽有一些通知、意见和办法等，但是这些通知、意见和办法的效力位阶低、内容不全面、规范性较弱、严谨性不足，往往不能很好地保证县级纪检监察干部准入的科学合理。通过调查我们还发现，在具体制定的通知、意见和办法上，各地还存在“各行其是的做法”，这难以避免会出现诸如不规范、不公正、难保证质量等问题。

通过对中央层面和地方层面关于纪检监察干部准入制度设计情况的分析，我们总体上可以判断出：现行党内法规和国家法律关于纪检监察干部准入制度的设计还处于初创阶段，还存在不很明确的问题。这不仅在人员入口上直接影响到了县级纪检监察干部队伍专业化建设，而且在职业标准明确和职业认同树立等方面影响到了县级纪检监察干部队伍专业化建设。在现行纪检监察领导体制、党内法规和国家法律等正式制度约束下，县级纪检监察干部准入标准呈现出宽泛化特点。这在较大程度上造成了纪检监察干部职业特性不突出。目前，我国纪检监察干部的准入和选任主要还是参考《公务员法》和《党政领导干部选拔任用工作条例》等原有法律与党内法规的要求来开展的，甚至在大多数情况下都是按普通公务员进行操作。不管是进入县级纪委监委的途径，还是入职后的管理、考核、晋升、奖惩、辞职、退休和职业保障等，基本上按照国家公务员制度的标准和程序来操作。但是，从性质、职责和职能等来看，县级纪委监委是具有很强政治性、纪律性和专业性的“党政合一”型专门机关，其素能要求、行为准则、履职依据等都不同于普通党政机关，不应当将其准入条件降低为普通公务员

① 来自对 MSNXQL20220526 的访谈。

的选拔条件。目前对县级纪检监察干部的选任更多考察的是其政治层面、纪律层面、通识知识和通识能力等方面的表现，这样的做法势必导致县级纪检监察干部职业认同不强、职业目标不清和职业规划不足，自然也会影响县级纪检监察干部队伍稳定。

（三）管理制度不尽合理

在现行干部人事制度和国家公务员制度下，纪检监察干部都是按国家公务员制度来进行管理的。因此，我们在此所讨论的管理制度，具体指的是在国家公务员制度框架内，分析作为公务员的纪检监察干部人事管理制度不尽合理而影响专业化建设的问题。

《监察官法》第5章“监察官的管理”对监察官的等级、培训、交流、辞职和辞退等作出了规定。该法特别提出了对监察官实行等级制，具体分为13级，根据监察官所担任的职务职级、德才表现、业务水平、工作实绩和工作年限等确定其等级。另外，该法第27条第2款还明确规定：“监察官等级晋升采取按期晋升和择优选升相结合的方式，特别优秀或者作出特别贡献的，可以提前选升。”以上规定，应该说对广大纪检监察干部是一大福音。严格依据《监察官法》和由中央纪委、国家监委会同中央组织部联合制定《监察官等级管理办法（试行）》，从中央、省、市、县全国四级监察官等级首次确定工作于2023年11月中旬全面完成，“这标志着自2022年起推进的全国监察官等级首次确定工作圆满收官”①。在近几年中，我国创设监察官等级制度，颁行《监察官法》和《监察官等级管理办法（试行）》，只是为各级纪检监察干部在职务职级之外增加一个职业称号，而不是实行单独职务序列管理。从目前情况来看，各级纪检监察干部从根本上仍然是依据国家公务员制度来管理的。根据我国公务员制度，普通类公务员实行职位分类制度。根据职位分类制度，我国将普通公务员分为综合管理类公务员、专业技术类公务员、行政执法类公务员。

虽然纪检监察干部是公务员，也在较多情况下要依照国家公务员制度和党政领导干部选拔任用制度等进行管理、考核和监督，但是纪检监察干部工作岗位、工作任务和工作职责等的特殊性，导致了必须对其实行有别于普通公务员的管理制度。纪检监察干部在职务职级等方面，虽然既具有综合管理类公务员的部分特点，也具有专业技术类公务员的一些特点（其中县级纪委监委领导班子成员、办公室和组织部等部室的工作人员更具综

---

① 曹溢：《监察官等级首次确定工作全面完成》，载《中国纪检监察报》2023年11月30日，第1版。

合管理类公务员特点，而纪检监察室、案件审理室和案件监督管理室等部室的工作人员更具专业技术类公务员特点），但也与普通公务员有明显的差异性和特殊性。那么，纪检监察人员到底该如何划分？是综合管理类公务员、专业技术类公务员，还是行政执法类公务员，抑或其他类型公务员？根据纪检监察干部的职业属性，显然将其归于哪一类都有不尽合理之处。根据中央纪委与国家监委法规室主任和全国人大常委会法工委与国家法室主任于2021年8月24日对《监察官法》的解读，“设置监察官等级，并不是要对监察官实行单独职务序列管理，纪检监察干部依然沿用现有干部管理序列”[①]。解读中“对监察官不实行单独职务序列管理”的观点，明确传达出监察官不会像法官、检察官那样实行员额制；而“纪检监察干部依然沿用现有干部管理序列”的观点，则明确传达出包括监察官在内的各级纪检监察干部，仍然会实行现行普通公务员职位分类制度，具体按综合管理类公务员进行管理、考核、晋升、监督和奖惩等。这样一来，一些专家学者所呼吁的“改革现行反腐机构人事管理体制，将绝大部分纪检监察人员纳入专业技术序列，通过给其‘评职称’，让其去‘行政化’而行‘专业化’”[②]，“借鉴《公务员法》专业技术类公务员的制度设计，走《专业技术类公务员管理规定（试行）》设置的专业序列通道”[③]等举措，也就难以实现了。当然，根据行政执法类公务员的内涵与特征，各级纪检监察干部显然也不能归属其中。根据对《监察官法》的解读和《监察官等级管理办法（试行）》的规定，县级纪检监察干部也只能归属于综合管理类公务员。另外，就纪委系统关于其干部的管理制度来看，中央纪委及地方纪委在一些“通知”及“办法”中，对如何有效管理纪委干部队伍作出了一些规定。但是，这些规定更多是偏重对其政治思想、工作要求、纪律责任等方面的管理，而不是对其职责、权利、义务、任免、晋升、奖惩、交流、回避、考核、退出、工资福利和权利救济等内容进行设计的科学而系统的管理制度。

根据上述梳理，我们可以看出现行党内法规和国家法律仍然将纪检监察干部看作普通综合管理类公务员，常常将普通公务员的干部人事管理制度套用到他们身上。这种做法不尽合理。因为根据现行《公务员法》及其配套法规政策，大部分县级纪检监察干部只能依照特定的职务、职级和级别来确定工资及其他待遇。但是，由于县级纪检监察工作人数多队伍大，

---

① 孙少龙：《构建中国特色监察官制度——两部门有关负责人详解〈中华人民共和国监察官法〉》，载《新华每日电讯》2021年8月25日，第5版。

② 任建明：《给一线反腐败官员评职称》，载《廉政瞭望》2015年第2期。

③ 薛彤彤、牛朝辉：《建立专业化导向的国家监察官制度》，载《河南社会科学》2017年第6期。

乡科级副职到县处级副职的领导职务仍然属“稀缺”岗位。在现行干部人事制度下，进入县级纪委监委的人，都会去追求职级晋升。然而，编委划拨给各县级纪委监委的编制毕竟是有限的。县级纪检监察干部追求级别晋升，也和追求职务职级晋升一样面临“僧多粥少”的窘境。在我国现行工资及福利待遇政策下，县级纪检监察干部所处行政层级较低，收入较低。在社会主义市场经济体制下，既作为社会精英又作为理性人的县级纪检监察干部，通过干出一定实绩谋求系统内或系统外的晋升，本是无可厚非的事。但是，如果因为按照现行综合管理类公务员职位分类制度来管理县级纪检监察干部，结果导致不是少数人而是多数人谋求的是向系统外晋升或转岗，那则是不正常的。这种不正常不仅不利于县级纪检监察工作高质量发展目标的实现，也不利于县级纪检监察队伍专业化建设。

实际上，除了职位分类制度不合理会影响县级纪检监察队伍专业化建设，流转制度设计不合理也会影响县级纪检监察队伍专业化建设。我们这里所讲的流转是指已经在岗在编的县级纪检监察干部，在县级纪委监委和派驻纪检监察组工作一定时间以后，基于晋升、转任、挂职、借调和抽调等正当原因而退出或长期不在县级纪委监委和派驻纪检监察组工作的现象。流转制度就是规范县级纪检监察干部基于晋升、转任、挂职、借调和抽调等原因退出或长期不在县级纪委监委的法律法规、规章制度和政策文件等的总称。

在国家法律法规层面，《监察法》第 14 条规定：“国家实行监察官制度，依法确定监察官的等级设置、任免、考评和晋升等制度。”《监察法实施条例》第 11 条第 1 款规定：“上级监察委员会可以依法统一调用所辖各级监察机关的监察人员办理监察事项。调用决定应当以书面形式作出。”在实际工作中，部分省、市、级纪检监察机关依据这条规定，以“跟案学习”“跟案锻炼”“上挂培训”“挂职锻炼”等名义，频繁而较大比例地抽调县级纪委监委纪检监察室、案件审理室、案件监督管理室等业务部室及派驻纪检组的业务骨干。频繁而较大比例地抽调这些业务骨干，既在一定程度上影响县级纪委监委的办案力量，也会在一定程度上造成县级纪委监委人员流动过大。虽然这种做法，在一定程度上有助于被抽调者专业知识的增长和专业能力的增强，但是据我们实证调查了解到，这些被抽调者基本上是被抽调到特定地方去办一些专案。根据纪检监察机关办理专案的相关规定，这些被抽调者只能同自己所在专案组的人接触，不能同其他专案组成员和上级纪检监察机关领导及人员接触。这种封闭在特定地方且固定于特定专案组的做法，大大限制了被抽调者学习和提升综合办案的知识与能力。也就是说，被抽调者因抽调而增加的专业知识和专业能力更多是围绕特定专案的，而不可能学到更多的其他专业知识和专业能力。简而言之，被抽调者所学到、所掌握的专业知识和专业能力还是有限的，这说明被抽调者专业化建设水平并不一定就能得到提升。另外，由于被抽调者长期被上级纪检监察机关抽调到异地办专案，就不可能有时间和精力参加本单位组织的专业知识和专业能力等培训，故其这些方面的专业知识和专业能力可能就得不到提高，专业化水平也不一定能得到提升，除非其已经具备或者想办法补课自学。总之，县级纪委监委经常被上级纪检监察机关抽调走较大比例的业务骨干，既在一定程度上影响被抽调干部的专业化建设，也在一定程度上影响整个县级纪委监委的专业化建设。我们的实证调查也佐证了这一点。有的县级纪检监察干部指出："业务干部被抽调走不仅影响我们自身的办案力量，也影响我们机关的专业化建设。一些业务骨干都不在机关，机关组织的业务培训怎么能提升到他们的专业知识和专业能力呢！我们办案力量不足，也会像上级机关一样，去抽乡镇或派驻纪检监察组的业务骨干。"①"即便是人员稳定性程度较高的纪检监察室、案件审理室等部门，也会被上级纪委监委短则3个月、最长则2年、常态化是6个月至1年的单次或连续多次地抽调一些业务骨干去办专案。长期而较大比例地抽调走了一些人员，客观上就造成了我们自身的纪检监察工作人员不稳定。这样的情况下，何谈专业化建设啊？"②"常态化多频次地被上级纪检监察机关抽调一批批业务骨干之后，2022年年初X省纪检监察系统'三个专班'建设启动仪式上提出的'县乡基层一线办案人数不得少于本机关总编制的1/2'的要求，在县级纪委监委就只能'想办法达到'，而不可能'实际上达到'。"③

《监察官法》第17条和第18条分别规定："监察委员会可以根据监察工作需要，依照法律和国家有关规定从中国共产党机关、国家机关、事业单位、国有企业等机关、单位从事公务的人员中选择符合任职条件的人员担任监察官。""监察委员会可以根据监察工作需要，依照法律和国家有关规定在从事与监察机关职能职责相关的职业或者教学、研究的人员中选拔或者聘任符合任职条件的人员担任监察官。"根据这两条规定，纪检监察系统以外的人员要被选任或被选拔为纪检监察干部（特别是监察官），大致可分为两种情况。第一种情况是前述单位中具有专门知识和专门能力的专

① 来自对CSWSXN20230425的访谈。

② 来自对GSSTXN20230508的访谈。

③ 来自对BSDYXN20230424的访谈。

业人员。这些专业人员的加入,的确会在一定程度上促进专业化建设。第二种情况则是非专业人员因自身政治思想素质好、综合能力较强等原因而被选任或被选拔。如果是非专业人员被选任或被选拔进入纪检监察机关,则必须经过一段时间的专业培训才可能真正达到专业化水平。要想把一名非专业类新人培养成具有较多纪检监察专业知识和较强纪检监察专业能力、能够胜任纪检监察工作的熟手,至少也需要 2 年的时间。原来较为优秀的业务骨干因晋升、交流或转岗调离了县级纪委监委,而新进人员还没有培养成能独当一面的熟手。在此情况下,就比较容易产生“业务骨干新老断层”的现象。另外,《监察官法》第 33 条规定:“监察官依照法律和国家有关规定实行任职交流。”县级纪检监察干部工作一定时间后,个人主动申请或者由组织安排“转岗”,也对纪检监察队伍专业化建设有不利影响。这种转岗一般是指原来在县级纪检监察机关工作的人员转到其他党政机关去,不再从事纪检监察工作。这实际上也是退出纪检监察机关的一种方式。我们在实证调查中发现,有的县级纪委监委干部和派驻纪检监察组干部以隐晦的方式谈及自己或他人希望通过交流,转岗方式调出县级纪检监察系统,不愿再从事纪检监察工作。抱有这种想法的纪检监察干部往往出于以下原因:一种是纪检监察工作要求高、责任重、压力大、待遇一般,自身无法长久坚持;另一种是认为县级纪委监委是“地位相对较高、干部职数较多、转动频率快的平台,能够少花时间成本调到党政机关相关的‘主干线’单位去”。这足见一些纪检监察干部专业精神的不强。

《监察官法》第 27 条第 1 款规定,监察官依据职务职级、德才表现、业务水平、工作实绩和工作年限等来确定等级;第 2 款规定:“监察官等级晋升采取按期晋升和择优选升相结合的方式,特别优秀或者作出特别贡献的,可以提前选升。”这是《监察官法》关于监察官等级及其晋升的基本规定。县级纪检监察干部拥有较为充分的职业发展空间,追求职务、职级和等级的晋升,是一件很正常的事。纪检监察干部追求晋升,既是作为公务员实现社会价值的体现,也是作为社会个体实现自我价值的体现。如果有明确的制度、严格的程序和公平的机制来保障纪检监察干部正常、规范和有序地晋升并在纪检监察系统内外流动,则会对县级纪检监察队伍专业化建设有一定促进作用。因为正常、规范和有序的晋升并向纪检监察系统内外的流动,向他人展示的是“让有为者有位”,会起到激励和导向作用。只有那些爱岗敬业、勤勉履职、兢兢业业、成绩突出者才能获得晋升。但是,在现实中有的纪检监察人员的晋升并不是如此。这会严重影响到县级纪检监察队伍专业化建设。短平快的晋升会导致向外流转人数的过多,结果就会产生两种后果。

一是一些人员为了谋求快速晋升（特别是脱离纪检监察机关的外部晋升），则不可能投入更多精力和更长时间进行自身的专业化建设；二是即便是那些投入了一定时间及精力去提升自身业务知识和业务能力、专业化水平也达到一定程度的干部，较多较快地离开县级纪委监委，也会影响甚至拉低本单位专业化建设水平。这正如有纪检监察干部指出的那样："培养一个能够很好履行纪检监察职责的熟手和能手，往往需要两三年时间。但是，这些人一旦成为熟手和能手，很快就会外流到其他单位去了。目前县级纪委监委面临的晋升流转过快、人员不稳的问题，仍然很突出。在这种情况下，县级纪检监察队伍高素质专业化建设就只会有名无实。"①

三、机制建设有欠缺

县级纪检监察队伍专业化建设不足，除了思想认识不到位和制度体系不健全之外，还有机制建设欠缺方面的原因。一般而言，影响县级纪检监察队伍专业化建设的机制众多，既包括培养机制、选任机制、培训机制、考核机制、退出机制，又包括监督机制、激励机制、惩戒机制、关爱机制等。但是，最根本的是培训、考核、激励和关爱等四个机制。这可以从两大方面来分析。第一，培养、选任、监督、惩戒和退出等几个机制，曾经因为建设得不够完善而在一定程度上影响了县级纪检监察队伍专业化建设。但是，随着纪检监察体制改革的进一步深化、《监察官法》及其配套法规的颁布实施和纪检监察学科的创建发展，这些问题将得到逐步解决。因此，这些机制将不是影响县级纪检监察队伍专业化建设最根本的因素。第二，培训、考核、激励和关爱四个机制之所以是影响县级纪检监察队伍专业化建设的根本性和重要性影响因素，既缘于县级纪检监察干部的切身感知和理性认识，也是基于我们从主观与客观相结合、理论与现实相结合两大维度分析的结果。下面我们将对这四个方面做较为全面具体的分析。

（一）培训机制不够优化

与时俱进且务实管用的培训机制是提升县级纪检监察队伍专业化建设的一个有效机制。因为县级纪检监察干部通过参加与时俱进且务实管用的培训可以增加专业知识和提升专业能力。我们在对 1948 名县级纪检监察干部的调查中发现，绝大多数（88.09%）县级纪检监察干部认为从事纪检监察工作参加培训"重要"甚至是"非常重要"，只有 1.85% 的县级纪检监察干部认为"不重要"（见图 5－4）。

---

① 来自对 ESEYQL20230427 的访谈。

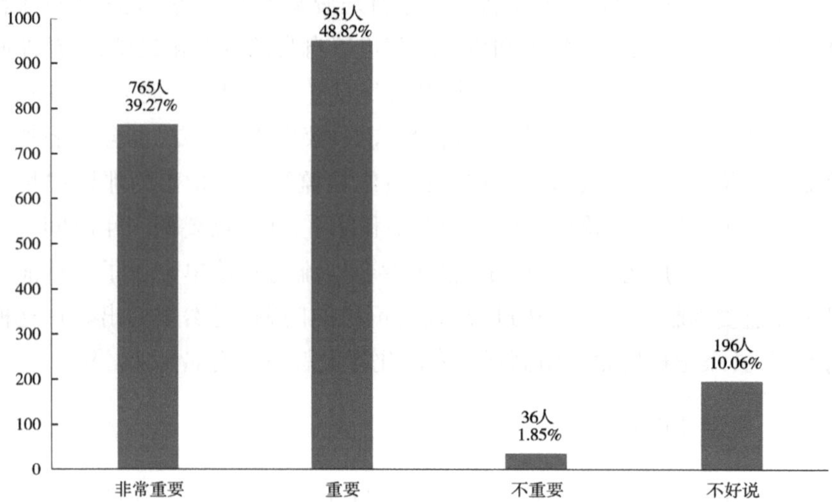

图5－4　县级纪检监察干部认为从事纪检监察工作参加培训是否重要的统计

尽管近年来各级党委和纪检监察机关针对县级纪检监察队伍开展的培训数量繁多、方式多样，但是从培训质量与培训实效上来看仍然存在较大比例“一般”和“不好”的问题（见图5－5）。从图5－5可知，在我们所调查的1948名X省内县级纪检监察干部中，51.8%的县级纪检监察干部认为自己所参加培训的效果“好”（占比为38.56%）和“非常好”（占比为13.24%），但是也有29.17%的县级纪检监察干部认为自己所参加培训的效果“一般”，更有19.03%的县级纪检监察干部认为自己所参加培训的效果“不好”。

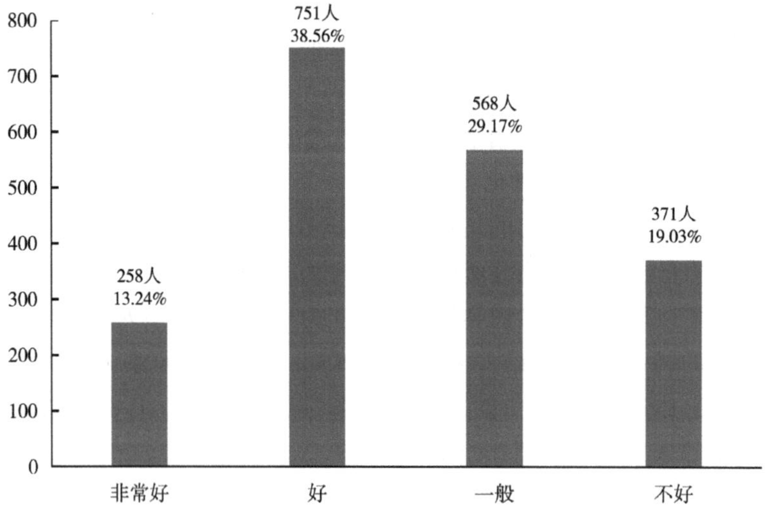

图5－5　县级纪检监察干部对所参加培训效果的评价统计

通过调查我们发现，虽然近年来X省内各级纪检监察机关投入不少人力、财力、物力针对县级纪检监察干部开展了不少培训，但是仍然有48.20%的人认为培训实效“一般”和“不好”。有人认为：“一些培训对于提升自身政治素质、专业知识和业务能力并没有多大用，甚至还不如自己在‘干中学’。”[①]一般而言，培训机制是由培训主体（包括培训机构和培训师资）、培训内容、培训方式、培训过程和培训时间等要素构成的有机统一体。下面我们主要从培训主体、培训内容、培训方式、培训过程和培训时间等方面来分析县级纪检监察干部培训机制不够优化的问题。

1.培训主体组建不优，影响了县级纪检监察队伍专业化建设水平的有效提升

培训主体既包括品德高尚、学识丰富和专业精湛的师资队伍，也包括专业化、建制化的教育培训机构。县级纪检监察干部培训缺乏高素质专家化的培训师资和高水平专业化的培训机构。由于受资源和观念的双重制约，县级纪检监察干部的培训往往由当地纪检监察系统相关领导和业务骨干组成的实务教师团队以及由地方高校党校（行政学院）教师组成的理论及人文素养教师团队来实施，很难请到由国内知名高校、党校及智库专家学者组成的高水平专家团队。具体培训中，纪检监察系统相关领导的授课大多强调规矩纪律，业务骨干的授课则大多传授工作的经验办法。这些培训虽然重要，但是并不全面，甚至不够专业。县级纪委监委本土化、专家化、集团化的专业培训机构及师资明显缺乏。另外，现有的中央、地方各级专门从事纪检监察干部培训的单位和高校党校所设从事纪检监察干部培训的机构，不仅存在培训质量参差不齐问题，而且在定位上也存在“行政化和政治化导向强”而“专业化导向弱”的问题。[②]

纪检监察体制改革以来，宣称能够承担各级各类纪检监察干部培训的机构如雨后春笋般地设立起来。这类培训机构虽然数量最多，但是专业化、专职化、高质量从事纪检监察干部培训的机构仍然有限。要保障全国100多万纪检监察系统专兼职干部[③]的多轮次培训，专业化、专职化、高质量从事纪检监察干部培训的机构的供给仍显不充分。目前从中央到地方建设成熟并运转良好的纪检监察干部教育培训机构，除了北京市廉政教育基地、天津市惩治和预防腐败教育基地、上海市反腐倡廉基教育地、黑龙江省纪检监察干部学院、河北省廉政教育基地、陕西省纪检监察干部教育培

① 来自对CSWSXL20230425的访谈。

② 参见王冠：《纪检监察干部培训工作研究》，中国政法大学出版社2021年版，第182页。

③ 参见王冠：《纪检监察干部培训工作研究》，中国政法大学出版社2021年版，第59－60页。

训基地、山东省廉政教育中心、河南省廉政文化教育中心、湖南省纪检监察干部培训中心、安徽省党风廉政教育基地、内蒙古自治区纪检监察干部培训中心、宁夏回族自治区廉政警示教育中心、广西壮族自治区反腐倡廉教育基地管理中心、新疆维吾尔自治区纪检监察学院等各省级纪委监委内设的机构之外，其他在全国有较高知名度的培训机构就只有中国纪检监察学院、中国纪检监察学院北戴河校区、杭州纪检监察培训中心、攀枝花纪检监察学院（四川省纪检监察干部培训基地）等几家。高水平、专业化纪检监察干部培训机构供给不足，导致大多数县级纪检监察干部只能参加本土化教育培训或者线上教育培训。然而，本土化教育培训或者线上教育培训的质量和效果，自然比不上高水平、专业化培训机构接受培训的质量和效果。

2. 培训内容设计不佳，影响了县级纪检监察队伍专业化建设水平的有效提升

县级纪委监委虽然层级不高，但是县级纪检监察干部履职所需知识和能力要求却不低。县级纪检监察干部要正确高效履行监督执纪问责和监督调查处置职责，既需要中共党史党建学、法学、侦查学、经济学和会计学等多学科的专业知识，又需要纪法适用能力、线索研处能力、谈话函询能力、证据收集能力、审查调查能力、案件审理能力、案件监管能力、沟通协调能力、心理把控能力、宣传教育能力和文书笔录制作能力等多种能力。县级纪委监委在安排培训时，往往受时间和资源等的限制，培训组织者在培训内容的设计上，往往是“上下一般粗，左右一个样”，培训内容存在明显的碎片化、同质化、随意化、形式化和脱节化等（见表5－1）。

表5－1 县级纪检监察干部认为培训内容设计上存在的突出问题

问题	被选次数（次）	选项百分比（%）
随意化	334	17.15
碎片化	1328	68.17
同质化	537	27.57
形式化	687	35.27
脱节化	705	36.19
其他	335	17.20
备注：线上线下参与有效答卷干部为1948人		

培训内容的设计除了存在上面几个具体问题之外，还存在一个共性问题：培训内容特别注重政治性优先，而没有统筹兼顾专业性。之所以产生

这个问题，是因为以下几点：一是当前纪检监察干部参加培训的主要方式是组织调训，即按照组织的需要、履职的岗位需要对纪检监察机关进行有组织的培训。上级坚持以突出政治性为各级纪检监察干部培训课程内容设计的最高原则，这实际上“是以工作导向进行设计，而非以胜任力为导向的思路”①。二是为了适应不断发展的党风廉政建设和反腐败斗争新形势新要求，在县级纪检监察干部的培训内容设计中，地方各级培训机构或培训组织者特别注重加强政治性课程的比重。这些培训机构或培训组织者之所以突出政治性课程的设置，既是适应时代的需求，也是对上级规划的响应。三是从现行党内法规和国家法律的规定来看，县级纪检监察干部的任职资格和胜任标准还不够硬性而鲜明。这在一定程度上决定了县级纪检监察干部的培训特点，进而影响到其培训内容的设计和培训课程的供给。

3. 培训方式选择不好，影响了县级纪检监察队伍专业化建设水平的有效提升

通过调研，我们发现近年来 X 省各县级纪委监委同省外其他地区一样，不仅普遍开展了政治理论培训、纪法知识培训、业务能力培训、综合管理培训、入职岗前培训、新晋职务培训等（见表 5－2），而且采取了脱产线下培训、不脱产线上培训、以会代培、以案代训、跟班学习等培训方式（见表 5－3），提升县级纪检监察干部队伍的专业化水平。我们通过实证调查发现，自 2018 年以来县级纪检监察干部不仅参加培训的总体数量多，而且参加培训的类型和方式也多种多样。

表 5－2　县级纪检监察干部参加培训类型统计

培训类型	被选次数（次）	选项百分比（%）
政治理论培训	1548	79.47
纪法知识培训	1079	55.39
业务能力培训	1727	88.66
综合管理培训	1368	69.71
入职岗前培训	835	42.86
新晋职务培训	501	25.72
备注：线上线下参与有效答卷干部为 1948 人		

① 王冠：《纪检监察干部培训工作研究》，中国政法大学出版社 2021 年版，第 164 页。

表 5－3　县级纪检监察干部参加培训方式统计

培训方式	被选次数(次)	选项百分比(%)
脱产线下培训	1080	55.44
不脱产线上培训	936	48.05
以会代培	1457	74.79
以案代训	972	49.85
跟班学习	794	40.76
其他	217	11.14
备注:线上线下参与有效答卷干部为 1948 人		

近年来,各地县级纪委监委根据上级要求,虽然开展了请进来培训与送出去培训、线下培训与线上培训、集中统一培训与分层分类培训、外聘专家讲座与内部骨干分享、政策理论研讨与岗位实战练兵、模拟训练与以考促训、跟岗锻炼与跟案学习、以案代训与以会代培、上挂锻炼与下派锤炼等多种多样的培训,但是从培训的覆盖面、针对性和实操性等来看,仍然不尽如人意。就“请进来培训”与“送出去培训”来看,各地县级纪委监委多是就地“取师资”来实施请进来培训,但所请师资理论和业务并不是很强,在一定程度上导致培训质量不够高;而“送出去培训”受人手紧张、资金额度和交通不便等因素的影响,存在人数不多、机会不公平①和时间不够长等问题。就线下培训与线上培训来看,各地县级纪委监委多采取线上培训的方式。虽然这种方式不受时空和规模的限制,参培人员可以在自己便利时间内灵活学、随时学和选择学,但是线上培训与视频学习一样,都高度依赖参培人员的自觉与自律。参培人员只有自觉自律地坚持学,才有可能学有所获、学有所用。就集中统一培训与分层分类培训来看,虽然集中统一培训具有覆盖面广和便于管理等优点,但缺乏个性化和针对性,无法满足不同岗位人员的需求。为了弥补集中统一培训的不足,各地县级纪委监委都或多或少采取了各种各样的分层分类培训,但是这种分层分类培训开展的频次、面向的人数等非常有限,取得的实际效果并不理想。至于外聘专家讲座与内部骨干分享、政策理论研讨与岗位实战练兵、书本研读与视频学习、模拟训练与以考促训、跟岗锻炼与跟案学习、以案代训与以会代培、上挂锻炼与下派锤炼等培训方式,现实中并不经常采用。总之,虽然各地县级纪

① 这里的机会不公平具体是指送出去培训的机会多集中在部分领导和个别部室负责人,普通工作人员参加得少。

委监委或多或少地采取了上述培训方式，但是各种主客观因素的制约使这些培训方式并没有充分发挥其优势。这正如有的纪检监察干部说的那样：“虽然近些年来我们单位的同志参加了各种各样的培训，但是仍然感觉真正学到手的东西不多。工作中所需要的知识和能力，还得自己在工作中‘边干边学’。我们离高素质专业化纪检监察干部的要求还差距甚远。”①

4. 培训过程监管不力，影响了县级纪检监察队伍专业化建设水平的有效提升

培训要取得实效，离不开对培训过程实施严格规范的监管。有的县级纪委监委领导和培训负责人认为“搞培训只是为了完成任务和应付上级检查。只要开展了培训，似乎就增加了知识和提高了能力。但是，实际上参培人员有没有学到东西，这个不好说”。那种“一培了之”、不重监管、不施考核的做法，不仅会严重影响培训的实效，还会影响县级纪检监察队伍专业化建设的水平。培训虽然是提升县级纪检监察干部能力的手段，但是，如果没有考勤、没有笔记检查、没有心得体会提交、没有培训成果汇报、没有培训评优和培训通报等监督考核手段，则“只管人到场，不管心在哪”的自由散漫式培训不仅不会有实效，还可能使参培人员滋生“培训就是走过场、搞形式”的错误想法。我们调查发现，培训监管不力问题已经成为影响一些地区县级纪检监察队伍专业化建设水平有效提升的重要因素。

5. 培训时间安排不当，影响了县级纪检监察队伍专业化建设水平的有效提升

对于不少“半路出家”的县级纪检监察干部来说，参加培训无疑是增加其专业知识和提升其专业能力，进而增强其专业精神的有效途径。但是，不合理不恰当的培训时间安排，使不少纪检监察干部，要么“错失良机”，要么“应付培训”。在访谈过程中，多位受访对象表示，“一线办案人员培训机会较少”。“上岗前没有培训，在岗时没空培训”的现象还比较普遍。这种情况在一定程度上导致不少县级纪检监察一线干部业务知识难以得到及时更新和有效补充，制约了其专业能力的提升。另外，还存在年轻干部参加外出培训机会少的问题。年轻干部和“半路出家”干部最需要通过培训来“充电提能”。但是，一方面，由于培训组织者没有充分调研和征询受训者意见与建议，不从受训者实际出发，而仅从自己工作便利出发，安排的培训时间不合理，结果导致最需要接受培训的广大一线办案人员和年轻干部无法放下工作去参加培训。另一方面，一些地方个别领导思想认

---

① 来自对 MSNXQN20220525 的访谈。

识存在偏差，把培训当成一种“福利”，搞“论资排辈”，造成真正需要提高业务素质和能力的一线办案人员和年轻干部很难有机会有时间去参加培训。

（二）考核机制不够科学

尽管2021年8月出台的《监察官法》第6章规定了对监察官进行考核的内容，但是目前尚未出台类似《公务员考核规定》那样的考核纪检监察干部的专门规定。也就是说，现在仅有《监察官法》对监察官考核作出了原则性和宏观性规定，并没有具体性和专门性规定。不仅如此，《监察官法》第6章虽规定了考核监察官履职状况的4个条文（第36—39条），但这些规定不像《公务员法》规定得那么多（参见《公务员法》第35—39条），更不像《党政领导干部考核工作条例》、《公务员考核规定》和《公务员平时考核办法（试行）》规定得那么细。通观《监察官法》的规定，我们会发现：在考核中，除了要坚持“全面、客观、公正”原则之外，纪检监察干部履职考核具体形式与普通公务员履职考核具体形式完全一致，都是“平时考核、专项考核和年度考核相结合”（参见第36条）。在考核内容上，纪检监察干部履职考核内容基本上同普通公务员履职考核内容一致，都是围绕五大项（德、能、勤、绩、廉）进行考核，唯一明显的差异仅体现在重点考核内容上。纪检监察干部重点考核内容是在普通公务员重点考核“政治素质、工作实绩”之外，增加了“廉洁自律情况”（参见第37条）。在考核等次上，纪检监察干部与普通公务员履职考核的等次设置也完全一致，均是“优秀、称职、基本称职和不称职四个等次”（参见第38条第1款）。在考核结果使用上，监察官“考核结果作为调整监察官等级、工资以及监察官奖惩、免职、降职、辞退的依据”（参见第38条第2款）。另外，值得注意的是，《纪律检查委员会工作条例》《纪律检查机关监督执纪工作规则》《纪检监察机关处理检举控告工作规则》等中央层面的党内法规中并没有关于纪检监察干部履职考核的明确规定，反而是一些地方纪检监察机关立足本地实际制定出了一些考评办法或考核机制。比如，湖南省株洲市炎陵县纪委在2016年出台了《全县基层纪检监察干部履职考评办法》，明确对县直部门和各乡镇纪检监察干部实行百分制考评。[①] 又如，重庆市铜梁区纪委监委针对基层纪检监察干部存在的认真履职容易得罪人，影响到考核测评、职级晋升的现象，在2018年时“改进纪检干部考核机制，采取由区纪委监委直接负责基

---

① 参见《炎陵县：出台基层纪检监察干部履职考评办法》，载清廉株洲网2016年3月31日，https://zzlzw.zznews.gov.cn/html/1222/10207.html。

层纪检监察组织负责人考核的方式，打消基层纪检干部的履职顾虑”①。总之，《监察官法》、《党政领导干部考核工作条例》、《公务员考核规定》和《公务员平时考核办法（试行）》对纪检监察干部所作出的制度设计都较为粗略宏观。这不仅反映出纪检监察干部考核机制参考了《公务员法》、《党政领导干部考核工作条例》、《公务员考核规定》和《公务员平时考核办法（试行）》的制度设计，也反映出纪检监察干部考核机制不够科学的问题。

关于县级纪检监察干部考核机制不科学问题，我们可以从考核主体、考核内容、考核程序、考核方式和考核结果运用等方面进行分析。

1. 考核主体不够合理

首先，根据《纪律检查委员会工作条例》、《党政领导干部考核工作条例》及各地目标绩效管理文件的规定，县级纪委监委领导班子成员既要接受上级纪检监察机关对其政治素质、履职能力、工作成效、作风表现等方面的多种考核，也要接受同级党委组织部门对其政治素质、履职能力、工作成效、作风表现等方面的平时考核、年度考核、专项考核、任期考核，还要接受同级党委目标绩效管理办公室的目标绩效考核。多头考核，不仅消耗了县级纪委监委领导班子成员的时间与精力，而且在一定程度上限制了这些领导干部自身综合素质和业务能力的提升。县级纪检监察队伍专业化建设理应包括县级纪检监察领导班子成员的专业化建设，如此的多头考核使县级纪委监委领导班子成员实际上不可能更多地去思考和落实自身及整个机关工作人员的专业化建设问题。其次，我们根据调查发现，虽然各县级纪委监委上收了对派驻纪检监察组负责人及其成员的人事管理权，以县级纪委监委考核为主，但是派驻纪检监察组负责人作为派驻单位领导班子成员，仍需接受相关党委组织部门和目标绩效管理部门的考核。这样的制度设计，使派驻纪检监察组负责人及成员不得不在日常履职中兼顾或参与派驻单位相关业务工作，从而使其主责主业的履行受到一定影响，进而导致其丰富专业知识和增强专业能力全身心履行纪检监察职责受到制约，也不利于其专业化建设水平的提升。最后，县级纪委监委各部室干部的考核由县级纪委监委组织部门或者办公室（如 X 省 N 市县级纪委监委受编制数的限制没有设组织部）牵头实施，县级纪委监委组织部门或者办公室大多依据《公务员法》《党政领导干部考核工作条例》《公务员考核规定》《公务员平时考核办法（试行）》进行考核。主要按普通公务员的考核制度和规定对县级纪委监委各部室干部进行考核，这不仅会导致考核依据缺乏专业

① 戴娟：《铜梁改进纪检干部考核评价机制》，载《重庆日报》2018 年 10 月 22 日，第 2 版。

性,而且会导致考核主体的多头性。县级纪委监委各部室干部大多是从事纪检监察工作的业务类干部,本应更多地接受县级纪委监委有关履行纪检监察职责的考核,但是其作为政治机关干部,也得接受同级党委组织部门的考核。考核的非专业性和多头性制约了县级纪委监委各部室干部的专业化建设和专业性发展。没有独立、权威、专业的考核主体对县级纪检监察干部履职优劣进行严格认真的考核评价,自然不会对其形成压力,进而无法达到倒逼县级纪检监察干部丰富自身的专业知识和增强自身的专业能力、提升自身专业化建设的水平的效果。

2. 考核内容不够精准

目前县级纪检监察干部的考核指标体系一般是德、能、勤、绩、廉等五大项。其中,对纪检监察干部德、勤、绩、廉四大项的考核,虽然同普通公务员的部分指标在指向上略有不同(比如,在“德”上,对纪检监察干部更强调政治忠诚;在“廉”上,对纪检监察干部更强调清正廉洁),但是多数指标在指向上均一致。在“能”的考核上,对县级纪委监委不同的干部群体考核的内容有明显差异。比如,对县级纪委监委领导班子成员的考核主要依据的是《党政领导干部考核工作条例》,重点考核的是其“学习本领、政治领导本领、改革创新本领、科学发展本领、依法执政本领、群众工作本领、狠抓落实本领、驾驭风险本领”等方面,而针对履行纪检监察工作职责的考核占比却不大。这样的考核更多促进的是领导干部综合素养和通识能力的提升,而不是业务能力的提升。纪检监察机关政治机关的性质定位,使对绝大多数县级纪委监委非领导职务工作人员和派驻纪检监察组工作人员的履职考核,也是按德、能、勤、绩、廉五大项来设置考核内容体系的。在这种考核内容的作用下,上述两类纪检监察干部也会像普通公务员一样以德为先、以廉为要和以勤为基,结果就是“能”“绩”在整个考核内容指标体系中所占权重不大了。我们在实证调研中发现,有些地方制定的具体的考核指标体系仍然是以“德”“勤”“廉”为考核的关键性指标,而“能”和“绩”的占比及其权重都不是最高的。在这种情况下,县级纪委监委非领导职务干部和派驻纪检监察组干部在日常工作中会重“德”“勤”“廉”而轻“能”“绩”。这样的考核,难以确保广大普通纪检监察干部愿意扎实地去“求知”“提能”“创绩”。总之,在顶层没有专门科学设计考核制度和考核内容的情况下,更多依照普通党政部门领导干部和公务员的考核内容来考核履行特殊职责的纪检监察干部,是不利于县级纪检监察队伍专业化建设的。

3. 考核程序不够严谨

虽然近年来中央和地方各级纪委监委陆续出台了一些有关纪检监察干部履职情况考核的程序性规定,但是对于县级纪委监委是否严格遵循考核程序,实施效果如何,没有多少人去关注和监督。在实际的县级纪检监察人员考核中,有的组织者会有意简化考核程序或改变考核程序。我们在调查中发现,有的纪检监察机关考核准备不扎实,从考核通知发布到实施考核,时间间隔较短,考核主体和考核对象均没有充足的时间准备。实施阶段对被考核对象的民主评测形式化严重,结束阶段也存在不规范现象。如果考核程序不严格,考核的严肃性、权威性和正当性必然会大大削弱。

4. 考核方式不够科学

这主要体现在以下两个方面:第一,重定期考核,轻平时考核。一方面,县级纪委监委领导班子成员的考核普遍是依据《党政领导干部考核工作条例》来开展的。对县级纪委监委领导班子成员的考核,一般有平时考核、年度考核、专项考核和任期考核等四种类型。由于仅有平时考核和年度考核是常态化的考核类型,因此我们仅分析平时考核和年度考核不科学的问题。另一方面,县级纪委监委和派驻纪检监察组普通干部和工作人员的考核普遍是依据《公务员考核规定》、《公务员平时考核办法(试行)》及地方纪委监委自行制定的规章制度来开展的。一般分为平时考核、专项考核和年度考核三种。由于仅有平时考核和年度考核是常态化的考核,因此我们仅分析平时考核和年度考核不科学的问题。平时考核是对县级纪委监委领导班子成员、县级纪委监委与纪检监察组广大干部日常工作和一贯表现所进行的经常性考核。无论是对县级纪委监委领导班子成员,还是对县级纪委监委和纪检监察组广大干部来说,平时考核是年度考核的基础。由于平时考核频繁复杂且要求高,各地县级党委和纪委监委为了减轻考核工作负担,对于县级纪委监委领导班子成员和其他纪检监察干部职工的考核,往往采取每年一次的定期年度考核,平时考核普遍被有意忽略。定期的年度考核主要采取个人书面总结、口头汇报加现场民主测评的方式。在机关领导班子的引导之下,这种考核方式往往是"排排坐,吃果果"的一团和气式考核结果。在这种明显不严肃不斗硬氛围下进行的履职考核,导致的结果很大程度上是使考核流于形式。若考核流于形式,则不可能"倒逼"广大县级纪检监察干部去创优争先,当然也不会有利于高素质专业化纪检监察队伍建设。第二,重定性考核,轻定量考核。我们调研发现,考核表大多是以定性化语句分门别类列出可供测评人勾选的各项考核内容的,而不是让测评人采取测评量表来打分定量考核。不仅没有做到定性考核和定量考核有机统一，而且还是以定性考核为主。这样的做法难以做到精确客观地反映各类纪检监察干部的履职实绩。

5.考核结果运用不够好

这主要体现为：一是考核结果运用制度欠缺。目前中央和上级纪检监察机关有关县级纪检监察干部考核结果还缺乏“用什么”“怎么用”等方面的制度规定。县级纪委监委一般未制定刚性且具体的规章制度，而主要靠领导者的主观想法来定夺。二是考核结果反馈不充分。县级纪委监委考核的反馈和运用也存在不规范不严格的情况。什么时候反馈、以何种方式反馈，都缺乏明确的制度规定。被考核对象不能及时依据考核结果来明辨自身优劣势，无法及时改进自己的不足。三是考核结果运用不佳。“优秀”的考核结果如何运用到对纪检监察干部的评优、奖励和晋升等实际中，做得不够好。这势必会挫伤考核获评优秀者的积极性。而对于考核结果差的人员，有的县级纪委监委领导班子成员因为顾忌县域的“熟人社会”和复杂关系，也不愿动真斗硬。

（三）激励机制不够完善

激励是组织诱发个体产生满足需要的动机进而使个体行为与组织目标趋同的管理手段。要达成良好的激励效果，实现组织与个人在目标及行为上的内在一致性，必须建立科学完善的激励机制。县级纪委监委作为典型的公共部门，其干部也需要激励，也需要科学完善的激励机制来提升其职业满意度和认同感，进而提升其工作质效。

激励机制不完善，不仅会导致一些县级纪检监察干部产生职业倦怠问题，进而影响县级纪检监察干部队伍的稳定，还会影响县级纪检监察干部队伍专业化建设。激励机制分成物质激励机制是否完善和精神激励机制两大类，因此，关于县级纪检监察干部的激励机制可以从其物质激励机制和精神激励机制是否完善两个方面去分析。我们通过实证调查发现，物质激励机制和精神激励机制各自均存在不完善之处，都在客观上影响着县级纪检监察队伍专业化建设的推进。

1.物质激励机制不完善影响县级纪检监察队伍专业化建设的情况

县级纪检监察队伍专业化建设，不仅受到县级纪检监察干部思想认知水平的影响，也受到制度建设状况的影响，更受到人、财、物等资源激励的影响。在党的十八大以前，关于县级纪委监委的机构设置、人员编制、政治地位和待遇等有《关于加强地方县级纪检监察机关建设的若干意见》作出规定，而关于县级纪委监委经费和装备设施等也有《关于县级纪检监察机关办公办案装备配置标准和实施办法的通知》作出了基本保障，但是这些规定和保障不仅落后而且层次太低。虽然党的十八大以来在中央的高度重视和领导人的强力推进之下，县级纪委监委的政治地位、法律地位、薪酬津贴和办案经费等得到了一定提高，但是，在纪检监察工作越来越规范化、法治化和正规化之后，这种财力、人力和物力等的增长，更多是规范地用到工作上，而不是用到人头津贴及福利待遇上了。

通过实证调查，我们发现县级纪检监察干部除了享有数额不高的办案补贴（三四百元/月）之外，其他工资津贴、福利待遇和保险车补等物质待遇同党委政府一般公务员没有什么区别。当前同县级党政机关干部职工相比，对县级纪检监察干部的物质激励既没有特别之处也没有优势所在。工作要求、工作负荷、工作难度和工作压力等方面均比一般公务员更严更大，但是待遇无明显优势，这是县级纪检监察干部队伍不稳和县级纪检监察干部队伍专业化建设推进无力的一个重要原因。甚至在县级纪委监委内部，综合部室人员与业务部室人员之间物质激励机制也存在不平衡问题。这些问题使难以吸纳优秀专业人才加入县级纪委监委，也难以留住业务骨干长期工作。个别县级纪检监察干部表达出的“职业倦怠”观点，值得我们关注。“如果不考虑政治担当的话，我宁愿不要办案补贴、不要职务职级晋升，只愿有自主的时间、健康的生活。”县级纪委监委纪检监察人员的政治待遇和经济待遇等，相对于其他党政机关人员来说并没有太大的差异。基于此，晋升、交流和转岗退出纪检监察系统，已然成为个别县级纪检监察干部的“心理诉求”。这种“心理诉求”会越来越影响县级纪检监察队伍的稳定，也会影响县级纪检监察队伍专业化建设的推进。

2. 精神激励机制不完善影响县级纪检监察队伍专业化建设的情况

目前针对县级纪检监察干部进行有效精神激励的制度和机制建设都不够完善，这在一定程度上影响着县级纪检监察队伍专业化建设水平。由于精神激励机制大致包括表彰奖励、晋升发展、文化认同和社会支持等四个具体机制，因此我们接下来就从这四个方面来分析精神激励机制不完善如何影响县级纪检监察队伍专业化建设。

第一，表彰奖励机制存在因不完善进而影响县级纪检监察队伍专业化建设的问题。根据现行制度设计和政策规定，县级纪检监察干部的表彰奖励大多依照普通公务员的规定进行。尽管近年来中央纪委国家监委组织评选表彰全国纪检监察系统先进工作者，有些地方纪委监委也在组织评选纪检监察系统先进工作者，但是相对于全国数量庞大的纪检监察干部来说，能够得到这种表彰的人仍然是极少数。绝大多数普通县级纪检监察干部获得表彰的机会很少。即便根据《监察官法》第40、41条所设奖励，也只有极少数“在监察工作中有显著成绩和贡献，或者有其他突出事迹的监察官”才能获得奖励。

第二，晋升发展机制存在因不完善进而影响县级纪检监察队伍专业化建设的问题。县级纪检监察干部没有明显的获得晋升的优势。加之县域社会是熟人社会，县域廉政治理是在熟人社会进行监督执纪问责和监督执法处置。按现行纪检监察系统相关干部人事制度的规定，在县级纪委监委中，除了“一身二任”的纪委书记及监委主任不是本地人之外，其他各类干部职工都可以是本地人。“抬头不见低头见”，“转去转来总有离不开的各种社会关系相牵连”。基于此，一些县级纪检监察干部认为纪委监委工作是“得罪人”的工作，他们既不愿意干此工作，也不愿意花更多时间去增加专业知识和提升专业能力，更别说走专业化发展道路了。

第三，文化认同机制存在因不完善进而影响县级纪检监察队伍专业化建设的问题。这里的文化认同机制是指职业文化认同机制，纪检监察职业文化认同机制是指纪检监察干部在纪检监察工作实践中形成的，对纪检监察职业内在价值、外在制度、行为方式等的认可、接受和肯定性体认的各种手段和方式等的总称。一般来说，良好的纪检监察职业文化认同机制有助于规范和引导纪检监察干部行为、培育其职业认同感，进而促进纪检监察队伍专业化建设不断推进。但是，我们调查发现，在一些县级纪委监委干部职工中还没有真正形成“我从事纪检监察工作光荣，我是纪检监察干部自豪”的纪检监察文化氛围。面对当今日益复杂化、专业化、智能化和隐蔽化的腐败行为和“力度不减、节奏不乱”的持续高压反腐态势，县级纪检监察人员既感到专业能力不足，又感到工作压力倍增。加上工作职责的特殊性而时常被人“另眼相看”或“另类相待”，一些县级纪检监察干部产生了“职业迷茫”和“职业倦怠”。我们研究发现，目前很少有县级纪委监委真正建立起了专属于纪检监察干部的职业文化认同机制。没有成熟的职业文化认同机制，不仅不利于县级纪检监察干部专业精神的增强，也不利于县级纪检监察干部专业能力的提升。

第四，社会支持机制也存在因不完善进而影响县级纪检监察队伍专业化建设的问题。县域基层社会和广大人民群众的认可与支持，可以在一定程度上促进县级纪检监察队伍专业化建设。但是，我们的经验观察和实证调查发现，县域基层社会和广大人民群众对纪检监察工作与县级纪检监察干部的认可支持度不够高。一是由于县级纪委监委对自身性质、职责和职能的宣传不够,对纪检监察工作信息的公开程度不足。纪检监察机关严格的保密制度、封闭的工作体制和办公场所,致使人民群众对其工作流程和工作要求等不够了解,对县级纪检监察干部的认可度、支持度自然就很有限。二是县级纪检监察干部工作程序烦琐引起人民群众的误解。“纪检监察机关是‘修理人’的机关,少去招惹”“纪检监察干部是‘黑脸包公’,难以亲近”等思想观念,在不少党政机关及企事业单位干部和群众心中仍然有较大市场。这种思想观念的普遍存在,是很不利于县级纪检监察干部走职业化专业化发展道路的。社会支持机制的不完善,不仅影响到县级纪检监察干部在社会上所获得的成就感,而且影响到县级纪检监察干部的职业认同感。

（四）关爱机制不够完善

为了保证纪检监察干部无后顾之忧地投入到纪检监察工作中,尚需要完善关心关爱机制。

目前虽然出台了关于办案经费和人员补贴等方面的临时性规章制度,而针对基层纪检监察人员的职业尊严、人身安全、近亲属保护、权利救济等关爱性制度建设即便有了《监察官法》第8章“监察官的职业保障”的规定,但是仍然显得不够具体不够明确。对此,有学者指出,“《监察官法》规定了监察官的身份保障、履职保障、经济保障、安全保障等内容,进而构建了一套较完整的监察官职业保障体系,从制度层面确保监察官依法履行职责。但《监察官法》第8章职业保障的相关法律条文,内容相对笼统,并缺乏细化的执行标准与配套规定,导致监察官职业保障规范难以贯彻执行”。“身份保障不充分”“权责不均衡”“经济待遇不够高”“安全保障范围有限”等问题[①],是当前监察官职业保障规范的主要局限。对此,实务界有人也提出了看法:“尽管纪检监察干部需要提升专业化程度,但是在制度和政策上缺乏充分关心关爱机制和职业保障机制的情况下,要让县级纪检监察干部无后顾之忧地走职业化专业化发展道路,还面临不少困难。”[②]在个别访谈中,有一些受访干部更进一步指出了目前迫切需要健全关心关爱机制的第二个原因。那就是,在县域“熟人社会”履行监督执纪问责和监督调查处置职责的普通县级纪检监察干部常常深感孤独。之所以会产生这种孤独感,是因为职业的特殊性使工作对象多为身边人,而身边人对于纪检

---

① 参见王延延:《监察官职业保障建设的基本逻辑与优化路径》,载《福建师范大学学报(哲学社会科学版)》2024年第2期。

② 来自对QSDLXN20230525的访谈。

监察干部执纪者的身份有所忌惮,这导致与身边人的关系逐渐疏远冷漠。对于常感孤独的普通县级纪检监察干部,县级纪委监委及其领导应该从组织上给予更多关爱帮助。如果组织的关心关爱不能适时跟进,那么县级纪检监察干部的组织归属感和职业认同感则会减弱,进而可能产生得过且过或萌生退出的想法。目前之所以迫切需要健全关心关爱机制,还有一个更具体更现实的第三个原因。那就是需要对那些长期被抽调到省级市级纪检监察专案组异地办案的业务类干部进行关心关爱。我们在X省内多个县级纪委监委实证调查和个别访谈中,都了解到"被抽调干部最需要关心关爱"。比如,有的访谈者谈道:"上级一抽就抽半年一载,甚至更长。这些被抽调干部有的半年都回不了单位迈不进家门口。这种情况的存在,既会导致县级纪委监委办案力量紧张,也容易引发家庭矛盾。"①有的访谈者提出:"那些被抽调的干部,即便回单位也不能跟同事说自己在办什么案子,同样即便能回家也不能跟家人说自己具体在干什么。长期的工作高压,却不能诉说排解,容易使人产生心理疾病。关爱被抽调干部心理健康,很有必要。"②有的访谈者认为:"被抽调干部一般仅是限于在特定场所办理特定专案,未经批准是不能同其他任何人接触交流的。天天见到的就是本专案组的那些人。广交朋友不准,开阔眼界受限,所学办案经验也很有限,所得补贴也就每天仅50元。被抽调干部还面临'两头被埋怨'的苦恼——所在部室同事因其被抽调缺人手不得不多承担工作埋怨,不能照顾家庭被家人埋怨。长期的工作负累和心理内疚使获得的职业幸福感降低。"③综上,我们应该能够发现,关心关爱机制是否健全完善不仅对县级纪委监委普通干部是否愿意走职业化专业化发展道路的影响较大,而且对县级纪委监委中被抽调干部是否坚持走职业化专业化发展道路的影响更深刻。

---

① 来自对NSJAXL20220527的访谈。
② 来自对MSNXQY20220526的访谈。
③ 来自对BSWSXL20230425的访谈。

第六章　县级纪检监察队伍专业化建设的推进策略

县级纪检监察队伍专业化建设是一项复杂的社会工程，绝不能用简单的思维方式来对待，而应采取系统性思维。对于这一点，我们针对 X 省内 20 多个县级纪委监委干部的问卷调查中也有一定的证据支持(见表 6－1)。从表 6－1 的统计结果来看，县级纪检监察干部认为当前推进县级纪检监察干部队伍专业化建设应该多措并举，不应只重其一而偏废其余。下面我们主要从思想、制度和机制等三个方面探讨县级纪检监察队伍专业化建设的系统性对策。

表 6－1　县级纪检监察干部认为加强队伍专业化建设的主要措施统计

主要措施	赞成人数(人)	所占比例(%)
提高思想认识	508	26.08
健全基础制度	691	35.47
完善关键机制	678	34.81
其他	71	3.64
总计	1948	100

一、提高思想认识

提高思想认识是推进县级纪检监察队伍专业化建设的基本前提。唯有县级纪检监察干部、各级领导干部和社会群体这三类主体的思想认识均得到提高，县级纪检监察队伍专业化建设才有可能。下面分别从县级纪检监察队伍专业化建设必要性、重要性和可行性三个方面来探讨如何切实有效地提高这三类主体的思想认识。

(一)提高对必要性的认识

1. 对错误观点的反驳

我们在第五章中归纳了认为县级纪检监察队伍专业化建设不必要的典型观点。在此，我们有必要进一步分析这些观点的不正确性。第一，那种认为在纪检监察新体制下，经过对干部队伍的调整、充实和培训等，县级纪检监察队伍已在较大程度上提升了专业化水平，没有必要再特别强调对县级纪检监察队伍实施专业化建设的观点，存在片面性。县级纪检监察干部队伍通过调整、充实和培训等，其专业化建设水平虽整体上有一定提升，但是仍然存在不同地区和不同个体在专业化建设水平上的不平衡不充分性。即使经过多种多样的培训，县级纪检监察干部履行纪检监察工作职责必须具备的多学科复合性专门知识仍不丰富、专业能力仍然不够强，更谈不上专业精神的真正形成。第二，那种认为县级纪委监委从公安系统、司法系统和应届毕业生中遴选及公招了一定数量的法学、中共党史党建学和会计学等专业人才，其干部队伍专业化建设水平已得到了较大提升，因此没有必要再特别强调对县级纪检监察队伍实施专业化建设的观点，也是失之偏颇的。新进人员的政治政策水平、党规党纪知识和党内监督执纪问责能力，并非均完全胜任县级纪检监察工作的需要，仍然有必要对县级纪检监察干部队伍加强专业化建设。第三，那种认为县级纪委监委对于专业知识和专业能力要求强的案件，可以向外请专家或专业人士协助，因此没有必要再强调对县级纪检监察队伍实施专业化建设的观点，也是片面的。我们认为，受县域空间人才资源和待遇保障等客观因素的制约，在县城内真正能够胜任县级纪检监察工作的"外请专家或专业人士"以及党政机关企事业单位的"外聘人员"，不仅数量不够多，而且水平也不一定够高。向"专家聚集""人才济济"的市州乃至省会城市"聘人借力借智"，不仅成本高，可能还效率低。在如此状况下，过大过多"外部依赖"而不是"内部挖潜"，则可能导致的结果是内外专业人才都不足。鉴于此，目前仍然非常有必要加强县级纪检监察干部队伍专业化建设。第四，那种认为纪检监察机关是履行党内监督执纪问责和国家监督调查处置职责的政治机关，只需奉命行事、"照章"办事就行了，并不需要专业化队伍或人员来保障的观点，实际上是没有真正认清纪检监察机关性质、地位和职责等属性的一种偏见。众多实例已证明，纪检监察工作并非可有可无、不重视专业依托的工作。纪检监察机关是党风廉政建设和反腐败工作的重要力量，其干部队伍在政治上强不强、业务上精不精、能力上过不过硬，直接影响和决定党风廉政建设和反腐败工作的成效。① 在新时代，纪检监察工作的专业性只会越来越强，为此需要包括县级在内的各级纪检监察队伍增加专业知识和提高

---

① 参见薛彤彤、牛朝辉：《建立专业化导向的国家监察官制度》，载《河南社会科学》2017 年第 6 期。

业务能力。① 第五，那种认为纪检监察工作是一个经验活和技术活，只要通过"老带新""传帮带"等师傅带徒弟方式或者在工作中采取"跟班学习""实战练兵""以案代训"等边干边学形式，就能提升县级纪检监察干部专业化水平，无须再强调专业化建设的观点，实际上也是认识偏差的体现。产生这种认识偏差主要有以下原因：一是在日益复杂化、智能化、隐秘化等的腐败新形势新情况新问题面前，县级纪检监察工作实效要得以提高必然需要加强县级纪检监察队伍专业化建设。二是县级纪检监察干部的职业倦怠趋势日益明显，不加强县级纪检监察队伍专业化建设，不解决其作为专业人员的出路和待遇问题，县级纪检监察工作实效提升只能是空话。三是县级纪检监察队伍在新时代常态化反腐倡廉新形势下，只有"有为才有位"。而县级纪检监察干部要有为，前提要能为；而要能为，必须走专业化职业化的发展道路，必须具有特定的专业知识、专业能力和专业精神。第六，那种认为"县级纪检监察队伍建设过于专业化，不利于人员转岗、晋升和交流"，因此不能够也没必要推进县级纪检监察队伍专业化建设的观点，也是不正确的。持这种观点的人，不仅是对十九届中央纪委四次全会所提出"建设高素质专业化纪检监察干部队伍"重要任务认识不深刻和理解不到位的表现，更是观念局限于传统纪检监察体制的体现。在新时代要实现"不敢腐、不能腐、不想腐"一体推进战略目标，并最终实现纪检监察工作高质量发展，必然需要"专业的人来做专业的事"。这是人类廉政治理的客观规律，也是我国未来廉政建设的必然选择。

2. 提高对必要性认识的方法

要提高前述各类主体对县级纪检监察队伍专业化建设必要性的思想认识，不能仅仅停留在口头上，更要落实在行动上。因为无论是纪检监察干部还是社会公众和各级领导对纪检监察工作的"刻板印象"与习惯认知，并不是轻易能改变的。因此，加强宣传教育和舆论引导就是一个行之有效的办法。

(1)各类新闻媒体加强对纪检监察机关性质、职责和功能等的宣传报道。中央纪委自 2012 年起就对其网站进行了改版升级，宣传、教育和引导的功能进一步凸显，进而使社会公众、各级领导进一步认清了纪检监察机关的性质、职责和功能，也使纪检监察队伍赢得了社会的职业认同、明确了社会角色。在中央纪委国家监委的统一要求部署之下，省、市、县三级纪委

① 参见中共中央纪律检查委员会中华人民共和国国家监察委员会法规室编写：《〈中华人民共和国监察法〉释义》，中国方正出版社 2018 年版，第 251 页。

监委也加强了各自网站的改版建设,更加突出了其宣传、教育和引导的功能,这在一定程度上提高了社会公众和各级领导对纪委监委及其工作人员的认知。但是,有些县级纪委监委网站建设质量尚不够高,宣传引导作用尚不够有力,其增进广大社会群体和各级各类领导对纪检监察干部"身份认可"程度尚有欠缺。因此,当前仍然需要充分利用党政机关和纪检监察机关的主流报纸、杂志以及网站,对纪检监察机关、纪检监察工作以及纪检监察人员的性质、地位、功能等职业属性和专业特质,多角度多层次地开展宣传工作,从而让社会公众和各级领导认识到既执纪也执法的纪检监察干部是专业人员①,有其自身专业知识、专门能力和专业精神的客观要求,进行专业化建设是客观必要的。

(2)各级教育机构加强对纪检监察机关性质、任务、职责和地位等方面的必要宣传。各级教育机构加强对县级纪委监委的宣传,不仅要实施廉洁文化进校园工程,让学生养成崇廉反贪的思想观念,更要让学生了解、认识纪检监察机关及其工作人员的职业属性和专业特质。不仅让学生知其然还知其所以然,进而使社会公众形成对纪检监察队伍专业化建设必要性和重要性的正确认知。

(3)各级纪检监察机关要做好队伍专业化建设必要性的宣传工作。"国以人兴,政以才治;事业兴衰,关键在人。"②履行监督执纪问责和监督调查处置职责的县级纪检监察队伍建设亦是如此。包括县级纪委监委在内的各级纪委监委在日常性及专门性的教育培训活动中,要经常性地突出强调纪检监察队伍专业化的必要性。通过这样的努力,使各级纪检监察机关工作人员增强对自身专业属性、专业角色、专业要求的认知,进而形成纪检监察干部专业化建设是客观必要的"心理共识"。

(二)提高对重要性的认识

1. 对错误观点的反驳

我们在第五章中归纳并分析了认为推进县级纪检监察队伍专业化建设不重要的一些典型观点。比如,有的人认为,在现行廉政治理体制和反腐倡廉形势下,县级纪检监察工作高质量发展更多依靠的是领导的重视、机构的强势和考核的严厉等因素,并不取决于纪检监察干部专业化水平的高低,因此加强县级纪检监察队伍专业化建设不重要。有人认为,县级纪检监察干部即便具备较强专业知识和专业能力,也发挥不了多大作用。还

---

① 参见薛小建编著:《中国国家监察体制的历史与变革》,人民日报出版社2020年版,第65页。

② 傅克诚主编:《内强素质 外树形象——纪检监察干部队伍建设概论》,江西人民出版社2006年版,第1页。

有人认为，由于县域反腐倡廉对象的低级别，大案要案难案发生少，因此县级纪检监察队伍专业化建设也就没有那么紧迫和重要。持第一种观点的人，犯了以偏概全的错误。县级纪检监察工作高质量发展虽然离不开领导的重视、机构的有力和考核的严厉等，但是这并非最根本的。县级纪检监察工作高质量发展，最为根本的还得依赖于具有专业精神、专业知识和专业能力的广大县级纪检监察队伍。持第二种观点的人，是一种误解和偏见。古今中外廉政治理经验和我国近些年廉政建设实践，业已证明加强纪检监察队伍专业化建设是人类反腐倡廉发展史的必由之路，也是提升我国反腐倡廉绩效的现实之需。持第三种观点的人认为县级纪检监察工作都是面对些凭阅历靠经验就能查办清楚的小案，似乎用不着专业人才。实际情况并非如此。诚然在县域空间发生的案件，大部分是一些金额不大、影响不远的“小案”，但并不是说这些“小案”就一定是执纪执法程序简单、定性容易、影响不坏的案件。有的所谓“小案”甚至直接牵涉群众身边利益，影响到基层党委政府形象和声誉。我们在实证调查中所获得的一线纪检监察干部的观点，也提醒我们要重视县域发生的“小案”。因为“小案并不一定好办”①，办好小案也需要依靠专业化水平高的纪检监察干部。

毋庸置疑的是，纪检监察新体制建立后，有关县级纪检监察队伍专业化建设重要性的思想认识比以往任何时期都得到了明显增强。然而同法官和检察官的专业化建设相比，纪检监察干部队伍专业化建设的进展明显处于落后状态，经常停留于口头或文本状态。适应新时代基层纪检监察工作高质量发展的新任务新要求，不断增强对县级纪检监察队伍专业化建设重要性的思想认识要体现在具体行动上。作为一项系统社会工程的县级纪检监察队伍专业化建设，既需要从高层发力又需要从县级着手。县级纪检监察队伍专业化建设，实际上比中高层纪检监察队伍专业化建设受到更多地域、资源、人才等约束条件的限制，具有更为独特的堵点和难点。为此，更应该重视县级纪检监察干部队伍专业化建设。

2. 提高对重要性认识的方法

提高对县级纪检监察队伍专业化建设重要性的思想认识，并不是轻而易举、一蹴而就的，而是需要采取一定的办法和措施来改变社会公众、各级领导和纪检监察人员的既有思想认知。加强宣传教育和舆论引导，依然是必须采取的具体行动措施。

（1）各级纪检监察机关要增强队伍专业化建设重要性的舆论营造。

① 来自对 LSRXL20230516 的访谈。

一方面,中央和省级纪检监察机关要安排专门机构和人员进行专门的舆论引导工作。定期邀请系统内外专家学者举办专题讲座或报告,组织纪检监察干部参与,先从思想上给纪检监察干部灌输从事纪检监察工作必须具有专业知识和专业能力的思想,让其知道专业化建设是党和国家都高度重视的。这些专题讲座或报告特别应该注重从理论与现实角度讲清楚纪检监察工作的价值及意义、纪检监察干部的使命与担当、纪检监察事业的现状与未来等。另一方面,各级纪检监察机关在日常性及专门性的教育培训活动中,也要经常性地突出强调纪检监察队伍专业化的重要性。通过这样的努力,使各级纪检监察机关工作人员增强对自身专业属性、专业知识、专业能力和专业精神等的认知。

(2)各级党政机关的报纸、杂志、网站和新媒体要加强对纪检监察机关及其工作人员工作性质、职责和功能等方面的宣传报道,使各级机关、各级领导和社会公众都形成对纪检监察队伍走专业化建设重要性的正确认知,努力形成重视县级纪检监察队伍专业化建设的普遍共识。县级纪委监委作为履行党内监督执纪问责和国家监督调查处置的专责机关,其行权履职具有明确的党纪国法依据和严格的实施程序,具有鲜明的职业特性和专业属性。鉴于此,重视并加强县级纪检监察干部队伍专业化建设,才可能实现县级纪检监察工作高质量发展。

(三)提高对可行性的认识

1. 对错误观点的反驳

我们在第五章中指出:有的人认为“纪检监察工作岗位的特殊性”和“纪检监察干部履责的一体化”,使履行纪检监察职责所需要的知识和能力等具有多样性和复杂性;加之纪检监察机关不具有明晰的专业边界和专业内涵,纪检监察机关(特别是党的纪委)自身还具有鲜明的政治性,因此,要搞好纪检监察队伍专业化建设是不可行的。实务界也有人认为:“纪检监察干部从事的是一项惩前毖后、治病救人的复杂性社会工作,鉴于人员来源多样、履职内容多样、素能要求多样,因此其职业标准不好制定,也不宜制定。职业标准都难以确定,那么纪检监察干部走专业化道路则是很难实现的。”[①]上述两种观点并不正确,存在以偏概全、一叶障目的局限。县级纪检监察队伍专业化建设不仅必要和重要,而且可行。其可能性和可行性主要体现在以下几个方面:一是虽然纪检监察工作具有鲜明的政治价值取向性,但是其也是社会分工细化发展而来的一个行业,具有专业

---

① 来自对 ASPAXY20220310 的访谈。

属性和技能要求。因此,县级纪检监察队伍走专业化建设之路是基于社会分工的必由之路。二是县级纪委监委是监督执纪执法专责机关、县级纪委监委内部按其具体履职不同分设不同科室等,这本身就是专业化建设的直接结果和具体体现。三是目前各级纪检监察机关的分工协作是专业化建设的具体实践。对于各类违纪、职务违法和职务犯罪案件的处理,通过纪检监察机关不同人员所学专业知识和所具专业能力而协作性开展工作,甚至聘请外部专业人士参与案件审查调查等做法,也是专业化建设的具体实践。

2. 提高对可行性认识的方法

要提高各级领导、各类组织和社会公众对县级纪检监察队伍专业化建设可行性的思想认识,首先,应该借助多种渠道和采取各种可靠措施来加强对纪检监察机关工作人员自身的宣传教育与舆论引导,特别是要扭转其不合时宜的惯性思维,让纪检监察干部自己明白专业建设是可行的。县级纪委监委的监督执纪问责和监督调查处置,既是一项有价值取向的政治建设工程,也是一项有事实依据的执纪执法工程,并不是主观随意的。为此,必须采取切实有效的宣传方式,明确纪检监察干部的职业身份和专业属性,改变纪检监察干部职业身份和工作岗位的模糊状况,逐渐促使社会公众将纪检监察干部看作一个有特定专长和专业要求的职业群体。

其次,从县级纪委监委内部职能部门的分类设置来看,县级纪检监察队伍专业化建设也具有可行性。县级纪委监委及其内设机构的设置,本身就是专业化建设的直接结果和具体体现。县级纪委监委普遍按照履职分工负责和专业需要的原则,分门别类地设立部室(如组织部、宣传部、纪检监察室、案件审理室)等内部职能部门。这显然是县级纪委监委及其工作队伍专业化建设具有可行性的一个重要例证。

再次,从不同地区县级纪检监察队伍建设的一些创新性实践来看,县级纪检监察队伍专业化建设具有可行性。近年来,一些县级纪委积极从公安、司法、财政、金融、审计和工业等系统遴选优秀人员,甚至逐步面向社会公开招考具有法学、侦查学和会计学等学科专业背景的本科生及研究生,这就是加强纪委工作队伍专业化建设的生动实践。另外,所有县级纪委监委都在上级的统一要求和自己的自觉行动中,采取“请进来,送出去”“理论培养 + 实践训练”等多种方式来培训自己干部队伍的专业知识、专业能力和专业精神,这也是加强县级纪检监察队伍专业化建设的典型实践。2022 年年初,在四川省纪委监委主要领导推动下实施的“把力量向监督执纪执法一线倾斜”，“在不增加机构数量、人员编制的基础上，纪检监察室统筹监督检查、审查调查工作，人员数量原则上不少于县纪委监委机关总数（不含领导班子人员数）的50%”[①]的举措，也是促进县级纪检监察队伍专业化建设的具体实践。

最后，高等院校与中央、地方纪检监察机关合作，联合或独立培养并输送纪检监察专业人才，这也充分表明了推进纪检监察队伍专业化建设具有可行性。高素质专业化纪检监察干部队伍的建设，离不开纪检监察学这个特定学科的理论支撑和人才供给。在2010年中国人民大学法学院根据教育部学位委员会授权而设立的“职务犯罪侦查方向法律硕士”首度招生30名，2013年6月这批研究生毕业先后进入各级人民检察院从事反贪反渎专门工作。[②] 这个订单式反腐专业人才培养模式，虽然曾经一度受到媒体和社会的“非议”，但是中国人民大学始终坚持，并且产生了良好的“外溢效应”。另外，近几年中国政法大学和中国社会科学院大学等一些高校在法学院等相关学院中或者新设纪检监察学院来专门招收纪检监察学研究方向或二级学科专业硕博士研究生。[③] 在2021年12月教育部发布的《关于公布2021年度普通高等学校本科专业备案和审批结果的通知》（教高函〔2021〕14号）中，内蒙古大学申报的纪检监察（专业代码030108TK，法学）专业获批新增本科专业，内蒙古大学成为全国首个设置该本科专业的高等学校。[④] 随后，辽宁大学、河北财经政法大学、新疆师范大学和四川师范大学等一些高校也先后开始招收纪检监察学专业本科生。[⑤] 总之，近几年来不少普通高校和科研院所适应社会需要，积极开办纪检监察学本硕博专业，特别是2022年9月国务院学位委员会和教育部将“‘纪检监察学’正式列为一级学科”[⑥]，从而大力培养纪检监察工作所需专业化人才，这也是在以实际行动证明了包含县级在内的各级纪检监察队伍专业化建设具有可行性。

---

① 刘一霖、侯荣：《将群众身边问题解决在群众身边》，载《中国纪检监察报》2022年12月21日，第5版。

② 参见贾娜：《我国首届“反贪硕士”毕业 一半考进检察院》，载人民网教育频道2013年6月30日，http://edu. People. com. cn/n/2013/o630/c1053 – 22021906. html。

③ 参见李文姬：《中国政法大学：已招收40余名纪检监察学专业研究生》，载澎湃新闻网2018年12月10日，http://www. thepaper. cn/newsDetail – forward – 2722555。

④ 参见白丹：《国内首个！内蒙古大学新增纪检监察本科专业》，载《内蒙古日报》2022年2月28日，第1版。

⑤ 参见曾那迦：《从有到优、从优而精——四川师范大学纪检监察学科开班记》，载《廉政瞭望》2023年第24期。

⑥ 胡桂林、舒炜、曾那迦、许然：《纪检监察学热观察》，载《廉政瞭望》2022年第20期。

二、健全基础制度

提高县级纪检监察干部、相关领导和社会公众对推进县级纪检监察队伍专业化建设必要性、重要性和可行性等方面的思想认识，只是为推进县级纪检监察队伍专业化建设创建了基本前提。若要真正使县级纪检监察队伍专业化建设得以落地落实，更为重要的是需要抓好相关制度的建设。抓好县级纪检监察队伍专业化建设的制度建设，既包括废改“旧制度”，也包括建立“新制度”。但是，从国家监督权力配置和纪检监察体制设计来看，要在短期性内采取打破“旧制度”而快速建立“新制度”的策略，既不可取也不可行。因此，采取“立字当头，破在其中”的思路和“先立后破”的路径，不断建立健全有助于推进包括县级纪检监察干部在内的各级纪检监察队伍专业化建设的“新制度”，可能是一种明智的选择。但是，推进县级纪检监察队伍专业化建设所需建立健全的相关制度众多，若要一下子全面系统建立健全，不仅是不现实的，也会面临不少风险。面对“牵一发而动全身”的“新制度”建设，我们必须遵循稳妥审慎、先易后难、循序渐进、统筹兼顾和适度超前的原则，必须分步实施。“既要充分考虑现阶段监察队伍的实际情况，又要立足于实现纪检监察干部专业化的目标进行长远谋划。”[①]对那些影响或制约县级纪检监察干部专业化建设的一些具体而基础的制度，在坚持先易后难原则前提下，进行由点到线、再由线到面的渐进式制度建设，才是可靠之举。因为这样的制度创设，不仅可以有效降低激进制度创新带来的风险，也可以不断促进“旧制度”适时顺势自我改革。在充分考虑轻重缓急和必要可行的前提下，我们认为在当前需要建立健全的最为基础的制度是有关纪检监察干部准入、管理和流转等方面的制度。

（一）健全准入制度

建立一定的准入制度，设置严格的任职资格，进而选拔“德配其位、才当其职”的人作为监察“百官”之官，在我国有着悠久的历史和丰富的实践。在新时代构建科学而严格的纪检监察干部准入制度，从入口上严把纪检监察队伍质量，不仅是适应新时代建设高素质专业化纪检监察干部的必然要求，也是推进县级纪检监察队伍专业化建设的基本前提。唯有政治、品行、能力、作风、廉洁“五关”都表现突出的纪检监察干部，才能“德配其位、才当其职和能适其岗”。值得说明的是，现代国家官员的准入制度是指

① 宋振策：《我国监察官制度设计初探——以监察官法的制定为视角》，载《廉政文化研究》2020年第3期。

一个国家或政府准许什么人担任相关官职或职位的条件、程序和规则等的总称。纪检监察干部的准入制度具体是指党和国家制定并实施的有关纪检监察干部准入原则、准入条件、准入程序、准入范围、准入方式和准入规则等的统称。

党的十八大以来,随着相关党内法规和国家法律的建立健全,有关各级纪检监察干部选拔任用的条件、程序和方式等方面的制度建设日趋细密。《纪律检查委员会工作条例》《纪律检查机关监督执纪工作规则》《监察法》《监察官法》等党内法规和国家法律均对纪检监察干部选拔任用的条件、程序和方式等准入问题作出了相关规定。但是,内容规定存在原则性、宏观性和零散性有余,而具体性、针对性和系统性不足的问题。特别是准入原则、准入条件和准入方式等规定体现得较为明显。鉴于此,我们聚焦纪检监察干部准入原则、准入条件和准入方式等方面制度设计不足提出相关应对之策,以供参考。

1. 准入原则应更合理化

要健全纪检监察干部准入制度,得从健全科学合理的准入原则开始。纪检监察干部准入必须坚持人岗匹配、分层分类和适度超前等原则。唯有如此,才能保证所选任的是高素质专业化的纪检监察干部。

首先,纪检监察干部准入必须坚持人岗匹配原则。我们通过调查发现,在选拔任用纪委监委机关和派驻纪检监察组干部时,一些地方注重选拔任用那些政治素质好、综合能力强且所学专业同纪检监察工作紧密相关的人,也有一些地方注重选拔任用那些政治素质好但所学专业同纪检监察工作相关性不强的人。为改善人岗匹配度不高的现状,有必要在充分考虑县域工作场景和县级纪检监察工作任务等实际的前提下,在遴选、公招和选调等的条件中适当限制专业、学历和经历,着力选拔任用那些所学所做同纪检监察工作有紧密相关性的人。

其次,纪检监察干部准入必须坚持分层分类原则。尽管《监察法》第56条规定监察人员应当“具备运用法律、法规、政策和调查取证等能力”和《监察官法》第12条第1款第4项规定担任监察官应当“熟悉法律、法规、政策,具有履行监督、调查、处置等职责的专业知识和能力”,但是这并不是要求所有纪检监察干部都必须是学法学的、必须通过法律职业资格考试。因为纪检监察机关既设有从事办公服务、组织人事、宣传教育、后勤保障与政策研究等履行行政管理、决策咨询和服务保障的综合部室,也设有纪检监察、案件审理等业务科室。县级纪委监委内设办公室、组织部、宣传部和政策法规研究室等综合部室中的干部不需具备明显专业能力,目前既不必统一要求必须是学法学的，也不必要求必须通过法律职业资格考试。这是在准入上坚持分层分类原则的体现之一。分层分类原则还体现在纪检监察机关内设的党风政风监督室、信访室、纪检监察干部监督室和派驻纪检监察组等履行监督检查岗位职责的纪检监察干部身上。这些监督检查岗的干部，有的主要负责对党内外干部及其他履行公职的人员进行日常监督，有的主要负责对涉嫌违规问题进行处理或对违纪线索进行研判处置，对党纪国法知识及其应用能力的要求不是很高，因此，目前对他们还没有要求必须通过法律职业资格考试的必要。分层分类原则还体现在纪检监察机关内设的纪检监察室、案件审理室和案件监督管理室等的纪检监察干部身上。这些审查调查、案件审理等岗位的纪检监察干部从事的是对党内外公职人员违规违纪和职务犯罪行为进行审查、调查和处置工作，对党纪国法知识及其应用能力的要求较高。因此，有必要统一要求他们必须通过法律职业资格考试。要求这些纪检监察干部必须通过法律职业资格考试，既是确保办案质量的需要，也是确保包含县级在内的各级纪检监察队伍专业化水平提升的需要。鉴于目前通过法律职业资格考试难度较大，可以采取“老人老办法，新人新办法”的方式来过渡处理。①

最后，纪检监察干部准入必须坚持适度超前原则。国家廉政治理现代化是大势所趋。要实现国家廉政治理现代化，必然要求履行监督执纪执法职责的纪检监察干部在知识和能力上逐步达到专业化。鉴于此，纪检监察干部准入的制度设计上，不能只看到眼前存在一定主客观条件的约束，就否认纪检监察干部走专业化建设的必要性。纪检监察干部准入上的制度设计应该有一定的预见性和超前性。特别是针对特定时限之后才进入纪检监察机关从事审查调查和案件审理等业务工作的各级纪检监察干部，要求一律通过法律职业资格考试，就是在为未来纪检监察队伍整体实现专业化做必要准备。

2. 准入条件应更严格化

虽然《纪律检查委员会工作条例》《纪律检查机关监督执纪工作规则》《监察法》《监察官法》等党内法规和国家法律都对各级纪检监察干部准入的政治关、品行关、作风关、廉洁关等条件做了较为严格的规定，但是，我们调查发现，县级纪检监察干部存在所学专业同纪检监察工作不具有相关性的占比过大、学历层次偏低和工作历练少等问题。当前县级纪检监察干部

---

① 宋振策：《我国监察官制度设计初探——以监察官法的制定为视角》，载《廉政文化研究》2020年第3期。

在专业、学历学位和工作经历等准入条件上，还存在偏宽松、偏模糊问题。

虽然《监察官法》第12条第1款第4项“熟悉法律、法规、政策，具有履行监督、调查、处置等职责的专业知识和能力”和第6项“具备高等学校本科及以上学历”分别对纪检监察干部准入设置了专业和学历上的条件，但是这两条规定明显具有模糊性。“熟悉法律、法规、政策，具有履行监督、调查、处置等职责的专业知识和能力”的规定，并不是明确要求所学专业必须是同纪检监察工作紧密相关的法学、侦查学、中共党史党建学、政治学和公共管理学等专业。没有相对集中而明确的专业门槛，导致的结果是无论何种专业的人员都可以进入纪检监察机关。当前县级纪委监委通过遴选、公招和选调等方式招录新人时，就存在难以招到法学、经济学、会计学和审计学等紧缺急需人才，而所学专业同纪检监察工作相距甚远的人员大量涌入县级纪委监委的问题。这种问题的出现，不仅导致县级纪委监委不得不花费大量的时间成本、人力成本和经济成本等去教育培训这些人，而且导致县级纪委监委编制占满但办案人员紧缺。这都是纪检监察干部准入条件不设置专业门槛的后果。

有人可能会提出，提高纪检监察干部准入的专业门槛，不仅会对那些已经在纪检监察岗位工作的“老同志”形成“专业歧视”，而且更难招到所学专业同纪检监察工作具有紧密相关性的人才。对于这两个顾虑，我们分析如下：

首先，对于是否对“老同志”形成“专业歧视”问题，有必要辩证地看待。我们认为，为了实现平稳过渡，适应新时代纪检监察工作高质量发展的现实需要，采取“老人老办法，新人新办法”，不仅不是对“老同志”的“专业歧视”，反而是在一定程度上对“老同志”的“专业优待”。尽管这些“老同志”原来所学专业同纪检监察工作没有直接或间接相关性，但是他们通过较长时间的纪检监察实务工作，通过不断的“干中学”有些人可能已经成为办案骨干或业务能手。即便是那些没有成为办案骨干或业务能手且年龄偏大的真正“老同志”，随着更多的新人加入而“老同志”退出，纪检监察干部队伍专业化建设水平也会有较快提升。

其次，对于是否会产生“更难招到所学专业同纪检监察工作具有紧密相关性的人才”的问题，我们认为这大可不必担心。因为目前正规化建制化的培养纪检监察工作专门人才的学科专业已经设置并在一些高校开办。2022年9月13日国务院学位委员会和教育部印发的《研究生教育学科专业目录（2022年）》已经明确法学门类之下新增设博士硕士一级学科“纪检监察学”（编号为0308）①。国家将纪检监察学设置为一级学科，不仅是落实《监察官法》的要求，推动高校研究资源与监察工作实际相结合，更是体现了国家对纪检监察专门人才培养的重视。这样的学科增设，不仅有助于打造高素质专业化监察官队伍，也有助于县级纪检监察队伍专业化建设。当前，不少高校、党校和社科院正在如火如荼地开办专门培养纪检监察学人才的学科专业。这些学科专业的开办，在不久的将来就会为各级纪检监察机关输送较多的满足纪检监察工作需要的高素质专业化专门人才。届时这些为数较多的纪检监察学人才的输出，不仅将有效解决纪检监察干部准入专业门槛提高后可能出现的暂时性“人才难招”问题，而且还将更快更有力地推进包括县级在内的各级纪检监察干部队伍专业化建设。

至于将工作经历作为纪检监察干部准入的一个条件，也是有必要的。这种做法既有历史的依据，也有现实的参照。其一，就历史依据来看，我国古代选任监察官有一条标准是必须“有地方或基层任职的经历”。之所以做这样的规定，是因为我国古代监察官履行监察百官职责所涉及的监察事项非常广泛，只有那些具备了在州县或某些基层部门任过职的官吏，才能通晓业务和体察下情，才能熟稔官场运作规律，才能在经擢升后身居台谏，有针对性地施行监察和讽谏。② 因此，历朝历代在选任监察官时，均特别注重有地方或基层任职的经历。其二，就现实参照来看，主要体现在世界相关国家或地区的经验借鉴。在当今世界清廉程度较高的国家或地区，大多对被选拔担任监察官的人员有着一定工作经历或资历的要求。比如，美国监察长制度不仅对监察长及其他监察工作人员专业素质要求高，还特别注重从联邦调查局、会计局和财政部等单位中选任具有丰富监督调查经验的人员。③ 又如，英国行政监察专员制度不仅对担任行政监督专员之人的品行及业务知识要求都很高，还要求其必须有很丰富的工作经验。行政监察专员中普通工作人员一般都是来自法律界和政府机构。④ 当然，尽管我们目前所称的工作经历具体是指司法、审计、财会等同纪检监察工作具有紧密相关性的工作经历，但是将工作经历设为一个准入条件，其目的和作用具有一致性。

---

① 参见国务院学位委员会、教育部《关于印发〈研究生教育学科专业目录（2022 年）〉〈研究生教育学科专业目录管理办法〉的通知》（学位〔2022〕15 号），2022 年 9 月 13 日。

② 张晋藩、张京凯：《监察官选任的历史经验与当代传承》，载《光明日报》2021 年 11 月 3 日，第 11 版。

③ 参见王晖：《国外监察机构注重选拔高素质人才》，载《中国监察》2003 年第 4 期。

④ 参见扶松茂：《从瑞典、英国议会行政监察看中国的行政监察专员制度的创制》，载《云南行政学院学报》2002 年第 6 期。

考虑到实践需要，现阶段还不宜对包括县级在内的各级纪检监察干部统一设立过高标准。但是，可以通过构建层次性的纪检监察干部专业资格标准，进而推动我国纪检监察队伍专业化建设。具体而言，有两种方式。一种方式是以纪检监察干部职责为基础，根据职权特点，考量承担不同职责纪检监察干部的专业资格。比如，对于行使监督权的纪检监察干部，不再增设其他选任条件。而对于行使调查权的纪检监察干部，“鉴于行使该职权需要频繁地开展询问、讯问等谈话记录类工作，需要特殊的工作技能与较为强健的身体条件，可以参考我国香港、澳门特别行政区以及韩国监察院在招募监察机构调查员时的考察内容，重点考核报考人员的文书记录能力、谈话技巧、心理素质和体能条件”。又如，对于承担调查职责的纪检监察干部的准入或选任条件上，“可以根据工作开展需要，要求报考者具备侦查学、监察学、心理学、文学等专业教育背景，针对某些对身体素质要求较高的调查岗位，可以增设体能测试”。对于行使处置权的纪检监察干部，“因工作的特殊性，需增设具有法律教育背景和取得法律职业资格的专业要求，以应对职务违法处置工作与职务犯罪的认定和衔接工作”。[①] 另一种方式是以监察官等级制度为基础设置纪检监察干部专业资格标准。“基于《监察官法》目前将监察人员‘全员纳入’监察官范围的规定，无法要求监察官全部具备法律职业资格。但可以根据《监察官法》规定的监察官等级制度，将法律职业资格或专门性任职考试设定为较高等级领导岗位监察官的选任条件，而对于较低等级的监察官则不要求法律职业资格。层次性选任标准可以在满足一线纪检监察工作人员需求的同时，逐步强化监察官队伍的专业化建设。”[②]

3. 准入方式应更规范化

虽然《监察官法》第15、16条规定了通过“考试”和“考核”两种办法来择优录用监察官，但是这种规定呈现出明显的原则性特点。根据中央纪委国家监委法规室主任和全国人大常委会法工委国家法室主任对《监察官法》的解读，监察官不实行单独职务序列管理，不实行类似法官、检察官那样通过从业资格考试通过者才能准入的模式。[③] 针对这种制度设

① 杨晓曼:《我国监察官选任标准实施的检视与问题应对》,载《华南师范大学学报(社会科学版)》2023年第4期。

② 杨晓曼:《我国监察官选任标准实施的检视与问题应对》,载《华南师范大学学报(社会科学版)》2023年第4期。

③ 参见孙少龙:《构建中国特色监察官制度 两部门有关负责人详解〈中华人民共和国监察官法〉》,载《新华每日电讯》2021年8月25日,第5版。

计,各级地方纪检监察机关选用纪检监察工作“新人”,一般是参照纪律检查机关和公务员招录的习惯性做法,即在遵循上级相关政策精神和自己实际需求基础上,一般采取遴选、公招、选调和考调等具体方式来实施。据我们了解,实践中,一种做法是纪检监察机关选用纪检监察干部直接同普通公务员遴选、公招、选调和考调等一道进行,没有体现纪检监察干部的特殊性。在这种做法中,招录纪检监察干部的考试内容与其他党政机关一般公务员基本一样,考查其从事纪检监察工作所需专业知识和专业能力的题目很少,即便有个别县级纪委监委有考查其专业知识和专业能力的题目,分值比例也仅占15%。[①] 另一种做法是各级纪检监察机关参照遴选、公招、选调和考调等的办法,在一定程度上自主制定规则进行。

鉴于以上情况,为了适应新时代纪检监察工作高质量发展的要求,也为了确保纪检监察队伍专业化建设的有序推进,我们认为在纪检监察干部准入方式上应该更规范更多样。具体而言,主要应该做好以下两点:

第一,要健全有关考试考核的具体制度。就考试方面的制度完善而言:一种做法是由中央或中央授权省级纪检监察机关出台科学规范的纪检监察干部考试录用办法。这个考试录用办法不仅要区别于普通公务员的考录方法,更要对报考条件、报考程序、考试内容、考试组织者、考试出题人、面试考官等作出明确规范的规定。特别是要注重建立笔试和面试题库、命题专家库和面试官人才库等。不仅如此,在适当时候还应出台“通过从业资格考试准入”的政策,即对将进入一线的纪检监察干部试行“党和国家纪检监察从业资格统一考试制度”[②]。另一种做法是参照普通公务员考试选录的办法,由省级纪检监察机关办公厅或组织部统一制定严格规范的具体制度。这一具体制度必须明确无论是从党政机关普通公务员遴选纪检监察干部,还是从公安、司法、财政、审计等部门选调纪检监察机关干部,都必须坚持“凡进必考”原则。就考核方面的制度完善而言:要使考核办法更为规范更为严格。因为考核一般是针对专业人员进行的。但是为了确保公开、公平和公正,申请考核的条件、考核内容、考核主体、考核程序等具体事项必须严格规范,考核还要实行严格的回避制度。由于采用考核方式择优选用纪检监察干部的主观性很强,为了避免产生违规违纪行为,

① 参见任建明、薛彤彤:《廉政公署专业化建设经验与启示》,载《河南社会科学》2021年第8期。

② 郑铥飞:《全国政协委员曹义孙认为亟需培养一支专业化的中国反腐败队伍》,载《成都商报》2010年3月6日,第2版。

还必须规定严格的监督及问责制度。

第二,要严格规范实施多样化准入方式。就目前来看,招录纪检监察干部方式,主要有遴选、公招、选调和考调等方式。除了坚持“凡进必考”原则之外,还必须从政治素质、道德修养、法律素养、业务能力、身心健康等方面设置综合性准入标准进行考量,以确保能将德才兼备、知识扎实、能力突出的公务员充实到纪检监察机关来。在坚持“凡进必考”原则前提下,选用纪检监察干部特别需要注意以下几点:一是由于岗位不同,有必要在学历、专业、工作经验等方面设置不同的具体条件,分类别、差异化地进行遴选、公招、选调和考调。二是笔试和面试的内容与方式都应该科学合理。笔试内容除了类似普通公务员基础知识的通识类知识之外,更重要的是从事纪检监察工作的专业类知识;对于那些专业性较强的岗位,还应当增加考试科目。面试内容则需要根据所报考的具体岗位,有针对性地考查纪检监察工作方面的基本专业知识和基本专业能力,特别应当突出以专业能力为主的考查。面试既可以采取普通公务员招录面试那样的结构化集体面试方式,也可以采取无领导小组面试方式;面试官除了包括少数纪检监察机关个别领导班子成员之外,更多的应该包括业务科室和相关专家,以保证“由专业人员面试专业人员”。另外,在面试之后,还有必要明确规定对拟选用人员实行差额化的体能测试和心理测试等,从而确保所选用人员是德才兼备、知识扎实、能力突出和身心健康的优秀人才。三是中央和地方应当适时出台纪检监察机关岗位素能基本标准,以确保从纪检监察系统内外选用到优秀的纪检监察干部。在这方面有必要合理借鉴检察机关的做法。2016 年最高人民检察院制定的《检察机关岗位素能基本标准(试行)》,借鉴人力资源管理中“胜任力模型的原理和方法”,将检察队伍的素能分为三层结构,最底层的是 6 个通用专业素养(包括信念坚定、信仰法治、监督意识、客观公正、廉洁自律、理性文明);之上则是 6 个通用专业能力(包括案件研判能力、法律适用能力、释法说理能力、服务群众能力、学习创新能力和沟通协调能力);再之上是侦查监督、公诉、反贪污贿赂、反渎职侵权、职务犯罪预防、刑事执行检察、民事行政检察、控告检察、刑事申诉检察和案件管理业务等 10 个业务专业能力,每个业务又按岗位不同(如管理指导岗、案件承办岗和办案辅助岗等)分别设置出不同专业能力。[①] 尽管最高人民检察院制定的《检察机关岗位素能基本标准(试行)》是在 2018 年,有其局限性,但是其设置的岗位

① 参见最高人民检察院:《检察机关岗位素能基本标准(试行)》,中国检察出版社 2016 年版。

素能基本标准的框架及其内容构成，对于优化纪检监察干部准入方式，进而推进包括县级在内的各级纪检监察干部队伍专业化，依然具有重要的参考价值。如果结合纪检监察队伍管理经验，广泛采取工作任务分析、法律政策文献解读、行为事件访谈、问卷调查、专家论证等研究方法，细致提炼纪检监察队伍通用素能（通用素养和通用能力的总称）和专业能力要求，从而制定出纪检监察机关岗位素能基本标准，则有助于明确纪检监察干部的准入条件，进而有助于推进县级纪检监察队伍专业化建设。

（二）健全管理制度

唯有健全科学合理的管理制度，才能有助于县级纪检监察队伍专业化建设。在充分考虑上位制度、现实可行性等基础上，我们认为应首先考虑的是健全县级纪检监察干部管理制度。由于我国各级纪检监察干部绝大多数是公务员，因此我们所讨论的纪检监察干部管理制度，具体是指在国家公务员制度框架内，作为公务员的纪检监察干部的管理制度如何健全的问题。纪检监察干部虽然是公务员，但是毕竟是特殊类别的公务员，因此也应实行“特殊管理制度”①。

2021 年 8 月 24 日，中央纪委国家监委法规室主任和全国人大常委会法工委国家法室主任对《监察官法》“设置监察官等级，并不是要对监察官实行单独职务序列管理，纪检监察干部依然沿用现有干部管理序列”②的解读，明确指出监察官不会像法官和检察官那样实行员额制，纪检监察干部仍然实行现行普通公务员职位分类制度。但是，这并不是说纪检监察干部管理制度不需要与时俱进，不需要进行必要的改革创新。根据我国现行制度设计，各级纪检监察干部大都是按现行公务员制度职位分类中的综合管理类公务员来定职定编定级管理的。尽管各级纪检监察干部大多是公务员，但是其岗位属性、工作性质、职权职责等与一般党政机关普通公务员有明显的特殊性和差异性。也就是说，各级纪检监察干部不是或者说绝大多数不是普通公务员，而是兼具综合管理类公务员和专业技术类公务员双重特点的公务员。目前仅按综合管理类公务员一种方式管理这种具有双重特点的公务员，存在一定的不科学不合理问题。这种不科学不合理既影响了各级纪检监察干部工作的积极性，也影响了各级纪检监察干部的职业认同感和荣誉感，进而影响到了县级纪检监察队伍专业化建设。

为了有效解决这种不科学不合理问题，立足新时代纪检监察工作发展

---

① 秦前红主编：《监察法学教程》，法律出版社 2019 年版，第 201 页。

② 孙少龙：《构建中国特色监察官制度 两部门有关负责人详解〈中华人民共和国监察官法〉》，载《新华每日电讯》2021 年 8 月 25 日，第 5 版。

实际,积极借鉴我国香港廉政公署反腐队伍专业化建设的经验,不失为一种可行之举。我国香港廉政公署自 1974 年 2 月 17 日组建以来,形成的"以专业化为导向的人事管理制度造就了一支高度专业的反腐队伍"①,保障我国香港地区取得了卓越的反腐成效并多年来一直在世界清廉指数排行榜上名列前茅。我国香港地区对廉政公署人员作出以专业化为导向的人事管理制度,所遵循的重要理念是"专业本位"。这个"专业本位"理念,简而言之就是指廉政公署人员的职系、职级、职权、职责、招聘、晋升、培训、薪酬和权限等方面的管理,都是以工作的专业性和人员的专业能力为核心来设定的,而不是依据行政级别、官位高低等因素来设定的。我国香港廉政公署实行的"专业本位"理念指导下的以专业化为导向的人事管理制度,确保他们中专业职系人员、首长级职系人员②在知识和能力上均达到高度专业化。这种人事管理制度为我们从国家层面建立以专业化为导向的县级纪检监察干部管理制度提供了有益启迪和重要参考。这种启迪和参考具体体现在以下几个方面。

1. 纪检监察干部管理制度建设应当逐步弃"官本位"而扬"专业本位"理念

长期以来有的纪检监察干部深受"官本位"理念影响。所谓"官本位",是指"把是否为官、官职大小、官阶高低作为衡量个人社会地位高低、个人社会价值大小首要标准的一种价值观念"③。目前各级纪检监察干部管理制度,不仅基本上依照综合管理类公务员的职务及职级来进行"选、育、用、管",而且还以"官职""官级"为核心进行操作,严重忽视纪检监察工作及纪检监察干部的专业性。在"官本位"理念下,官职是纪检监察干部管理各项具体制度的基础。纪检监察干部的工资、福利、待遇、保险及职级都以行政级别为标准;在纪检监察干部培训上,很多时候实行的还是传统的"大锅烩""一锅煮"形式,专业知识、专业技能、专门操作和专业精神等方面有针对性有实效性的培训还不够多;纪检监察干部考核较为模糊,对专业知识、专业能力和专业精神的考量较为忽视,考核结果评定受到主管领导主观影响较大,其客观性和公正性并不高;在有的地方,纪检监察干部的晋升标准也较为模糊主观,业务知识扎实、业务能力突出和工作成绩显著并不是能够得以晋升的最重要依据,反而是资历、级别等成为能否晋升的重要因素。若受"官本位"理念熏染,作为"理性人"的纪检监察干部

---

① 任建明、薛彤彤:《廉政公署专业化建设经验与启示》,载《河南社会科学》2021 年第 8 期。

② 参见王捍忠:《走近香港廉政公署》,国家行政学院出版社 2019 年版,第 32 – 33 页。

③ 李太淼:《当代中国官本位意识表现分析》,载《中州学刊》2014 年第 2 期。

自身树立的将也是“以官为尊”的价值取向,可能将追求“职务”“级别”等“官职”上的晋升作为重要的甚至是唯一的奋斗目标。在这种情况下,县级纪检监察干部不仅缺乏对纪检监察工作和纪检监察职业的尊重与认同,也不愿意耗时费力去提升自身的专业知识、专业能力和专业精神,进而走专业化发展道路。

随着纪检监察新体制的建立,特别是在新时代纪检监察工作高质量发展的要求下,纪检监察干部同时履行监督执纪问责和监督调查处置职责,纪检监察干部走专业化发展道路已是大势所趋。要推进县级纪检监察干部专业化建设,有必要逐步破除“官本位”理念,树立“专业本位”理念。我们认为有两点要做到:一是必须让纪检监察系统内外的各类主体认识到,纪检监察工作是具有鲜明专业性的工作。在新时代纪检监察新体制下,不仅需要纪检监察干部了解或掌握党纪、法律、财政、金融、会计、审计、工程、科技、心理学、社会学和政治学等多方面的专业知识,还需要其具备运用各种专业知识履行纪检监察职责的专业能力。再也不能将纪检监察工作等同于或混同于一般的综合行政工作,再也不能将纪检监察干部等同于或混同于一般的党政机关干部。二是在纪检监察干部管理制度设计上,可以充分参考并借鉴我国香港廉政公署的经验,以专业为标准,以专业化为导向,充分重视和尊重纪检监察工作所需的各类专业人才,不断努力改变纪检监察干部“官本位”的理念,形成“专业本位”的理念。

2. 纪检监察干部管理制度建设应当实行“横向分类、纵向分级”的管理制度

新时代县级纪检监察干部队伍建设,要将“专业本位”理念变成现实,要真正实现县级纪检监察干部队伍专业化发展,必须构建起以专业化为导向的干部管理制度。在这方面,我国香港廉政公署创设并运行的成熟的专业化人事管理制度值得借鉴。如何借鉴我国香港廉政公署人事管理制度以建成县级纪检监察干部以专业化为导向的干部管理制度,可在以下方面着力:①

第一,按照职能改革纪检监察机关内设机构,并对其实行相对清晰的专业分工。新时代的纪检监察工作需要运用多方面知识和多种技能,纪检监察干部很难全面深入地掌握所有专业知识和专业技能。在纪检监察机关内部按照工作内容进行科学合理的分工,适度减少纪检监察干部与纪检监察系统内外其他机构的交流,让纪检监察干部在各自擅长的专业领域长

---

① 参见任建明、薛彤彤:《廉政公署专业化建设经验与启示》,载《河南社会科学》2021年第8期。

期工作。随着不断学习培训和工作经验积累,纪检监察干部的专业知识和专业能力必然会逐步得到提高。各级纪检监察机关除了按精简、效能和服务原则设置必要的办公综合、组织人事和研究咨询等综合协调机构之外,可以像我国香港廉政公署那样逐步改设履行“监督”、“惩治”和“宣教”三大职能的机构,即“监督检查”“审查调查”“教育宣传”三大部门,对这三大部门再按照惩治、预防和教育腐败的对象或领域进行专业细分。纪检监察机关内设机构改革创新的总体思路是,各内设机构职位职责明确、所担任务及所需专业知识和专业能力清晰,逐步压缩行政领导数量,充实业务一线纪检监察干部力量。对于这一点,四川省推行的“三个专班”(加强基层党风廉政建设、加强纪检监察干部队伍建设、提升纪检监察机关案件查办质效)改革,就是在遵循现有公务员制度管理大框架下试图推进县级纪委监委内设机构改革及其人员专业化建设的创新性探索与实践。这个创新性探索与实践具体体现为:“就县级纪委监委而言,《工作方案》要求,通过选调、公开遴选、公开招录、接收军转等方式补充人员,确保县纪委监委机关及派驻(出)机构干部配备率动态保持90%以上。同时,为把力量向监督执纪执法一线倾斜,强化内部权力运行制约监督,《工作方案》要求在不增加机构数量、人员编制的基础上,纪检监察室统筹监督检查、审查调查工作,人员数量原则上不少于县纪委监委机关总数的50%。”①该工作方案还明确要求:综合部门可根据实际情况单独设置或合并合署,其中,案件审理室应单设,信访室和案件监督管理室不得合并合署。

第二,紧跟公务员职位分类制度改革步伐,对纪检监察干部实行“横向分类、纵向分级”管理制度。近年来,我国取消了公务员“非领导职务”,建立职级制,实行公务员职务与职级并行制度。从当前公务员制度改革来看,我国针对公务员(特别是综合管理类公务员)的管理,已经在坚持职位分类模式的前提下,“适度汲取品位分类的合理成分,尤其是我国人事传统中合理的品位因素”②。党和国家近年来对公务员职位分类标准作出适当改革,不仅是为了强化职位的分类管理,也是为了建设一支高素质专业化的各级各类公务员队伍。在党和国家对公务员职位分类不断进行改革创新的情况下,纪检监察干部管理制度有必要乘势而为。例如,借鉴我国香港廉政公署人员分类管理办法,将各级纪检监察干部逐步按专业人员、行政人员和辅助人员进行分类管理,为每一个类型干部建立专门的职业晋升

① 参见刘一霖、侯荣:《将群众身边问题解决在群众身边》,载《中国纪检监察报》2022年12月21日,第5版。

② 李和中:《21世纪国家公务员制度》,武汉大学出版社2006年版,第218页。

通道。又如,借鉴我国香港廉政公署分职系管理人员的做法,将纪检监察干部细分为监督预防职系、审查调查职系、案件审理职系、教育宣导职系等进行管理。再如,充分借助综合管理类公务员"职务与职级并行"改革后的"红利",给予县级纪委监委非领导职务干部更大的职级上的晋升机会。这有助于县级纪委监委中非领导职务的绝大多数干部增强获得感、归属感和认同感,有助于这些纪检监察干部本身的稳定,最终才有助于实现县级纪检监察队伍专业化建设的目标。

如果囿于我国现行公务员制度和纪检监察体制,细分性分类管理制度难以一步到位施行,那么我们可以考虑退而求其次,在纪检监察系统内部作出两个最为粗略类型的分类管理:一是对于那些在办公室、组织部、宣传部和政策研究室等岗位履行行政管理、决策咨询和服务保障等职责的人员以及部分纪检监察机关领导班子成员,仍然按照综合管理类公务员进行管理,其招录、管理、考核、培训、晋升、奖惩、薪酬及待遇依据其职务和职级来落实。二是对于在纪检监察室、案件审理室等岗位履行审查调查和案件审理等职责的纪检监察干部,则有必要按照专业技术类公务员职级序列来进行管理。对于这些专业技术类纪检监察干部,在以其专业能力和工作业绩为基本依据前提下,主要进行数量更多且晋升更快的职级管理。其职级晋升所依据的专业能力,则可以实行"老人老办法,新人新办法"原则。对于那些已经在岗人员可通过参加各级纪检监察机关内部特定考试和办案业绩考核相结合的方式来考察其是否具备党纪国法专业知识和专业能力,而对于那些新招录人员则必须提高专业门槛并要求其通过法律职业资格考试或纪检监察从业资格考试。

(三)健全流转制度

纪检监察干部流转是指已经在岗在编的纪检监察干部,在各级纪委监委机关和派驻纪检监察组工作一定时间以后,基于晋升、转任、挂职、借调和抽调等正当原因而退出或长期不在各级纪委监委机关和派驻纪检监察组工作的情况。纪检监察干部的流转制度是指规范纪检监察干部基于晋升、转任、挂职、借调和抽调等原因退出或长期不在纪检监察机关的党内法规、国家法律、规章制度和政策文件等的总称。

县级纪检监察干部的流转,既包括在纪检监察系统之外的其他党政机关中流转(即系统外流转),也包括在纪检监察系统内部上下级机关不同内设机构及其派驻(出)组织之间的流转(即系统内流转)。根据党内法规和国家法律,让县级纪检监察干部有广阔的系统外流转空间,可以在一定程度上解决他们的"职业倦怠"和职业发展"天花板"问题。尽管系统外流转有助于县级纪检监察干部个人发展,但是并不利于县级纪检监察干部队伍的稳定,不利于县级纪检监察干部专业化建设。系统内流转相对于系统外流转更有利于县级纪检监察干部队伍的稳定和县级纪检监察干部的专业化建设。我们调查发现,数量大且频繁的人员流转(特别是系统外流转),已是影响县级纪检监察干部专业化建设的一个重要原因。出现数量大且频繁的纪检监察干部流转,既有工作任务多、责任重、压力大和发展空间受限等方面的原因,也有晋升制度不健全和薪酬待遇机制不完善等方面的原因,更有纪检监察干部流转制度设计不佳的原因。

健全规范适度和科学合理的县级纪检监察干部流转制度,应该做好以下两点。

1. 必须健全科学合理的系统内流转制度

系统内流转制度是指规范和引导纪检监察干部在上下级纪检监察机关内晋升、转任、挂职、借调和抽调等方面各项制度的总称。科学合理的系统内流转制度,不仅有助于防止纪检监察干部长期在一个岗位工作而产生廉洁风险,也有助于纪检监察干部专业能力提升和职业期待实现,更有助于纪检监察干部不断提高专业化建设水平。健全科学合理的系统内流转制度,不能采取主观随意和零碎补丁式的做法,必须有计划有步骤地进行系统化制度建设。具体而言,中共中央、中央纪委国家监委层面应当抓好顶层设计,健全完善以提升纪检监察队伍专业化建设为指向的集成性流转制度,对晋升、转任、挂职、借调和抽调等的对象、条件、程序、时限、工作职责、权利义务等事项作出明确规定。健全完善包括县级在内的纪检监察干部系统内流转制度,需要注意以下几点:一是范围应宽泛。秉着整合纪检监察人才资源、优化纪检监察队伍结构、提升队伍专业化建设水平的原则,纪检监察系统内流转人员不仅限于领导班子成员及内设部室负责人还应包括内设机构各部室和派驻纪检监察组普通工作人员,流转岗位不仅限于上下级纪检监察机关的岗位还应包括派驻(出)各级各类党政机关、国有企业、事业单位及巡察办的岗位,建立“大纪检监察”系统内全员统筹化流转新格局。二是条件应明确。从实际出发,根据不同岗位,明确规定流转人员的能力、资历和业绩等基本条件,让各种方式的流转有相应制度依据,减少实施中的主观随意性。三是程序应透明。要充分实现系统内流转的价值和功能,就必须使流转工作在公开、公平、竞争、透明条件下进行,唯有如此才能为纪检监察队伍专业能力建设提供保障。① 四是抓好重点岗位流转。要统筹兼顾纪检监察系统队伍专业化建设和干部职业发展两个方面，对监督检查、审查调查、案件审理等重点岗位人员的流转设置更严更细的制度。同时，还有必要适度增加这些重点岗位人员流转规模及其比例，并对流转人员工作职责、权利和义务等事项作出明确规定。

当然，在制定包括县级在内的纪检监察系统内流转制度时，还应当特别注意对近年来常态化出现的上级抽调下级纪检监察机关业务干部进行明确的规定。针对目前省、市两级纪检监察机关因为自身办案力量不足而频繁性长期性抽调县级纪检监察业务干部的问题，中央层面有必要认真研究并制定相关制度，用以规范和引导地方各级纪检监察机关抽调业务干部的行为。这些制度应当对抽调下级业务干部的程序、时限、管理和待遇等作出明确规定。

总之，建立健全纪检监察系统内流转制度，打通并扩大县级纪检监察干部在系统内上下流转的多种渠道，逐步形成系统内“能者上，平者让，庸者下”的流转机制，进而达到稳定县级纪检监察干部队伍，最终实现建设高素质专业化县级纪检监察队伍的根本目的。

2. 必须健全规范适度的系统外流转制度

诚然各级纪检监察干部既是纪检监察机关的干部，也是党和国家的干部，纪检监察干部应该在党委政府各级各类系统中进行流转。但是，这种系统外流转必须是规范适度且科学合理的，而不是缺乏制度规范的过度化流转和“因人而异”式流转。现实中一些不科学、不规范和不适度的系统外流转，尽管在一定程度一定层面上优化了其他党政机关干部队伍，却影响了县级纪委监委干部的稳定，甚至动摇了一些县级纪检监察干部走专业化职业发展道路的信心，自然也影响了县级纪检监察干部队伍专业化建设的推进。

虽然县级纪检监察干部的系统外流转有利于盘活干部资源，但也不能以牺牲县级纪检监察干部队伍稳定为代价。要切实有效地解决县级纪检监察干部流转与稳定的矛盾，必须健全完善系统外流转的“规范与适度相结合”的相关制度。毕竟纪检监察干部规范适度的外部流转，对县级纪检监察干部队伍稳定影响不大，反之则会影响较大。为了确保县级纪检监察干部在系统外有适度流转的空间，也为了确保县级纪检监察干部队伍的稳

① 参见张清源：《基层领导干部交流困境及其化解对策研究》，湘潭大学 2017 年硕士学位论文，第 35 页；吴涛：《领导学视野下干部交流创新的探索与思考——B 市市直机关干部交流轮岗案例研究》，载《领导科学》2017 年第 6 期。

定和专业化发展,我们认为既必须立足现实,也必须着眼长远来建立健全相关制度。

第一,建立健全纪检监察干部系统外规范流转的相关制度。一是系统外规范流转制度除了应遵循《公务员法》《监察官法》《党政领导干部选拔任用工作条例》《公务员转任规定》等法律法规及规章制度所规定的任职回避和竞业禁止之外,还应该围绕纪检监察干部的纪检监察岗位任职时长、工作业绩、民主测评等内容作出创新性设计。首先,纪检监察干部向系统外流转有必要遵循在纪检监察机关达到相关工作年限的规定。只有达到一定工作年限的纪检监察干部,才可以申请流转到其他单位去。这样的制度设计和明确规定,可以在一定程度上减少或避免个别人员把纪检监察机关作为升职跳板的"功利主义"心理。其次,有必要将纪检监察干部的工作业绩考核结果作为重要参考标准的规定。特别是应该规定,只有那些"工作业绩突出"的纪检监察干部,才有申请流转的资格。这样的规定,不仅在于引导纪检监察干部坚守初心与使命,更在于引导纪检监察干部认识到"干得优、业绩显"才能进一步晋升发展。最后,有必要依托原纪检监察机关干部群众进行民主测评。作出这样的规定,既可以考察纪检监察干部的群众认可度和满意度,又可以改变仅由考察部门说了算的现象。二是应当对纪检监察干部系统外流转的原则、条件和程序等事项作出明确规定。特别是对纪检监察干部通过晋升、转任等方式向系统外流转的程序作出明确规定,以便接受群众监督,增强公平公正性。

第二,建立健全纪检监察干部系统外适度流转的相关制度。一是建立健全纪检监察机关领导班子成员系统外适度流转的制度。中央和国家层面有必要出台相关规章制度加以适当限制、规范和引导,规定唯有那些工作成效显著、岗位任期较长且工作实绩突出的领导班子成员,才能适时地向系统外流转。二是需要建立健全纪检监察机关内设机构负责人和派驻纪检监察组负责人系统外适度流转的制度。在现实中,能够从纪检监察机关较快向系统外流转出去的,除了领导班子成员之外,还有纪检监察机关内设机构负责人和派驻纪检监察组负责人,普通纪检监察机关干部向系统外流转的很少。鉴于此种情况,中央和国家层面有必要出台相关规章制度,既鼓励那些业务能力强、工作实绩突出且岗位任期较长的地方及基层纪检监察机关内设部室负责人和派驻纪检监察组负责人依法依规梯次向其他党政机关流转,也要设置必要的原则、条件和程序等来确保其向系统外流转在数量和频率上适度。通过这样的制度设计和制度规范,不仅要达到地方及基层纪检监察机关内设部室负责人和派驻纪检监察组负责人向系统外流转适度有序，避免业务骨干大量外流影响队伍稳定和办案力量，还要确保各级各类纪检监察干部向系统外流转的公平公正。三是需要建立健全纪检监察机关内设机构普通干部系统外适度流转的制度。目前县级纪委监委普通干部向系统外流转的机会和数量虽然相对较少，但是在不设单独职务管理序列且待遇激励吸引力不强的情况下，未来县级纪委监委普通干部谋求向系统外流转也可能增多。因此，有必要健全完善制度来确保县级纪委监委普通干部系统外适度流动。总之，健全完善包括县级在内各级各类纪检监察干部系统外适度流转的制度很重要。

三、完善关键机制

在纪检监察新体制之下，除了需要切实提高思想认识和健全基础制度之外，还应该完善关键机制。在目前来看，最需要完善的关键机制包括以下四个机制。

（一）完善培训机制

“纪检监察干部教育培训是党的干部教育培训工作的重要组成部分，是推进党风廉政建设和反腐败斗争的基础性工作，是加强纪检监察队伍建设的重要途径。”[①]中央纪委历来高度重视纪检监察干部教育培训，将其作为培养忠诚干净担当的高素质干部队伍的重要举措。[②] 自从 2018 年 3 月纪检监察新体制建立之后，在中央和上级党委政府及纪检监察机关的要求下，各县级纪委监委均建立了针对本单位所管各级纪检监察干部的培训机制，开展了各种各样的培训活动，也取得了较为明显的培训成效，但是对照新时代纪检监察工作高质量发展对县级纪检监察干部高质量履职的新要求可以看出，各县级纪委监委所实施的数量繁多、类型多样和形式各异的培训，仍然在培训主体、培训内容、培训过程和培训方式等方面存在不足。对于这些不足，我们通过实证调查也得到了具体佐证。对于县级纪检监察干部培训上存在的这些不足，我们认为必须从培训机制上去系统思考应对之策。具体来看，主要应抓好以下几个方面的建设。

1. 打造高水平、专业化和专家化的培训主体

在本书第五章中，我们分析指出县级纪检监察干部培训的主体包括培训师资和培训机构两大方面。建立高水平、专业化和专家化的培训主体，特别是要建立专家化高素质的培训师资和专业化高水平的培训机构，必须

---

① 李本刚主编：《反腐倡廉宣传教育教程》，中国方正出版社 2007 年版，第 123 – 124 页。

② 参见王冠：《纪检监察干部培训工作研究》，中国政法大学出版社 2021 年版，第 1 页。

由中央或国家、省、市和县级各层面共同努力。首先,就中央或国家层面而言,除了由中共中央或者中央纪委国家监委健全完善有关纪检监察干部教育培训规划和实施方案之外,还有必要不断建好建强一系列“国字头”的专业化高水平的培训院校。这些应该建好建强的培训院校应该包含但不限于中共中央党校(国家行政学院)、中国浦东干部学院、中国井冈山干部学院、中国延安干部学院、中国纪检监察学院及其北戴河校区和中国政法大学、中国人民大学等双一流相关高校中的特定学院或培训机构。当然,除了建好建强这些培训机构之外,中央或国家层面还有必要适时出台政策措施遴选组建全国纪检监察干部培训专家库。在各类培训中,统筹安排专家库培训专家参加或指导各层次培训。其次,就省、市两级层面而言,除了依据中央或国家政策文件精神颁行立足本地并适合本地纪检监察干部培训的规章制度之外,也必须结合本地实际建好建强属地党校(行政学院)、高校和廉政教育培训中心等培训机构。同时,也应该像中央或国家层面那样,适时出台政策措施遴选组建本地纪检监察干部培训专家库。在各类培训中,统筹安排专家库培训专家参加或指导培训。最后,就县级层面而言,除了依据中央、省、市三级政策文件精神颁行立足本地并适合本地纪检监察干部培训的规章制度之外,也必须结合本地实际建好建强属地党校、职业院校和廉政教育培训中心等培训机构。同时,也应该像中央、省、市层面那样,适时出台政策措施遴选组建本土理论界和实务界人员构成并服务于本地纪检监察干部培训的专家库或培训团队。总之,纪检监察干部培训机构和培训师资的功能必须积极实现由“合目的性”向“合规律性与合目的性”转变。打造高水平、专业化与专家化且分层分类的培训机构和培训师资,可以有效克服临时师资组成的拼盘式培训之不足,确保培训质量和培训水准,进而使得推进县级纪检监察队伍专业化建设有外部人力资源支持。

2. 编制具有科学性、可行性和规范性的培训计划

编制一个科学系统规范的培训计划,使其具有可行性和可操作性,不仅有利于县级纪检监察干部培训工作高质高效地完成,也有利于县级纪检监察队伍专业化建设。鉴于此,在编制县级纪检监察干部培训计划时,首先必须综合考虑“理论联系实际、以人为本、全面发展、注重能力、学以致用和科学管理”等原则的落实。由于县级纪检监察干部队伍庞大、工作岗位分布广泛,再加上培训的内容涉及政治理论、党纪国法、政策法规、专业知识和科学人文素养等不同方面,因此每一个培训计划都必须有针对性地研究和编制。从县级纪检监察干部培训的实践经验来看,培训计划的编制要

充分考虑以下情况:培训目标与培训对象的岗位职责、学历或专业、兴趣点是否比较匹配,培训内容与县级纪检监察干部的本职工作关联度是否紧密,案例式、研讨式、模拟式、体验式、辩论式等互动式教学方法和新型技术手段是否选择适当,培训时间安排是否合理(长短、忙闲的考虑),培训规模是否适中,培训师资个人水平与受训干部的需求是否比较契合,培训专家是否对县级纪检监察干部工作比较了解并能真正吸引他们的注意力,等等。

3. 制定具有系统性、专业性和针对性的培训内容

县级纪委监委要制定具有系统性、专业性和针对性的培训内容,首先,必须坚持"需求导向"原则。所谓"需求导向",是指县级纪检监察干部培训内容的设计和制定不能过于强调"供给侧",而是应当在坚持"需求导向"和"问需于学员"原则前提下,进行必要的需求分析,即要考虑从"需求侧"设计培训内容和实施培训活动。唯有如此,才能确保针对县级纪检监察干部的各种各类培训,从一开始就能同时符合上级组织、本单位和县级纪检监察干部三个方面的需要,真正做到系统专业和有针对性。其次,必须做到以胜任力为基础。通过培训要达到解决现实问题的目标,基本前提在于培训能够增强县级纪检监察干部履行纪检监察工作职责的胜任力。在县级纪检监察干部培训内容设计上,借鉴胜任力模型的目的就在于发现县级纪检监察干部具备什么样的素质与能力才能胜任其岗位工作,从而有针对性地对其开展培训工作。最后,在培训内容制定的具体技术上有两点值得注意:一是应当按阶段循序渐进开设不同难易程度的培训课程,逐渐增加培训深度,促进专业能力的提升。对于这一点,可以借鉴新加坡的做法,组织专家编写高质量的培训教材,将培训课程按由易到难分为引导培训、基础知识和专业能力提高培训、高级知识与专业能力培训、延续培训与持续培训等五个阶段。二是可以按照"缺什么、补什么"的原则,对于不同类型的纪检监察人员开展分类培训。针对新录用人员,考虑到其对工作不熟悉,从常用政治政策理论、党纪国法知识、综合通识能力和基本专业能力等方面进行培训;针对在岗人员,充分考虑到其工作实际,迫切需要解决专业能力提升问题,可以有针对性地进行专项培训。

4. 创新培训方式,确保多种培训方式相互结合、相得益彰

针对县级纪检监察干部的培训,既包括入职岗前培训(初任培训),也包括晋升领导职务后的任职培训,还包括根据专项工作需要进行的专门培训(比如,学习贯彻各级各类重要会议精神和形势政策等方面的政治理论培训、专门业务培训),更包括县级纪检监察干部更新知识提高能力的在职

培训（比如，新颁布的党纪国法培训）。不同类型的培训应该采取不同的培训方式，切不可千篇一律，千人一堂课。目前创新培训方式不仅要合理选择以会代训、以案代训、跟案锻炼、线下培训等方式，也应采用案例式、研讨式、模拟式、体验式、辩论式等灵活多样的培训方式，实现教学相长、学学相长。具体而言，主要包括：一是积极开展理论教育与实践锻炼相结合式培训。一方面，采取专家讲座、业务研讨、访谈教学、论坛教学、行动学习、翻转课堂等方式来开展理论性培训；另一方面，采取案例分析、情景模拟、专题调研、现场观摩等方式和案例式、研讨式、模拟式、体验式、辩论式等方法来开展实务性培训。通过两种培训方式的有机结合，把理论知识培训与实践能力培训相结合，进而提高参训人员的专业知识和专业能力。法庭对证据裁判原则的运用、对实物证据的重视，有助于纪检监察干部树立客观性证据优先意识；法庭对证据合法性的审查，则有助于纪检监察干部树立规范取证意识。因此，“在一些地方，纪委监委注重组织调查人员旁听自己亲自参与办理的案件。看到自己在调查阶段收集到的证据在法庭上出示，调查人员对刑诉法关于证据的收集和运用规则会形成一个更直观的认识，对自己收集、固定证据的过程‘回头看’，发现问题与不足，在下一次办案中提高讯问和询问技巧，更有效地运用各项调查措施”。把业务培训搬到庭审现场，有助于县级纪检监察干部“学习实体性法律问题，在监察工作中准确把握职务犯罪构成要件”①。二是积极采取电子化培训、网络培训或线上培训。这种培训方式，方便纪检监察干部利用空闲时间、片段时间来学习。《干部教育培训工作条例》第27条明确提出，应该“充分运用现代信息技术，完善网络培训制度，建立兼容、开放、共享、规范的干部网络培训体系。提高干部教育培训教学和管理信息化水平，用好大数据、‘互联网+’等技术手段”。② 借助官方培训网站，制定网络培训学分制，让县级纪检监察干部所参加的网络培训也具有相应学分。特别是应鼓励和支持县级纪检监察机关运用网络培训、专题讲座等形式开展各方面基础性业务知识的学习。

（二）完善考核机制

专业化建设发展有其不可避免的排他性，这既是明确专业身份和保证专业权力的内在要求，也是履职考核之所以必要的根本原因。纪检监察队

---

① 张琰：《把业务培训搬到庭审现场——各地组织纪检监察干部旁听法庭庭审，强化法治思维》，载中央纪委国家监委网2018年5月18日，https://www.ccdi.gov.cn/toutiao/201805/t20180518_172097.html。

② 《干部教育培训工作条例》，载《光明日报》2015年10月19日，第10版。

伍履职考核的功能主要是激励和引导纪检监察队伍追求自身专业身份,帮助社会鉴别纪检监察队伍是否正确履行纪检监察的职责。纪检监察队伍履职考核体系的完善与否、考核标准的高低以及考核程序的严格程度等,是纪检监察专业化水平高低的体现之一。我国纪检监察队伍的准入资格和工作标准缺乏具体而统一的设计,这在一定程度上影响了各级纪检监察队伍专业化建设的实效。鉴于这种情况,中央纪委国家监委有关部门应该从专业化角度出发构建我国纪检监察干部队伍的能力模型,借鉴国际社会有关反腐人员履职的考核机制,推行法定性质的履职考核体系。通过较为严格系统的履职考核机制,赋予具有较高专业水平的纪检监察干部特有的职业资格证书与职称,促进纪检监察队伍职业道德和专业伦理的规范,从而不断提高县级纪检监察队伍的专业化水平。但是,要达到这样的目标,必须有科学合理且切实可行的考核机制。因为考核机制是否科学合理和切实可行,也会较大程度上影响到县级纪检监察队伍专业化建设实效。健全考核机制的具体举措主要应做到以下几个方面。

1. 考核主体明确化

考核主体是否组建合理在很大程度上影响着考核的公平公正和可信度。对于县级纪委监委领导班子和普通干部的履职考核,科学理想的考核主体应由上级、同级、下级和社会等层面主体共同构成,由各方主体分别实施加权考核得出考核结果。县级纪检监察工作社会关注度高,本应有直接相关的下级纪检监察机关及其工作人员和一定数量的群众参与到县级纪检监察干部履职情况的考核中来。然而,鉴于现行考核制度的整体设计和下级及群众参与考核现实操作的困难,我们对此不便苛求。但是,上级考核主体和同级考核主体也待改革完善。县级纪检监察干部一般可以分成县级纪委监委领导班子成员和普通干部两大类。

首先,对于县级纪委监委领导班子成员的考核,应当以上级纪委监委与同级党委考核相结合,在具体考核内容上应该有主辅之分。根据《纪律检查委员会工作条例》、《党政领导干部考核工作条例》及各地目标绩效管理文件的规定,上级纪委监委、同级党委组织部门、同级党委目标绩效管理办公室等对县级纪委监委领导班子成员实施考核。如此的多头考核,并不能完全准确地考核出领导班子成员履职实绩,甚至还会在一定程度上限制这些领导干部自身综合素质和业务能力的提升,进而影响县级纪委监委领导班子成员的专业化建设。《纪律检查机关监督执纪工作规则》和《纪律检查委员会工作条例》均规定,在坚持地方纪委监委接受“双重领导”的前提下,又实行“两个为主”。既然有着这样的规定,就应当由上级纪委监委考核为主。当然,由于纪委监委必须在同级党委领导下开展纪检监察工作,因此也应该接受同级党委的考核(具体为同级党委组织部和党委目标绩效管理办公室的考核)。只不过在实际的考核操作中,我们认为对于县级纪委监委领导班子成员履行综合管理职责的考核(特别是"德""勤"方面),应该以同级党委为主,而上级纪委监委在这方面的考核则为辅;而对于县级纪委监委领导班子成员履行主责主业的考核(特别是"能""绩""廉"方面),应该以上级纪委监委为主,同级党委在这方面的考核则为辅。

其次,对于县级纪委监委各内设机构负责人及其成员的考核,则应明确为由县级纪委监委进行。虽然县级纪委监委内设机构负责人及其成员是政治机关干部,也得接受同级党委组织部的考核,但是既然我们承认县级纪委监委是执纪执法机关,那么由县级纪委监委来组织对内部干部及职工的考核,也是合情合理合规的。对于县级纪委监委各内设机构负责人及成员的履职考核,如果实行多头考核,不仅会制约县级纪委监委内设机构干部的专业化建设,还可能使考核缺乏针对性。

最后,对于县级纪委监委派驻纪检监察组负责人及其成员的考核,应当以县级纪委监委与同级党委考核相结合,以县级纪委监委考核为主。尽管派驻纪检监察组负责人作为派驻单位领导班子成员,应接受相关党委组织部门和目标绩效管理部门的考核,但是根据现行纪检监察领导体制和管理体制的设计,派驻纪检监察组负责人及其成员更应该是县级纪委监委系统管理的对象。派驻纪检监察组负责人不能混同于派驻单位领导班子普通成员,而应是受县级纪委监委指派、代表县级纪委监委监督派驻单位及其班子成员廉洁、勤勉和正确履职的"受托人"。鉴于此,派驻纪检监察组负责人必须向县级纪委监委负责,自然就应以接受县级纪委监委考核为主。至于派驻纪检监察组成员的考核权,自然应当归属于县级纪委监委。

2. 考核内容合理化

目前,县级纪检监察干部考核指标体系主要包括德、能、勤、绩、廉五大方面。对于县级纪检监察干部德、勤、绩、廉四个方面的考核内容设计虽然很重要,但是这四个方面的考核内容设计已经相对科学合理,故我们不做专门分析。我们仅就纪检监察干部"能"方面的考核内容设计进行必要的探讨。在能的考核上,对县级纪委监委不同的干部群体,考核的内容也有明显差异。比如,对县级纪委监委领导班子成员的考核,主要依据的是《党政领导干部考核工作条例》,重点考核的是其学习本领、政治领导本领、改革创新本领、科学发展本领、依法执政本领、群众工作本领、狠抓落实本领、驾驭风险本领等方面,而针对其履行纪检监察工作职责的考核占比却不大。因此，这种考核更多促进的是领导干部综合素养和通识能力的提升，而不是业务领导能力的提升。对绝大多数县级纪委监委非领导职务人员和派驻纪检监察组工作人员的履职考核，也是按德、能、勤、绩、廉五大方面来设置考核内容的。上述两类纪检监察干部也会像普通公务员一样以德为先、以廉为要、以勤为基的能和绩在整个考核内容指标体系中也占不了多大比例。“考什么”是考核机制的核心。对于纪检监察干部的考核，在重视其德、勤、绩、廉的前提下，更应该突出对其“能”的考核。一方面，针对不同工作岗位分别设置考核指标，逐步实行分层分类考核；另一方面，应把纪检监察干部所应具备的专业知识和专业能力等专业素能作为考核的重点指标，特别注重对纪检监察干部履职实效与专业素养之间的匹配性考核。通过这样有侧重点和有区分度的考核指标设计，倒逼纪检监察干部提升自身专业知识和专业能力。

3. 考核程序严谨化

如果考核程序不严格不严谨，只会让被考核者视考核如“儿戏”，则考核的严肃性、权威性和正当性将大大削弱。针对县级纪检监察干部队伍考核实践中存在的一些组织者有意简化考核程序或改变考核程序的问题，必须推进考核程序严肃化严谨化。县级纪委监委要严格按照上级党委和纪委监委的相关文件规定细化考核程序。在准备阶段，提前网上网下发布通知或公告，明确考核的时间、内容、规则、方式和要求等，并给予被考核者必要的准备时间。在实施阶段，将考核内容、考核指标和考核程序严格落到实处，对被考核者的领导打分及民主评测，应该坚持公平公正公开的原则。在结束阶段，对考核结果必须实行公示及异议处理。若有人对考核结果有异议，考核小组要及时组织专人严肃认真地进行调查处理。

4. 考核方式科学化

针对当前县级纪检监察干部履职考核中存在的“重定期考核，轻平时考核”和“重定性考核，轻定量考核”等考核方式不科学问题，我们认为必须注意以下两点：第一，定性考核与定量考核有机结合。定性考核一般是从抽象宏观方面综合考核纪检监察干部德、能、勤、绩、廉情况，这种考核难免会存在主观性和偏差性；而定量考核则是通过量化方式对纪检监察干部德、能、勤、绩、廉情况进行打分考核，具有较大的客观性和精确性。对于这两种考核方式，一是要设置不同的考核指向，对于那些难以量化的指标采取定性考核，其他指标则必须采取定量考核；二是要对两种考核方式设置科学合理的不同权重。通过将二者有机结合起来，充分发挥各自优势，着力增强考核的科学性、准确性和公正性。第二，平时考核与年度考核有机结合。强化平时考核的基础地位,加大平时考核占比,从而尽量避免仅以年度考核来“一锤定音”考核结果的问题。特别是要充分做好月考核、季考核对纪检监察干部德、能、勤、绩、廉情况的评判。年度考核不仅要做到考核内容科学、考核程序严格、考核方式先进,还要同平时考核形成互补。通过平时考核与年度考核的有机结合,着重解决只重年度考核、不重平时考核的问题,进而倒逼县级纪检监察干部时时处处把德、能、勤、绩、廉表现好。

5. 考核结果运用规范化

针对当前县级纪检监察干部履职考核中存在的考核结果运用不过硬不严格问题,我们认为需要从以下方面进行改进:一是建立考核结果评价制度。上级纪委监委应当适时出台有关纪检监察干部考核结果评价方面的规章制度和政策措施。即便在中央、省、市等上级纪委监委都没制定全国或管辖区域内有关纪检监察干部考核结果评价方面的规章制度和政策措施的情况下,县级纪委监委也可以在遵循上级制度或政策精神前提下,结合本地实际先行制定相关具体试行规定。通过这样大胆创新,倒逼上级出台有关纪检监察干部考核结果评价方面的规章制度和政策措施。二是建立考核结果反馈制度。可以参照前述关于建立考核结果评价制度的做法,适时出台有关考核结果反馈制度。在这个制度中,明确规定考核结果应该什么时候反馈、以何种方式反馈等内容。当然,不仅要作出这样的明确规定,更重要的是还要规定不按此做的后果与责任。三是刚性规定考核结果运用。对于县级纪检监察干部的考核结果,必须严格落实考核结果同评优、晋升、交流和奖惩等挂钩的党内法规和国家政策。对于不按规定严格落实考核结果运用的单位和领导,可以允许被考核者提出异议。相关单位和领导若不按规定回复或者打击异议申请人,上级纪委监委有权给予纠正和保护。

(三)完善激励机制

对于县级纪检监察干部,既要依纪依法严管,也要依纪依法厚爱。仅有严管,没有厚爱,短期可行,但长期则难以持续。在坚持严管前提下,为了调动广大县级纪检监察干部履职尽责的积极性和主动性,还应当建立健全相应的激励机制。激励机制一般可分为物质激励机制和精神激励机制两大类。要有效激励县级纪检监察干部,不仅需要完善物质激励机制,更要完善精神激励机制。

1. 完善物质激励机制

县级纪检监察干部作为工作生活在客观物质世界之中的“复杂人”,

不仅具有“政治人”的社会属性，也具有“经济人”的社会属性。作为“经济人”的县级纪检监察干部，客观上都有追求工薪、待遇、资源、财富等物质利益的内在本性。在严格遵守党纪国法前提下，通过合法合规的方式获得物质利益，是合情合理的。正是由于县级纪检监察干部有追求正当物质利益的动机，因此有必要建立健全相对优厚的薪酬待遇等物质激励机制，从而确保县级纪检监察队伍的稳定和专业化建设的推进。目前最基本的是应做好以下两点：

第一，适度提高工薪待遇。我们调查发现，除了领导班子成员和内设部室负责人及派驻纪检监察组组长等人员按职务职级享有特定的职务职级工资、津贴及待遇之外，其他县级普通纪检监察干部大多是根据公务员制度认定为综合管理类公务员，从而依照其职级来享受相应工资薪金和福利待遇。依照综合管理类公务员制度发放工薪待遇的普通县级纪检监察干部，虽然始终履职高标准、用权强约束和工作高压力，但是所获得的工薪待遇却与县级党委“组”“统”“宣”等部门工作人员相比没有优势，甚至与县级政法委和司法局工作人员相比也差距过大①，更不要说同法院和检察院员额制人员相比了。虽然工作压力大，但是工薪待遇无优势、晋升及发展空间有限，这将会增加县级纪检监察队伍的不稳定性，更难以推进其专业化建设。针对以上情况，立足我国实际，借鉴境外经验，有必要适度提高县级纪检监察干部工薪待遇。唯有这样做，才可能有助于县级纪检监察队伍的稳定与专业化建设。

有人提出，“参照公安、审判、检察部门的工资标准，建立纪检监察人员单独工资序列，不再适用公务员薪酬制度，实行高薪，并通过国家立法予以确认”②。要对纪检监察干部实行同公、检、法人员类似的单独工资序列，不再适用公务员薪酬制度，从现行制度技术体制约束来看，目前还难以达成。比如，《监察官法》的立法本意是明确纪检监察干部只是从事纪检监察工作的一种履职资格，并不是新增单独职务序列，依然沿用现有干部管理序列。但是，即便如此，也不是说我们不可以实施纪检监察干部相对高薪制度或者工薪不得减少制度。具体而言，可以参考一些国家或地区对监察官或反腐败人员的合理规定，明确规定即便在国家实施紧缩政策需要减少公职人员工薪的情况下，纪检监察干部在任职期间的工资报酬也不得降低。除此之外，还有必要在一定层级或一定地区试点廉政保证金及高额退

---

① 据我们调查，县级纪检监察干部每月的工薪待遇普遍比同级政法委和司法局工作人员低，最低相差数百元，最高相差接近1500元。

② 张红秋：《纪检监察人员职业化对策研究》，东北师范大学2018年硕士学位论文，第28页。

休金制度。学习借鉴相关经验,规定勤勉履职且清正廉洁的纪检监察干部在退休时可以一次性领取一笔可观的廉政保证金,并在以后每月按期领取高额退休金。退休时可获得优厚待遇的制度设计,可以排除纪检监察干部在职时对退休生活的担忧,进而促使其勤勉而廉洁地履职。

我国香港廉政公署通过较高工资待遇来保障其工作人员专业化的做法值得学习借鉴。我国香港廉政公署工作人员之所以能做到高效廉洁,与其所设置的合理高薪是分不开的。我国香港地区高层治理者和廉政公署负责人均认为,薪酬应该定在一个与私营机构相近而合理的水平,这样才可能减少廉政公署公职人员腐败的诱因。相关资料显示,即便在 2013 年相当于我国内地副科级职务的我国香港廉政公署执行处调查主任的月薪就为 34130—55850 港元,而当时我国香港地区人均月薪才 1 万—2 万港元。在 2018 年时,我国香港廉政公署“开支共 1120424000 港元,其中 85.72% 都属于薪金、津贴等与员工有关的开支”[①]。“拥有大学学位并获聘为廉政主任(丙)职级的人员的薪酬,与刚入职其他纪律部队(如警务督察、入境事务主任)的人员薪酬相仿,比二级行政主任或教育主任的薪酬高出约 1.5 万港元,达到 45035 港元/月。”[②]总体来看,我国香港廉政公署工作人员的薪酬,比我国香港地区其他政府机关普通人员的工资待遇高一些。特别是那些“特有职系人员”(如廉政主任职系人员),因其专业能力要求更高、工作强度和工作压力均更大,故其月薪要比一般公务员高较多。另外,除了享有高薪之外,我国香港廉政公署工作人员还享有休假、住房、医疗及丰厚的退休金等高福利。[③] 通过这样的制度设计来保证廉政公署工作人员能够过上比较富足的生活,从而使其“不愿腐”。当然,对这些享有高薪、高福利待遇的廉政公署工作人员,也设置了相当严厉的贪腐及其他违法行为的处罚制度,从而使其“不敢腐”。如此的薪酬待遇和福利保障制度设计,不仅彰显了廉政公署对专业化队伍的尊重,也产生了以专业为导向的正向激励。其实,不仅我国香港地区采取了合理高薪来稳定队伍和确保其高效廉洁的方式,新加坡也有类似做法。新加坡“在反贪系统建立比较灵活机动的行政管理层级和薪酬体系”,实行“以俸养廉政策”。新加坡专司调查惩治腐败且位高权重和有较强独立性的贪污调查局工作人员的

---

① 王捍忠:《走近香港廉政公署》,国家行政学院出版社 2019 年版,第 61 页。

② 任建明、薛彤彤:《廉政公署专业化建设经验与启示》,载《河南社会科学》2021 年第 8 期。

③ 参见王建新:《香港廉政公署靠什么保障“全球最廉洁”?》,载搜狐网 2004 年 5 月 28 日,http://news.sohu.com/2004/05/28/51/news220295105.shtml。

“地位、身份、权力有严格的法律保障，薪水也比同级官员高”[①]。除了我国香港地区与新加坡这两个清廉地区和国家对反贪腐工作人员实行了较高的工薪福利待遇外，芬兰、瑞典、挪威、丹麦等世界清廉程度排名最靠前的几个北欧国家，对反腐队伍也建立并实施了高薪水高福利制度来确保队伍的稳定、独立和专业化。[②] 英、法、德等西欧国家和加拿大、美国等北美国家，对反腐机构工作人员也实行高薪养廉制度，从而取得了良好的廉政治理效果。[③]

第二，适当增加岗位补贴。如果考虑到目前公务员整体工薪待遇水平状况，尚无法实行高薪养廉制度，但为了建立健全包括县级在内的各级纪检监察干部激励机制，可以在适当增加岗位补贴上去努力。我们在 X 省实地调查发现，目前执行的纪检监察办案人员补贴标准为 220 元/月/人。这个标准是 2011 年 1 月 1 日开始实施的《关于调整纪检监察办案人员补贴标准的通知》（人社部发〔2011〕19 号）中所规定的。目前仍然实施这个低标准的补贴，实际上是对县级纪检监察干部不公平的待遇。自秦汉御史监察制度形成以来，历来都是用较低官秩的官员来监督较高官秩的官吏。这种以低官秩监察官员纠劾高官秩官员的制度设计，对于惩治腐败与整顿吏治客观上发挥了较为明显的积极作用。值得思考的是，位低的监察官能够监督位高的官吏并取得较为明显的实效，除了皇权的支持之外，还有一个重要的原因。这个重要原因是物质保障和待遇激励。在我国古代监察发展史上，对于位低权重的御史官员、谏议官员和封驳官员等各级各类“监察官”，励精图治的最高统治者为了充分发挥他们维护皇权和打击官吏腐败的积极作用，一般都会制定并实施特定的物质保障制度和待遇激励制度。[④] 严格实施这些制度的王朝，一般都实现了政治清明、官员清正和社会清朗，甚至取得了盛世之治。与之相反，若想方设法削减克扣各级监察官的物质保障和待遇激励，则可能出现监察首先“自腐”。像海瑞那样铁面无私、“身后诚无余财，葬身也靠他人接济”的监察清官，毕竟稀少难得。以史为鉴，立足新时代反腐倡廉的新形势新要求，为了县级纪检监察干部队伍的稳定和专业化建设，很有必要逐步增加县级纪检监察干部岗位津贴

① 李秋芳、孙壮志主编：《反腐败体制机制国际比较研究》，中国社会科学出版社 2015 年版，第 95、96、114 页。

② 参见李秋芳、孙壮志主编：《反腐败体制机制国际比较研究》，中国社会科学出版社 2015 年版，第 214－215 页。

③ 参见李秋芳、孙壮志主编：《反腐败体制机制国际比较研究》，中国社会科学出版社 2015 年版，第 222 页。

④ 参见广东省纪检监察学会编著：《中国古代监督史览》，人民出版社 2018 年版，第 281 页。

或相关福利待遇。我们在调查中发现,近年来县级纪检监察干部的值班补助、加班费和信访人员补贴等悉数被取消,建立并落实相关岗位津贴或办案人员补贴,其标准可以在一定比例上参照警察的警衔津贴。另外,从医疗保险、意外伤害等方面给予纪检监察干部特别照顾,实际上也是在提高纪检监察干部福利待遇。适当增加岗位补贴和适度提升福利待遇,有助于确保县级纪检监察干部应有的社会尊严感、职业获得感和荣誉感,从而促进其更加爱岗敬业和更愿走专业化发展道路。

2. 完善精神激励机制

精神激励不仅成本低,而且常常能取得物质激励难以达到的效果,是调动县级纪检监察干部积极性、主动性和创造性的一种有效方式。为了确保县级纪检监察队伍的相对稳定,进而促进其专业化建设可行可靠,在依据国家公务员制度、干部人事制度和纪检监察体制的前提下,有必要改革完善县级纪检监察干部精神激励机制。具体而言,应在荣誉激励、信任激励、身份激励和学历提升激励等方面下功夫。

第一,完善荣誉激励机制。荣誉激励是以激发县级纪检监察干部追求良好声誉为手段的激励方式。荣誉激励是一种象征性激励,是党委及纪委监委等组织对优秀县级纪检监察干部工作的认同与肯定。这种激励方式,不仅可以增强县级纪检监察干部的荣誉感和自豪感,还可以有效满足县级纪检监察干部对尊重和自我实现的需要。常见的措施有公开表扬、评奖评优、嘉奖记功、授予称号、晋升交流等。县级纪委监委等可以在用足用好现行政策的前提下,给予县级纪检监察干部充分的公开表扬、评奖评优、嘉奖记功、授予称号。而晋升交流则需着力做真做实。一是要做真做实晋升激励。在县级纪委监委,不仅乡科级正职和副职(特别是乡科级副职)领导职数相对于其他部门要多一些,而且这些干部的提名权和考察权均在县级纪委监委。因此,县级纪委监委应充分用好用足相关政策,用好提名权和考察权,积极向区委和市纪委监委推荐优秀纪检监察干部。同时应特别注重提名和考察本单位内设机构及派驻纪检监察组的负责人,这样更利于干部队伍的稳定,更有利于专业化建设的推进。二是要做真做实交流激励。比如,加大系统内外干部交流力度,制订后备干部培养规划,加大优秀年轻干部提任科级领导职务的力度,加强干部梯次培养。做真做实交流激励,一方面,可以吸纳同纪检监察工作所需知识和能力紧密相关的外来专业人才加入;另一方面,要加快不具有专业知识和专业能力的既有干部的人事安排。通过对交流人员的激励和保障,消除人员“不想进来”或“不想出去”的思想,从而促进县级纪检监察干部队伍专业化建设。

第二,完善信任激励机制。信任激励是建立在上级对下级理解和信任基础上的激励方式。常见的措施有委以重任、授予实权、适度容错等。适当的信任激励体现了党委及纪委监委等组织对县级纪检监察干部的信任与感激,在一定程度上能够较好激发县级纪检监察干部的工作干劲和热情。县级纪委监委在实施信任激励机制时,必须处理好两对关系。一是必须处理好信任和制度的关系。制度是以成文或约定俗成的形式对一件事情是否可做和如何去做等问题作出的规定。制度最为本质的功能不是约束而是指引。“制度”与“信任”是辩证统一的关系,而不是截然对立的关系。作为确保一个人干好工作的两个先决条件,制度规范与信任激励是相辅相成的。制度给人以指引,信任给人以动力。《纪律检查委员会工作条例》、《纪律检查机关监督执纪工作规则》、《监察法》和《监察官法》等党内法规、国家法律以及相关制度对县级纪检监察干部的指引作用越强,县级纪检监察干部对县级纪委监委等组织的信任度越高。如果失去前述制度的指引或约束,县级纪检监察干部对各级纪委监委的信任则会降低。众多纪检监察队伍建设的实例证明,监督纪检监察干部的管理制度越健全的地方,就越能产生并盛行信任。如果一个职业群体能够正确看待和处理制度与信任之间的辩证关系,就在很大程度上能够把制度作为信任的一个保障性条件,就能接受制度的规范和引导。对于县级纪检监察干部来说也是如此。建立健全有助于增进县级纪检监察干部信任度的保障性和支持性制度,就能够增强县级纪检监察干部对党纪国法及相关制度的认可度和遵从度。特别值得强调的是,在对有关党纪国法及相关制度的制定和实施过程中,要把“事”或“岗”作为主要监督制约对象,而不要把“人”作为主要监督制约对象,对“事”对“岗”要强化制度的规范约束作用,对人要强化制度的评价指引作用。二是必须处理好信任和监督的关系。为了增强县级纪检监察干部履职尽责的积极性,有必要对其进行信任激励,但是信任不能代替监督。必要的监督措施是维护信任激励的前提。县级纪检监察干部毕竟也是行使监督权这类公共权力的人,大量事实已证明监督者也会发生权力滥用甚至产生腐败的现象。必须把信任激励与严格监督结合起来,使县级纪检监察干部认识到信任不等同于放任、不等同于不受监督。“有权必有责”“有责要担当”“用权受监督”“失责必追究”,这是对县级纪检监察干部的职业要求,也是对县级纪检监察干部实施信任激励的必要前提。我们必须坚持信任与监督的平衡关系,不可偏废任何一端。监督不是对信任的否定,不是对信任的限制,而是对信任的保障。只有充分理解和认识到这一点,才能在充分信任县级纪检监察干部的同时,对其实施会产生积极效果的必要监督。

第三，完善身份激励机制。包括县级在内的各级纪检监察干部在纪检监察体制改革之前存在较为突出的“身份危机”，而 2018 年纪检监察新体制建成之后，这种“身份危机”问题得到了较好解决。但是，由于传统思维观念等的影响，县级纪检监察干部的身份认同仍然存在一定问题。比如，纪检监察机关是“得罪人”的机关、“纪检监察干部是‘黑脸包公’，难以亲近”等观念，在不少纪检监察干部、普通党政机关干部和广大群众心中仍然存在。如此的身份认同和社会认知，实际上给处于“熟人社会”中的县级纪检监察干部带来了不小的心理困扰。另外，同履职内容及履职方式具有紧密相关性和直接相似性的法官与检察官相比，县级纪检监察干部在专业标志和专业装备等方面，相差甚远。我们调查发现，县级纪委监委的办公条件、办案设备设施、办案场所等物力保障很到位，但是有关加强队伍专业化建设的专业标识、专业服饰等体现专业身份的设施设备配置并不充分。包括县级在内的各级纪检监察干部不仅没有统一的着装，甚至办公场所也是偏居于县委县政府大楼的一些不起眼的楼层或角落。特别是有助于彰显县级纪检监察队伍专业精神的职业文化建设还明显不足。纪检监察职业文化对于纪检监察人员发挥着引导、凝聚、约束和激励的作用。纪检监察职业文化是纪检监察干部敬业担当的重要精神支柱，是其增强职业认同感、职业专注度和职业敬业度的内在动力。为了切实推进县级纪检监察队伍专业化建设，既要适时加强纪检监察干部的专业设备和专业标志的建设，更要加强纪检监察职业文化的建设。加强纪检监察干部外在标志和内在文化的建设，将有助于推进县级纪检监察干部相应专业精神的提升和职业认同的增强。这些努力，必然有助于推进县级纪检监察队伍专业化建设。

第四，实施学历提升激励。新时代仍有必要实施县级纪检监察队伍学历提升和专业改造激励工程。纪检监察干部的学历和专业可以分为两部分：一部分是从事纪检监察工作之前，获得的第一学历和专业；另一部分是从事纪检监察工作之后，通过进修学习获得的第二学历和专业。加强县级纪检监察队伍专业化建设，主要应该做好第二学历和专业优化提升方面的激励。根据“缺什么，补什么”的原则，采取多种措施，鼓励县级纪检监察干部通过在职学习来改造和提升所需的专业及学历。具体而言则包括两个方面：一是为县级纪检监察干部提供相应的进修信息和进修渠道，鼓励他们积极进修。无相关专业和学历的干部，进修学习相关专业；有相关专业经历的干部，进修学习其他所需的专业，争取把自己打造成监督执纪执法复合型人才。二是采取相应的激励措施，激励县级纪检监察干部攻读纪检监察工作所需的纪检监察学、法学和会计学等学科专业在职本科或在职硕士。对攻读在职本科或硕士学历学位人员提供相应的时间和经费等方面的支持。

最后需要说明的是，以上我们虽然分别着重探讨了完善物质激励机制与精神激励机制，但是我们主张完善激励机制，是既强调完善物质激励机制也强调完善精神激励机制的。当然，在目前县级纪检监察干部物质激励机制尚不完善的情况下，有必要首先重视物质激励机制的完善。

（四）完善关爱机制

在纪检监察新体制建立后，县级纪检监察干部履责内容更多、履职要求更高了，伴随的工作压力也更大了。为了纾解压力和稳定队伍，进而切实推进县级纪检监察干部队伍专业化建设，在不断推进包括县级在内的各级纪检监察干部“职业保障法律法规群”①的基础上，还必须完善关爱机制。

中央纪委办公厅印发《关于进一步做好关心关怀纪检监察干部心理健康工作的通知》之后，全国省、市、县三级纪检监察机关陆续建立了一些关心关怀方面的规章制度。比如，江西省纪委监委在2021年出台的《关于加强新时代全省纪检监察干部队伍建设的意见》中，明确提出要“关爱干部身心健康和家庭生活，适当缩短监督审调等一线人员轮岗交流年限”。②2021年下半年，四川省宜宾市长宁县纪委监委注重建立常态化关爱干部职工机制，为干部职工解决后顾之忧，提升其干事创业激情。③但是我们发现各地陆续出台的关心关爱纪检监察干部的规章制度不仅内容规定大多较为宏观粗略，而且存在难以落实的问题。健全完善县级纪检监察干部关爱机制，既必须重视所构建关爱机制内容上的相对全面具体性，也必须重视所构建关爱机制在执行上的可操作性。

构建内容全面具体的关爱机制，我们认为可以考虑从“思想关怀”“工作关怀”“生活关怀”三个方面着手。

---

① 纪检监察干部职业保障法律法规群是指以《监察法》《监察官法》为主导，以监察法规与其他规范性文件为补充，从而形成的确保纪检监察干部基本职业权益的法律法规体系。参见王延延：《监察官职业保障建设的基本逻辑与优化路径》，载《福建师范大学学报（哲学社会科学版）》2024年第2期。

② 万仁辉：《为纪检监察干部育选管用立起“硬标尺”》，载《江西日报》2021年4月24日，第2版。

③ 参见罗晓平：《打造“五型”模范机关 建设高素质专业化纪检监察干部队伍》，载《宜宾日报》2021年11月19日，第3版。

首先,抓好思想关怀机制构建。一是要建立定期谈心谈话制度。县级纪委监委主要领导每年与班子成员、机关中层机构及派驻机构主要负责人谈心谈话不少于1次;其他班子成员每半年与分管联系的机关中层机构、派驻机构负责人谈心谈话不少于1次;县级纪委监委中层机构、派驻机构主要负责人每季度与其他同志谈心谈话不少于1次。谈话结束后,谈话领导应及时将干部的有关情况告知组织部,由组织部定期汇总,综合形成关爱帮扶意见建议。二是要建立心理咨询服务长效机制。由县级纪委监委党委牵头,联系有关医院、高校或机构,聘请心理顾问,在重大专案办结、干部家庭出现重大困难或遭受重大变故时,开展上门问诊活动,日常不定期开展电话沟通交流。在县级纪委监委纪检监察教育中心设立心理减压室,引入专业减压仪器等设备,帮助干部减压释压。

其次,抓好工作关怀机制构建。一是实施全员培训工程。开展全覆盖、多渠道、个性化和专业化的教育培训。二是实施学历提升计划。积极创造条件,提倡、鼓励和支持县级纪检监察干部职工参加在职学历学位教育,提升学历、丰富和完善知识结构。三是加强干部选任交流。建立良好的用人导向,用好提名和考察权,积极向同级党委和上级纪委监委推荐优秀纪检监察干部。加大干部系统内外交流力度,制订后备干部培养规划,加大优秀年轻干部提任科级领导职务的力度,加强干部梯次培养。四是建立分类关爱机制。既要发掘和表扬一批政治素质高、专业化能力强、忠诚干净担当的纪检监察先进集体及个人;也要加强对犯错误干部的关心帮助,通过关心鼓励、给机会、压担子等方式,帮助其深刻认识错误,正确对待组织处理;更要及时为受到失实检举控告的干部澄清正名、消除不良影响,严厉打击诬告陷害,恶意中伤等行为,最大限度保护和激励干部干事创业热情。

最后,抓好生活关怀机制构建。一是建立纾忧济困制度。除了每年春节、“七一”和中秋节等重要节日,分别开展先进典型和困难一线干部及其家属走访慰问之外,更重要的是要认真做好困难干部帮扶工作,对因子女就学、重大疾病、意外事故等致困的干部,按规定予以帮助、救助和慰问。二是认真落实休假制度。根据上级政策规定和文件精神,原则上每年实行集中休假制度。同时,在不影响工作的情况下,可根据实际情况休完剩余的公休假,力争应休尽休,从而确保广大干部工作劳逸结合、张弛有度。特别是要实施重大案件和专案办结强制休息制度,对较长时间超负荷工作的一线人员由分管领导安排强制轮休和调休。三是丰富干部业余生活。由机关党委、工会牵头,适时组织县级纪委监委和派驻机构纪检监察干部开展健步、游泳、球类和棋类等各种文体活动，推进彼此深入交流融合。可以每年举办机关春节联欢会，由干部职工自编自演节目，搭建才艺展示的舞台和沟通交流的平台。

构建具有可操作性的关爱机制，我们认为重点应从普通县级纪检监察干部和被抽调县级纪检监察干部两类对象着手。对于普通县级纪检监察干部，围绕前述相关关爱内容，常态化制度化规范化地对其进行思想关怀、工作关怀和生活关怀。对于被抽调县级纪检监察干部，除了像对普通县级纪检监察干部那样，围绕前述相关关爱内容，常态化制度化规范化地对其进行一般性的思想关怀、工作关怀和生活关怀之外，还应该建立健全有关特定政策进行专门关爱。虽然现在县级纪委监委中被上级抽调干部为数不少，但是据我们查询发现尚没有建立关心关爱这些群体的专门制度。省、市、县三级纪检监察机关可以在遵循党内法规、国家法律和上级政策文件精神的基础上，结合本地实际出台关爱被抽调干部的相关规章制度。这些规章制度，可以借鉴目前一些省、市两级纪检监察机关出台的抽调巡视干部队伍的意见、巡察干部抽调管理办法等的规章制度，在内容规定上既要明确抽调干部的条件、程序、职责和管理等内容，也要明确抽调干部的考评、激励和待遇等内容。特别是在考核上，除了规定抽调单位应为被抽调干部出具工作鉴定之外，还应规定被抽调干部可以参照援藏、援疆和驻村（扶贫）干部年度考核办法进行考核。特别是应该规定回原单位参加年度考核的被抽调干部，如果没有任何违规违纪的情形，就应当实行年度考核单列（不占所在单位名额），评定为优秀等次。在激励上，除了坚持正向激励原则之外，最重要的是要做到择优入库、兑现结果、提拔使用。在待遇上，需要落实集中安排休整、推荐先进表彰、依规报销费用和解决实际困难等。

结　　语

党的二十大报告再次强调“人才是第一资源”。县级纪检监察队伍作为一体化履行纪检监察职责的基层专门人才，也是我国“第一资源”中的一个重要组成部分。县级纪检监察队伍要忠实履行党纪国法赋予的职责，为实现新时代县级纪检监察工作高质量发展作出自己的贡献，关键在于自身要具有扎实的专业知识、较强的专业能力和良好的专业精神。县级纪检监察队伍在各级纪检监察队伍中，不仅人数众多，而且地位独特、作用突出。正是履职地域、职业属性及岗位职责等多种特殊性的叠加作用，造成在新时代必须重视并加强县级纪检监察队伍专业化建设。简而言之，重视并加强县级纪检监察队伍专业化建设，不仅有助于推进新时代基层纪检监察工作高质量发展，也有助于确保全面从严治党战略向基层延伸，更有助于锻造忠诚干净担当的广大基层好干部，进而为新征程中各项任务的圆满完成提供有力保障。总之，在新时代重视并加强县级纪检监察队伍专业化建设，不仅意义重大，而且影响深远。

县级纪检监察队伍专业化是指县级纪检监察干部以各类纪检监察工作岗位为平台，通过不断的教育培训和实践锻炼，获得从事纪检监察工作所必需的专业知识、专业能力和专业精神，从而不断提高工作水平，实现专业自主，最终成为具有充分胜任力的纪检监察工作者的过程。衡量县级纪检监察队伍是否达到专业化的基本标准，主要包括是否具有扎实的专业知识、较强的专业能力和良好的专业精神。专业知识是县级纪检监察队伍专业化建设的基础，专业能力是县级纪检监察队伍专业化建设的保证，专业精神是县级纪检监察队伍专业化建设的动力。

我们借助文献研究方法对 X 省内外县级纪检监察队伍专业化建设的实践探索进行归纳分析，从总体上把握了纪检监察体制改革完成后全国县级纪检监察队伍专业化建设的基本进展。另外，我们采取线上线下问卷调查和个别访谈等方法，在项目立项后历时 4 年多对随机抽取的 X 省内 20 多个市州 20 多个县级纪委监委 1948 名纪检监察干部和 11 个县级纪委监委 140 名纪检监察干部分别实施问卷调查与个别访谈。通过问卷调查和个别访谈，我们发现，X 省内县级纪检监察队伍专业化建设同全国一样，虽然在专业知识上均得到逐步增长、专业能力得到不断提升、专业精神得到初步彰显,但是,同新时代纪检监察工作高质量发展要求相比,县级纪检监察队伍专业化建设还存在较为明显的不足。这些不足,一是体现为专业知识不系统不扎实,包括所学专业同纪检监察工作不太相关的结构性问题、因受教育方式特殊而致掌握专业知识不系统问题、掌握专业知识较薄弱问题。二是体现为专业能力不全面不精湛,具体体现为一些县级纪检监察干部中现有专业能力尚不能充分适应反腐形势变化后的新要求、不能完全匹配履职纪法贯通的新要求、不能充分胜任履职方式一体化的新要求。三是体现为专业精神部分强整体弱,具体不仅体现在县级纪委监委领导班子之中,还体现在内设科室和派驻纪检监察组负责人及其他人员之中;不仅体现在专业信念、专业品质、专业意识方面,还体现在专业态度和专业价值观方面。

县级纪检监察队伍专业化建设存在不足,原因复杂多样。除了一定程度上受制于县域资源禀赋外,更重要的则是由于思想认识有偏差、制度体系不健全和机制建设有欠缺等多种主客观因素叠加影响。知不足而奋进,望远山而力行!这句话不仅适用于普通个人,也适用于县级纪检监察干部。立足县级纪检监察队伍所处地域、组织性质、岗位职责和工作任务等客观实际,按照长远规划、整体设计、先易后难、循序渐进的原则,从思想、制度和机制上构筑推进县级纪检监察队伍专业化建设的系统对策。具体而言,首先,全社会各系统必须提高对县级纪检监察队伍专业化建设必要性、重要性和可行性的思想认识。其次,必须健全有关纪检监察干部的准入制度、管理制度和流转制度等基础制度。最后,必须完善培训机制、考核机制、激励机制和关爱机制等关键机制。

制度变迁不宜采取激进方式,有关县级纪检监察队伍专业化的制度建设亦是如此。不仅有关县级纪检监察队伍建设的制度机制建设需要采取渐进路径,而且有关县级纪检监察队伍专业化建设的思想认识也有一个渐进转变与逐步增强的过程。鉴于此,县级纪检监察队伍专业化建设既要坚定不移,也要循序渐进,更要绵绵用力、久久为功!纪检监察干部普遍都是监察官。《监察官法》及其相关法律法规和规章制度的出台,把监察官专业化建设提上了议事日程。监察官是一种职业,但是要真正实现监察官专业化和职业化,则还有很长的路要走。孟德斯鸠指出:“民主政治的监察官应当是独立的。”①我国《宪法》也确立了监察委员会依法独立行使监察权的原则(该原则具体则体现为各级监察官依法独立行使监察权原则)。而

① [法]孟德斯鸠:《论法的精神》(上卷),张雁深译,商务印书馆1963年版,第53页。

在纪检监察实践中要贯彻这一原则，还需要“完善的监察官职业保障制度”①。但是，在本研究成果中，有关纪检监察干部依法独立行使职权与建立健全职业保障制度等理应属于县级纪检监察队伍专业化建设题中之义的内容，我们着墨不多。之所以作出这样的安排，一是由于现行政治体制和纪检监察体制的特性使然，二是由于现有条件和时机的不具备。毕竟“构建监察官职业保障制度，是一个系统而又复杂的工程，涉及立法和体制机制的改革完善，必须从职权、身份、人身安全、经济、技术、社会和教育培训等保障体系进行全方位的构建”②。

党的二十大报告指出：“只要存在腐败问题产生的土壤和条件，反腐败斗争就一刻不能停，必须永远吹冲锋号。坚持不敢腐、不能腐、不想腐一体推进……以零容忍态度反腐惩恶……决不姑息。”③在新征程上，为了锻造忠诚干净担当的基层好干部队伍、驰而不息地以零容忍态度正风肃纪反腐、坚定不移地推进全面从严治党战略向基层延伸和纵深推进纪检监察工作高质量发展，必须坚持以习近平新时代中国特色社会主义思想特别是习近平总书记关于党的自我革命的重要思想为指导，认真落实二十届中央纪委三次全会工作部署，必然需要采取切实有效措施推进县级纪检监察队伍专业化建设。尽管推进高素质专业化县级纪检监察干部队伍的目标已经确定，各地业已如火如荼地开展了不少探索实践，培养纪检监察工作专门人才的纪检监察学已开办，但是由于各种主客观因素的叠加影响与制约，县级纪检监察队伍专业化建设并不能一蹴而就。县级纪检监察队伍专业化建设也如其他各级纪检监察队伍专业化建设一样，必须秉持循序渐进和久久为功的原则。政治是理想主义的，但也是现实主义的。这两条原则相互补充为真，相互分离为假。④ 如果既能基于推进基层纪检监察工作高质量发展的“理想主义”而坚定不移地推进县级纪检监察队伍专业化建设，又能理性考量各种主客观因素制约影响的“现实主义”而渐进有序地推进县级纪检监察队伍专业化建设，并将二者紧密结合起来，那么具有“硬脊梁、铁肩膀、真本事”且忠诚干净担当、敢于善于斗争的一支支高素质专业化县级纪检监察队伍将不断涌现！

---

① 余健明：《职业化视域下监察官职业保障制度的构建》，载《政法学刊》2022 年第 5 期。

② 余健明：《职业化视域下监察官职业保障制度的构建》，载《政法学刊》2022 年第 5 期。

③ 习近平：《高举中国特色社会主义伟大旗帜　为全面建设社会主义现代化国家而团结奋斗——在中国共产党第二十次全国代表大会上的报告》，载中华人民共和国中央人民政府网 2022 年 10 月 25 日，https://www.gov.cn/xinwen/2022-10/25/content-5721685.htm。

④ 参见[美]乔·萨托利：《民主新论》，冯克利、阎克文译，东方出版社 1998 年版，第 43 页。

主要参考文献

一、中文著(译)作

1. 中共中央马克思恩格斯列宁斯大林著作编译局编译:《马克思恩格斯选集》(第3卷),人民出版社2012年版。

2. 中共中央马克思恩格斯列宁斯大林著作编译局编译:《列宁选集》(第4卷),人民出版社2012年版。

3. 中共中央马克思恩格斯列宁斯大林著作编译局编译:《列宁全集》(第39、42卷),人民出版社2017年版。

4. 中共中央文献研究室编:《毛泽东文集》(第1—7卷),人民出版社1999年版。

5.《邓小平文选》(第3卷),人民出版社1993年版。

6.《江泽民文选》(第1—3卷),人民出版社2006年版。

7.《胡锦涛文选》(第1—3卷),人民出版社2016年版。

8.《习近平谈治国理政》(第1卷),外文出版社2014年版。

9.《习近平谈治国理政》(第2卷),外文出版社2017年版。

10.《习近平谈治国理政》(第3卷),外文出版社2020年版。

11.《习近平谈治国理政》(第4卷),外文出版社2022年版。

12. 中共中央纪律检查委员会、中华人民共和国国家监察委员会、中共中央党史和文献研究院编:《习近平关于坚持和完善党和国家监督体系论述摘编》,中央文献出版社、中国方正出版社2022年版。

13. 习近平:《论党的自我革命》,党建读物出版社、中国方正出版社、中央文献出版社2023年版。

14. 中央纪委国家监委办公厅编写:《中国共产党纪检监察工作百年沿革》,中国方正出版社2022年版。

15. 中共中央组织部编:《中国共产党组织建设一百年》,党建读物出版社2021年版。

16.《党的二十大文件汇编》,党建读物出版社2022年版。

17. 陈哲夫主编:《监察与监督》,北京大学出版社1994年版。

18. 刘守芬、李淳主编:《新加坡廉政法律制度研究》,北京大学出版社2003年版。

19. 孙光妍、邓琦、毕晓棠:《德法兼济与腐败治理研究》,黑龙江人民出版社 2003 年版。

20. 贾玉英等:《中国古代监察制度发展史》,人民出版社 2004 年版。

21. 宋振国、刘长敏等:《各国廉政建设比较研究》,知识产权出版社 2006 年版。

22. 李成言主编:《廉政工程:制度、政策与技术》,北京大学出版社 2006 年版。

23. 季正矩:《通往廉洁之路:中外反腐败的经验与教训研究》,中央编译出版社 2006 年版。

24. 傅克诚主编:《内强素质　外树形象——纪检监察干部队伍建设概论》,江西人民出版社 2006 年版。

25. 张晋藩:《中国监察制度史稿》,商务印书馆 2007 年版。

26. 陈宏彩:《行政监察专员制度比较研究》,学林出版社 2009 年版。

27. 何增科:《腐败防治与治理改革》,吉林人民出版社 2009 年版。

28. 任建明、杜治洲:《腐败与反腐败:理论、模型和方法》,清华大学出版社 2009 年版。

29. 王明高:《科学制度反腐论》,党建读物出版社 2011 年版。

30. 杨绪盟、黄宝荣编著:《腐败与制度之“笼”——国外反腐经验与启示》,人民出版社 2014 年版。

31. 项继权、李敏杰、罗峰:《中外廉政制度比较》,商务印书馆 2015 年版。

32. 李秋芳、孙壮志主编:《反腐败体制机制国际比较研究》,中国社会科学出版社 2015 年版。

33. 宋功德:《党规之治》,法律出版社 2015 年版。

34. 李和中主编:《地方政府党风廉政建设评价案例研究(2013 ~ 2014)》,中国社会科学出版社 2015 年版。

35. 袁峰:《当前中国的腐败治理机制——健全反腐败惩戒、防范和保障机制研究》,学林出版社 2015 年版。

36. 最高人民检察院:《检察机关岗位素能基本标准(试行)》,中国检察出版社 2016 年版。

37. 孙志勇:《遏制腐败战略——党的十八大以来中国特色反腐败理论十讲》,中国方正出版社 2016 年版。

38. 李后强、李贤彬等编著:《计量反腐学》,四川人民出版社 2016 年版。

39. 李军:《中国共产党党内法规研究》,天津人民出版社 2016 年版。

40. [澳]查尔斯·桑普福德、[澳]亚瑟·沙克洛克、[澳]卡梅尔·康纳斯、[英]弗雷德里克·加尔东主编:《测量腐败》,李泉译,中山大学出版社 2016 年版。

41. 陈国权、毛益民等:《权力法治与廉政治理》,中国社会科学出版社 2018 年版。

42. 秦前红、叶海波等:《国家监察制度改革研究》,法律出版社 2018 年版。

43. 秦前红主编:《监察法学教程》,法律出版社 2019 年版。

44. 杨永庚、常利娟编著:《新编纪检监察学教程》,中国政法大学出版社 2021 年版。

45. [古希腊]柏拉图:《理想国》,郭斌和、张竹明译,商务印书馆 1986 年版。

46. [古希腊]亚里士多德:《政治学》,吴寿彭译,商务印书馆 1997 年版。

47. [法]孟德斯鸠:《论法的精神》(上卷),张雁深译,商务印书馆 1963 年版。

48. [美]莱斯利·里普森:《政治学的重大问题——政治学导论》,刘晓等译,华夏出版社 2001 年版。

49. [新西兰]杰瑞米·波普:《制约腐败——建构国家廉政体系》,清华大学公共管理学院廉政研究室译,中国方正出版社 2003 年版。

50. [俄]哈布里耶娃主编:《腐败:性质、表现与应对》,李铁军等译,法律出版社 2015 年版。

51. [英]J. S. 密尔:《代议制政府》,汪瑄译,商务印书馆 1982 年版。

52. [美]理查德·威廉姆斯:《组织绩效管理》,蓝天星翻译公司译,清华大学出版社 2002 年版。

53.《中国共产党纪律检查机关监督执纪工作规则》,法律出版社 2019 年版。

54. 法律出版社法规中心编:《2017 中华人民共和国反贪反腐法律法规全书:含党内法规》,法律出版社 2017 年版。

55. 范逢春:《县级政府社会治理质量测度标准研究》,中国人民大学出版社 2015 年版。

56. 吴丕、袁刚、孙广厦:《政治监督学》,北京大学出版社 2007 年版。

57. 中国社会科学院语言研究所词典编辑室编:《现代汉语词典》(第 6

版),商务印书馆 2014 年版。

58. 彭勃、龚飞:《中国监察制度史》,人民出版社 2019 年版。

59. 洪向华主编:《新时代高素质专业化干部队伍建设》,中共党史出版社 2018 年版。

60. 高振虎编著:《纪律审查与监察调查教程》,中国政法大学出版社 2019 年版。

61. 中共中央纪律检查委员会中华人民共和国国家监察委员会法规室编写:《〈中华人民共和国监察法〉释义》,中国方正出版社 2018 年版。

62. 中央纪委国家监委研究室编:《中国共产党党风廉政建设百年纪事》,中国方正出版社 2021 年版。

63. 薛小建编著:《中国国家监察体制的历史与变革》,人民日报出版社 2020 年版。

64. 江立华、水延凯主编:《社会调查教程》(第 2 版),中国人民大学出版社 2020 年版。

65. 王希鹏:《纪检监察学基础》,中国方正出版社 2021 年版。

66. 景跃进、陈明明、肖滨主编:《当代中国政府与政治》,中国人民大学出版社 2016 年版。

67. 中共中央纪律检查委员会中华人民共和国国家监察委员会法规室编写:《〈中国共产党纪律检查机关监督执纪工作规则〉释义》,中国方正出版社 2019 年版。

68. 王冠:《纪检监察干部培训工作研究》,中国政法大学 2021 年版。

69.《公务员考核规定》,中国劳动社会保障出版社、中国人事出版社 2022 年版。

70.(宋)范晔撰、(唐)李贤等注:《后汉书》,中华书局 2000 年版。

71. 王捍忠:《走近香港廉政公署》,国家行政学院出版社 2019 年版。

72. 李本刚主编:《反腐倡廉宣传教育教程》,中国方正出版社 2007 年版。

73. 广东省纪检监察学会编著:《中国古代监督史览》,人民出版社 2018 年版。

74. 彭剑锋、饶征:《基于能力的人力资源管理》,中国人民大学出版社 2003 年版。

75. 风笑天:《社会研究方法》,中国人民大学出版社 2018 年版。

76. 王懂棋:《新中国干部队伍建设制度史》,江苏人民出版社 2019 年版。

77. 本书编写组编写:《纪律审查与监察调查程序图解》,中国方正出版社2019年版。

78. 本书编写组编写:《纪检监察审查调查工作图解》,中国方正出版社2020年版。

79. 蔡文斌编著:《党纪处分简论》,中国方正出版社2020年版。

80. [美]贺凯:《明朝监察制度》,谢天译,中国方正出版社2021年版。

81. 王聪、郑俊、汪忠军、戴奎:《纪检监察干部必备核心技能》,中国法制出版社2021年版。

82.《十八大以来廉政新规定》,人民出版社2021年版。

83. 詹复亮:《纪法思维导论》,中国方正出版社2021年版。

84. 本书编写组编写:《纪检监察基础知识》,中国方正出版社2022年版。

85. 马怀德主编:《纪检监察核心词条释义》,法律出版社2022年版。

86. 李晓明、芮国强主编:《国家监察学原理》,法律出版社2019年版。

87. 夏文贵:《中国边境县治理研究:以M县为例》,云南大学出版社2020年版。

二、期刊论文

1. 过勇、潘春玲、宋伟:《"十八大"以来我国纪检监察机关的改革路径及成效分析》,载《国家行政学院学报》2018年第5期。

2. 王春业:《论法治视野下监察委员会体制的构建》,载《江海学刊》2017年第5期。

3. 过勇、宋伟:《中国县级纪检监察机构的现状、困境与改革思路》,载《经济社会体制比较》2015年第4期。

4. 刘文婧:《应急管理人员专业化的内涵及发展路径》,载《新疆社科论坛》2014年第2期。

5. 赵康:《专业、专业属性及判断成熟专业的六条标准——一个社会学角度的分析》,载《社会学研究》2000年第5期。

6. 赵康:《专业化运动理论——人类社会中专业性职业发展历程的理论假设》,载《社会学研究》2001年第5期。

7. 黄先耀:《深入推进体制机制制度创新　不断提高反腐倡廉建设科学化水平》,载《楚天风纪》2010年第12期。

8. 杨光斌:《实现国家治理现代化的关键是什么》,载《人民论坛》2017年第25期。

9. 郭强:《关于国家治理现代化若干问题的思考》,载《科学社会主义》2014 年第 1 期。

10. 郑慧、何君安:《试论国家治理体系和国家治理能力现代化》,载《新视野》2014 年第 3 期。

11. 陈永杰、黄恬恬:《基于治理理论的国家廉政治理现代化研究》,载《湖北社会科学》2015 年第 10 期。

12. 高新民:《国家治理体系现代化与反腐倡廉建设》,载《中共党史研究》2014 年第 2 期。

13. 董瑛:《"打赢反腐败这场正义之战"的六大关键标识》,载《人民论坛·学术前沿》2017 年第 8 期。

14. 任建明:《给一线反腐败官员评职称》,载《廉政瞭望》2015 年第 2 期。

15. 薛彤彤、牛朝辉:《建立专业化导向的国家监察官制度》,载《河南社会科学》2017 年第 6 期。

16. 盛茂林:《建设高素质专业化干部队伍　为实现新时代党的历史使命提供坚强保证》,载《求知》2018 年第 1 期。

17. 蒋来用:《实现"高效"目标:打造国家监察体制改革"升级版"》,载《河南社会科学》2018 年第 7 期。

18. 吴涛:《领导学视野下干部交流创新的探索与思考——B 市市直机关干部交流轮岗案例研究》,载《领导科学》2017 年第 6 期。

19. 过勇:《完善中国反腐败体制和机制的几点建议》,载《经济社会体制比较》2010 年第 4 期。

20. [英]弗兰克·斯特西:《瑞典监察员制度——同英国议会专员的比较研究》,潘汉典译,载《环球法律评论》1984 年第 2 期。

21. 赵立波:《公务员专业化与专业能力:问题、原因与对策》,载《上海行政学院学报》2011 年第 4 期。

22. 张康之:《论风险社会中的专业化问题》,载《江汉论坛》2021 年第 8 期。

23. 王璐、徐国庆:《从工作知识到专业知识——职业教育课程知识论基础的发展》,载《职教论坛》2019 年第 9 期。

24. 黄正夫、郭平:《教师专业能力体系研究——基于国家教师教育课程标准》,载《内蒙古师范大学学报(教育科学版)》2013 年第 4 期。

25. 朱宁波:《论教师的专业精神》,载《教育科学》1999 年第 3 期。

26. 刘昕:《建设适应时代发展要求的专业化干部队伍》,载《中国党政干部论坛》2018 年第 4 期。

27. 李永洪、潘磊:《论新体制下加强县级纪检监察队伍专业化建设的必要性》,载《西华师范大学学报(哲学社会科学版)》2019 年第 6 期。

28. 刘明:《公众对新型腐败的认知与态度调查报告(2022)》,载《国家治理》2022 年第 14 期。

29. 李正东:《社会工作从业人员职业认同及其影响因素研究》,载《华东理工大学学报(社会科学版)》2018 年第 2 期。

30. 宋振策:《我国监察官制度设计初探——以监察官法的制定为视角》,载《廉政文化研究》2020 年第 3 期。

31. 王晖:《国外监察机构注重选拔高素质人才》,载《中国监察》2003 年第 4 期。

32. 扶松茂:《从瑞典、英国议会行政监察看中国的行政监察专员制度的创制》,载《云南行政学院学报》2002 年第 6 期。

33. 任建明、薛彤彤:《廉政公署专业化建设经验与启示》,载《河南社会科学》2021 年第 8 期。

34. 李太淼:《当代中国官本位意识表现分析》,载《中州学刊》2014 年第 2 期。

35. 曹义孙、娄曲亢:《柏拉图〈法义〉中的监察官制度探究》,载《山东社会科学》2017 年第 12 期。

36. 王新民:《论纪检监察干部的必备素质》,载《福州大学学报(哲学社会科学版)》2000 年第 4 期。

37. 庄德水:《政治决心与反腐机构的运行绩效:基于国际比较的视角》,载《经济社会体制比较》2015 年第 4 期。

38. 吴高庆:《建立我国反腐败专职机构的构想》,载《甘肃社会科学》2005 年第 3 期。

39. 公婷、杨丽天晴:《以地方为基础的廉政管理:创新与意义》,载《广州大学学报(社会科学版)》2015 年第 2 期。

40. 安峰、曲如杰、陈航、吕本富:《纪检监察办案人员胜任特征影响因素分析——基于新疆地区纪检监察干部基本情况》,载《数学的实践与认识》2016 年第 4 期。

41. 杜治洲:《未来纪委建设的方向——基于党内监督机构的演变规律》,载《廉政文化研究》2013 年第 3 期。

42. 任建明、杨梦婕:《国家监察体制改革:总体方案、分析评论与对策建议》,载《河南社会科学》2017 年第 6 期。

43. 袁柏顺、刘少博:《信息效率视角下的香港防贪经验》,载《廉政文化研究》2015 年第 5 期。

44. 李永忠、董瑛:《对纪检监察学科建设问题的几点思考》,载《中国延安干部学院学报》2011 年第 5 期。

45. 蒋熙辉:《中国纪检监察学基本范畴研究》,载《中国监察》2012 年第 5 期。

46. 王希鹏:《廉政学的学科定位与理论体系——兼论纪检监察学科建设何以可能》,载《广州大学学报(社会科学版)》2014 年第 2 期。

47. 任建明:《廉政学科及其发展路径研究》,载《北京航空航天大学学报(社会科学版)》2015 年第 4 期。

48. 邓联繁:《让"廉洁学"茁壮成长》,载《人民政坛》2016 年第 1 期。

49. 杨永庚:《纪检监察学学科的形成与发展论述》,载《廉政文化研究》2016 年第 2 期。

50. 蒋来用:《廉政学学科 2017 年度发展综述》,载《廉政文化研究》2018 年第 1 期。

51. 王明高、谢志远、陈鑫铭:《廉政学的独立性及其学科体系构建》,载《湖南商学院学报》2017 年第 2 期。

52. 李永洪:《论青年学科教师胜任力的提升》,载《中学政治教学参考》2014 年第 18 期。

53. 仲理峰、时勘:《胜任特征研究的新进展》,载《南开管理评论》2003 年第 2 期。

54. 赵辉、黄晓、韦小军:《党政领导干部胜任力模型的构建》,载《科学管理研究》2006 年第 2 期。

55. 张小山:《社会研究中与分析单位有关的若干问题》,载《黑龙江社会科学》2008 年第 3 期。

56. 武君婷:《中国县级政府的角色定位》,载《理论导刊》2006 年第 9 期。

57. 曹呈宏:《"监督"考》,载《华东政法大学学报》2008 年第 5 期。

58. 张震、廖帅凯:《一级学科视域下纪检监察学体系论》,载《新文科教育研究》2022 年第 2 期。

59. 王海峰:《干部国家与中国建设:一个新的分析概念和框架》,载《上海行政学院学报》2012 年第 4 期。

60. 王旭:《建构中国自主的纪检监察学知识体系》,载《求索》2022 年第 6 期。

61. 喻少如、许柯:《中国特色纪检监察学范畴体系的建构与展开》,载《廉政文化研究》2022 年第 3 期。

62. 冉红音、王军仁:《纪检监察干部选任标准的演变及启示》,载《中国人事科学》2023 年第 6 期。

63. 杨晓超:《深入贯彻全国巡视工作会议精神　推进新时代巡视工作高质量发展》,载《中国纪检监察》2019 年第 8 期。

64. 窦克林:《锻造堪当新时代新征程重任的高素质纪检监察干部队伍》,载《中国纪检监察》2023 年第 5 期。

65. 孙小泽:《列宁晚年著作〈我们怎样改组工农检查院〉的党内监督思想及其当代价值》,载《理论观察》2017 年第 1 期。

66. 孙茵:《列宁〈我们怎样改组工农检查院〉中的监督思想及启示》,载《中共南京市委党校学报》2023 年第 1 期。

67. 王冠、任建明:《创建纪检监察学的意义、现状与建议》,载《北方论丛》2022 年第 2 期。

68. 王畅颖:《全面提升纪检监察干部的"看家本领"——纪检监察机关深化全员培训工作综述》,载《中国纪检监察》2021 年第 24 期。

69. 付宇程:《发展全过程人民民主:破解基层腐败防治难题的有效路径》,载《探索》2022 年第 4 期。

70. 习近平:《努力造就一支忠诚干净担当的高素质干部队伍》,载《求是》2019 年第 2 期。

71.《习近平总书记在中央纪委全会谈纪检监察干部队伍建设》,载《中国纪检监察》2023 年第 7 期。

72. 杨晓曼:《我国监察官选任标准实施的检视与问题应对》,载《华南师范大学学报(社会科学版)》2023 年第 4 期。

73. 王延延:《监察官职业保障建设的基本逻辑与优化路径》,载《福建师范大学学报(哲学社会科学版)》2024 年第 2 期。

三、学位论文

1. 岳喜凤:《教师专业化:理念重建与内涵拓展研究》,湖南师范大学 2007 年硕士学位论文。

2. 胡冠中:《我国高校行政管理人员专业化研究》,天津大学 2009 年硕士学位论文。

3. 柯长城:《我国公务员专业化的理论基础与实践路径研究——以常州市嘉泽镇为考察个案》,苏州大学 2010 年硕士学位论文。

4. 陈业燕:《中国古代监察制度研究》,河北大学 2016 年硕士学位论文。

5. 张清源:《基层领导干部交流困境及其化解对策研究》,湘潭大学 2017 年硕士学位论文。

6. 何也子:《县级纪检监察干部队伍业务能力研究——以浙江省 L 县为例》,湘潭大学 2021 年硕士学位论文。

7. 唐明婷:《新时代基层纪检监察干部队伍专业素质和专业能力的提升路径研究——以大竹县为例》,四川省社会科学院 2021 年硕士学位论文。

8. 杨洪野:《四川省华蓥市纪检监察干部队伍专业化能力建设研究》,西南大学 2022 年硕士学位论文。

四、报纸文章

1. 习近平:《在会见全国优秀县委书记时的讲话》,载《人民日报》2015 年 9 月 1 日,第 2 版。

2. 杨晓超:《增强“四个意识” 深化政治巡视》,载《中国纪检监察报》2017 年 3 月 8 日,第 5 版。

3. 王雅婧:《始终做到政治过硬本领高强》,载《中国纪检监察报》2019 年 1 月 14 日,第 2 版。

4. 钟纪言:《改革开放 40 年纪检监察事业的创新发展》,载《中国纪检监察报》2018 年 12 月 18 日,第 3 版。

5. 董瑛:《切实抓好反腐败的基础性工作》,载《光明日报》2015 年 11 月 22 日,第 8 版。

6. 老姜:《反腐更需专业性》,载《南方日报》2012 年 7 月 2 日,第 4 版。

7. 刘莉:《新进人员原则上须硕士及以上学历》,载《四川日报》2014 年 8 月 12 日,第 8 版。

8. 康潇宇:《素质和能力有何不足?》,载《中国纪检监察报》2015 年 6 月 3 日,第 3 版。

9. 杜晓、任雪:《“反腐硕士”能否提升中国反腐能力》,载《法制日报》2010 年 10 月 6 日,第 4 版。

10. 王绍辉、丑维强:《锦州完善机制 优化纪检监察干部队伍》,载《中国纪检监察报》2010 年 12 月 13 日,第 3 版。

11. 徐振辉:《建设高素质专业化干部队伍》,载《金华日报》2018 年 1 月 15 日,A1 版。

12. 张晋藩、张京凯:《监察官选任的历史经验与当代传承》,载《光明日报》2021 年 11 月 3 日,第 11 版。

13. 吕佳蓉:《建设高素质专业化纪检监察干部队伍》,载《中国纪检监察报》2021 年 8 月 28 日,第 1 版。

14. 范晓儒:《县纪委监委"四个聚焦"打造高素质专业化纪检监察铁军》,载《银川日报》2022 年 6 月 24 日,第 1 版。

15. 戴娟:《铜梁改进纪检干部考核评价机制》,载《重庆日报》2018 年 10 月 22 日,第 2 版。

16. 李晓瑜、李琰:《锻造高素质专业化纪检监察队伍》,载《濮阳日报》2022 年 2 月 13 日,第 2 版。

17. 石继坚:《石阡:"强"字当头锻造过硬纪检监察干部队伍》,载《铜仁日报》2019 年 7 月 25 日,第 6 版。

18. 褚小瑶、林帅:《通化县从严从实加强纪检监察干部队伍建设》,载《通化日报》2022 年 4 月 1 日,第 3 版。

19. 钱蕾:《桐乡大力提升青年纪检监察干部素质》,载《中国纪检监察报》2012 年 5 月 19 日,第 2 版。

20. 曾燕福:《严把准入门槛 锤炼执纪铁军》,载《闽西日报》2019 年 1 月 25 日,第 2 版。

21. 王海军:《承德县纪委创新机制激发干部队伍活力》,载《承德日报》2010 年 6 月 6 日,第 3 版。

22. 罗晓平:《打造"五型"模范机关 建设高素质专业化纪检监察干部队伍》,载《宜宾日报》2021 年 11 月 19 日,第 3 版。

23. 蒲康林:《铸造让党放心人民满意的纪检监察铁军》,载《巴中日报》2019 年 3 月 4 日,第 3 版。

24. 孙少龙:《构建中国特色监察官制度　两部门有关负责人详解〈中华人民共和国监察官法〉》,载《新华每日电讯》2021 年 8 月 25 日,第 5 版。

25. 万仁辉:《为纪检监察干部育选管用立起"硬标尺"》,载《江西日报》2021 年 4 月 24 日,第 2 版。

26. 曹志瑜:《法律资格考试有助监察队伍职业化》,载《法制日报》2017 年 8 月 10 日,第 7 版。

27. 陆丽环:《建设高素质专业化纪检监察干部队伍——解读〈中国共产党纪律检查委员会工作条例〉之五》,载《中国纪检监察报》2022 年 2 月 12 日,第 1 版。

28. 张锟、徐小防、李军:《正阳县纪委监委 练就过硬本领锻造纪检监察铁军》,载《驻马店日报》2022 年 4 月 29 日,第 3 版。

29.《一刻不停推进全面从严治党　保障党的二十大决策部署贯彻落实》,载《人民日报》2023 年 1 月 10 日,第 1 版。

五、网络文献

1. 黄海军:《关于加强纪检监察干部队伍专业化、职业化建设的思考》,载同州清风网 2012 年 6 月 7 日,https://dali. qinfeng. gov. cn/info/1018/8212. htm。

2. 宋黎明:《纪检监察队伍职业化的思考》,载都昌县纪委监委网 2016 年 1 月 1 日,https://dclz. duchang. gov. cn/09/201601/t20160101_4553034. html。

3. 赵存锁:《努力提升干部队伍专业化水平　扎实推进纪检监察工作高质量发展》,载陕西省纪委监委网 2021 年 3 月 8 日,https://www. qinfeng. gov. cn/info/1067/141036. htm。

4.《强化自身建设　锻造纪检监察铁军》,载郯城县纪委监委网 2023 年 5 月 8 日,http://www. tcxjjjc. gov. cn/info/1017/2108. htm。

5. 马景琴:《"四点"着力锻造过硬队伍》,载滁州市琅琊区纪检监察网 2018 年 3 月 30 日,http://www. czlyjjjc. gov. cn/dt/gongzuodongtai/2018－09－30/2667. html。

6.《高平:"三个专业化"培训提升纪检干部履职能力》,载晋城市纪委监委网 2017 年 10 月 16 日,http://www. jcmj. gov. cn/gzdt/gp/art/2021/art_85421b6a16aa46c2a28a4968fff3ad1c. html。

7.《山西省忻州市纪检监察干部专业化能力提升培训班在我校昌平校区举行开班仪式》,载中国政法大学网 2019 年 3 月 18 日,https://news. cupl. edu. cn/info/1185/28597. htm。

8. 刘一霖、程威:《推进纪检监察工作规范化法治化正规化》,载玉溪市国家监委网 2022 年 1 月 19 日,http://www. yxlz. gov. cn/xxyd/66618. jhtml。

9. 集美区纪委监委:《集美:全方位打造高素质专业化纪检监察干部队伍》,载厦门市纪委监委网 2020 年 9 月 4 日,https://www. xmcdi. gov. cn/gzdt/dwjs/202009/t20200904_5389259. htm。

10. 杨辉:《马山县纪委监委扎实推进党史学习教育,着力锻造纪检监察铁军》,载南宁市纪委监委网 2021 年 9 月 30 日,http://jw. nanning. gov. cn/ywsd/xqyw/t4892626. html。

11. 杨可:《聚焦高素质专业化要求,潮南区纪委监委以“四个突出”强化干部队伍建设》,载南方 + 客户端网 2021 年 3 月 27 日,http://static.nfapp.southcn.com/content/202103/27/c5015547.html? group_id = 1。

12. 张琰:《把业务培训搬到庭审现场——各地组织纪检监察干部旁听法庭庭审,强化法治思维》,载中央纪委国家监委网 2018 年 5 月 18 日,https://www.ccdi.gov.cn/toutiao/201805/t20180518_172097.html。

13. 李海斌:《博白:组织纪检监察干部开展读书学习活动》,载广西纪检监察网 2018 年 05 月 25 日,https://www.gxjjw.gov.cn/staticpages/20180525/gxjjw5b07bd54 – 131754.shtml。

14.《“学法 + 读书”锻造“五强五好”干部》,载清廉蓉城网 2022 年 1 月 21 日,https://pixian.ljcd.gov.cn/show – 457 – 11091 – 1 – 17.html。

15. 种雷艳、蒋彩虹:《“五抓五促”激发纪检监察干部履职新动能》,载清廉渭南网 2018 年 11 月 19 日,https://weinan.qinfeng.gov.cn/info/1037/46480.htm。

16.《宝坻区纪委监委平时考核工作实施方案》,载宝坻区纪委监委网 2022 年 1 月 5 日,https://baodi.tjjw.gov.cn/qt/2022/01/05/details_20220105790.html。

17.《中国共产党绵阳市安州区第二届纪律检查委员会第六次全体会议上的工作报告》,载科技城廉政网 2021 年 8 月 12 日,http://jwjcj.my.gov.cn/xxgk/azqjwjw/hyzl/26880591.html。

18. 马亚非:《呈贡:“五管齐下”建设高素质专业化纪检监察干部队伍》,载昆明市纪委监委网 2020 年 11 月 10 日,http://jw.km.gov.cn/c/2020 – 11 – 10/3733721.shtml。

19. 张丽娜:《永寿县纪委以干部队伍专业化助力“三化”建设》,载永寿县纪委监委网 2020 年 11 月 3 日,http://yongshou.qinfeng.gov.cn/info/1009/8584.htm。

20. 县纪委组织部:《县纪委监委:打铁先从自身硬　努力建设高素质专业化纪检监察干部队伍》,载南漳县纪委监委网 2021 年 2 月 24 日,http://www.hbnz.gov.cn/jwjcw/ztzl/14j6c/hqzg/202102/t20210224_2404976.shtml。

21. 张志忠:《云县:出台公务员平时考核方案　加强干部队伍建设》,载临沧市纪委监委网 2021 年 3 月 12 日,http://www.lcjjjc.gov.cn/info – 14 – 9920.html。

22.《炎陵县:出台基层纪检监察干部履职考评办法》,载株洲市纪委监委网 2016 年 3 月 31 日，https://zzlzw.zznews.gov.cn/html/1222/10207.html。

23. 王建新：《香港廉署如何保障"全球最廉洁"》，载新浪财经网 2004 年 5 月 27 日，https://finance.sina.com.cn/roll/20040527/1725781855.shtml。

24. 刘宁：《纪检监察干部队伍专业化建设初探》，载中国共产党新闻网 2012 年 12 月 10 日，http://fanfu.people.com.cn/n/2012/1210/c141423-19847392.html。

25. 李文姬：《中国政法大学：已招收 40 余名纪检监察学专业研究生》，载搜狐网 2018 年 12 月 10 日，https://www.sohu.com/a/280746690_115479。

26.《中国共产党成都市郫都区第十四届纪律检查委员会　第九次全体会议上工作报告》，载成都市纪委监委网 2020 年 9 月 25 日，https://pixian.ljcd.gov.cn/show-1301-10345-1-17.html。

27. 吴倩：《全国政协委员曹义孙称亟需培养专业化的反腐队伍》，载新浪网，https://news.sina.com.cn//2010-03-08/091019814576.shtml。

六、文件报告

1. 王岐山：《全面从严治党　把纪律挺在前面　忠诚履行党章赋予的神圣职责——在中国共产党第十八届中央纪律检查委员会第六次全体会议上的工作报告》，载《人民日报》2016 年 1 月 25 日，第 3 版。

2.《干部教育培训工作条例》，载《光明日报》2015 年 10 月 19 日，第 10 版。

3.《2018—2022 年全国干部教育培训规划》。

4.《国家公务员通用能力标准框架（试行）》。

5.《普通高等学校本科专业目录（2020 年版）》。

6. 赵乐际：《运用党的百年奋斗历史经验　推动纪检监察工作高质量发展　迎接党的二十大胜利召开——在中国共产党第十九届中央纪律检查委员会第六次全体会议上的工作报告》，载《人民日报》2022 年 2 月 25 日，第 2 版。

7.《公务员考核规定》（2020 年修订）。

8.《中国共产党纪律检查委员会工作条例》，载《人民日报》2022 年 1 月 5 日，第 5 版。

9. 国务院学位委员会、教育部《关于印发〈研究生教育学科专业目录

(2022 年)〉〈研究生教育学科专业目录管理办法〉的通知》(学位〔2022〕15 号),2022 年 9 月 13 日。

10. 习近平:《高举中国特色社会主义伟大旗帜　为全面建设社会主义现代化国家而团结奋斗——在中国共产党第二十次全国代表大会上的报告》,载《人民日报》2022 年 10 月 26 日,第 1 版。

11.《中国共产党第二十届中央纪律检查委员会第二次全体会议公报》,载《中国纪检监察》2023 年第 2 期。

12. 国务院学位委员会第八届学科评议组、全国专业学位研究生教育指导委员会编:《研究生教育学科专业简介及其学位基本要求(试行版)》,2024 年 1 月。

13.《中国共产党第二十届中央纪律检查委员会第三次全体会议公报》,载《人民日报》2024 年 1 月 11 日,第 1 版。

七、英文文献

1. Carr-Saunders A. M. & Wilson P. A., *The Professions: Their Organization and Place in Society*, Oxford University Press, 1933.

2. Greenwood E., *Attribute of a Profession*, Social Work, Vol. 2:3, (1957).

3. Wilensky H. L., *The Professionalization of Everyone*, American Journal of Sociology, Vol. 69:3(1964).

4. Vollmer H. M., Mills D. L., *Professionalization*, Englewood Cliffs, Prentice – Hall, 1966.

5. Larson T. J., *The Rise of Professionalism: A Sociological Analysis*, University of California Press, 1977.

6. Forsyth P. B. & Danisiewicz T. J., *Toward a Theory of Professionalization*, Work and Occupations, 1985.

7. Head Brian, *The Contribution of Integrity Agencies to Good Governance*, Policy Studies, 2012.

8. Jeremy Pope, *Confronting Corruption: The Elements of a National Integrity System*, Transparency International, 2008.

9. Carlos Lo Wing – Hung, Robert J. & Wickins, *Finnish Corruption: Subtle, Tut by No Means Non – Existent*, Helsingin Sanomat, 19 July, 2009.

10. Salvatore Capasso, Rajeev K. Goel & James W. Saunoris, *Is It the Gums, Teeth or the Bite? Effectiveness of Dimensions of Enforcement in*

Curbing Corruption, Economics of Governance, Vol. 20:4(2019).

11. Rauner F., *The Apprenticeship Approach: A Way to Overcome Demarcations between Vocational and Higher Education*, Foreign Language Teaching and Research Press, 2011.

12. Bergem & Trygve, *The Teacher as Moral Agent*, Journal of Moral education, 1990.

13. McClelland D. C., *Testing for Competence Rather than for Intelligence*, American Psychologist, Vol. 28:1(1973).

14. Lyle M. Spencer & Signe M. Spencer, *Competence at Work: Models for Superior Performance*, Wiley, John & Sons Inc. Pub., 1993.

15. Ledford G. E., *Paying for the Skill, Knowledge, and Competencies of Knowledge Workers*, Compensation & Benefits Review, Vol. 27:4(1995).

16. Byham W. C. & Moyer R. P., *Using Competencies to Build a Successful Organization*, Development Dimensions International Press, 1996.

附录1　县级纪检监察队伍专业化建设状况调查问卷

尊敬的纪检监察干部：

您好！

为了了解新时代县级纪检监察干部队伍专业化建设的基本情况，探索促进县级纪检监察干部队伍专业化建设的有效途径，我们特向您发放问卷开展相关调查！诚盼您的支持和帮助！

本调查采取无记名方式，答案无对错之分，我们将对您所填写问卷信息保密，请不必有任何顾虑。请您根据自己的实际情况在题后的括号内选择相应的字母作答（有明确说明的为多选，未做说明的为单选），或者在题后的横线上填写相应的文字。

衷心感谢您的支持和合作！

国家社科基金后期资助项目

"县级纪检监察队伍专业化建设研究"课题组

____年____月

1. 您的工作岗位是________________________________（请根据个人实际情况填写）。

2. 您的职务职级是________________________________（请根据个人实际情况填写）。

3. 您所学的专业是________________________________（请根据个人实际情况填写）。

4. 您获得的最后学历和学位分别是（　　　）。

A. 中专、无学位　　B. 专科、无学位

C. 本科、学士学位　　D. 研究生、硕士学位

E. 研究生、博士学位　　F. 其他、无学位

5. 您获得最后学历的学习方式是（　　　）。

A. 全日制教育　　B. 非全日制教育（在职教育）

6. 您从事纪检监察工作的年限为(　　　　)。

A. 1—3 年　　　　B. 4—6 年

C. 7—9 年　　　　D. 10 年以上

7. 您进入现在这个纪检监察机关之前的工作单位和具体工作分别是____________、______________________(请根据个人实际情况填写)。

8. 您进入纪检监察机关工作的方式是(　　　　)。

A. 选任　　B. 遴选　　C. 转隶　　D. 转岗

E. 公招　　F. 选调　　G. 考调　　H. 借调

I. 部队转业安置　　J. 其他

9. 您目前负责的具体工作是(　　　　)。

A. 办公服务　　B. 组织人事

C. 宣传教育　　D. 党风政风监督

E. 信访举报　　F. 监督检查与审查调查

G. 案件监管　　H. 案件审理

I. 干部监督　　J. 派驻纪检监察

K. 领导管理　　L. 其他

10. 您认为专业知识在县级纪检监察工作中是否重要?(　　　　)

A. 非常重要　　B. 重要

C. 不重要　　D. 不好说

11. 您认为县级纪检监察干部所需专业知识同以下哪些专业紧密相关?(　　　　)(多选)

A. 纪检监察学　　B. 法学

C. 中共党史党建学　　D. 马克思主义理论

E. 政治学　　F. 经济学

G. 会计学　　H. 金融学

I. 财政学　　J. 审计学

K. 统计学　　L. 公共管理

M. 工商管理　　N. 侦查学

O. 心理学　　P. 工程造价与管理

Q. 汉语言文学　　R. 计算机科学与技术

S. 其他

12. 您认为从事纪检监察工作需要哪些基本专业知识?(　　　　)(多选)

A. 政治理论知识　　B. 党史党建知识

C. 党规党纪知识　　D. 法律法规知识
E. 财会金融知识　　F. 思政工作知识
G. 文书笔录制作知识　　H. 其他

13. 您获得从事纪检监察工作所需基本专业知识的途径有哪些？(　　)(多选)

A. 入职前学校读书获得　　B. 入职前工作实践获得
C. 入职后接受培训获得　　D. 入职后工作实践获得
E. 入职后在职读书获得　　F. 入职后个人自学获得

14. 您认为自己所掌握的专业知识是否满足工作需要？(　　)

A. 非常满足　　B. 满足
C. 不满足　　D. 不好说

15. 您认为自己掌握得比较薄弱的基本专业知识有哪些？(　　)(多选)

A. 政治理论知识　　B. 党史党建知识
C. 党规党纪知识　　D. 法律法规知识
E. 财会金融知识　　F. 思政工作知识
G. 文书与笔录制作知识　　H. 其他

16. 您所在单位采取了哪些措施来增长纪检监察干部的专业知识？(　　)(多选)

A. 组织各类培训　　B. 强化实践锻炼
C. 开展专题辅导　　D. 创建读书团队
E. 组织知识测试　　F. 支持在职教育
G. 鼓励个人自学　　H. 其他

17. 您认为所在单位采取相关措施来增长纪检监察干部所需专业知识的实效如何？(　　)

A. 非常好　　B. 好
C. 一般　　D. 不好

18. 您认为专业能力在县级纪检监察工作中是否重要？(　　)

A. 非常重要　　B. 重要
C. 不重要　　D. 不好说

19. 您认为县级纪委监委领导班子成员，是否应当具备相应的专业能力？(　　)

A. 应当具备　　B. 不须具备　　C. 视情况而论

20. 您认为县级纪委监委领导班子成员应当具备下列哪些基本专业能

力？（　　）（多选）

A. 纪法适用能力　　B. 问题研判能力

C. 决策指挥能力　　D. 组织协调能力

E. 业务指导能力　　F. 团队建设能力

G. 身心调适能力　　H. 其他

21. 您认为县级纪委监委业务干部应当具备下列哪些基本专业能力？（　　）（多选）

A. 纪法适用能力　　B. 线索处置能力

C. 监督检查能力　　D. 谈话突破能力

E. 调查取证能力　　F. 证据运用能力

G. 案件审理能力　　H. 案件监管能力

I. 风险驾驭能力　　J. 思想教育能力

K. 立卷建档能力　　L. 文书与笔录制作能力

M. 身心调适能力　　N. 其他

22. 您所在单位采取了哪些措施来提升纪检监察干部的专业能力？（　　）（多选）

A. 组织各类培训　　B. 重视实践锻炼

C. 开展专业训练　　D. 其他

23. 您认为所在单位采取相关措施来提升纪检监察干部所需专业能力的实效如何？（　　）

A. 非常好　　B. 好

C. 一般　　D. 不好

24. 您认为专业精神在县级纪检监察工作中是否重要？（　　）

A. 非常重要　　B. 重要

C. 不重要　　D. 不好说

25. 您认为县级纪检监察干部应当具备的专业精神主要包括哪些？（　　）（多选）

A. 信念坚定　　B. 政治忠诚

C. 恪守纪法　　D. 敬业担当

E. 客观公正　　F. 理性文明

G. 廉洁奉公　　H. 其他

26. 您所在单位采取了哪些措施来增强纪检监察干部的专业精神？（　　）（多选）

A. 组织相关培训　　B. 强化工作历练

C. 榜样示范引领　　D. 开展专题教育

E. 自我对照剖析　　F. 单位内部考核

G. 其他

27. 您认为所在单位采取相关措施来增强纪检监察干部所需专业精神的实效如何？（　　）

A. 非常好　　B. 好

C. 一般　　D. 不好

28. 您认为从事纪检监察工作，接受相关专业知识和专业能力培训是否重要？（　　）

A. 非常重要　　B. 重要

C. 不重要　　D. 不好说

29. 从事纪检监察工作以来，您参加过多少次培训？（　　）

A. 1—3次　　B. 4—6次

C. 7—9次　　D. 9次以上

30. 从事纪检监察工作以来，您参加过以下哪些类型的培训？（　　）（多选）

A. 政治理论培训　　B. 纪法知识培训

C. 业务能力培训　　D. 综合管理培训

E. 入职岗前培训　　F. 新晋职务培训

31. 您对所参加培训的效果评价如何？（　　）

A. 非常好　　B. 好

C. 一般　　D. 不好

32. 您认为当前县级纪检监察干部培训中存在的突出问题有哪些？（　　）（多选）

A. 培训随意化　　B. 培训碎片化

C. 培训同质化　　D. 培训形式化

E. 训用脱节化　　F. 其他

33. 您认为导致县级纪检监察干部业务培训中出现突出问题的原因有哪些？（　　）（多选）

A. 培训观念有偏差　　B. 培训制度不系统

C. 培训机制不健全　　D. 培训资源不充分

E. 培训方案不完善　　F. 培训课程不科学

G. 培训师资不够强　　H. 培训方式较传统

I. 培训时间不合理　　J. 其他

34. 您接受过以下哪些实践锻炼？（　　　）（多选）

A. 岗位实战练兵　　B. 跟岗（班）学习

C. 跟案学习锻炼　　D. 轮岗学习锻炼

E. 派驻学习锻炼　　F. 抽调学习锻炼

G. 旁听法院庭审　　H. 其他

35. 您对所接受实践锻炼的效果评价如何？（　　　）

A. 非常好　　B. 好

C. 一般　　D. 不好

36. 您参加过以下哪些专业训练？（　　　）（多选）

A. 纪法思维训练　　B. 纪言法语训练

C. 线索处置训练　　D. 接访出访训练

E. 监督检查训练　　F. 审查调查训练

G. 案件审理训练　　H. 案件监管训练

I. 专门技能训练　　J. 身心调适训练

K. 其他

37. 您对所参加专业训练的效果评价如何？（　　　）

A. 非常好　　B. 好

C. 一般　　D. 不好

38. 您认为本单位纪检监察干部队伍专业化建设成效如何？（　　　）

A. 非常好　　B. 好

C. 不好　　D. 不好说

39. 您认为当前加强县级纪检监察干部队伍专业化建设是否必要？（　　　）

A. 非常必要　　B. 必要

C. 不必要　　D. 不好说

40. 您认为当前加强县级纪检监察干部队伍专业化建设是否可行？（　　　）

A. 非常可行　　B. 可行

C. 不可行　　D. 不好说

41. 您认为当前加强县级纪检监察干部队伍专业化建设面临的现实难题何在？（　　　）（多选）

A. 单位性质的特别性　　B. 岗位职责的复杂性

C. 人员来源的多样性　　D. 素能要求的综合性

E. 其他

42. 您认为当前县级纪检监察干部队伍专业化建设中存在的突出问题是什么？（　　　）

A. 专业知识不扎实　　　　　　B. 专业能力不过硬

C. 专业精神不够强　　　　　　D. 其他

43. 您认为影响县级纪检监察干部队伍专业化建设的基本因素有哪些？（　　　）（多选）

A. 思想认识是否到位　　　　　B. 职业制度体系是否完善

C. 职业管理体制是否科学　　　D. 配套机制是否健全

E. 其他

44. 您认为在新时代加强县级纪检监察队伍专业化建设的主要措施有哪些？（　　　）（多选）

A. 提高思想认识　　　　　　　B. 健全基础制度

C. 完善关键机制　　　　　　　D. 其他

45. 您对推进县级纪检监察队伍专业化建设有何建议和意见？

____

____

____

____

问卷到此结束！再次感谢您的支持！

调查日期：________ 年____月____日

附录2　个别访谈提纲(结构式)

访谈时间:__________　访谈地点:__________　访谈人:__________

受访人(姓名):__________　记录人:__________

访谈问题

1. 请您就自己的工作履历、工作岗位、职务职级、所学专业、最后学历等情况做简要介绍。

2. 您是何时以何种方式进入现单位工作的?

3. 请您简要介绍您所在部门(科室)人员构成情况(主要围绕这些人员的工作经历、所学专业、最后学历和进入方式等做介绍)。

4. 您认为县级纪检监察干部应当具备哪些共同性的专业知识和专业能力?请结合您所在工作岗位谈谈从事纪检监察工作需要具备哪些专业知识、专业能力和专业精神?

5. 您认为推进县级纪检监察队伍专业化建设是否必要?是否重要?是否可行?原因何在?

6. 您所在单位近年来是否开展了有关纪检监察队伍专业化建设的一些具体实践?具体有哪些做法?效果如何?

7. 您近年来参加的培训多吗?主要是哪些类型的培训?您认为这些培训的效果如何?

8. 您近年来参加的实践锻炼多吗?主要是哪些类型的实践锻炼?您认为这些实践锻炼的效果如何?

9. 您近年来参加的专业训练多吗?主要是哪些类型的专业训练?您认为这些专业训练的效果如何?

10. 您所在单位近年来人员流动频繁吗?如何看待这样的流动?

11. 您所在单位近年来被上级纪委监委抽调办案的人员多吗?请您谈谈对此现象的看法。

12. 您认为目前制约县级纪检监察队伍专业化建设的主要因素有

哪些?

13. 您认为应该如何加强县级纪检监察队伍专业化建设?能提出一些具体建议吗?

附录3　个别访谈提纲（非结构式）

访谈时间：__________　访谈地点：__________　访谈人：__________

受访人（姓名）：__________　记录人：__________

访谈问题

1. 受访人的基本情况。

2. 受访人所在单位或所在部室情况。

3. 受访人参加培训、实践锻炼和专业训练等情况。

4. 受访人所在单位人员进退流转情况。

5. 受访人对专业化建设概念的认知情况。

6. 受访人对专业化建设是否必要、重要和可行的认识情况。

7. 受访人对所在单位是否开展队伍专业化建设的情况介绍。

8. 受访人对影响县级纪检监察队伍专业化建设因素的具体分析。

9. 受访人对推进县级纪检监察队伍专业化建设的对策建议。

10. 受访人对推进县级纪检监察队伍专业化建设的主要期待。

后　记

眼前呈现给读者的《县级纪检监察队伍专业化建设研究》一书，既是我所主持2019年度国家社科基金后期资助项目《县级纪检监察队伍专业化建设研究》的同名结项成果，也是我作为一名政治学研究者自2016年开始研究纪检监察理论的首部成果。承蒙国家社科基金后期资助项目立项评审专家的厚爱和结项评审专家的肯定，《县级纪检监察队伍专业化建设研究》不仅能够获批立项并较为顺利地结项而且还能在法律出版社出版，我倍感荣幸！在将该成果呈现给读者之时，我内心充满期待，期待能够以此有助于推进新时代高素质专业化纪检监察干部队伍建设，进而吸引更多学界同仁关注和投身于新时代高素质专业化纪检监察干部队伍建设的思考与探索。但是，我又心存惶恐。这种惶恐不仅在于"丑媳妇见公婆"的忐忑，也在于"始生之物，其貌必丑"的自知之明。纪检监察队伍专业化建设作为一个新事物，既要适应新时代纪检监察工作高质量发展的要求必须尽快取得实效，也要遵循干部队伍建设的规律必须经历时间的沉淀。县级纪检监察队伍专业化建设课题的研究亦是如此。唯有经历岁月沉淀的研究成果，才能逻辑更加严密、观点更加公允、价值更加彰显。

《县级纪检监察队伍专业化建设研究》一书，既是我从事纪检监察理论研究的阶段性思考，也是各位师友关心帮助的结果。为此，我要对以下五个方面的人士致以衷心的感谢。

一是非常感谢X省20多个市(州)20多个县级纪委监委的领导和同志们。没有您的支持、帮助和信任，该项研究很难完成。通过同您线上线下的接触、访谈和交流，我不仅加深了对您肩负职责使命的了解，也彻底改变了对您的刻板印象。您既是党和人民的忠诚卫士，也是懂规矩、知方圆、有情有义、可敬可爱的基层干部。在此，我向接受并支持调研的X省内广大县级纪检监察干部们，致以衷心的感谢和崇高的敬意！

二是非常感谢给予我们调研支持和帮助的众多领导师友。给予我们帮助的领导及师友不仅人数较多，也因为身份公开有不便，故在此就不作出一一列举，但是他们的热心帮助和鼎力支持，值得我终身铭记和感激！

三是非常感谢我所在单位的领导及同事们。这些领导和同事主要包括西华师范大学原党委副书记、纪委书记聂应德教授，西华师范大学政治与行政学院原院长任中平教授，四川师范学院原党委副书记、纪委书记、乐山师范学院原党委书记谭辉旭教授，西华师范大学社科处处长王胜明教授，西华师范大学学报编辑部主任张思军教授和西华师范大学政治与行政学院党政班子同志。正是得益于各位领导和同事的关心、支持和帮助，才使我能较好地处理岗位本职工作与静心从事本项目研究的关系。

四是非常感谢我的硕士研究生们。本书能够得以面世，离不开我的硕士研究生赵忠琴、谢紫婷、吴梦清、夏冬旭、赵文月、陈聪和向友靖等的辛勤付出。在文献收集、实证调查、数据分析、图表制作和文稿校对等方面，都包含着你们的心血和汗水。

五是我要非常感谢法律出版社的董昱老师。作为法律出版社高级策划编辑和本书责任编辑的董昱老师，在审稿校稿等工作中，始终亲切和蔼、耐心细致。特别是她在书稿文字表达和学术规范上的精益求精，从而使本书增色不少！在此，向不仅专业更敬业的董昱老师致以诚挚谢意！

本课题研究过程中，我也参考了各位专家学者的研究成果和部分纪检监察机关的工作资料。对此，我严格遵守学术规范和研究伦理，在正文脚注和文末参考文献中均做了列明！当然，对于各位专家学者研究成果和部分纪检监察机关工作资料的参考与援用，不仅应当如实列明，更应当致以诚挚谢意！本书的出版还得到了“基层民主与基层治理”四川省高水平社会科学研究团队、西华师范大学政治学学科建设项目和西华师范大学“基层治理现代化”科研创新团队等的资助，在此一并致谢！

“愈学习，愈发现自己的无知！”现在我也深有此感。我虽已年过半百，但在本书撰写中仍觉知之甚少、疑惑不断！尽管我怀揣力求使书稿尽善尽美之心，但是每一次回望都会发现一些不足，从而使我变得十分忐忑。无奈“丑媳妇总得见公婆”，我只能以研究无止境来安慰自己、以更加严格的标准来要求自己。诚望读者不吝赐教和批评指正！所有的读者都是我最好的老师，因此我真诚地欢迎任何建设性的学术批评，以利于未来研究质量的进一步提升！

李永洪

2024 年 9 月 5 日